# 大学体育

赵利华　蒋　森　洪锡均　主　编

北京体育大学出版社

策划编辑：李志诚　孙思学
责任编辑：李志诚　仝杨杨
责任校对：贾　婷
版式设计：水分子

图书在版编目（CIP）数据

大学体育 / 赵利华，蒋森，洪锡均主编. — 北京：北京体育大学出版社，2023.8
ISBN 978-7-5644-3833-3

Ⅰ. ①大… Ⅱ. ①赵… ②蒋… ③洪… Ⅲ. ①体育—高等学校—教材 Ⅳ. ① G807.4

中国版本图书馆 CIP 数据核字（2023）第 092923 号

大学体育
DAXUE TIYU
赵利华　蒋　森　洪锡均　主　编

出版发行：北京体育大学出版社
地　　址：北京市海淀区农大南路 1 号院 2 号楼 2 层办公 B-212
邮　　编：100084
网　　址：http://cbs.bsu.edu.cn
发 行 部：010-62989320
邮 购 部：北京体育大学出版社读者服务部 010-62989432
印　　刷：北京昌联印刷有限公司
开　　本：787mm × 1092mm　1/16
成品尺寸：185mm × 260mm
印　　张：19.25
字　　数：460 千字
版　　次：2023 年 8 月第 1 版
印　　次：2023 年 8 月第 1 次印刷
定　　价：49.00 元

（本书如有印装质量问题，请与出版社联系调换）

# 前言

运动是生命的基石。要能工作，要有幸福，必然先有健康；要有所成就，要实现自己的人生价值，也必须先有强健的体魄。党的二十大报告指出：“人民健康是民族昌盛和国家强盛的重要标志。把保障人民健康放在优先发展的战略位置，完善人民健康促进政策。”健康之精神寓于健康之身体中，体育教育的真谛就是身心相互调剂、共同发展。体育运动是培养身心合一、人格健全的国民的先决条件和必经途径。一身动，则一身强；一家动，则一家强；一国动，则一国强。国民身心健康，体魄强健，意志顽强，充满活力，是一个民族生命力旺盛的体现。每个大学生都应当养成终身体育运动的习惯，通过体育运动塑造形体，锻炼意志，陶铸灵魂。

学校体育教育在帮助大学生养成终身体育运动的习惯方面发挥着巨大的作用，编写适应新形势的大学体育教材对促进学校体育教育的发展尤为重要。因此，编者在党的二十大精神的指引下，围绕《全国普通高等学校体育课程教学指导纲要》，针对当代体育发展趋势和大学生的身心特点编写了本教材。

本教材以培养大学生的体育运动兴趣和体育运动习惯，以及贴近大学生的生活为目标，具有观念新、内容丰富多彩、方法简单易学等特色，同时融知识性和趣味性为一体。本教材不仅注重大学生对体育基础知识与体育基本技能的学习，更重视体现体育教师教学与大学生学习的过程和方法，把运动与教育融为一体。

本教材由赵利华、蒋森、洪锡均担任主编，姜凤云、阳小利、刘明项、杨鹏、吉胜波、杜庆康担任副主编，和丽东、王世超、黄芸担任编委。具体的编写分工如下：第一章由洪锡均编写，第二章由赵利华编写，第三章由蒋森、杜庆康、杨鹏编写，第四章由蒋森、刘明项编写，第五章由赵利华编写，第六章由姜凤云、阳小利、黄芸编写，第七章由赵利华、吉胜波编写。阳小利、和丽东、王世超负责书中部分图片的拍摄。在此需要说明的是，第三章足球部分和第五章排舞部分的图片是对大理大学各运动队的比赛和训练场景的真实拍摄，相关人员已填写肖像权使用授权书。

本教材是大理大学体育科学学院和滇西应用技术大学体育部以及大理大学实践教学基地全体体育教师教学工作的结晶。在编写本教材的过程中，编者得到了许多专家和朋友的关心与鼓励，得到了北京体育大学出版社的大力支持和帮助，也参考了许多同行的研究成果，在此一并表示感谢。

由于编者水平有限，书中难免存在不足之处，恳请广大读者批评指正。

编　者

2023 年 4 月

# 目录

# 第一章　导论

体育是一个发展的概念。体育具有健身、教育、娱乐、经济、政治等多种功能，与人类社会发展有着密不可分的关系。大学阶段是人生中关键的阶段之一，而体育又会对大学生活产生积极影响，大学生可以通过体育运动增强体质、树立自信心、培养合作精神。

## 第一节　体育的功能

体育的功能是指体育以其自身特点作用于人和社会所产生的积极影响及良好效能。人们对体育的功能的认识是一个与时俱进的过程。随着社会的发展，体育的功能日益显示出其独特效用。由于人们对体育的功能的不断挖掘，因此社会对体育的重视程度越来越高，体育在人们生活中占据着越来越重要的位置，人们的体育观念也在不断更新。

作为社会大系统中的一个子系统，体育因其与各子系统之间的紧密联系，发挥着或隐性或显性的作用，因此，体育对个人和社会产生的作用是多样化的。具体来说，体育有以下 5 种功能。

### 一、健身功能

体育作为一种社会文化现象，是通过人体的运动来呈现的，而体育最简单、最原始的表现形式就是人类的基本活动，如走、跑、跳、负重、攀缘、投掷等。这些活动对人产生的积极效用体现了体育的健身功能。体育的健身功能是体育最基本的功能，其对人的积极作用是全方位的，可以通过以下多种形式表现出来。

第一，可以提高人体机能水平。人体生长遵循“用进废退”的规律，经常参加体育运动是保障身体健康的有效途径。参加体育运动可以提高人的心脑血管系统机能水平。有规律的体育运动可以增强心脏功能，使得冠状动脉血流畅通，更好地为心肌供给营养；可以增粗心肌纤维，增强心肌收缩力量和血管壁的弹性。随着年龄的增长，人体血管壁的弹性会逐渐下降，容易引发心脑血管疾病。因此，增加血管壁的弹性可以降低心脑血管疾病的发病概率。经常参加体育运动会对人的呼吸系统产生积极影响。体育运动过程中，氧气吸入量增加，胸廓扩大，呼吸深度增加，促进了肺组织的生长发育和肺的扩张，从而有效地提高了肺活量。

第二，可以提高人的心理健康水平。与“无病即健康”的传统健康观念不同，现代健康观念是整体健康观。世界卫生组织提出，健康不仅是没有疾病，而且包括身体健康、心理健康、社会适应良好和道德健康。因此，健康是指一个人在身体、心理、社会适应和道德方面都处于良好的状态。心理健康是人类健康的重要指标，是指具有较好的自控能力，且能保持心理上的平衡，自尊、自爱、自信且有自知之明。和身体健康一样，心理健康也是有衡量标准的。从国内外学者的论述中，我们可以大致把心理健康的标准归纳为 7 个方面：智力正常、情绪健康、意志健全、行为协调、适应社会关系、反应适度、心理特点与年龄相符。随着社会的发展以及人们对自身认知水平的不断提高，体育可以提高人的心理健康水平这一理念已经得到社会的认可。体育促进心理健康的原理主要通过运动强度、运动持续时间和运动频率表现出来。研究表明，中等强度的体育运动有较好的心理健康效应，对改善情绪大有帮助。因此，国际上一般将中等以上运动强度作为判定体育人口的参考依据。参加体育运动时，每次持续时间应至少为 30 分钟，持续时间过短不能产生良好的心理效果。运动频率同样会对心理健康产生影响，经常参加体育运动能有效抑制不良情绪的产生。

第三，可以促进儿童身体发育。影响儿童生长发育的因素很多，如精神、营养、睡眠、疾病等因素。经常参加体育运动对增强儿童体质、提高儿童发育水平和降低儿童的生病率有明显作用。经常参加体育运动不但可以提高骨骼的发育质量，而且可以提高骨骼的发育速度。这是因为体育运动能改善骨骼的血液循环，增加骨细胞数量和营养供应。体育运动会使肌肉粗壮、有力，更有韧性，体育运动的时间越长，这种变化越显著。

第四，可以延年益寿。生产力提高，生活条件不断改善，人均寿命增长，人口老龄化问题也随之成为许多国家面临的难题。我国的人口老龄化速度越来越快，人口质量问题与数量控制问题十分严峻。人口老龄化问题给人力资源、医疗卫生、养老保险等带来了巨大压力。倡导体育运动是改善老年人身体健康状况和缓解医疗压力的有效方法。选择合适的体育项目可以帮助老年人达到延年益寿的目的。散步、慢跑、登山、广场舞等都是当前在老年人群中较为流行的体育项目。

## 二、教育功能

身体教育（现在的学校体育）是教育的组成部分。抛开学校体育不说，体育运动在人的成长过程中所起的教化作用可以从多个方面体现出来。

第一，培养人基本的生活能力。人从生物人成长为社会人并适应社会的过程称为社会化。在这一过程中，人首先要学习的就是基本的生活能力。走、跑、跳、投等能力是靠后天习得的。在人类早期，这些能力意味着生存；在今天，这些能力同样是走向社会的前提和基础。体育运动的基本手段是身体练习，这种练习是对人类生产技术、劳动技能及军事技术的提炼和综合，经常进行身体练习会对人的一生产生积极影响。

第二，学习社会规范。社会规范是用以调整人与人之间、人与社会之间关系的标准或规定，是维持社会稳定有序发展的必要手段。学习社会规范有利于个体更快地融入社会生活。无论是体育游戏还是体育项目都有一定的规则，参与其中必须接受规则约束，违反规则会受到相应处罚。体育运动中的这些规则与社会其他领域的规则是相通的，通过参与体育运动所培养起来的规范意识能够在潜移默化中引导个体行为。例如，篮球运动讲究团队意识，为达到共同目标，所有队员必须通力合作、互相信任，这种意识正是现代企业管理中对员工最基本的要求。

第三，传授文化知识。体育文化是人类在体育运动过程中所创造的一切物质文化和精神文化的总和，是人类文化宝库中的重要组成部分。通过体育运动学习体育文化知识，既是体育文化传承的需要，也是体育文化发展的需要。例如，通过体育教育向青少年儿童传授体育运动和健康生活的基本常识，以及体育运动的基本规范，这既有利于他们的健康成长，也有利于他们终身体育意识的形成。

### 三、娱乐功能

娱乐是人类生活中的一项重要内容，也是体育的一个重要功能。体育的一个重要起源就是游戏，游戏的目的就是娱乐身心。体育具有娱乐功能是因为体育运动中含有娱乐的基本元素。自觉自愿地参加体育运动的人更容易从中获得愉悦感。体育运动的竞争性、对抗性和不确定性所带来的激情体验是体育运动永恒的魅力。

体育的娱乐功能主要有两种表现形式，即直接参与和间接参与。直接参与体育运动本身是一个身心放松、自由享受的过程。例如，在参与竞争性较强的体育项目时，可以通过身体对抗以及与对手的比拼获得一种强烈的感官刺激和情感体验。获胜后的成就感能增强参与者的自尊心、自信心和自豪感。间接参与，如观看比赛也能达到愉悦身心的目的。竞技类体育项目往往以其高难度的动作、艺术化的造型、多样化的形式、激烈的对抗和难以预料的比赛结果吸引着大批观众。观看比赛时的情绪发泄无疑会对消除疲劳、调节心理产生积极的作用。

### 四、经济功能

体育的经济功能是指通过体育所产生的影响直接或间接地推动经济发展。其主要表现在劳动者素质的提高、企业文化建设的推动和体育产业的发展上。

体育对经济的推动作用间接表现在劳动者素质的提高上。在传统的农耕时代，体能与生产力直接相关，游牧部落对体能的要求更高，充沛的体能须经过严格的体育运动方可获得。在那时，体育是促进社会生产力发展的积极因素，是劳动力再生产的重要手段，体育运动成为决定人的命运和家族或民族发展的大事。现代社会对劳动者素质的要求不仅强调劳动者知识化、专业化，更要求劳动者具有健康的体魄。体力劳动在社会生产中所占的比重日益下降，脑力劳动在社会生产中所占的比重日益上升，知识和技能经验成为提高生产力的主要动力，但是劳动者的健康水平仍会对生产力产生决定性影响。没有健康的身体，劳动者的创造力会大打折扣，因缺少体育运动而产生的健康问题会抵消先进科学技术的优势。体育在维护劳动者健康、降低劳动者生病率方面效果明显。

企业文化是现代企业的一个显著标志，越来越多的企业对企业文化建设给予了高度重视。体育在企业文化建设中发挥的作用也引起了企业管理者的重视。大量企业利用与体育结缘的机遇获得长足发展的事实证明，体育可以为现代企业插上腾飞的翅膀。体育不仅可以提高员工的健康水平，而且可以帮助员工养成遵守纪律的习惯，还可以利用广告效应树立企业的崭新形象。许多企业利用大型赛事的影响走向了世界。随着国内体育赛事商业化运作的不断成熟，一大批企业通过冠名、赞助或其他合作方式获得了诸多收益。

体育产业被认为是新兴的朝阳产业。随着人们体育健身的欲望不断高涨，体育产业规模不断壮大，并开始显示出新兴产业的扩张活力。

### 五、政治功能

体育与政治的紧密关系是客观存在的。政治往往借助体育的复合性功能扩大影响，体育也能在这种影响下获得发展空间。人类社会同样必须遵循“丛林法则”，弱肉强食，优胜劣汰。为了生存和在竞争中取胜，历史上许多国家都以体育作为强国的工具。当今时代以和平与发展为主旋律，国与国之间的竞争关系变得更加复杂微妙，体育赛场成为国际竞争的大舞台，被称为“不见硝烟的战场”，世界各国都以能在国际赛场中获得奖牌为荣耀。当国际赛场上国歌响起时，全体观众对着国旗行注目礼，那种情景往往能使整个国家为之振奋。体育的政治功能还表现在：和平年代，体育水平是衡量一个国家和地区是否繁荣稳定的标志。

#### 思政课堂

体育思政是课程思政的重要组成部分，高校体育应全面落实“立德树人”的根本任务，以身体练习为主要手段，通过合理的体育教育和科学的体育运动，达到增强大学生体质、增进大学生健康、提高大学生体育素养的目的。

## 第二节　人类社会与体育

人类社会是一个大系统，各子系统都在一个统一的大系统中运转；人类社会是一个有机的整体，各子系统之间互相关联，在整体中占据一定位置并发挥特定作用。体育作为人类社会大系统的子系统，与其他子系统相互联系、相互影响、相互制约。体育不能单独游离于人类社会大系统之外，若人类社会缺少体育这一构成要件，整个系统的功能就会紊乱。

### 一、体育是人类社会的缩影

人类社会的任何大的变迁或多或少都会在体育领域中反映出来，各子系统的变化也会对体育产生或大或小的影响。无论是政治的风云变幻、经济的快速发展或萎缩、文化的交融和冲突，还是人们观念的更新，都会对体育起到或推动或阻碍的作用，用“牵一发而动全身”来形容这种联系再恰当不过。所以说，体育是人类社会的缩影。

政治力量的角逐或多或少会影响体育的发展。“冷战”时期，“华约”和“北约”两大政治集团，不仅在政治、经济、文化和军事等领域进行全方位对抗，也把对抗带到了体育赛场，两大集团都希望通过国际大赛特别是奥林匹克运动会（以下简称奥运会）的角逐，展示各自政治制度的优越性。体育公平、公正原则是人类社会追求的永恒目标，而忠于国家和民族利益同样是人类社会通则，当两种原则发生矛盾而且难以调和时，往往会出现体育为国家利益让位的现象，最好的结果就是体育与政治实现双赢。体育作为一种灵活的外交手段，在风起云涌的国际政治格局演变中成为一种良性的催化剂，常常在两个国家的外交关系中发挥重要的作用。例如，1971 年，中美两国之间的“乒乓外交”就是外交史上的一段佳话。

经济决定体育的物质基础和制度基础，有什么样的经济水平就会有与之相适应的体育水平。中华人民共和国成立初期，集中有限的社会资源寻求竞技体育在国际大赛上的突破，而在群众体育事业方面投入不足。这种选择基于特定时期的特定经济条件，在发展群众体育方面不是“不为”而是“不能为”。随着经济腾飞，国力日盛，人们开始自发地改善体育运动条件，这在客观上促使国家进行自上而下的管理制度变革，加大对群众体育的投入，提高体育公共服务水平，以满足人们多样化的体育需求。

世界文化的交流是在冲突与融合的交替中向前发展的。文化的交流既是文化创新的重要途径，也是文化发展的重要手段。自 1492 年哥伦布发现新大陆以来，全球化大幕开启，西方体育也开始在世界范围内传播。至少在第二次世界大战结束以前，西方体育作为先进的西方文化的一部分，被大多数落后国家和地区所接受。在体育全球化进程中，以中国为代表的东方体育文化受到前所未有的冲击，在经历被动接受、主动适应之后，有东方特色的体育文化逐渐走上了主动出击、影响世界体育格局的道路。体育所产生的巨大影响引起许多城市对举办大型国际体育赛事的浓厚兴趣，以中国和巴西为代表的发展中国家开始参与到这一竞争行列，如北京奥运会的成功举办证明了中华文化的魅力，对全世界产生了冲击。这种变化反映了体育全球化的新趋势，东西方文化交流开始出现回流趋势。

社会观念随着时代的发展而变迁。社会观念的变革也表现在对待体育参与的态度上。在中国古代，女性参与体育运动会被认为是不可思议的举动。自辛亥革命以来，男女平等的思想逐渐深入人心，女性参与体育运动的风气日盛。中华人民共和国成立后，女性的身影开始出现在各大赛场上，不少女运动员取得了令人瞩目的好成绩。改革开放后，中国社会经济快速发展，人民生活水平日益提高，人们对幸福生活的追求标准也出现变化，“花钱买健康”“请人吃饭不如请人流汗”的观念流行，受这些观念的影响，我国群众体育繁荣发展，也催生了庞大的体育市场。

## 二、人类社会的演进历程离不开体育

人类社会的演进历程与体育有着密切联系。

直立行走是人类社会发展进程中具有划时代意义的大事。人类祖先在从树上走向广袤的大地的过程中孕育了早期萌芽状态的体育。

人类祖先在采集和狩猎时，已经开始掌握制造工具的简单方法，这些利用天然材料打磨成的器具意味着原始运动器械的产生。原始部落聚族而居，人们会在公共场所议事和进行身体教育及娱乐活动。原始宗教产生，祭神献舞等宗教仪式发挥着早期体育的娱乐和健身功能。

人类社会步入农业社会后，生产力获得了发展，物质来源有了一定保障，社会阶层出现变化，产生一定程度的贫富分化，对物质和娱乐生活的追求促使成熟和稳定的体育形态形成，一些体育项目相继出现。大规模战争的频发推动了军事体育的发展，部分体育项目如跑步、骑马、射箭、负重、投掷、劈刺等成为军事训练的首选。摔跤、蹴鞠、杂耍、踩高跷等娱乐性体育项目开始出现，丰富了人们的精神生活。

工业革命开创了人类社会物质财富大增长的时代，大量企业开始出现，机械化大生产开始代替手工生产，大量的农村人口离开土地涌进城市。工业化时代的生产方式与农耕时代大不相同，劳动对象以资本、能源和机器设备为主，对劳动者的要求主要是具备一定的生产知识和操作机器的能力，经济增长与产业工人数量直接关联。工业化大生产不仅需要大量的资本，也需要大批有知识且身体健康的工人，而体育运动为满足需要提供了可能。发端于英国的工业革命把本国公民带入了一个户外运动的时代，这种备受英国大众喜爱的休闲体育运动很快风靡欧洲及美洲。

1980 年，托夫勒出版了轰动世界的《第三次浪潮》，他将人类社会划分为 3 个阶段，其中信息化阶段是继农业阶段和工业阶段之后的第三次浪潮，书中的种种预言早已成为现实。信息化时代的到来深刻地改变了人类社会的生活方式，人类生产围绕着信息的收发、存储、传递、开发和运用展开，经济增长从工业化时代的劳动数量型、资源占有型和资本投入型向知识信息型转变。信息化时代，电子信息渗透到人们的工作、学习、生活、娱乐等每个角落，一场以电子信息为基础的体育革命也在悄然进行。这种改变首先表现在体育项目上，一种全新的体育项目——电子竞技体育运动应运而生。国家体育总局于 2003 年正式将电子竞技体育运动设为我国开展的第 99 个体育项目。在韩国，电子竞技产业已经形成巨大的产业规模，赶上并超过了汽车工业。这种以信息化为基础的体育项目对人类社会发展产生的影响是微妙的，它改变了年轻一代的学习方法和交往方式，通过参与电子竞技体育运动，选手能锻炼思维能力、反应能力、自控能力和协调能力。信息化时代对体育产生的第二个较大影响是休闲时间的进一步增加，弹性工作时间、定期轮休假等相关工作制度的出现，促使家庭体育形态的出现。

## 三、21 世纪人们对体育的需求

### （一）多元化

经济发展为人们提供了物质保障，科学技术发展为人们腾出了更多的休闲时间，信息流通的便捷为人们提供了了解世界的新渠道，这一切都为满足人们多元化的体育需求提供了可能。

现代生活方式决定了人们对体育的多元化需求。随着余暇增多，如何利用余暇成为热门话题。城市化使得居民生活空间日益压缩，长期生活在都市的“水泥丛林”里产生的压抑感需要寻找合适的空间和场所得到释放。信息化时代下，随着生活、工作节奏的加快，很多人长期处于焦虑和紧张之中，紧绷的神经需要放松，这使得人们的消费方式和结构发生深刻变化，用于体育休闲方面的消费增长速度加快。

环境恶化需要借助体育运动抵消影响。工业社会是资源消耗型社会，工业生产除创造财富以外也导致了环境污染，汽车尾气排放、自然灾害频发使人类的生存环境日益恶化。环境恶化对人体的适应能力提出了更高的要求，通过体育运动提高自身免疫力成为消除环境恶化影响的必要手段。

“文明病”的出现决定了体育运动手段的多元化。由于食物充足，在摄入能量过多、运动量不足的情况下，肥胖症人数在增加。肥胖症会导致人体运动能力下降，罹患心脑血管疾病等“文明病”的概率大大增加。“文明病”存在于不同人群中。个体的差异决定了其运动方式的差异。

#### （二）生态化

城市化进程加快使更多的人离开乡村，向城市集中。城市基础设施的完善为人们的生活提供了便利，但人口集中带来的一个“副作用”是远离自然。厌倦了城市生活的人们开始怀念乡村生活，渴望回到大自然中，亲近山林水泽，与自然和谐共处。因此，生态体育成为一种新的潮流。体育需求生态化的实质就是体育运动与自然、社会相协调，体育运动中人与人的和谐及参与体育运动的人自身的和谐。生态体育应该是回归自然的体育，运动空间应该从单一的陆地环境转向海、陆、空的全方位立体环境。近年来，国内出现大量“背包客”和“驴友”群体，攀岩、登山、蹦极、冲浪、滑翔等体育项目受到大量年轻人的追捧，种种变化反映了人们体育需求新的变化，特别是生态化趋向非常明显。

### 思政课堂

习近平总书记在党的二十大报告中指出：“广泛开展全民健身活动，加强青少年体育工作，促进群众体育和竞技体育全面发展，加快建设体育强国。”

## 第三节 体育与大学生活

### 一、当代大学生的特点

#### （一）强烈的自主意识和淡薄的集体观念

信息爆炸时代，资源丰富，获取信息的渠道多样，使得当代大学生的思想更为早熟，对事物有自己独到的见解，民主平等意识较强，敢于挑战传统，不迷信权威；自主意识强烈，崇尚自我，对自己的未来充满信心，相信自我奋斗，重视自我价值，关心自身利益。当代大学生个性张扬，这种独立人格意识有利于自我完善，但是以自我为中心也容易导致冲动、偏执等性格缺陷。由于崇尚个性自由，当代大学生的集体观念淡薄，奉献精神不足，喜欢单打独斗地实现个人价值，较少考虑集体荣誉。

**（二）丰富的情感生活和脆弱的心理承受能力**

信息丰富的时代，良好的教育背景，优越的物质条件，为当代大学生创造了一个比较宽松的成长环境。在这种环境下成长起来的大学生，情感丰富而直露，也乐于表达自己的思想情感。丰富的情感容易导致情绪波动，当代大学生脆弱的心理承受能力已经成为令高校管理部门头痛的问题。在急剧变化的社会环境下，竞争压力日益增大，大学生群体的思想焦虑现象日渐增多。随着就业压力加大，大学生就业信心不足，经不起挫折，一旦就业失败就会迅速消沉，甚至对社会产生抵触情绪。

## 二、大学生的不良生活习惯

**（一）作息时间不规律，生物钟黑白颠倒**

万物生长都有规律，人体的休养生息也有自己的节奏，节奏一乱，就会出现各种问题。如果经常晚睡，身体各个“部件”难以得到相应的休息，长时间处于疲劳状态，容易引发疾病。科学研究发现，睡眠是新陈代谢活动中重要的生理过程。晚上 9—11 点为免疫系统（淋巴）的排毒时间；肝脏的排毒时间为晚间 11 点至次日凌晨 1 点，最理想的状态是在熟睡中进行；凌晨 1—3 点为胆囊排毒的时间。充足的睡眠既能消除疲劳，又能提高免疫力。养成定时睡觉的习惯，保证每天睡眠时间不少于 7 小时，才能维持睡眠中枢生物钟的正常运转。部分大学生养成了晚睡的习惯，晚上看书、上网，第二天不按时起床，窝在宿舍补觉。需要指出的是，即便白天补足睡眠，这种黑白颠倒的作息规律也会打破正常的人体生长规律，造成生物钟紊乱。

**（二）饮食结构不合理**

大学生离开父母的监护，获得行动上的充分自由，在个人消费上有了自主权，部分大学生暴饮暴食；熬夜或睡懒觉，早晨赖床不吃早餐；不注意饮食卫生，喜欢吃各种地摊小吃及一些没有营养的高热量食品。长此以往，容易造成营养结构不合理、饮食不规律、肠胃不适应、营养失衡等一系列问题。

**（三）沉迷网络**

网络为大学生打开了一个光怪陆离的虚拟世界，许多大学生沉迷网络，难以自拔，最终荒废了学业，放弃了人生追求。大学生沉迷网络的原因十分复杂，其中一个重要的原因是网络能够为他们提供一个思维上任意驰骋的空间，现实中做不到的事情网络上可以做到，这样更容易激发他们的成就感。对于那些性格内向、不善于与同学交往的大学生来说，网络更容易让他们着迷。另外一个很重要的原因是，网络可以提供一个无所顾忌的交流空间，个人的真实身份得以隐藏，不必像现实中那样有种种顾虑，可以毫无保留地敞开内心世界，从而使心灵获得极大放松，精神获得空前的愉悦感和满足感。长期沉迷网络带来的危害不可小觑，如心理上对网络的依赖导致大学生对其他事情包括学业缺乏兴趣；精力难以集中，记忆力衰退；情绪低落，悲观失望；睡眠不足。

**（四）缺少体育运动**

大学时期正是大学生精力旺盛、身体各部分机能达到最佳状态的时期，养成良好的锻炼习惯可以终身受益。进入大学以后，从紧张的高中学习生活转入宽松的大学校园生活，“船到码头车到岸”，许多大学生身心彻底放松。可以由自己支配的时间多了，可供自己选择的感兴趣的事情多了。没有了老师、父母的督促，许多大学生缺少体育运动的热情和习惯。

## 三、体育对大学生的影响

### （一）增强体质，树立自信心

大学生无论身体还是性格都具有可塑性，大学生活可以改变一个人的习惯。参加体育运动，可以帮助大学生养成良好的体育运动习惯，增强体质，塑造健壮完美的体形，树立自信心。参加体育运动是挑战自我、实现自我价值的一种方式。大学生可以通过参加体育运动战胜心理上的惰性，克服运动中的障碍，获得成就感，逐渐树立不怕困难的信心和战胜困难的勇气。体育运动可以提高大学生的体能，增强大学生的肌肉力量。健康的体魄和阳光的心境是产生自信心的另一源泉。

### （二）学习社会规范，培养合作精神

学习社会规范是人适应社会的前提和基础，也是人学会扮演各种社会角色的首要条件。大学生活带有一些理想化的色彩，但是通过课堂内外的学习熟悉各种社会规范是走向工作岗位之前不可缺少的环节。体育运动的过程就是一个学习社会规范的过程，每一个体育项目都有各自的规则，参与者除遵守体育项目规则外，还应遵守体育道德规范，违背这些规则就会受到惩罚，如对犯规的处罚、队友的批评、观众的谴责等。体育运动还有助于改变当代大学生以自我为中心的思想，因为许多体育项目不仅强调个人能力，更需要团队合作精神，如篮球、足球、排球非常讲究整体的配合和团队意识。体育运动中的这种整体观念和合作精神正是现代社会需要的宝贵素质。

### （三）组建体育社团，丰富校园文化生活

体育社团是一种大学生自觉自愿组织的群众性公益组织，在提高大学生自我管理能力和创新能力，以及推动高校校园文化建设方面起着重要作用。大学生在共同的体育兴趣爱好的召集下组建和管理体育社团，有利于个人素质的全面发展。无论是小社团还是大社团，体育社团日常工作的管理、体育活动的开展、各种组织及成员之间的相互沟通，可以起到全面锻炼人的作用。体育社团可以丰富校园文化生活，体育社团组织的各种体育活动是校园文化的重要内容。大学生参加积极、健康、向上的体育活动，不仅是大学生自身发展的客观要求，也是精神文明建设的需要。

### 思政课堂

体育可以培养大学生的良好品德，如诚信、团结、拼搏、尊重等，使之成为大学生的自觉行动，从而更好地践行党的二十大精神。大学生可以多参加社会实践，将党的二十大精神融入社会实践，以实际行动践行党的二十大精神。

# 第四节　大学生终身体育教育

## 一、终身体育

随着体育改革的深入以及人们对体育认识的加深，终身体育的概念于20世纪90年代出现。终身体育是指体育意识和体育运动习惯贯穿一个人生命的整个过程。这一过程既是体育意识及体育运动习惯的培养和维持过程，也是接受体育教育的过程。

终身体育是终身教育的延伸和发展，在联合国教育、科学及文化组织和其他有关国际机构的大力提倡、推广和普及下，自20世纪60年代中期以来，终身教育已经作为一个极其重要的教育概念在全世界广泛传播。和终身教育一样，终身体育具有终身性和全民性。终身体育强调人生的各个阶段都应该是体育学习和实践的过程，提倡不分性别、年龄、种族和贫富差异，每个人都应该成为终身体育的受益者和践行者。

## 二、大学体育教育与终身体育的关系

大学体育教育是学校体育教育的最后阶段，也是终身体育教育的重要环节，在人的成长过程中起着承上启下的重要作用。大学生既具备了接受体育教育的基础，又具备了一定的体育知识和技能，还初步了解了部分体育项目。大学体育教育的一个重要任务是在原有基础上进行必要提高和强化，促使大学生形成终身体育意识。

大学体育教育与终身体育还存在一种互动关系。大学体育教育使终身体育理念得到贯彻，而终身体育理念也对大学体育教育提出了改革要求。改变传统的体育教学内容和体育教学方法，为培养有终身体育意识和能力的大学生服务，是当前大学体育教学改革的方向。

## 三、大学生奠定终身体育基础的途径

### （一）培养终身体育意识

目前，仍有部分大学生认为，只要学好自己的专业知识就好，体育课和体育运动并不重要，同时他们对体育课和体育教师存在偏见。出现这种结果的原因是社会对体育的作用认知不足。为改变大学生的这种错误观念，激发和培养大学生参与体育运动的热情，大学体育教学的一个重要任务就是要培养大学生的终身体育意识。终身体育意识的培养不仅是体育教师和体育课教学的任务，也是高校人才培养的一个目标。高校应把培养大学生终身体育意识作为教学的重要内容。通过广播站、校园电视等多种宣传途径进行终身体育意识的教育，提高大学生对终身体育意识的认知，增加大学生的体育知识，改变大学生的一些错误的体育健身方法。通过开展丰富多彩的体育活动，特别是竞赛活动，提高大学生参加体育运动的兴趣，促使大学生参加体育运动。在大学体育教学中，体育教师应指导大学生根据自身的兴趣参加一个或多个体育项目，通过不间断的实践，加深大学生对体育项目的情感体验，并随时给予充分肯定，在提高大学生运动能力的基础上帮助大学生形成终身体育意识。

**（二）培养体育运动兴趣，养成体育运动习惯**

兴趣是最好的老师。培养体育运动兴趣是养成良好的体育运动习惯并最终形成终身体育意识的先决条件。兴趣的培养往往从人的需求出发。要让大学生产生体育运动兴趣，必须让大学生有参加体育运动的需求，这种需求的产生离不开对体育目的和功能的认知。只有意识到体育运动的重要性才会自主地进行体育运动。培养大学生的体育运动兴趣离不开体育教师的引导。一个知识丰富、有教养、教导有方的好教师是大学生模仿的对象，利用体育教师的个人魅力激发大学生参加体育运动的兴趣比空洞的说教更为有效。体育教学内容和体育教学方法的选择对培养大学生的体育运动兴趣同样重要。兴趣一旦形成，便会逐渐变成一种内在动力，使大学生自觉自愿地参加体育运动，养成良好的体育运动习惯。

**（三）培养终身体育能力**

能力的培养是素质教育的核心，体育能力的培养同样是素质教育的重要内容。培养终身体育能力是指在体育运动兴趣的引导下，通过高校体育教育和大学生个人的体育实践获得参与终身体育所必需的知识和专业技能。终身体育能力包括体育运动兴趣、体育知识、身体素质、体育技能、体育指导能力、适应环境变化能力等。要培养大学生的终身体育能力，体育运动兴趣是先导，体育知识是基础，身体素质是保证，体育技能是核心，体育指导能力和适应环境变化能力是延伸。

**（四）改变体育教学内容和教学方法**

高校体育教学担负着培养大学生终身体育意识的重要责任，高校体育教学改革必须围绕这一目的展开。在高校体育教学过程中，要充分考虑体育运动本身具有的竞争性、艺术性、娱乐性、观赏性、健身性等特点，结合学校硬件设施及大学生特点，选择合适的教学内容，吸引大学生自觉参与。在高校体育教学中，根据大学生特长和喜好进行分类指导，让大学生按照各自适宜的原则充分展示自己的运动才能。高校体育教学应建立适应终身体育能力培养的新课程体系，建立以终身体育为指导思想的新高校体育教学模式。在高校体育教学的组织形式上，必须改变传统的体育课的类型，解放思想，尝试运用全新的组织形式和教学方法把健康知识、锻炼方法、运动技能融为一体，最大限度地满足大学生参加体育运动的需求。高校应通过体育教学改革，使大学生掌握运动技能，增强体质，最终成为终身体育的践行者。

## 思政课堂

高校体育课程寓思想品德教育、文化科学教育、生活与体育技能教育于身体活动，是实施素质教育和培养全面发展人才的重要途径。开展体育思政教育可不断丰富高校体育教育的内涵，提高高校体育课程的育人效果。

# 第五节 《国家学生体质健康标准（2014 年修订）》解读

## 一、关于《国家学生体质健康标准》

人体的形态结构、生理功能、心理状态、运动能力和适应能力构成人的体质，这 5 个方面的状况决定着人们的体质水平。《国家学生体质健康标准》的实施是高校体育工作的重要环节。《国家学生体质健康标准》是由教育部、国家体育总局共同组织研制，于 2002 年 7 月正式颁布实施的，教育部于 2014 年进行了修订。

《国家学生体质健康标准（2014 年修订）》（以下简称《标准》）设置了符合我国高校实际情况、简便易行的测试项目，包括身高、体重、肺活量、50 米跑、坐位体前屈、立定跳远、1000 米跑（男）/800 米跑（女）、引体向上（男）/1 分钟仰卧起坐（女）。

## 二、实施《标准》相关规定

《标准》是国家学校教育工作的基础性指导文件和教育质量基本标准，是评价学生综合素质、评估学校工作和衡量各地教育发展的重要依据，是《国家体育运动标准》在学校的具体实施，适用于全日制普通小学、初中、普通高中、中等职业学校、普通高等学校的学生。

《标准》的修订坚持健康第一，落实《国家中长期教育改革和发展规划纲要（2010—2020 年）》、《国务院办公厅转发教育部等部门关于进一步加强学校体育工作若干意见的通知》（国办发〔2012〕53 号）和《教育部关于印发〈学生体质健康监测评价办法〉等三个文件的通知》（教体艺〔2014〕3 号）有关要求，着重提高《标准》应用的信度、效度和区分度，着重强化其教育激励、反馈调整和引导锻炼的功能，着重提高其教育监测和绩效评价的支撑能力。

《标准》从身体形态、身体机能和身体素质等方面综合评定学生的体质健康水平，是促进学生体质健康发展、激励学生积极进行身体锻炼的教育手段，是国家学生发展核心素养体系和学业质量标准的重要组成部分，是学生体质健康的个体评价标准。

《标准》将适用对象划分为以下组别：小学、初中、高中按每个年级为一组，其中小学为 6 组、初中为 3 组、高中为 3 组。大学一、二年级为一组，三、四年级为一组。

小学、初中、高中、大学各组别的测试指标均为必测指标。其中，身体形态类中的身高、体重，身体机能类中的肺活量，以及身体素质类中的 50 米跑、坐位体前屈为各年级学生共性指标。

《标准》的学年总分由标准分与附加分之和构成，满分为 120 分。标准分由各单项指标得分与权重乘积之和组成，满分为 100 分。附加分根据实测成绩确定，即对成绩超过 100 分的加分指标进行加分，满分为 20 分；大学的加分指标为男生引体向上和 1000 米跑，女生 1 分钟仰卧起坐和 800 米跑，各指标加分幅度均为 10 分。

根据学生学年总分评定等级：90.0 分及以上为优秀，80.0~89.9 分为良好，60.0~79.9

分为及格，59.9 分及以下为不及格。

每个学生每学年评定一次，记入《国家学生体质健康标准》登记卡（表 1–1）。特殊学制的学校，在填写登记卡时可以按规定和需求相应地增减栏目。学生毕业时的成绩和等级，按毕业当年学年总分的 50% 与其他学年总分平均得分的 50% 之和进行评定。

表 1–1 《国家学生体质健康标准》登记卡（大学样表）

学校：

| 姓名 | | | | 性别 | | | | | 学号 | | | | | |
|---|---|---|---|---|---|---|---|---|---|---|---|---|---|---|
| 院（系） | | | | 民族 | | | | | 出生日期 | | | | | |
| 单项指标 | 大一 | | | 大二 | | | 大三 | | | 大四 | | | 毕业成绩 | |
| | 成绩 | 得分 | 等级 | 成绩 | 得分 | 等级 | 成绩 | 得分 | 等级 | 成绩 | 得分 | 等级 | 得分 | 等级 |
| 体重指数（BMI）/（千克 · 米 $^{-2}$） | | | | | | | | | | | | | | |
| 肺活量 / 毫升 | | | | | | | | | | | | | | |
| 50 米跑 / 秒 | | | | | | | | | | | | | | |
| 坐位体前屈 / 厘米 | | | | | | | | | | | | | | |
| 立定跳远 / 厘米 | | | | | | | | | | | | | | |
| 引体向上（男）1 分钟仰卧起坐（女）/ 次 | | | | | | | | | | | | | | |
| 1000 米跑（男）/ 800 米跑（女）/（分 · 秒） | | | | | | | | | | | | | | |
| 标准分 | | | | | | | | | | | | | | |
| 加分指标 | 成绩 | 附加分 | | 成绩 | 附加分 | | 成绩 | 附加分 | | 成绩 | 附加分 | | | |
| 引体向上（男）/ 1 分钟仰卧起坐（女）/ 次 | | | | | | | | | | | | | | |
| 1000 米跑（男）/ 800 米跑（女）/（分 · 秒） | | | | | | | | | | | | | | |
| 学年总分 | | | | | | | | | | | | | | |
| 等级评定 | | | | | | | | | | | | | | |
| 体育教师签字 | | | | | | | | | | | | | | |
| 辅导员签字 | | | | | | | | | | | | | | |

学校签章：　　　　年　　月　　日

学生测试成绩评定达到良好及以上者，方可参加评优与评奖；成绩达到优秀者，方可获体育奖学分。测试成绩评定不及格者，在本学年度准予补测一次，补测仍不及格，则学年成绩评定为不及格。普通高中、中等职业学校和普通高等学校学生毕业时，《标准》测试的成绩达不到 50 分者按结业或肄业处理。

学生因病或残疾可向学校提交暂缓或免予执行《标准》的申请，经医疗单位证明，体育教学部门核准，可暂缓或免予执行《标准》，并填写免予执行《国家学生体质健康标准》申请表（表 1-2），存入学生档案。确实丧失运动能力、被免予执行《标准》的残疾学生，仍可参加评优与评奖，毕业时《标准》成绩需注明免测。

表 1-2　免予执行《国家学生体质健康标准》申请表

| | | | | | |
|---|---|---|---|---|---|
| 姓名 | | 性别 | | 学号 | |
| 班级 / 院（系） | | 民族 | | 出生日期 | |
| 原因 | 申请人：<br>年　月　日 | | | | |
| 体育教师签字 | | | 本人签字 | | |
| 学校体育部门意见 | 学校签章：<br>年　月　日 | | | | |

各学校每学年开展覆盖本校各年级学生的《标准》测试工作，《标准》测试数据经当地教育行政部门按要求审核后，通过学生体质健康网（www.csh.moe.edu.cn）上传至国家学生体质健康标准数据管理系统。测试和数据上传时间由教育行政部门确定。

## 三、学生体质达到健康标准的锻炼方法

### （一）身体素质概述

身体素质是指人体活动的一种能力，是人体在体育运动、劳动与生活中所表现出的力量、速度、耐力、灵敏及柔韧等能力。其取决于肌肉的解剖生理特点、肌肉工作时的供能情况、内脏器官及神经系统的调节。

众所周知，运动员没有好的身体素质就不可能取得好的运动成绩；而普通人没有好的身体素质则很难撑起生活和工作的压力，很难抵挡和克服自然对人体的侵袭。身体素质是每一个人提高健康水平的基础。人们通常认为身体素质是天生的，而忽略后天的培养。好的身体素质不仅能表明好的身体状态，还能直接影响人的心理品质。因此，我们必须注重人体“能力”的基础素质——身体素质的后天培养。了解自己身体素质的特点，选择适合自己的健身方法，制订适合自己的训练方法。

身体素质主要包括以下几个方面。

第一，速度素质。速度是人体进行快速运动的一种能力，具体表现形式有反应速度、动作速度及周期性的人体位移速度 3 种。速度是人们从事体育运动的各种素质的基础。

第二，力量素质。力量是指肌肉紧张或收缩时所表现出来的一种能力。人体力量分

为动力性力量、静力性力量、重量性力量、速度性力量、爆发力等。力量是人体进行正常的生活、工作和维持生命的重要机能素质之一。力量素质是体育运动的首要素质。

第三，耐力素质。耐力是指人体在尽可能长的时间内进行肌肉活动的能力，也可以视为人体抵抗疲劳的能力。从人体的整体看，耐力是全身耐力、肌肉耐力和心肺耐力的综合体现。耐力素质是维持长时间运动和工作的重要身体素质。

第四，柔韧素质。柔韧是指人体关节、关节周围组织、韧带、肌腱、肌肉与皮肤的伸展性。柔韧素质是由关节的骨结构和周围组织体积、髋关节的韧带肌腱、肌肉与皮肤的伸展性 3 个因素决定的（第 3 个因素对提高柔韧素质非常重要）。此外，肌肉活动协调性增加，关节活动幅度加大，都有助于柔韧素质的提高。柔韧素质可以直接影响人体协调性、动作幅度和肢体的灵活性。

第五，灵敏素质。灵敏素质是指人体在各种变换条件下，快速、协调、敏捷、准确地完成动作的能力。它是运动技能、神经反应和各种素质在运动过程中的综合表现，可在急停、起动、转向、闪动及多变的环境中，在迅速改变身体位置时表现出来。

### （二）身体素质的主要特点

第一，“用进废退”。坚持运动则可以保持或提高身体素质，一旦停止运动，身体素质就会下降。身体素质还会随着年龄的增长而下降。

第二，全面发展，相互促进。各项身体素质不是孤立存在的，它们是一个相互促进、相互制约的整体。

第三，各项身体素质是生命质量的基础。速度素质是人体机能的最高表现；力量素质可促进血液循环，使肌肉中更多的毛细血管开放，保护骨骼，使肌肉机能代谢加强；耐力素质最为主要的特点是有氧代谢，而有氧代谢既是十分科学的减肥方式，也是改善心血管机能、降血脂、改变高血压形成机制等的理想方法；柔韧素质和灵敏素质对人体的各种机能具有辅助的作用。

### （三）全面提高身体素质的原则

要全面提高身体素质，应遵循以下 5 个原则。

第一，持之以恒原则。身体素质的提高不是一朝一夕的事，必须长期坚持。

第二，针对性原则。结合自身特点制订具有针对性的提高计划。

第三，合理运动量原则。运动量的大小要互相调节，交叉安排，不可一味追求高强度、大运动量。

第四，多样化原则。坚持练习方法多样化，切忌方法单一。

第五，有效性原则。为确保身体素质的有效提高，应根据实际情况及时调整练习方法。

### （四）体质达到健康标准的措施与方法

1. 控制体重的措施与方法

（1）膳食控制法。通过膳食控制体重，需注意每天摄取的热能低于消耗的热能，使热能负平衡。节食也要适可而止，使蛋白质、维生素、钙和铁等的摄入维持一定的水平。更为重要的是，要积极参与体育运动，改变不良生活习惯，如改变睡懒觉、吃饭狼吞虎咽、以车代步等不良生活习惯。

（2）运动控制法。通过体育运动降低体重，应做到以下几点。

① 选择适宜的运动方式，如耐力性的项目，运动量大、激烈的对抗性项目，以及自己感兴趣的项目（如跳绳、爬山、滑冰、滑雪、划船等）。另外，在体育运动时要尽量使四肢和躯干的肌肉参与运动，避免只有局部小肌肉群参与运动。

② 选择适宜的体育运动次数和时间，每周至少要运动 3 次。每次运动持续时间应保持在 0.5~1 小时。超重的人每天早晨和下午各锻炼一次，比每天只进行一次较长时间的锻炼所消耗的热能更多。锻炼时间一般选择在下午 4—5 点，此时大多数人身体的基础代谢处于较低水平，这时锻炼不但能较多地消耗热能，还可以提高身体 20 分钟至数小时的基础代谢率，使热能得到进一步消耗。

③ 合理的运动强度是降低体重的关键。在开始体育运动时应以低强度长时间的锻炼方式为宜。当体重有所下降，健康水平得到一定程度的提高后，再加大运动量，增加运动时间，逐步增加运动强度，这样才能消耗体内更多的热能。

④ 体育运动与饮食控制相结合。要做到这一点，应具有坚强的控制力和毅力，从思想上予以重视。

2. 增加体重的措施与方法

（1）检查身体。当发现一段时间内体重下降不正常时，应立即到医院检查身体，看是否患有慢性疾病，如慢性腹泻、内分泌疾病等，这些疾病都会造成体重下降不正常。

（2）增加运动量，打破旧的代谢平衡。身体消瘦的人，体质常常也较弱，开始运动时应先选择一两项自己感兴趣、运动量较小的全身性运动项目，这样有利于坚持下去，使身体各部分的肌肉逐步且均匀地强大起来，促进各个内脏器官的健康发展。到达某一阶段后，可以进行一些专门性练习，如徒手和轻器械的力量练习。

（3）全面增加营养。适宜的营养是保持体能和健康的关键，对于增强体能和保持健康状态具有重要的作用。它可以促进人体生长发育和修复机体组织损伤，还可以满足人们每日身体运动所需的能量。

（4）尽量少食用咖啡、可口可乐等含咖啡因的饮料和食物，以及其他容易导致基础代谢增加的药物。

（5）保证休息，精神放松。人在睡眠时会分泌生长激素，新陈代谢也处于较低水平，消耗能量最少。充足的睡眠是健康成长的重要保证。

3. 提高心肺功能的措施与方法

提高心肺功能比较有效的运动主要是有氧运动。有氧运动是指运动时人体需氧量和摄氧量达到动态平衡的运动。做有氧运动时，体内不产生乳酸堆积，心率和呼吸保持在稳定的状态，因而持续运动时间长、安全性高、脂肪消耗多，有利于改善心血管系统的功能。有氧运动的种类繁多，主要分为户外的有氧运动和室内的有氧运动。户外的有氧运动常见的有步行、跑步、骑车、游泳、健身操、室外攀岩、徒步穿越、打篮球、踢足球、滑冰、滑雪等。室内的有氧运动常见的有各种有氧舞蹈、室内瑜伽、舍宾、普拉提等。提高心肺功能运用的健身器材主要有跑步机、登山器、划船器、健身车、椭圆机等中低运动强度且持续时间较长的功能器材。

（1）运动前预热。每次运动前需要有一个热身过程（准备活动），活动关节、韧带，拉伸四肢、腰背肌肉。然后从低强度运动开始，逐步进入适当强度的运动状态。

（2）接近而不超过靶心率。在运动时，可随时数一下脉搏，心率控制在 150 次 / 分以下，运动强度就是合适的，当然这是对于健康的运动者而言的，体弱多病者不应以此为依据判断合适的运动强度。如果运动时的心率只有 70~80 次 / 分，离靶心率相差甚远，就说明还没有达到有氧运动的标准。

（3）自我感觉。自我感觉是把握运动量和运动强度的重要指标。若出现轻度呼吸急促、有点心跳加速、周身微热、面色微红、少量排汗，表明运动适量；若有明显的心慌、气短、心口发热、头晕、大汗、疲惫不堪，则表明运动过量。

（4）持续时间。一般健康者每次有氧运动时间不应少于 20 分钟，可长至 2 小时，主要根据个人体质情况而定。每周可进行 3~5 次有氧运动，次数太少难以达到运动目的。

（5）后发症状。后发症状，即运动过后的不适感觉，可据此衡量运动量是否适宜。一般人在运动后，会有周身轻度不适、疲倦、肌肉酸痛等感觉，休息后很快会消失，这是正常现象。如果症状明显，感觉疲惫不堪、肌肉疼痛，而且一两天不能消失，这说明中间代谢产物在细胞和血液循环中堆积过多。这是无氧运动的典型症状，下次运动应适当减量。

（6）循序渐进。运动强度应从低等强度向中等强度逐渐过渡，持续时间应逐渐加长，运动次数应由少增多。体弱者或患有慢性疾病者更要掌握好运动强度。

4. 增强肌肉力量和肌肉耐力的措施与方法

力量练习是增强肌肉力量的基本手段。不论性别和年龄的差异，只要每周进行适当的力量练习，就可以强化肌肉组织，促进健康。

增强肌肉力量和肌肉耐力的措施与方法如下。

（1）以健身和保持形体为目的，力量训练和有氧训练相结合。每周 2~3 次力量练习，3~4 次有氧练习。力量练习采用 40%~50% 重量的中低强度，以增强肌肉弹性。身体每个部位练习 2 组，每组 15~20 次，腰腹的练习次数应多些。

（2）以增加体重、增强体质为目的，以力量练习为主，以有氧练习为辅。每周至少进行 3 次力量练习，隔天为宜，有氧练习作为力量练习前的热身。力量练习采用 50%~70% 重量的中等强度，以增加对肌肉的刺激。每组做到接近极限的次数，每个部位每周练习 2 次，每次练习 10~15 次，重复 2~3 组。

（3）以减轻体重、减少脂肪为目的，以有氧练习为主，以力量练习为辅。力量练习每周 3 次，采用低强度、多次数的方法，腰、腹、臀等部位每周进行力量练习 3 次，其余部位 1 次。25~30 次为一组，重复 2~3 组。需要注意的是，每周体重下降应控制在 0.5~1 千克范围内。

5. 提高柔韧素质的措施与方法

要提高身体的柔韧素质，有两种伸展练习方式：一种是动力性伸展练习，另一种是静力性伸展练习。适宜提高柔韧素质的体育项目有跆拳道、武术、毽球及各种球类运动。可以提高柔韧素质的体育运动手段有立位体前屈、俯撑收腿、坐位压腿、压肩、反“V”字形走、握踝走等。科学安排柔韧性练习的基本要求：①做柔韧性练习之前一定要做热身活动，以身体感到微微出汗为宜。②每周应进行3~5次的柔韧性练习，做到低强度、长时间和多次数。③柔韧性练习的强度应逐渐增加，做到酸加、痛减、麻停。④要循序渐进地安排柔韧性练习的时间。在练习起始阶段，对每一项内容要重复3次，每次使肌肉和关节保持静止10秒即可；经过一段时间的练习后，重复次数和保持时间可以逐渐增加到3次以上和30秒。⑤柔韧性练习应兼顾身体各关节、肌肉柔韧性的全面发展。

## 思政课堂

“青年兴则国家兴，青年强则国家强。”大学生的全面健康是保障其成长、成才的重要基础。大学生只有保持全面健康，才能承担起建设中国特色社会主义、实现中华民族伟大复兴的历史使命和历史重任。

# 第二章　田径运动

田径运动是径赛、田赛和全能运动的统称。其中，径赛特指在田径场的跑道上所进行的各种跑的项目。跳跃与投掷项目统称田赛。由跑、跳跃、投掷的部分项目组成的项目称为全能运动，如男子十项全能运动、女子七项全能运动等。田径运动能有效地发展速度、力量、灵敏、协调等身体素质，增强体质，帮助运动员获得运动技能，提高运动成绩，培养意志品质。随着社会的发展，田径运动已广泛普及。

## 第一节　跑

跑不仅是竞技项目，还是锻炼身体时常用的训练手段。经常进行跑步练习，能促进人体神经兴奋和抑制过程迅速交替，提高神经过程的灵活性；改善物质代谢，提高人体运动器官和内脏器官在任何条件下工作的能力；发展人体速度、耐力、力量、灵敏等素质；培养竞争意识和坚毅、顽强的意志品质；等等。发展跑的能力对人类的发展起着非常重要的作用。因此，跑已成为我国各级各类学校体育教学大纲规定的教学内容和《国家体育锻炼标准》规定的锻炼、测验项目。

跑一般分为短跑（400 米以下）、中长跑（800~10 000 米）和超长跑（10 000 米以上）。

### 一、短跑

短跑的全程技术由 4 个部分组成，即起跑、起跑后的加速跑、途中跑和终点冲刺跑。全程跑的成绩取决于起跑的反应速度、起跑后的加速能力、保持最高速度跑进的距离及各部分技术完成的质量等。短跑完整动作示意如图 2–1 所示。

#### （一）起跑

起跑是短跑技术的重要环节。其任务是利用合理的技术动作，使身体迅速摆脱静止状态，并获得一定的前冲速度，为起跑后的加速跑创造有利条件。起跑姿势如图 2–2 所示。

图 2-1

图 2-2

起跑过程由各就位、预备和鸣枪 3 个部分组成。其技术要求如下。

1. 各就位

当听到“各就位”口令后，先做 2~3 次深呼吸，然后到起跑器前两手扶地，两脚依次蹬上起跑器（力量大的脚在前），后腿以膝跪地，两手撤回，放于紧靠起跑线的边沿处，四指并拢，与拇指呈“八”字形支撑，两臂伸直，稍宽于肩；颈部放松，目视前下方，整个身体处于稳定状态，注意听“预备”口令。

2. 预备

当听到“预备”口令后，身体重心前移，提臀并稍高于肩，体重主要落在两手和前脚上；两手紧贴在起跑线上，头部自然放松，屏气听枪声。

3. 鸣枪

当听到枪声时，两手迅速推离地面，两脚同时发力，后腿积极屈膝前摆，前腿充分蹬直，两臂快速前后用力摆动。

短距离起跑必须采用蹲踞式起跑并使用起跑器。安装起跑器的方法有拉长式和普通式两种。

## 知识窗

**起跑的演变**

最初的起跑是运动员出发时用一只手抓住绳子，站着起跑，并利用后蹬巨石的力量冲出起跑线。到 18 世纪末，运动员站在起跑点上，由裁判员喊一声“跑”，比赛就算开始。随后，出现了各种起跑方法，如分手起跑法、双方同意起跑法、卧倒起跑法等。蹲踞式起跑是受袋鼠启发而发明的。袋鼠在起跳时总是后腿弯曲，身体低低地俯下去。

### （二）起跑后的加速跑

起跑后的加速跑是从人两脚蹬离起跑器开始至转入途中跑为止的跑段。其任务是借助起跑所获得的前冲速度，顺势向前跑出，力争在较短的距离内达到最高速度，为过渡到途中跑创造有利条件。该跑段的距离为25~30米，男子用15步、女子用15~17步完成。

后腿在蹬离抵足板并完成前摆动作后，积极下压着地，着地点应尽量靠近身体重心投影点，随后迅速转入后蹬。两臂沿跑进方向快速有力地摆动，前摆时肘关节小于90°，后摆时稍大于90°。起跑后呈现步长逐渐加大、步频逐渐加快、上体逐渐抬起、两脚落点逐渐靠近一条直线、大腿前摆过程中膝关节折叠角度逐渐减小等特征。技术要求是在加强后蹬的前提下，逐渐加大步幅，上体逐渐抬起，两脚着地点逐渐在一条直线上。

### （三）途中跑

途中跑是短跑全程中距离最长、速度最快的一个跑段。其主要任务是继续发挥和保持最高跑速。其技术特点可以归纳为高重心、协调、直线、向前和平稳。

1. 上肢技术

途中跑时，躯干保持正直或稍前倾，挺胸，收腹，拔腰，头部正直，颈部放松。摆臂动作以肩为轴，两手腕、手指自然伸直或半握拳，轻快有力地贴身前后摆动。前摆时，手的高度略超过下颌；后摆时，摆至上臂约与肩同高。肘关节角度在摆动过程中是有变化的，在垂直部位时，上臂与前臂的夹角为130°~150°；前摆结束时，上臂与前臂的夹角为60°~90°；后摆结束时，上臂与前臂的夹角约为90°。

2. 下肢技术

以髋为轴的高速摆动是途中跑技术的本质特征。为了便于叙述，本书将途中跑的动作结构分为后蹬与前摆、腾空剪绞、着地缓冲。

（1）后蹬与前摆。当身体重心移过支撑点垂直面时，即进入支撑腿的后蹬动作，而另一侧的摆动腿膝关节充分折叠并超越支撑腿，快速有力地向前上方摆动，带动同侧骨盆前送。同时，在摆动腿前摆动作的配合下，支撑腿的髋、膝、踝关节快速有力地伸展，直至蹬离地面。支撑腿蹬离地面瞬间，摆动腿处于前摆的最高点，此时摆动腿大腿与水平面的夹角为15°~20°，膝关节放松，小腿自然下垂，支撑腿的支点和髋关节连线与地面的夹角为50°~60°，两腿的夹角为100°~110°。

（2）腾空剪绞。当支撑腿蹬离地面后，人体便进入腾空状态，即无支撑状态。此时，由于支撑腿蹬后的惯性作用和大腿的摆动，小腿迅速向大腿靠拢。当大、小腿边前摆边折叠时，摆动腿积极下压，膝关节放松，小腿随大腿下压的惯性向前下方摆出，做积极的下落动作，着地前膝关节几乎伸直。两腿快速进行“剪绞”动作，特别是前腿下压动作，将有利于完成落地后的后续动作。腾空时，不参与工作的肌肉应保持放松状态。

（3）着地缓冲。当腾空即将结束时，摆动腿积极下落，用前脚掌富有弹性地着地，着地点距身体重心投影点27~37厘米，着地角为65°~68°。着地动作积极，有利于缩短前支撑时间和减小由此产生的阻力。缓冲主要是着地的支撑腿由于重力的作用而形成膝关节和踝关节的弯曲动作，这不仅有利于身体重心迅速前移并通过支撑点上方，也预先拉长了下肢的伸肌群，为后蹬动作创造了有利条件。但应注意，缓冲时，膝关节不应过分弯曲，否则会导致身体重心起伏过大。

在支撑腿着地缓冲过程中，另一侧摆动腿的大、小腿折叠，迅速向前摆动，当腿摆至接近垂直于地面时，大、小腿折叠达到最小限度，脚跟几乎贴近臀部。大、小腿折叠越充分，越能缩短摆动半径，加快前摆速度。

进入弯道时，身体应朝对应方向倾斜，以产生积极的向心力，克服离心力；左脚以前脚掌外侧、右脚以脚掌内侧着地，左臂摆动幅度相对减小，右臂摆动加大。跑出弯道时，身体应在对准直道时及时摆正。

**（四）终点冲刺跑**

终点冲刺跑是全程跑的最后一个跑段，距离为 15~20 米。其任务是保持途中跑的身体姿势和速度跑过终点。在抵达终点的最后两步时，前倾躯干，用胸或肩撞终点线，然后大步缓冲减速。

**（五）短跑的练习方法**

1. 增加步长的练习方法

（1）后蹬跑练习方法。先做原地单腿交换跳，动作幅度逐渐加大，然后过渡到行进间跨跳步，再由行进间跨跳步过渡到后蹬跑，然后采用蹬跑前进 30~40 米，最后过渡到途中跑。

技术要点：上体稍前倾，支撑腿的髋、膝、踝 3 个关节充分蹬直，最后用脚尖蹬离地面；摆动腿以膝领先大腿用力带动髋部向前摆出，然后大腿积极下压，用脚掌着地；两脚掌配合腿部动作做有力的前后摆。

练习要求：体会、改进和完善跑时支撑腿后蹬的技术，发展后蹬肌肉群的力量，起到增大步幅的作用。

（2）下坡跑练习方法。在 30~60 米长、10°~25° 坡度的道路上，由上而下自然跑动，动作幅度逐渐加大，然后过渡到平坦的路面。采用途中跑 50~60 米跑的方法进行练习。另外，可采用多级跳等方法练习。

技术要点：上体稍前倾，支撑腿自然蹬伸，摆动腿以膝领先大腿用力带动髋部向前摆出，然后大腿积极下压，膝关节放松；利用坡度，小腿自然前伸并用前脚掌着地；两臂配合腿部动作积极摆动。

练习要求：体会、改进和完善跑时支撑腿后前摆的技术，提高大腿在快速下压过程中的小腿前伸技术；发展腿部肌肉群的力量，起到增大步幅的作用。

2. 提高步频的练习方法

（1）小步跑练习方法。①手扶肋木做原地小步跑。②行进间做小步跑，先慢后快，逐渐加快频率；也可采用小步跑 20~30 米，然后过渡到途中跑的方法进行练习。

技术要点：跑时，上体正直或稍前倾，身体重心保持较高部位，摆动腿稍抬起，膝关节放松，然后腿积极下压，小腿随大腿下压的惯性前伸，并快速以前脚掌积极着地；着地后膝关节伸直，踝关节弯曲缓冲；两臂配合腿部动作做前后摆动。

练习要求：体会两脚快速扒地的技术，动作放松。

（2）高抬腿跑练习方法。①手扶肋木做原地支撑高抬腿跑练习。②行进间做高抬腿跑练习，先慢后快，逐渐加快频率。可采用高抬腿跑 20~30 米，然后过渡到途中跑的方法进行练习。

技术要点：上体正直或稍前倾，身体重心保持较高部位；摆动腿前摆在腿下压的惯性下前伸，并快速以前脚掌积极着地；着地后支撑腿的髋、膝、踝 3 个关节伸直；两臂与腿部动作配合做前后摆动。

练习要求：体会、改进和完善跑时摆动腿前摆高抬和快速下压的技术，发展抬腿肌肉群的力量，提高跑的步频。

3. 提高短跑能力的综合练习

练习方法：① 30~100 米直线、曲线、折线后退跑，接力跑（迎面、往返、圆圈接力等），以及各种跨越障碍跑等。②计时跑，全程跑 100 米、200 米、400 米及 4 × 100 米接力等。

技术要点：基本同短跑技术要点，但根据不同形式提出相应的技术要求。

练习要求：①各种形式的短跑都应尽量按照要求去做，除后退跑外，其他练习均不能破坏短跑的技术结构。②各种游戏性接力跑，其游戏方法和规则可自定。

#### 安全提示

（1）确保练习者在每次课前做热身运动，以防止肌肉因快速收缩而撕裂和拉伤。课前应从放松的慢跑和各种柔韧性练习开始。特别是天气寒冷时，赛前热身运动应更加充分。

（2）力量训练是现代短跑运动员的一项重要训练，但过度的力量训练对短跑不利，容易导致肌肉的僵硬。

（3）在训练过程中，跑道应空旷且距离足够长，避免相互踩踏和碰撞，且要学会使用和维护钉鞋。

（4）务必严格管理发令枪和弹药，不乱摆放装弹的发令枪。

## 二、接力跑

接力跑是田径运动中的集体项目，源于人们生活中的接力游戏。群众性的体育运动中有许多不同形式的接力比赛，如穿梭接力、团体接力、异程接力等，但是正式的比赛项目只有 4 × 100 米接力跑和 4 × 400 米接力跑。

### （一）4 × 100 米接力跑技术

接力跑的突出特点是在快速跑进中完成传、接棒。对传、接棒技术要求最高的就是 4 × 100 米接力跑。4 × 100 米接力跑技术是主要的接力跑技术。

#### 知识窗

**接力跑简介**

奥运会比赛项目分男、女 4 × 100 米接力跑和 4 × 400 米接力跑。1908 年，第 4 届奥运会首次设立接力跑项目，但 4 名运动员所跑距离不等。1912 年，第 5 届奥运会改设

4×100 米接力跑和 4×400 米接力跑。女子 4×100 米接力跑和 4×400 米接力跑分别于 1928 年、1972 年被列为奥运会正式比赛项目。接力跑比赛规定：接力跑运动员必须持棒跑完各自规定的距离，并且必须在 20 米的接力区内完成传、接棒。

1. 起跑

（1）持棒起跑。第 1 棒运动员采用蹲踞式起跑，通常右手持棒，其基本技术类同短跑起跑，但接力棒不得触及起跑线及起跑线前面的地面。持棒的方法一般是用中指、无名指和小指握住棒的末端，用拇指和食指分开撑地。

（2）接棒起跑。第 2、第 3、第 4 棒多采用站立或半蹲式起跑。第 2、第 4 棒运动员站在跑道外侧，第 3 棒运动员站在跑道内侧。接棒运动员对于起跑姿势的选择，主要取决于能否快速起跑和进入加速跑，并能清晰地看到传棒运动员及设定的起动标志。

2. 传、接棒

（1）预跑。因为传、接棒是在高速跑中进行的，所以接棒运动员必须在接棒之前就发挥出较高甚至是最高的速度。这一段的跑进即为预跑。开始预跑的时机，应视接棒一方 20 米的起跑速度和传棒一方最后的 20 米跑进速度的情况而定。一般是在起跑处后 4~6 米处做一个起跑标志，然后通过反复练习校正，最后确定准确的距离和时机。

（2）传、接棒方法。①上挑式：传棒运动员手握棒的后端，由下而上地将棒送入接棒运动员手中；接棒运动员的掌心向后、虎口向下，臂自然向后伸出（图 2–3a）。②下压式：接棒运动员的手臂自然向后伸直，掌心向上，虎口向后；传棒运动员将棒的前端由上而下地放入接棒运动员手中（图 2–3b）。③混合式：以上两种手法的结合。第 1、第 3 棒运动员传棒时用上挑式，第 2 棒运动员传棒时用下压式。

**（二）接力跑的练习方法**

1. 学练传、接棒方法

其具体方法有两种：①原地摆臂做传、接棒的手法练习；②慢跑行进中做传、接棒的手法练习。

a　　　　b

图 2–3

2. 学练传、接棒的配合

其具体方法：①两人一组，拉开适当距离（20 米左右），跑进中做传、接棒练习；②接棒一方画出起动标志线，按传棒运动员口号进行起跑和传、接棒练习；③4 人一组，在 100 米内，间距 25 米进行传、接棒练习。可计时，可几组一起比赛。

## 三、中长跑

通常我们把中跑和长跑统称为中长跑。在正式比赛中，把 800 米跑、1500 米跑和 3000 米跑定为中跑，把 5000 米跑和 10 000 米跑定为长跑。全程马拉松（42.195 千米）为超长跑。从生理学角度分析，中跑是无氧和有氧的混合代谢过程，长跑是典型的有氧代谢过程。经常进行中长跑运动，可以有效地提高人体的心肺功能，发展耐力素质；同时，对培养人坚毅顽强的意志也有积极的作用。

### （一）中长跑技术

中长跑技术与短跑技术基本相同，只是由于距离的长短和跑速不同，而在跑的技术细节上有不同程度的差异。

1. 起跑

中跑多采用半蹲式或站立式起跑，长跑一般采用站立式起跑。

中长跑的起跑只有两个口令，即“各就位”“鸣枪”。比赛时，运动员应站在起跑线后 3 米的集合线上，当听到“各就位”口令后，迅速走到起跑线后，身体稳定下来听枪声跑出。起跑的方法有以下两种。

（1）半蹲式起跑。两脚前后开立，一只手虎口向前呈“八”字形撑于起跑线后，另一侧手臂置于体侧后方。体重主要落在前脚和支撑手上。鸣枪后，前脚积极蹬地，两臂前后摆动，后脚迅速向前摆出。

（2）站立式起跑。两脚前后站立，上体前倾，重心落于前脚，后脚用前脚掌着地，两臂前后张开。鸣枪后，前脚蹬地，后腿积极前摆，两臂协调用力摆动，顺势向前跑出。

2. 起跑后的加速跑

利用起跑获得的向前冲力，积极迅速地向前跑出，力争在较短的时间内较快地发挥出最快速度。加速跑的距离，应根据项目、个人特点和战术需要而定。为能很好地跑完全程，应在跑的开始就注意有节奏地呼吸。

3. 途中跑

途中跑是中长跑的主要部分，其技术结构基本同短跑。有所不同的是，两腿与两臂的动作幅度明显小于短跑。据测定，中长跑的脚蹬地角度在 55° 左右，膝关节不完全伸直，一般为 160°~170°，蹬伸结束后应快速向前摆腿。手臂弯曲，两肩放松，以肩为轴，前后自然摆动。摆动幅度随跑速变化而适当变化。动作轻松、自然、平稳，富有节奏。特别是呼吸，有明显的节奏要求。例如，两步一呼或三步一呼，两步一吸或三步一吸。为充分保证呼吸深度，嘴可半张辅助呼吸。

4. 终点跑

终点跑是将近终点的一段加速冲刺跑，其距离应根据个人的体力和对手的情况来确定。现代中长跑比赛的终点跑距离有显著加长的趋势。一般 800 米跑可在最后 200 米左右开始加速冲刺，1500 米跑可在最后 300 米左右开始加速冲刺，3000 米跑及以上的可在最后一圈时开始加速冲刺。

在参赛运动员训练水平比较接近的情况下，终点跑对取得比赛的最后胜利起着决定性作用。因此，随着训练水平的提高，应重视和加强终点跑能力的训练。

**（二）中长跑的练习方法**

1. 耐力素质训练

耐力素质，特别是有氧耐力对于中长跑运动尤为重要。发展有氧耐力素质主要是发展有氧代谢的能力，最终目的是提高最大吸氧量。有氧耐力训练的主要方法是持续负荷法和间歇负荷法。在接近无氧阈速度下进行有氧训练的强度是最佳负荷强度，对提高有氧耐力效果最好。

**知识窗**

**乳酸阈**

在递增负荷运动中，血乳酸浓度随运动负荷的递增而增加，当运动强度达到某一负荷时，血乳酸出现急剧增加的拐点称为“乳酸阈”，这一点对应的强度称为乳酸阈强度。它反映机体内功能方式由以有氧代谢为主过渡到以无氧代谢为主的临界点或转折点。乳酸阈强度是指导耐力训练十分有效的指标之一。

2. 速度素质训练

速度素质是达到高水平成绩的关键因素之一。世界级的优秀运动员都具有较高水平的速度素质。

（1）速度素质的特征。第一个特征是在 3 种速度（反应速度、动作速度和位移速度）的表现形式中重视位移速度；第二个特征是更加重视保持速度的能力，在加速能力上重点发展途中跑能力和终点跑能力（冲刺能力）；第三个特征是发展速度的两个因素，即步频和步长，在发展自然步长的情况下着重发展步频。

（2）提高速度素质的方法。一般的速度训练方法：①行进间跑（30~60）米 ×3 次 × 3 组，控制在 95%~100% 的强度；②反复跑（30~60）米 ×（4~5）次 ×（2~3）组；③上坡跑、下坡跑 60~80 米；④让距追逐跑 60~100 米。

特殊的速度训练方法：① 20 米加速跑之后惯性跑 30~60 米；②下缓坡或顺风放松高频率跑；③胶带牵引跑 60~80 米；④越野途中加速跑（30~60）米 ×10 次；⑤快速摆臂和快速原地高抬腿跑的速度练习。

（3）根据不同距离衡量速度。一般中跑常用行进间 100 米和 400 米衡量速度，而长跑一般用 1500 米衡量速度，马拉松则以 5000 米衡量速度。

3. 力量素质训练

提高力量素质的训练方法如下。

（1）采用较长时间的跳跃，如 100~200 米单足跳、跨步跳、后蹬跑、轻跳；也可以采用立定跳、多级跳、蛙跳、跳远、跳高、各种跳跃游戏。

（2）俯卧撑、立卧撑、俯卧屈伸腿、轻器械练习（如实心球、哑铃、沙衣、沙袋等）。

（3）利用地形条件（山坡、沙滩、草地、松软土地和雪地）进行跑跳的练习。

（4）器械体操（如单杠、双杠、跳马等）。

（5）其他负重练习（如杠铃等）。

在进行力量训练时还需考虑上、下肢，腰、腹肌的协调发展，长跑运动员更应突出以耐力和力量为主的身体训练。

中长跑运动员还可以通过各种球类、体操、武术、游泳、滑冰、自行车、跨栏及其他田径项目进行全面的身体训练。

**（三）练习中长跑应注意的问题**

在中长跑的练习中，练习者一般会出现胸闷、气促、乏力等状况，以及似乎不能再跑下去的感觉，这种现象称为运动“极点”，它是正常的生理反应。“极点”出现时，应稍放慢跑速，注意调整呼吸，以顽强的毅力坚持跑下去，这种感觉会较快消失。

第一，中长跑练习的全过程中都应注意有节奏地呼吸。

第二，应不断改进跑的技术，身体重心的起伏不应过大，并应防止身体左右摇摆。

第三，进行中长跑训练，应定期检查身体和掌握自我医务监督的方法；参加长跑比赛前，应进行身体检查。

### 安全提示

（1）马拉松跑和长跑路线尽量不要横越交通车道，如有必要，须通知交通警察，并组织比赛指挥员。

（2）检查越野赛路线中各种隐藏的和可见的危险，如坑洼、树根和尖石等。

（3）不管是训练还是比赛，都应考虑参加者的年龄、跑的距离、参加者的人数及天气状况等因素。

（4）特别热的天气需要注意补水，特别冷的天气则要穿得暖和些，如有必要应戴上帽子和手套。

## 第二节 跳跃

跳跃运动是运用人体自身的能力或借助特定的器材，根据不同项目的特点和要求，通过一定的运动形式使人体跳跃尽可能高的高度和尽可能远的远度。田径运动中的跳跃项目包括跳高、跳远、三级跳远和撑竿跳高。其中，三级跳远和撑竿跳高过去一直是男子的比赛项目，自 20 世纪 80 年代初，这两个项目也在女子中开展起来。经常参加跳跃项目的练习和比赛，不仅能有效地发展速度、力量、灵敏等身体素质，而且能提高弹跳和跳越障碍的能力，还能培养勇敢、果断的意志品质和勇于攀高的精神。

## 一、跳高

### （一）背越式跳高技术

背越式跳高技术由助跑、起跳、过杆和落地 4 个部分组成。其主要优点在于能通过合理的身体姿势，最大限度地利用腾空高度越过横杆。

**知识窗**

#### 最早的跳高比赛

最早的跳高比赛大约在 1700 年，当时的跳高是体操跳跃项目。比赛时，没有沙坑，也没有跳高架，只是在两根桩间拴紧一条绳子，绳子前面放一块木板，运动员从正面助跑，单脚蹬踏木板起跳，然后两腿屈膝，呈蹲立姿势越过绳子。比赛只判定胜负，不丈量高度。这种形式延续了 100 多年。

1. 助跑

背越式跳高的助跑一般分为两个部分：一是面向横杆，直线跑 3~5 步；二是沿弧线跑 4 步。直线跑时身体要正直，步幅应自然、开阔；弧线跑时身体要向内侧倾斜（倾向圆心），跑速越快，倾斜度应越大。整个助跑的速度应呈明显加速的节奏，以利于快而有力地起跳。当助跑结束的瞬间，身体应侧对横杆，用远离横杆的脚起跳。

助跑距离的丈量，通常采用走步丈量法。具体做法如下：先确定起跳点（其位置一般是在助跑一侧，离跳高架 1 米、离横杆垂直面 50~80 厘米处），然后由起跳点沿横杆的平行方向走 5 步（指自然行进步），再向右（以左脚起跳为例）呈直角走 6 步做一标志，再走 7 步画出起跑点。由标志向起跳点画一条弧线连接（半径约 5 米），此弧线为弧线助跑段落。这条弧线助跑为 4 步，直段跑也是 4 步，全程共 8 步。这种丈量方法简便、实用，但要使步点准确，必须反复调整和修正。

2. 起跳

（1）起跳任务。起跳任务是使运动员获得适宜的身体重心腾起角，在起跳瞬间使运动员获得最高的身体重心高度，并获得较快的起跳垂直速度，以利于获得最高的身体重心腾起高度。

（2）起跳动作结构。①起跳脚着地瞬间动作结构：背越式跳高倒数第 2 步摆动腿采用“硬撑式”的快速摆动，膝关节弯曲度小，以摆动脚前脚掌内侧着地，后蹬角度较大，有利于起跳腿的快速踏跳动作。②起跳腿垂直支撑瞬间动作结构：背越式起跳在垂直支撑瞬间，起跳腿的膝关节角度为 140°~148°，摆动腿弯曲度变大，上体稍在起跳腿的内侧，髋关节夹角为 130°~140°，摆动侧髋仍领先并高于起跳侧髋，摆动侧肩仍领先并高于起跳侧肩，身体重心基本在支撑点上面稍偏内，整个身体内倾。

（3）摆动。①摆动腿的摆动：背越式跳高采用的是屈腿或折叠式的摆动方法。直腿摆动的惯性力可占体重的 137%~148%，屈腿摆动的惯性力可占体重的 70.6%。②两臂的摆动：摆臂的方法有交叉双臂摆动和交叉单臂摆动两种。

3. 过杆和落地

由于起跳时身体侧向横杆，摆动腿屈膝内扣摆动，所以身体在沿助跑弧线的切线方向向横杆飞去的同时逐渐转向，背对横杆。此时，摆动腿放松下放，肩向后伸展，头、肩先越过横杆，髋部充分展开，身体呈背弓姿势，背部与横杆呈正交叉状态。当臀部越过横杆后，两臂向体前平伸，两腿上举，大腿和小腿依次越过横杆，背部落于海绵垫上。

**（二）背越式跳高的练习方法**

1. 学习和掌握杆上动作

（1）仰卧垫上，两肩和两脚撑地，向上抬臂、挺髋。

（2）背向垫子站立，然后向后倒体，同时向上挺髋，以肩着垫子呈“桥”形。

（3）背向垫子，原地向后上方跳起，同时倒肩、挺髋、展体，呈背弓姿势，然后以肩背落垫。

（4）按照（3）的动作要求，做原地背向过低横杆或橡皮筋练习。

2. 学习和掌握起跳动作

（1）原地站立，摆动腿屈向异侧肩方向提摆，两臂提肩上摆。

（2）上一步，按照（1）向上跳起，顺势转体 90° 落地。

（3）沿半径为 5 米的圆弧跑 4 步，做起跳动作。

3. 学习和掌握助跑与起跳结合技术

（1）4 步弧线助跑，接起跳练习。

（2）丈量出 6~8 步助跑距离并画线，如图 2–4 所示。沿线做助跑起跳练习。

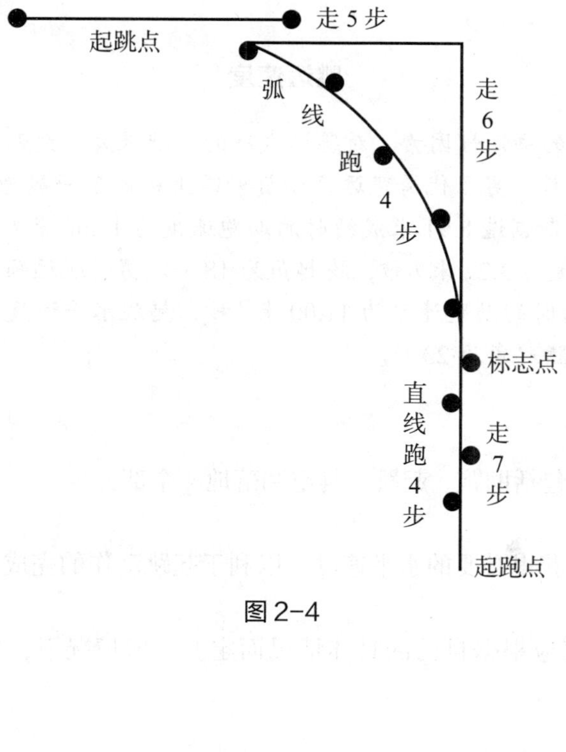


图 2–4

4. 学练完整技术

（1）4 步或 6 步助跑跳上高垫练习（仰卧于高垫上）。

（2）4 步弧线助跑，跳越低横杆。

（3）全程距离助跑背越式跳高练习，如图 2-5 所示。

（4）参加技术考评、测验或比赛。

图 2-5

## 二、跳远

跳远是一项速度与弹跳力量相结合的项目。经常进行跳远练习，既可以发展速度、灵敏、协调等素质及弹跳能力，又可以培养坚毅、勇敢等意志品质。

### 知识窗

**跳远速度**

速度是跳远远度的决定性因素，对跳远成绩的贡献很大。大部分优秀的跳远运动员也是优秀的短跑运动员，男子优秀跳远运动员助跑上板速度一般为 10.50~11.00 米 / 秒。著名跳远运动员刘易斯创造 8.91 米成绩时的助跑速度为 11.06 米 / 秒，起跳水平速度为 9.72 米 / 秒，垂直速度为 3.22 米 / 秒，腾起角为 18.3°。男子跳远项目世界纪录保持者鲍威尔创造 8.95 米成绩时的助跑速度为 11.00 米 / 秒，起跳水平速度为 9.09 米 / 秒，垂直速度为 3.79 米 / 秒，腾起角为 23.1°。

### （一）跳远技术

跳远的完整技术包括助跑、起跳、腾空和落地 4 个部分。

1. 助跑

助跑的作用在于获得必要的水平速度，以利于起跳动作的完成。助跑速度直接关系到跳远的成绩。

跳远的助跑距离应根据自己的具体情况而定。一般情况下，男子在 30~40 米，跑

18~22 步；女子在 25~35 米，跑 16~30 步。确定助跑步数之后，须反复校正，并可在起跑点和最后 8 步或 6 步处做标记。

助跑一般从静止姿势开始，用“站立式”或“半蹲式”起跑，转入加速跑；也可以从行进中（先走几步）踏上起点线后开始加速助跑。加速的方式，可从助跑开始就积极加速跑出，也可逐渐加快速度。助跑应平衡、轻松而有弹性，有稳定的节奏，并保证发挥出所能控制的最高速度。从助跑的动作过程看，开始时，上体前倾，充分后蹬，大腿积极前摆，两臂用力摆动；助跑的中段，上体逐渐抬起，上、下肢摆动幅度增大，最后 6~8 步达到最大步长，并在起跳前达到最高步频，上体与地面成 90° 角；助跑最后一步的步幅应适当缩短。

2. 起跳

起跳动作应以最小的水平速度的损耗而获得必要的垂直速度，使身体向前上方腾起。据测定，优秀运动员的腾空初速度可达 9.2~9.6 米 / 秒，身体重心的腾起角为 18°~24°，高度可达 50~70 厘米。起跳动作可分为脚着地、缓冲和蹬伸 3 个部分。

（1）脚着地。助跑至最后一步时，随着摆动腿的积极蹬地，起跳腿的大腿积极下压，起跳脚的脚跟触及踏跳板后，立即迅速滚动转为全脚掌支撑。此时，上体正直或稍后仰，摆动腿积极折叠并迅速前摆。

（2）缓冲。助跑的惯性力和身体重力，使起跳脚在着地的瞬间产生很大压力。此时，起跳腿各关节和脊柱应有适应性缓冲，同时随着脚掌的迅速滚动，身体前移。缓冲引起腿部肌肉被动牵拉，在一定程度上有利于起跳腿的蹬伸发力。如果腿部肌肉力量差、缓冲幅度太大，则会延长支撑时间，从而过多地损耗水平速度。

（3）蹬伸。当身体重心前移至起跳腿支点的垂直部位时，即迅速伸髋、膝、踝 3 个关节；上体挺起，摆动腿大腿积极向前上方摆至水平位置，小腿自然下垂，同时提腰、提肩；两臂积极上摆至肩关节水平位置突停，以增大起跳效果。

3. 腾空

随着起跳腿踝关节的最后蹬直，身体便进入腾空阶段。此时，应使身体完成腾空动作。

依据腾空后的身体姿势，跳远可分为蹲踞式跳远、挺身式跳远和走步式跳远。这里主要介绍蹲踞式跳远和挺身式跳远。

（1）蹲踞式跳远。起跳成腾空步后，摆动腿的大腿继续抬高，两臂向前挥摆，起跳腿开始向前上方提举，并逐渐与摆动腿靠拢，形成空中“蹲踞姿势”。随后两腿向上收膝，上体前倾，将要落地时，两臂由前向下、向后摆动，同时小腿前伸落地。

（2）挺身式跳远。起跳成腾空步后，摆动腿的大腿放松下放，小腿向前、向下再向后摆动，并与留在后面的起跳腿靠拢，同时挺胸、展胸，两臂向下再向上摆动，使身体前侧的肌肉充分拉开，呈展体挺身姿势向前飞行。落地前，两臂由后上方向前、向下再向后摆动，两腿向前摆，继而收腹，提腿屈膝，前倾躯干，两小腿前伸落地。(图 2–6)

图 2-6

4. 落地

运动员在空中开始准备落地。首先两腿同时或先后屈膝至体前，然后小腿随惯性摆出伸直，这一系列动作主要由收腹举腿的力量完成，上体应保持稳定。两臂自上方经前向下的绕环动作，是保持平衡的补偿动作，当两脚进入沙坑时，脚尖应勾起，两脚间保持约 30 厘米的距离。落入沙坑后要立即屈膝缓冲，两臂上提以提高身体重心，顺势起立。优秀运动员熟练地掌握了相关技术后，可以利用向前的惯性在空中做充分的“滑行”，因此在落地时应有“自由落体”的感觉。落地时向前扑倒、后倒、侧倒的方法会使完整动作遭到破坏，往往不能取得更好的成绩。

**（二）跳远的练习方法**

1. 学练助跑与起跳

（1）原地起跳动作的模仿练习。

（2）上一步起跳的练习。

（3）跑 3 步接起跳的练习（可在跑道上连续重复完成）。

（4）6~8 步助跑起跳接腾空步的练习，或者助跑起跳越过低矮障碍物落入沙坑的练习。

2. 学练蹲踞式跳远

（1）立定三级跳或多级跳练习。

（2）8~10 步助跑起跳，保持腾空步至落地。

（3）蹲踞式完整技术练习。

3. 学练挺身式跳远

（1）立定跳远练习。

（2）原地起跳，在空中呈立正姿势。

（3）6~8 步助跑起跳成腾空步后，呈立正姿势落地。

（4）8~10 步助跑起跳成腾空步后，摆动腿下落沙坑，顺势向前跑出。

（5）10~12 步或全程助跑，反复练习挺身式跳远。

**（三）练习跳远应注意的问题**

（1）助跑和起跳是跳远技术的关键，练习中应加强速度和下肢力量练习，并反复按照“嗒、嗒、嗒、嗒”的节奏，练好助跑与起跳的结合技术。

（2）助跑时，应使步幅相对稳定，加速的节奏及达到最高速度的步数也应稳定，以确保步点的准确性。

(3) 起跳时应注意起跳腿充分蹬直。

(4) 起跳时不能低头和身体过于前倾，以避免身体前旋而失去平衡。

(5) 学练挺身式跳远时，应注意摆腿下放和胸肩领先，防止以挺腹代替挺身。

(6) 落地时身体不要过早前倾，以免阻碍前伸小腿，影响落地时能争取到的远度。

# 第三节 投掷

投掷是较为典型的力量型运动，它需要凭借人的力量，通过合理的发力技术和相应的身体姿势将一定重量的器械掷出尽可能远的距离。运动员经常参加投掷项目的练习，对增强体质，发展躯干和四肢力量，特别是爆发力有显著作用。投掷的正式比赛项目有铅球、铁饼、标枪和链球（目前仅为男子竞赛项目）。下面仅介绍普遍开展的铅球、标枪项目。

## 一、铅球

铅球作为田径运动的正式比赛项目，是从 19 世纪开始的。第 1 届奥运会时，男子铅球被列为正式比赛项目，第 2 届奥运会才把女子铅球列为正式比赛项目。随着铅球项目的广泛开展，相关的技术也在不断地改进和完善，成绩有了大幅度提高。从投掷方法上看，其已从古老的上步推铅球，经过侧向滑步推铅球，发展到背向滑步推铅球和旋转推铅球。

### （一）推铅球技术

推铅球技术由 4 个部分组成，即握球和持球、预备姿势、滑步、最后施力。

1. 握球和持球

投掷手五指自然分开，将球置于食指、中指和无名指根部，拇指和小指扶在球的两侧，然后把球放于肩上锁骨窝处并贴紧颈部。肘关节自然下垂，手腕稍外转，掌心向前，如图 2–7 所示。

图 2–7

2. 预备姿势

预备姿势是指平稳、协调地进行滑步的准备动作，分为高姿和低姿两种。目前，多数人采用高姿。其动作是持球后，背对投掷方向（以背向滑步为例，若采用侧向滑步应侧对投掷方向）；两脚前后分开，立于投掷圈内靠后沿处，身体重心落于持球臂同侧脚上；另一只脚自然弯曲，前脚掌着地；不持球的手臂自然向上伸起。

3. 滑步

滑步的作用在于铅球被推出之前，预先获得一定的水平速度，从而为最后施力创造有利条件。

(1) 背向滑步动作（以右手投掷为例）。预备姿势之后左腿做 1~2 次预摆，随即向后摆出，随着臀部后移，右腿（支撑腿）弯曲并迅速而有力地蹬伸。蹬直的瞬间，脚尖内转并拉收至投掷圈的圆心附近，与投掷方向成 90° 角。与此同时，左腿（摆动腿）迅速下落，以前脚掌内侧落于左侧抵趾板处。两脚落地的间隔时间力求短促，以保证连贯、加速地过渡到最后施力。

（2）侧向滑步动作。动作基本同背向滑步。因侧对投掷方向，摆动腿的摆动应向侧前方。支撑腿蹬伸后，脚尖无内转动作，仍按原方位落地。

4. 最后施力

滑步结束的瞬间，右腿积极蹬转，推动髋部向投掷方向转动，上体边转边抬。在髋、腰转至投掷方向的同时，两腿充分蹬伸，挺胸推手，将球推向前上方，随即手腕内转，手指快而有力地拨球，使球沿着 38°~42° 的出手角飞出。

## 知识窗

### 旋转推铅球技术简介

运动员背对投掷方向，两脚左右开立，比肩稍宽，持球臂的肘部向外展开，与肩齐平，上体微前屈，以上体左右转动为预摆。预摆结束后，以身体左侧为轴，左膝和左肩开始向左转动，在身体转向投掷方向之前，右脚尽可能远离支撑点。在身体重心从左腿转到右腿的过程中，几乎没有肉眼可见的腾空，右脚落地要平稳且富有弹性。当右脚落地后，左脚要尽快落地，以便形成躯干的最大扭紧状态，为最后转体用力提供有利的条件。最后施力与背向滑步推铅球没有多大区别，只是更多地利用了转体的动量。

### （二）推铅球的练习方法

1. 学练最后施力技术

（1）徒手或用实心球做原地正向和侧向推铅球的模仿练习。

（2）原地正向推铅球练习。两脚左右开立，微微屈膝，然后迅速蹬地推球。

（3）原地侧向推铅球练习。侧对投掷方向，两脚分立，稍宽于肩；屈右腿（右手持球），然后迅速蹬伸、转髋、挺胸、推球，最后手指拨球。

2. 学练滑步技术（以背向滑步为例）

（1）摆腿跳练习。右腿单脚支撑，左腿后摆，同时右脚顺势向后跳跃。多次连续练习。

（2）徒手滑步模仿练习。

（3）连续做右腿蹬地接收拉动作。一人拖拉练习者的双手，练习者背对滑步方向滑动。

（4）持球做背向滑步练习。

3. 学练推铅球完整技术

（1）徒手或用轻器械做完整技术的模仿练习。

（2）在投掷圈内做完整技术的推铅球练习。

（3）参加测验和比赛。

### 安全提示

（1）铅球是快速力量型项目，爆发式用力需运动员有充分的慢跑、伸展练习和低强度运动的热身。

（2）铅球应安全装载，不允许运动员随意投掷或玩铅球。

（3）在保证投掷区没人的情况下开始下一次试投，避免事故发生。

## 二、标枪

标枪是一项历史悠久的体育项目。现代标枪运动是从 19 世纪末 20 世纪初发展起来的。1908 年，第 4 届奥运会上，男子标枪被列为正式比赛项目。1932 年，第 10 届奥运会上，女子标枪被列为正式比赛项目。标枪项目的技术发展经历了一个漫长的过程，开始运动员掷标枪时并无固定的姿势，握枪和持枪方法、助跑方式和最后施力动作都有较大差异；后来国际田径联合会制定的比赛规则对掷标枪技术做了严格的规定。

### 知识窗

**标枪相关知识**

最初运动员使用的木制标枪通体一样粗。20 世纪 50 年代初，美国标枪运动员赫尔德研究出两端细、中间粗的木制标枪，延长了标枪在空中飞行的时间，被人们称为“滑翔标枪”。20 世纪 60 年代，铝合金标枪问世，它比木制标枪硬度大，减少了颤动，标枪的外形有利于飞行。现代标枪的规格：男子标枪重 800 克，长 260~270 厘米；女子标枪重 600 克，长 220~230 厘米。

### （一）掷标枪技术

掷标枪的完整技术是一个连续过程。为了便于分析，下面将掷标枪技术分为握枪和持枪、助跑、最后施力和维持身体平衡 4 个部分，并以右手掷标枪为例进行分析。

1. 握枪和持枪

（1）握枪。常用的标枪握法有 3 种，分别为普通式握法、现代式握法和中指握法，如图 2-8 所示。这里主要介绍普通式握法和现代式握法。

① 普通式握法（拇指和食指握法）。右手拇指、食指握在缠绳把手末端边沿，其余手指顺着食指方向握在缠绳把手上。

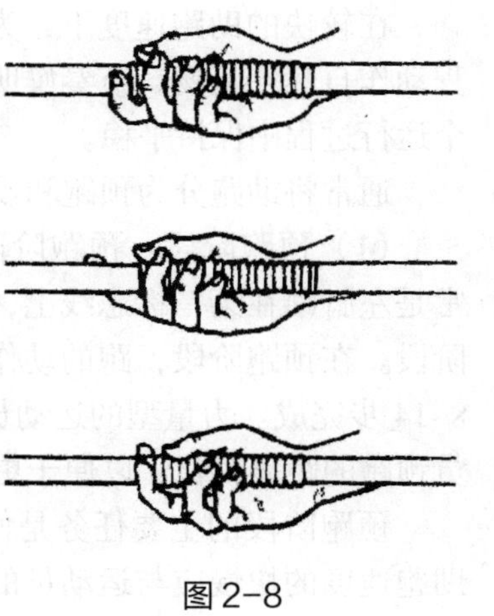

图 2–8

② 现代式握法（拇指和中指握法）。将标枪斜放在右手掌心上，拇指和中指握在缠绳把手末端边沿，食指自然弯曲斜放在枪身上，无名指和小指自然地握在缠绳把手上。

目前，标枪运动员多数采用现代式握法。其优点是中指长而有力，有利于增加最后施力的工作距离，能发挥更大的力量完成掷标枪时的鞭打动作和在出手瞬间使标枪产生绕纵轴的旋转。

## 知识窗

### 标枪重心配置的改革

早期标枪为木竹材质，后来越来越多的科技含量融入其中，加上标枪运动员水平越来越高，标枪项目的世界纪录被定格在 104 米。然而，这一成绩已经威胁到现场观众的生命安全。于是，国际标枪联合会做出了一项简单而有效的改革：将标枪的重心配置向后移动了 1 厘米。正是这 1 厘米导致标枪在飞行过程中下落更快，也限制了标枪成绩的一味猛升。

（2）持枪。常见的持枪方法有肩上持枪和肩下持枪两种。目前，多数运动员采用肩上持枪法，因为它动作简单，也有利于控制标枪。

① 肩上持枪。运动员在预备姿势和预跑时，右手持枪置于右肩上方，持枪手在头侧耳朵附近，枪尖稍低于枪尾或枪身与地面平行。

② 肩下持枪。运动员在预备姿势和预跑的前半段，右手持枪，枪尾向前，右臂自然下垂，随着跑的动作两臂前后自然摆动，在跑动过程中，右臂举起呈肩上持枪姿势。

2. 助跑

助跑的目的是使人体和标枪获得一定的预先速度，在投掷步阶段完成引枪和超越器械动作，为最后施力创造良好的条件。

掷标枪的助跑路线为直线。助跑的距离不受比赛规则的限制，一般为 22~30 米（女子稍短）。

在较快的助跑速度下，为了与最后施力阶段紧密衔接，不仅要求运动员整个助跑过程动作自然、流畅，节奏鲜明，而且要求运动员有很好的控制标枪的能力，使标枪在整个运行过程中保持平稳。

通常将助跑分为预跑和投掷步两个阶段。

（1）预跑阶段。预跑阶段是从第一标志线至第二标志线的距离。开始助跑时，通常是左脚踏在第一标志线上，迈右脚开始助跑，跑至第二标志线预跑结束，进入投掷步阶段。在预跑阶段，跑的动作属于周期性的动作，预跑的距离一般为 12~20 米，通常用 8~14 步完成。力量型的运动员通常助跑速度稍慢，预跑的距离较短；而速度较好的运动员预跑的距离较长，以便于更好地发挥速度。

预跑阶段的主要任务是使人体和标枪获得一定速度，为进入投掷步阶段做好准备。助跑速度的快慢应与运动员的技术熟练程度和身体素质水平相适应。随着技术的改进和训练水平的提高，运动员应逐渐提高助跑速度。

预跑阶段的动作应放松自然，上体保持与地面垂直的姿势，下肢动作要求富有弹性和节奏。注意逐渐加速和保持助跑的直线性，跑时两眼平视前方。

（2）投掷步阶段。投掷步阶段通常从左脚踏上第二标志线迈右腿开始，至最后一步左脚落地时止。在这一阶段，要求运动员在较高的助跑速度中完成引枪、交叉步和超越器械等动作，不停顿地过渡到最后施力阶段。投掷步的主要任务是尽量保持已获得的速度，加快两腿的蹬摆动作，正确完成引枪和超越器械动作，为最后施力创造良好条件。

完成投掷步的形式有两种，即跳跃式投掷步和跑步式投掷步。现代标枪运动员通常采用跳跃式投掷步，它有利于两腿充分地蹬摆，完成引枪和超越器械。

投掷步的步数一般是 4 步或 6 步，也有采用 5 步或 7 步的。当采用偶数步时，迈右脚开始投掷步；当采用奇数步时，迈左脚开始投掷步。这里着重介绍 4 步投掷步的技术要点。

第 1 步：左脚踏上第二标志线后，右脚前摆，同时上体向右转，持枪臂向后引枪，左臂在胸前自然摆动。目视前方，髋部正对投掷方向。

第 2 步：右脚落地后积极蹬地，左脚前摆，开始投掷步的第二步。此时上体继续向右转动，形成侧对投掷方向的姿势。持枪臂继续后引，当左脚落地时，右臂伸直完成引枪动作。当引枪结束时，右手与右肩同高，枪头靠近右眉，标枪纵轴与髋轴和肩轴平行。在完成前两步动作中，躯干应与地面保持垂直，以避免人体过早减速。

第 3 步（又称交叉步）：从左脚落地后，右腿积极前摆开始。左脚落地后积极蹬伸，右腿以大腿带动小腿的方式积极有力地向前方摆出，使下肢加速向前，形成良好的超越器械姿势。当右脚落地时，左腿应位于右脚的前方，以加快左脚落地的时间，这时身体的后倾角为 20°~25°。

第 4 步：从助跑过渡到最后施力的衔接步。此动作正确与否将直接影响最后施力的效果。当右脚落地后，右腿被动屈膝缓冲。当身体重心越过右脚支撑点上方时，右腿积极用力蹬地，推动髋部向前运动。左脚落地瞬间，应保持躯干的后倾角。

优秀运动员采用 4 步投掷步技术时的步长：第 1 步可达到 2 米，以便于完成引枪动作；第 2 步通常为 1.8~2.0 米，为过渡到后两步打下良好的基础；第 3 步通常为 2.0~2.2 米，以便有时间做出适宜的超越器械动作，为最后施力做好准备；第 4 步通常为 1.4~1.6 米，以利于助跑阶段和最后施力阶段的衔接，做好左侧支撑动作。优秀运动员最后一步所用时间通常为 0.18~0.20 秒。

投掷步阶段应尽量保持预跑阶段获得的速度，跑的节奏各步也有所不同，通常第 1、第 2 步较快，第 3 步稍慢，第 4 步最快。

世界水平的男子标枪运动员在投掷步阶段的平均速度为 6~8 米 / 秒，世界水平的女子标枪运动员在投掷步阶段的平均速度为 5~6 米 / 秒。由于助跑使人体和器械获得一定的预先速度，助跑投可比原地投成绩提高 20~30 米。

3. 最后施力

投掷步的第 3 步右脚着地后，右腿被动屈膝缓冲，身体继续向前运动。在身体重心越过右脚支撑点上方时，右腿积极蹬伸用力。在左脚着地时，左腿做出有力的制动动作，可加快上体向前的运动速度。右腿继续蹬地，推动右髋加速向投掷方向运动，使髋轴超过肩轴，并带动肩轴向投掷方向转动。在肩轴向投掷方向转动的同时，投掷臂快速向上翻转，使上体转为面对投掷方向，形成“满弓”姿势。此时投掷臂处于身后，与肩同高，与躯干几乎成直角。

形成“满弓”姿势后，胸部继续向前，将投掷臂最大限度地留在身后，右肩部的肌肉最大限度地伸展。由于向前惯性的作用，左腿被迫屈膝，但随即做迅速有力的充分蹬伸，同时以胸部和右肩带动投掷臂向前做爆发性鞭打动作，并使施力的方向通过标枪纵轴。

在最后施力时，合理的施力顺序是取得最大出手速度的关键。从右腿落地后的及时发力到右臂的快速鞭打，再到标枪出手，人体各部位形成一个完整的运动链。身体左侧的支撑和用力动作对于投掷成绩起着至关重要的作用。

4. 维持身体平衡

标枪出手后，保持身体平衡是全过程的结束动作，能够有效地防止人体越过投掷弧而造成犯规。标枪出手后，右腿应及时向前跨出一大步，使身体重心降低，以保持平衡。为了保证最后施力时运动员可以大胆向前做动作而不犯规，最后一步左脚落地点至投掷弧的距离应在 2 米以上。

**（二）掷标枪的练习方法**

1. 原地正面插枪练习

面对投掷方向，两脚前后开立，左脚在前，身体呈“满弓”姿势。投掷臂伸直持枪于右肩后上方，枪尖低于枪尾，左臂于体前微屈。然后两腿蹬地，以胸带臂，沿枪尖指向掷出标枪。

2. 正面上一步插枪练习

面对投掷方向，两脚前后开立，右脚在前，右臂伸直，持枪置于右肩后上方。然后左腿前迈，身体重心移向右腿，右腿随左脚落地，用力蹬地、送髋，上体和右胸积极向前，带动右臂向前下方插枪。

3. 原地侧向掷标枪练习

侧对投掷方向，两脚左右开立，上体向右倾斜，身体重心落在右腿上，投掷臂伸直持枪置于肩轴延长线上，枪尖约与眼同高，指向约为 30° 角的前上方。左臂于左肩前微屈，目视投掷方向。然后右腿蹬转，送髋转体，转肩翻肘，在左腿支撑、蹬伸配合下，以胸带臂鞭打掷出标枪。在练习中注意形成“满弓”姿势。

4. 侧向上一步掷标枪练习

准备姿势同原地侧向掷标枪练习，但左腿靠近右腿，左脚脚尖在右脚脚跟处着地。在右腿蹬转、送髋的同时，左腿前迈下插着地，并连贯完成后续动作掷出标枪。

5. 投掷步第 3、第 4 步练习

侧对投掷方向，两脚左右开立，投掷臂后引伸直。然后右腿屈膝积极前摆，左腿配合蹬伸，右脚经低腾空着地，右腿弯曲，左脚下插着地，上体右倾形成最后施力准备姿势。

（1）徒手、扶同伴两肩或扶支撑物做右腿屈膝前摆与左脚交叉练习。要求两腿协调配合，避免踢右小腿动作。

（2）徒手、持标枪做交叉步结合左脚着地练习。要求在右脚着地瞬间，左腿摆至右腿前。

（3）徒手、持标枪或软树枝做连续向前交叉步和交叉步跑练习。要求两腿蹬摆协调配合，上体右倾，投掷臂保持稳定。

（4）做侧向上两步形成“满弓”姿势练习。随着交叉步右脚着地屈膝缓冲，右腿蹬地用力，左脚下插着地，转肩翻肘形成“满弓”姿势。

（5）做侧向上两步掷标枪练习。开始动作同（4），形成“满弓”姿势后连贯用力鞭打掷出标枪。要求交叉步后形成超越器械姿势，上步与最后用力结合，最后施力顺序正确。

6. 引枪练习

原地正面两脚前后开立，左脚在前，右臂弯曲，肩上持枪；然后按投掷步第 1、第 2 步的技术要领完成引枪动作。

7. 全程助跑掷标枪练习

（1）持枪助跑练习。面对投掷方向，两脚前后开立，左脚在前，右臂弯曲肩上持枪。然后右腿前迈开始做持枪助跑练习，助跑速度由慢到快，距离 20~30 米。

（2）丈量全程助跑步点。以走步或跑步的方法确定全程助跑距离和第二标志点，通过反复练习达到基本稳定。

（3）8~10 步助跑掷标枪练习。要求预跑速度不要太快，引枪动作连贯，控制好标枪，投掷步结束，形成超越器械姿势，并迅速进入最后施力阶段，最后施力顺序正确。

## 安全提示

（1）标枪训练通常采用垒球之类的器械来替代标枪进行练习，便于初学者掌握交叉步动作和节奏。

（2）标枪用后须放置好，不允许玩标枪或随便搁置标枪。

（3）练习前应做充分的柔韧性练习，特别是肩关节、肘部、背部等部位。

（4）练习者至少间隔 3 米，教师应在投掷者后部统一发令，等候练习者靠后待命，以免发生意外。

（5）插枪练习时，如果标枪离人较近，则在拔枪时应朝后拔，而不要往前，以免戳到别人。

（6）不允许对投或将标枪掷向同伴。

# 第三章　大球运动

本章主要介绍篮球、足球和排球运动的起源与发展、特点及锻炼价值、赛事、技战术和主要比赛规则，简单介绍气排球运动的起源与发展、特点、技术和主要比赛规则。掌握大球运动的技战术，有助于大学生提高运动水平，培养团结协作精神，达到强健体魄的目的。

## 第一节　篮球运动

篮球运动是一项集体性、综合性，围绕高空展开的立体型攻守对抗的球类运动。

### 一、篮球运动概述

#### （一）篮球运动的起源与发展

1891 年，美国体育教师詹姆斯·奈史密斯先生发明了篮球运动。1895 年，篮球运动传入我国。1936 年，第 11 届奥运会将男子篮球列为正式比赛项目。1950 年和 1953 年分别举行了第一届世界男子篮球锦标赛和第一届世界女子篮球锦标赛。1976 年，第 21 届奥运会将女子篮球列为正式比赛项目。

篮球运动的发展趋势如下。

第一，高强度对抗已成为篮球运动发展的趋势之一。高强度对抗不仅指运动员身体的对抗，还包括运动员意志品质、力量、速度、技战术等方面的对抗。

第二，篮球运动更加注重快速移动。快攻的运用越来越广泛，在断球反击形成的一对一或多对一的情况下，快攻成效显著。

第三，篮球运动更加注重攻守平衡。当前篮球进攻战术在向快速、准确、多变、立体化、实用化的方向发展，防守战术在向攻击性、破坏性和综合多变的方向发展。

第四，心理调节作用更加突出。篮球比赛场上的主客场因素、观众观赏球的热烈程度、比赛的重要程度等都会引发运动员的比赛焦虑，因此，只有加强心理训练才能保证运动员在临场比赛时发挥出正常水平。

**（二）篮球运动的特点及锻炼价值**

篮球运动内容丰富多彩，技战术变化多端。其特点及锻炼价值如下。

1. 篮球运动的特点

（1）篮球运动集体对抗性强。比赛中双方始终在有限的场地上进行着高速度、高强度的攻守争夺，有利于培养人的勇敢顽强的意志品质和拼搏精神。

（2）篮球运动的技战术具有复杂性和多变性。在临场比赛中，每队只有根据双方队员的技术特点，采用合理的战术，才能打出自己的风格和水平。

（3）篮球运动具有健身性。经常参加篮球运动，能够促进人的力量、速度、耐力、灵敏等身体素质的全面提高，改善人的内脏器官的功能，达到健身的目的。

2. 篮球运动的锻炼价值

经常参加篮球运动可以提高人的跑、跳、投等基本活动能力，促进身心正常生长发育。篮球运动是在团体间对抗和变化条件下进行的，对提高人的神经系统的灵活性和应变能力、培养团结合作精神有良好的作用。

**（三）篮球赛事博览**

1. 国内篮球赛事博览

（1）中国男子篮球职业联赛（CBA）是跨年度主客场制篮球联赛，为中国最高等级的篮球比赛。中国男子篮球职业联赛于1995—1996年开始，原名为男子篮球联赛，2005年正式更名为中国男子篮球职业联赛。中国男子篮球职业联赛自每年的10月或11月开始至次年的4月左右结束。

（2）中国大学生篮球联赛（CUBAL）。1997年12月，中国大学生篮球联赛组委会正式成立，拥有自己的会徽、会歌和吉祥物。中国大学生篮球联赛组委会在参赛资格方面做出以下规定：一是除体育院校、民办高校之外的普通高校均能组队参赛；二是不允许在中国篮球协会注册过的运动员参加，以保证联赛的纯正性。中国大学生篮球联赛从学校体育功能出发，提出培养“五种篮球人才”的目标，即高水平的运动员、教练员、裁判员、从事与篮球相关工作的人员和高素质球迷。经过20多年的发展，中国大学生篮球联赛的影响力已覆盖全国。

2. 国际篮球赛事博览

（1）奥运会。奥运会篮球赛每4年举行一次，包括男篮和女篮比赛。在奥运会上，中国女篮最好成绩是在第25届奥运会上取得亚军，中国男篮最好成绩是在第26届和第28届奥运会上均取得第8名。

（2）美国职业篮球联赛（NBA）。美国职业篮球联赛是世界公认水平最高、商业运作最成功、最受欢迎的篮球联赛，共有30支参赛队伍参与角逐。我国篮球运动员姚明于2002年6月加盟美国休斯敦火箭队，于2011年7月正式退役。

## 知识窗

### 篮球公园

《篮球公园》是由中央电视台体育频道制作的篮球节目，该节目综合报道 NBA、CBA、WNBA（Women's National Basketball Association，美国女子职业篮球联赛）、CUBAL 及相关的篮球赛事信息，并制作相应的电视专题，是国内专业的篮球节目电视播出平台。另外，有同名电影《篮球公园》。

## 二、篮球技术

### （一）移动技术及练习方法

1. 移动技术

移动是篮球运动中队员为了改变位置、方向、速度和争取高度、空间所采用的各种脚步技术要领的总称。移动技术包括起动、跑、跳、急停、转身、滑步、后撤步、交叉步、攻击步、碎步、平步等。

移动技术的分类如图 3-1 所示。

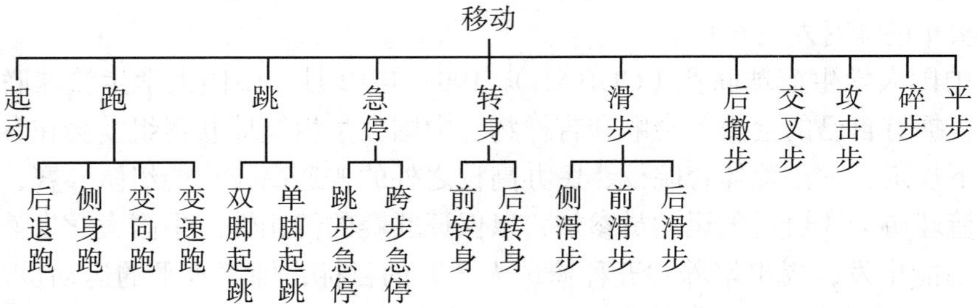


图 3-1

（1）起动。起动是队员在球场上由静止状态变为运动状态的一种起始动作，是获得位移速度的方法。进攻时，突然快速起动是摆脱防守的有效手段之一。防守时，突然快速起动可以抢占有利位置，看住对手。

技术要领：从基本站立姿势开始，起动时跑动方向的异侧脚的前脚掌短促有力地蹬地，同时上体迅速前倾或侧转，向跑的方向移动身体重心，手臂协调摆动，充分利用蹬地的反作用力，迅速向跑的方向迈出。

（2）跑。跑是为完成攻守任务争取时间的脚步动作。比赛中经常运用的跑有以下两种。

① 变向跑。变向跑是队员在跑动中为完成攻守任务突然改变方向的一种方法。

技术要领：从右向左变向时，最后一步用右脚前脚掌内侧用力蹬地，同时脚尖稍内扣，迅速屈膝，腰部随之左转，上体向左前倾，移动身体重心，左脚向左前方跨出，然后加速前进。

② 侧身跑。侧身跑是指队员在跑动中为了抢位、摆脱防守、接侧向或侧后方传来的球而采用的一种方法。

技术要领：跑动时，头部和上体转向侧面或有球的一侧，脚尖朝着跑动方向。跑动时，既要保持奔跑速度，又要保持身体平衡，双手自然放在腰侧，密切观察场上情况。

（3）急停。急停是指队员在快速移动中突然停住的一种方法，是各种脚步动作衔接和变化的过渡动作。比赛中的急停多与其他技术结合运用。急停分为跨步急停和跳步急停两种。

① 跨步急停。技术要领：急停时先向前跨出一大步，用脚跟着地并迅速过渡到全脚掌抵住地面，降低重心，身体稍后仰。在第二步落地的同时，两膝深屈并内扣，身体微微侧转，两脚脚尖自然转向前方，前脚掌内侧用力抵住地面对抗向前的冲力，上体稍后仰，两臂屈肘自然张开，然后上体迅速自然前倾，以控制身体平衡。（图 3–2）

图 3–2

② 跳步急停。技术要领：跑动中用单脚或双脚起跳，使双脚微微有腾空。上体稍后仰，两脚平行或前后落地（略宽于肩），形成进攻的基本站立姿势。（图 3–3）

图 3–3

（4）转身。转身是指队员将一只脚作为中枢脚进行旋转，另一只脚蹬地向前或向后跨出，改变原来身体方向的一种技术。它可与急停、跨步、持球突破结合运用，有效地摆脱防守，以创造传球、投篮的机会。转身分为前转身和后转身两种。

① 前转身。移动脚向中枢脚脚尖方向跨出，改变身体方向为前转身。技术要领：转身时，中枢脚前脚掌用力碾地，移动脚蹬地并迅速跨步，同时转腰转肩并保持身体平衡。（图 3–4）

图 3–4

② 后转身。移动脚向中枢脚脚跟方向跨出，改变身体方向为后转身。技术要领：转身时，中枢脚碾地旋转，移动脚蹬地并向自己身后撤步，同时腰胯主动用力旋转，身体重心随着转移，保持身体平衡。（图 3–5）

后转身可在原地或行进间运用。

图 3–5

（5）滑步。技术要领：两脚平行站立，两膝较深弯曲，上体略前倾，两臂侧伸。向左侧滑步时，在左脚向左迈出的同时，右脚蹬地滑动，向左脚靠近，两脚保持一定距离，左脚继续跨出。（图 3–6）

向后滑步时，在一只脚向后撤步着地的同时，前脚紧随着向后滑动，保持前后开立姿势。向前滑步时，在前脚向前迈出一步着地的同时，后脚紧随着向前滑动，保持前后开立姿势。

滑步时注意屈膝，降低重心。

图 3-6

（6）撤步。撤步是前脚向后撤步的一种方法。技术要领：做撤步时，用前脚的前脚掌内侧蹬地，同时腰部用力向后转动，后脚碾蹬地面，前脚快速后撤，紧接滑步调整防守位置。

（7）跳。跳是指队员在场上争取高度及远度的一种技术。篮球比赛中很多技术需要队员在空中完成。队员必须能单脚、双脚起跳，会在原地、跑动中和对抗条件下向不同方向跳、连续跳等，并要起跳快、跳得高、滞空时间长，以更好地在空中完成各种攻守动作。跳有双脚起跳和单脚起跳两种方法。

① 双脚起跳。技术要领：起跳时，两膝弯曲，降低重心，两脚用力蹬地，同时提腰摆臂向上起跳。在空中时，身体自然伸展，控制平衡。落地时，前脚掌先落地，屈膝缓冲重力，注意保持身体平衡，以便衔接下一个动作。双脚起跳多在原地运用，也可在上步、并步、跳球或助跑情况下运用。

② 单脚起跳。技术要领：起跳时，踏跳脚脚跟先着地，然后迅速过渡到前脚掌用力蹬地，同时提腰摆臂，另一条腿快速屈膝上提，当身体达到最高点时，摆动腿自然伸直与起跳腿合并。落地时，双脚要稍分开，注意屈膝缓冲，以便衔接其他动作。单脚起跳多在助跑情况下运用。

2. *移动的练习方法*

（1）跑类技术动作练习：①原地放松跑、高抬腿、小步跑、后踢腿跑；②加速跑；③ 原地放松跑、高抬腿、小步跑、后踢腿跑转为加速跑。

（2）起动快跑：①听信号或看信号向不同方向跑；②自己或别人抛球，球离手后起动，球未落地前快跑，将球接住；③原地运球，听信号或看信号向不同方向跑动运球。

（3）球场上各种跑的练习：①听信号或看信号向不同方向做侧身跑、变速跑、变向跑、后退跑；②做直线跑、曲线跑、折线跑、折回跑；③连续交替做各种变向跑，如直线—折线跑、弧线—直线跑、变向—弧线跑等。

（4）急停练习：①慢跑中跨步、跳步急停；②中速跑中跨步、跳步急停；③快跑中听信号或看信号急停；④快跑中听信号或看信号急停后做折线跑。

（5）转身练习：①原地做两脚交替转移重心、跨步、后撤步、转身等练习；②原地接球后做跨步、后撤步、转身等练习。

（6）跳的练习：①原地向上方、前上方、侧上方、后上方做双脚起跳练习；②原地向前、侧、后跨一步做双脚起跳练习；③助跑两三步，做双脚或单脚起跳练习。

（7）防守步法的练习：①看手势或其他信号分别做向前、后、左、右方向的滑步练习；②先快跑，接着后退跑，再做侧滑步。

**（二）传、接球技术及练习方法**

传球与接球是篮球比赛中进攻队员之间有目的地转移球的方法，是场上队员之间相互联系和组织进攻的纽带，是实现战术配合的具体手段。

传、接球

1. 传球技术

（1）双手胸前传球。技术要领：双手持球于胸前（两臂不要外张），手指自然分开，握在球两侧偏后的位置上，两腿屈膝前后（左右）开立。传球时，两腿蹬地，重心前移，两臂前伸，手腕向上翻转，拇指下压，中指、食指拨球，将其协调传出。（图 3–7）

（2）双手头上传球。技术要领：双手举球于头上方，两肘向前。当近距离传球时，前臂前摆，手腕前扣并外翻，同时拇指、食指、中指用力向前拨球。当远距离传球时，用蹬地和腰腹力带动上臂发力，前臂前挥、抖腕、拨指，将球传出。（图 3–8）

图 3–7

图 3–8

（3）单手肩上传球（以右手为例）。技术要领：左脚向前迈出，身体右转，重心后移，同时把球引至右肩侧上方，手指分开，手腕后仰托球的后下部。传球时，右脚蹬地转体，右臂前挥，手腕前屈，用拨指力量将球传出。（图 3–9）

图 3–9

（4）反弹传球。技术要领：将球向斜前方地面传出，球击地点在离接球人的 1/3 处，球弹起高度在接球人的腹部。（图 3–10）

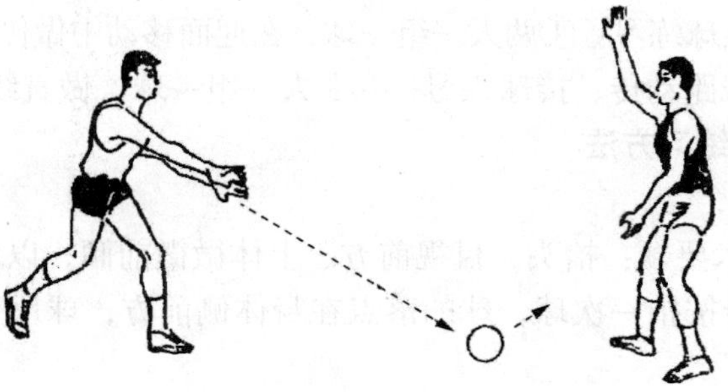

图 3–10

2. 接球技术

（1）双手接球。技术要领：目视来球，两臂迎球伸出，手指自然张开，两手拇指相对呈“八”字形，其他手指向前上方，两手呈半圆形。当手指触球时，两臂顺势后引，以缓冲来球力量，两手持球于胸腹前。（图 3–11）

图 3–11

（2）单手接球。技术要领：原地单手接球时，接球手向来球方向伸出，五指自然分开，掌心正对来球，腕、指放松。当手指触球时，顺球的来势迅速收臂置球于身前或体侧，另一只手迅速扶球，保持身体平衡，做好下一步进攻的准备姿势。（图 3–12）

图 3–12

3. 传、接球的练习方法

（1）原地传、接球练习：①两人一组一球，对面站立做传、接球练习；② 3 人一组一球，呈三角形站立，做传、接球练习。

（2）行进间传、接球练习：①两人一组一球，在迎面移动中做传、接球练习；②两人一组一球，做全场直线跑动传、接球练习；③ 3 人一组一球，做直线跑动传、接球练习。

**（三）运球技术及练习方法**

1. 运球技术

（1）高运球。技术要领：抬头，目视前方，上体微微前倾，以肘关节为轴，用手按拍球的后侧部。2~3 步按拍一次球，球的落点在身体侧前方，球反弹的高度在腰、胸之间。（图 3–13）

图 3–13

（2）低运球。技术要领：抬头，目视前方，两腿迅速弯曲，降低身体重心，上体前倾，用手短促地按拍球，控制球从地面反弹的高度在膝部以下。（图 3–14）

图 3–14

（3）运球急起、急停。技术要领：在快速运球中急停时，快速按拍球的前上部，同时两脚做跨步急停，并转入低运球。在急起时，后脚用力蹬地，同时按拍球的后侧上部，向前运球。（图 3–15）

图 3–15

（4）体前变向换手运球。技术要领：运球队员从防守队员右侧突破时，先向防守队员左侧快速运球，当防守队员向左侧转移身体重心并准备堵截时，运球队员突然变换运球方向。运球队员用右手按拍球的右侧上部，并靠近身体向左侧按拍球，使球的落点靠近左脚，同时右脚向左前方跨步，上体左转侧肩，换左手按拍球的左侧上部，从防守队员右侧运球突破。（图 3–16）

图 3–16

2. 运球的练习方法

（1）原地高、低运球：①呈体操队形原地做左、右手高运球练习；②呈体操队形原地做左、右手低运球练习；③呈体操队形原地听哨声做左、右手高、低运球交替练习。

（2）换手变向运球：①弧线运球，沿罚球圈、中圈做弧线运球到对面的端线，再沿边线直线运球返回；②圆圈运球，沿罚球圈、中圈做圆周运球到对面端线，再沿边线直线运球返回。

（3）行进间运球：①直线运球，每组一个球，第一人运球至端线后，返回时换手运球至终点，然后交给下一名队员练习；②换手变向运球，场内设 3 个“之”字形的障碍物，在障碍物前变向运球。

（4）运球急起、急停：①练习者排一路纵队于端线外，听到信号后，运球急起到中线时急停；再次急起到端线时急停，以同样的方法返回；②在场内设标志线，听到信号后，运球急起到标志线时急停。

**（四）投篮技术及练习方法**

1. 投篮技术

（1）原地双手胸前投篮。原地双手胸前投篮主要用于远距离投篮。技术要领：投篮前将球置于胸前，目视球篮，两肘自然下垂。两脚前后或左右开立，两膝微屈，身体重心落在两脚掌上。投篮时，两脚蹬地，腰腹伸展，两臂向前上方伸出，两手腕同时外翻，拇指稍用力压球，使球通过拇指、食指、中指指端投出。投球出手后，脚跟提起，腿、腰、臂随出球方向自然伸展。（图 3–17）

图 3–17

（2）原地单手肩上投篮（以右手投篮为例）。原地单手肩上投篮是最基本的单手投篮方法，其他各种单手投篮方法大部分是由它演变而来的。技术要领：右脚在前，左脚在后，两膝微屈。右手五指自然分开，用指根以上部位托球的后下部，左手扶在球的侧下部，将球举到头部右侧上方位置，目视球篮，上臂与肩关节平行，前臂与上臂约成 90°角。投篮时，由下肢蹬腿发力，身体随之向前上方伸展，同时抬肘向投篮方向伸臂，用手腕前屈和手指拨球动作使球柔和地从食指、中指指端投出。球离手时，手臂要自然跟随，脚跟提起。（图 3–18）

图 3–18

（3）行进间单脚起跳单手低手投篮（以右手投篮为例）。行进间单脚起跳单手低手投篮主要在快速移动中超越对手并接近篮下时运用。技术要领：右脚跨大步接球，第二步较小，并向前上方跳起，持球于胸前。投篮时，右手要充分向球篮举球，用手腕上挑动作，使球从拇指、食指和中指指端出手前旋入篮。（图 3–19）

图 3–19

（4）行进间单手肩上投篮（以右手投篮为例）。行进间单手肩上投篮是比赛中广泛运用的一种投篮方法。技术要领：在右脚向前跨出时接球，然后迅速上左脚起跳，右腿屈膝上抬，同时举球至头右侧位置。腾空后，上体稍后仰。当身体跳到最高点时，右手臂伸直，用手腕前屈和手指力量将球投出。（图 3–20）

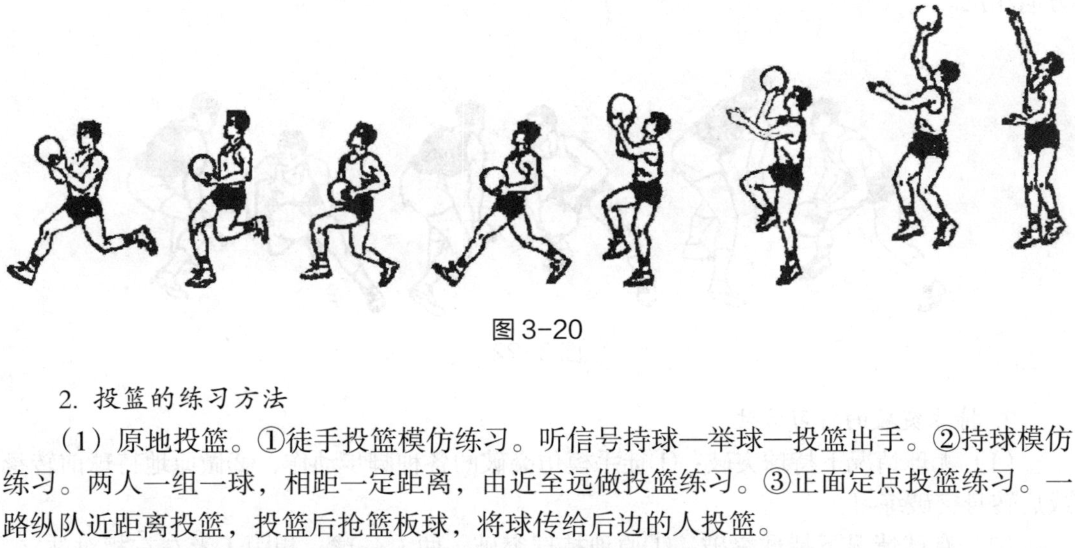

图 3–20

2. 投篮的练习方法

（1）原地投篮。①徒手投篮模仿练习。听信号持球—举球—投篮出手。②持球模仿练习。两人一组一球，相距一定距离，由近至远做投篮练习。③正面定点投篮练习。一路纵队近距离投篮，投篮后抢篮板球，将球传给后边的人投篮。

（2）行进间投篮。①行进间投篮的基本脚步动作练习。两人一组一球。一人托球，另一人在走动或慢跑中跨右脚同时拿球，然后跨左脚并起跳，右手肩上投篮。②定点运球投篮练习。一路纵队在与球篮成 45° 角的位置运球投篮。

（3）跳起投篮。①原地跳起投篮模仿练习。两人一组一球。相距一定距离，做原地跳起投篮练习。②运球急停跳起投篮练习。半场运球至限制区附近，急停跳起投篮。③移动接球急停跳投练习。两人一组一球。一人传球，另一人做两点移动接球急停跳投。

**（五）持球突破技术及练习方法**

1. 持球突破技术

（1）同侧步持球突破（以向右突破为例）。技术要领：接球急停后，以左脚为中枢脚，并用前脚掌向内侧蹬地，右脚向右前方跨出一步。上体左转，左肩前压，重心前移。在右脚落地前，右手在右脚侧前方运球。在右脚落地后，左脚向前跨出一步超越防守队员。（图 3–21）向左突破动作相同，方向相反。

图 3–21

（2）交叉步持球突破（以向右突破为例）。技术要领：以右脚为轴，用左脚前脚掌内侧蹬地，身体重心右移，左脚向右方跨一大步贴近对手。上体右转，左肩前压。右手在右前方运球，然后右脚蹬地，快速上前超越防守队员。（图 3–22）向左突破动作相同，方向相反。

图 3–22

2. 持球突破的练习方法

（1）无球情况下持球突破：①徒手模仿突破的各种脚步动作；②做原地持球前转身或后转身突破练习。

（2）有球情况下持球突破：①原地持球突破，两人一球，相距 1 米左右相对站立，做原地同侧步或交叉步持球突破动作练习；②突破急停跳投练习，分成两组，分别在两个半场进行练习，将球传给站在罚球线上的队员，立即快速跑动上前接球急停后，做突破上篮。

**（六）个人防守技术及练习方法**

个人防守是全队防守的基础，有防守持球队员和防守无球队员两种。防守持球队员的方法有防传球、防运球、防投篮、抢球、打球、断球，防守无球队员有防接球、防摆脱和防切入。

1. 个人防守技术

（1）防守持球队员。

① 防传球。首先，要选择正确的位置，判断持球队员的意图，挥臂干扰，重点是不让持球队员把球传向内线区域；其次，当球成为死球时，应立刻逼近，封持球队员出手的路线；最后，当持球队员传球出手后，切忌看球不看人，要防止其摆脱切入。

② 防运球。防守队员一般采用双脚左右开立，两手左右伸出摆动，屈膝，重心下降的方法，与持球队员保持一步半距离，根据持球队员脚步移动采用左、右滑步或后撤步堵截突破，重点是防投篮。两脚前后开立，屈膝，重心下降，前脚的同侧手臂前伸并上下摆动，用前后滑步的方法阻挠投篮。

③ 防投篮。防守队员一般采用斜步防守贴近对手，约一臂距离，并举臂挥动，干扰持球队员投篮，同时另一臂伸向侧方，防持球队员运球突破或传球。防投篮的关键是，在持球队员出手的瞬间，用手臂及时干扰或封盖，反应要快。

④ 抢球。先要接近持球队员，在持球队员注意力分散、转身、由空中获球下落、运球停止的瞬间，看准持球的空隙部分，双手突然抓住球，用拉、转或拖的方法将球抢到手中，动作要快、准、突然。

⑤ 打球。先要接近持球队员，根据持球队员持球部位的高低和走势、运球时球反弹的方向和速度、投篮举球到出手前的过程等，分别由下向上、由上向下或从侧面快速伸出前臂，用腕、指的力量拍击球，动作要快而短促。

⑥ 断球。断球有横断球、纵断球和封断球 3 种。断球的关键是准确判断传球队员出手的瞬间，步法要合理、快速有力，手臂拦截动作要迅速，用身体将对方接球队员挡在后面。获球后要注意维持好身体的平衡，迅速反守为攻。

（2）防守无球队员。

① 防接球。防守无球队员接球，防守队员应站在进攻队员和球之间并偏向有球一侧，同时伸出同侧手臂挡住传向自己的球，另一只手臂要伸向进攻队员可能切入的方向。

② 防摆脱。防摆脱有两种：防进攻队员在后场的摆脱和在阵地防守进攻队员。在防进攻队员在后场的摆脱时，要积极追防、注意传向自己对手的球，在近球侧的路线上准备堵截。在阵地防守进攻队员时，及时运用各种步法抢前防守，用手臂干扰其接球。

③ 防切入。防切入遵循“防人为主，人球兼顾”的原则。如果进攻队员从迎球方向切入，则主动堵前防守；进攻队员从背对球方向切入，则防其后。

2. 个人防守技术的练习方法

（1）选择防守位置练习。进攻队员在外围传球，可做摆脱接球动作，但不能穿插、掩护。防守队员根据球的位置做相应选位，积极防守摆脱接球，反复练习数次后，攻守交换。

（2）防守空切练习。进攻队员传球后进行空切，防守队员及时向球侧调整防守位置，进行堵截。

### （七）抢篮板球技术及练习方法

1. 抢篮板球技术

在篮球比赛中，抢得篮板球是获得控球权的重要手段。抢篮板球由判断与抢位、起跳、空中抢球和获球后动作组成。进攻队员和防守队员抢篮板球时要求不同。进攻队员突出的是摆脱防守“冲”抢篮板球，防守队员突出的是将进攻队员“挡”在外侧。

2. 抢篮板球的练习方法

（1）前后转身抢位练习。两人一组，相距一步，对面站立。听到教练员的信号后，转身抢位。

（2）一人或两人空中托球练习。一人或两人持球位于篮下站立，向篮板抛球或互抛球后跳起，用单手、双手托球碰篮板。

（3）一对一抢篮板球练习。两人一组一球。一人传球给另一人，另一人投篮后，两人抢篮板球。

## 三、篮球战术

篮球战术是篮球比赛中队员所运用的攻守方法的总称，是队员个人技术的合理运用和队员之间相互协同配合的组织形式。篮球比赛的胜利在很大程度上取决于战术的正确运用。

### （一）进攻战术基础配合

1. 传切配合

传切配合是由两三名队员利用传球和切入技术动作组成的简单配合。一传一切，如图 3–23 所示；空切，如图 3–24 所示。

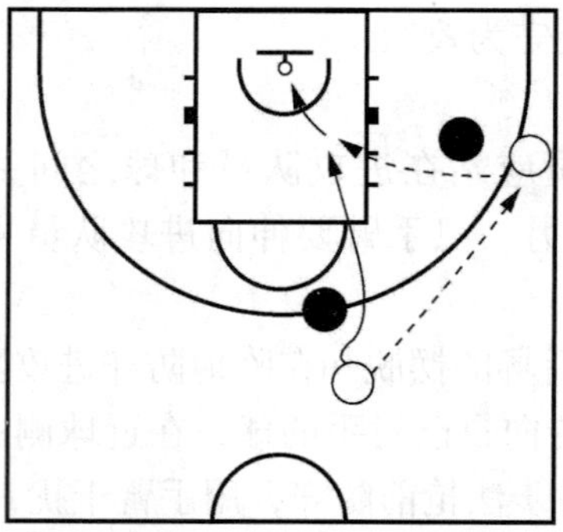

图 3–23

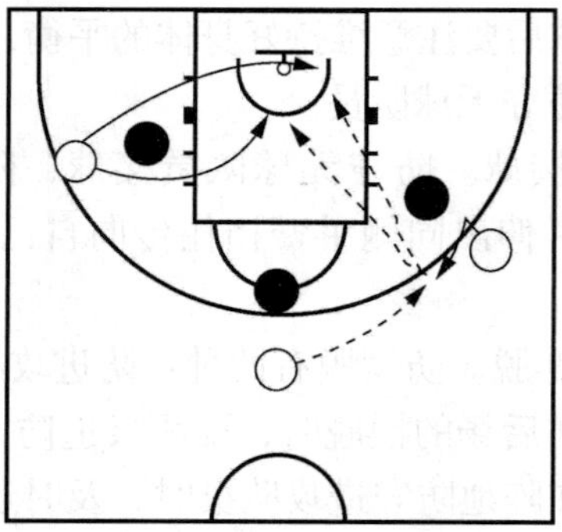

图 3–24

2. 掩护配合

掩护配合是进攻队员选择合理的位置，运用合理的技术，以身体挡住同伴的防守队员的移动路线，使同伴借以摆脱防守的一种配合。给持球队员做侧掩护，如图 3–25 所示；给无球队员做侧掩护，如图 3–26 所示。

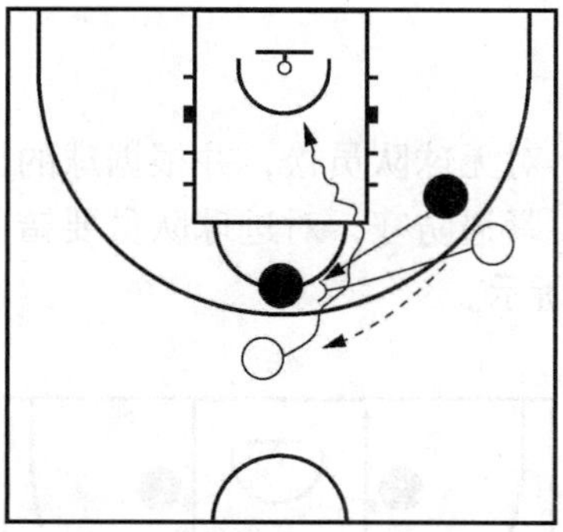

图 3-25

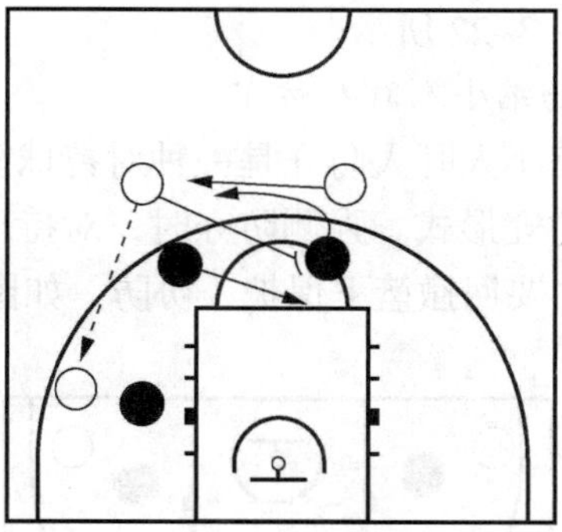

图 3-26

**（二）防守战术基础配合**

防守战术基础配合是防守队员之间为破坏进攻队员进攻配合，或是当同伴防守出现困难时，及时互相协作和帮助的行为方法。

1. 交换配合

交换配合是为了破坏进攻队员的掩护配合，防守队员之间及时地呼应交换自己所防守的进攻队员的一种配合方法。

2. 补防配合

补防配合是指防守队员在同伴漏防时，立即放弃自己防守的进攻队员，去补防那个威胁最大的进攻队员，而漏防的防守队员及时换防的一种协同防守方法。

**（三）快攻与防守快攻**

1. 快攻

快攻是由防守转入进攻时，进攻队员以最快的速度将球推进至前场，争取造成人数上和位置上的优势与主动，果断合理进行攻击的一种进攻战术。

（1）长传快攻。长传快攻是队员在后场获得球后，立即把球长传给迅速摆脱防守队员的快下队员的一种进攻形式。

（2）短传快攻。短传快攻是防守队员获球后，立即以快速的短传推进和快速跑动获得投篮机会的一种进攻形式。

2. 防守快攻

防守快攻是指在比赛中由进攻转入防守时，用于阻止和破坏对方使用快攻的防守战术。它是在由攻转守的瞬间，快速地、有组织地制约对方的反击速度和破坏对方快攻路线的配合方法。

**（四）半场人盯人防守**

半场人盯人防守是指由进攻转入防守时，全队以最快的速度退回后场，每名防守队员盯住一名进攻队员，同时协助同伴完成集体防守任务的全队防守战术。

1. 半场扩大人盯人防守

半场扩大人盯人防守是一种带有紧逼性的防守形式，主要以夺球为目的，是“制外防内”，多用于对方外围攻击力较强及全队的整体进攻配合质量较差的球队。对持球队员采用紧逼防守，阻止其运球突破。防无球队员时应及时选位，以防止进攻队员接球或切入，如图 3–27 所示。

2. 半场缩小人盯人防守

半场缩小人盯人防守是一种对持球队员紧、对无球队员松，并根据球的位置来掌握松紧度的防守形式。强侧防守时，对持球队员要紧逼防守，对进球队员要错位防守；弱侧防守时，要回撤篮下保护、协防，如图 3–28 所示。

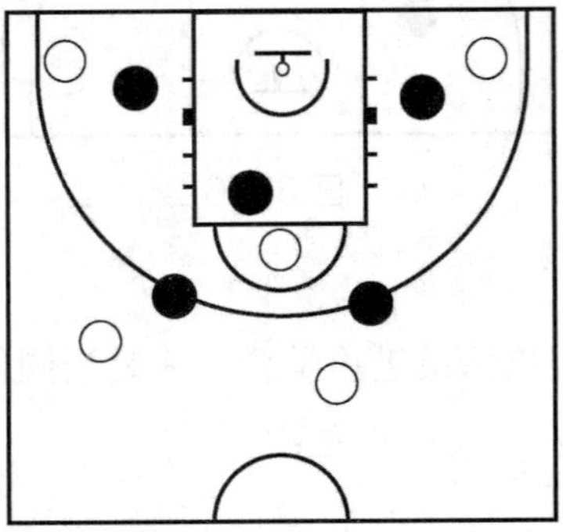

图 3–27

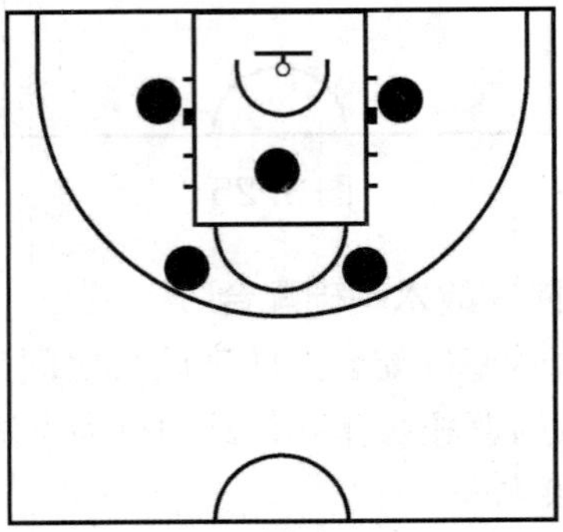

图 3–28

**（五）区域联防**

区域联防是指由进攻转入防守时，全队队员迅速退回后场，按区分工，各自负责防守一定区域的进攻队员，形成一定的防守阵势，把每个防守区域有机地联合起来，并随球进行协同移动防守的一种全队防守战术，也是篮球两大防守战术系统之一。常用的阵型有 2–1–2、2–3、3–2。

## 四、篮球运动的主要比赛规则

**（一）比赛场地与器材**

1. 比赛场地

国际篮球联合会举办的正式比赛球场尺寸为长 28 米、宽 15 米，球场的丈量从界线内沿量起。

2. 器材

篮板横宽 1.80 米，竖高 1.05 米，篮板下沿距地面 2.90 米，篮圈水平面距地面 3.05 米。篮球的圆周不得小于 0.749 米，不得大于 0.78 米，重量为 567~650 克。

**（二）比赛、暂停、替换**

1. 比赛

每场篮球比赛由两队参加，每队出场 5 名队员。比赛由 4 节组成，每节 10 分钟，在第 1 节和第 2 节之间、第 3 节和第 4 节之间及每一决胜期之前应有 2 分钟的休息时间，半场的休息时间为 15 分钟。第 4 节时间终了时，如两队得分相等，则延续 5 分钟进行决胜期比赛；如得分仍相等，则再延续 5 分钟，直至分出胜负。

比赛中，除在 3 分投篮区投球中篮得 3 分外，其他位置投篮得 2 分，罚球中篮得 1 分。在比赛时间内，得分多的队为胜。

2. 暂停

第 1~ 第 3 节每节各队准许暂停 1 次，第 4 节各队准许暂停 2 次，每次 1 分钟，每一决胜期各队准许暂停 1 次。

3. 替换

替补队员进场前应向记录员报告，并须立即做好比赛的准备。请求替换队员的时机：①球成死球并停止比赛计时；②违例后，只有掷界外球的非违例队可要求替换队员，被允许后，对方也可要求替换。

**（三）违例及罚则**

比赛中常见的违例有带球跑、非法运球、脚踢球、拳击球、掷界外球违例、3 秒违例、5 秒违例、8 秒违例、24 秒违例、球回后场违例、干扰球等。出现违例时，均由对方掷界外球。

**（四）犯规及罚则**

1. 侵人犯规

侵人犯规是队员在球进入比赛状态、活球或死球时与对方队员发生不合理的躯体接触。

2. 故意犯规

裁判员认为队员蓄意地对持球或不持球的对方队员造成侵人犯规的为故意犯规。

3. 技术犯规

有意的、不道德的或违反规定的带来不正当利益的技术性犯规，应立即判罚技术犯规。

4. 双方犯规

双方队员同时互相犯规为双方犯规。

5. 队员 5 次犯规

一名队员不论侵人犯规或技术犯规共达 5 次，必须自动退出比赛。

6. 全队 4 次犯规

比赛的每一节，一个队的队员侵人犯规和技术犯规如果已达 4 次，此后发生的所有队员犯规，均执行两次罚球。

**（五）决胜期**

下半时终了得分相等时，应延长 5 分钟作为决胜期继续比赛。必要时可延长多个这样的 5 分钟，直到分出胜负为止。在所有的决胜期中，球队应朝向第 3 节和第 4 节中相同的球篮继续比赛。每次决胜期前，给予 2 分钟的休息时间和 1 次暂停；每次决胜期开始时，应在中圈跳球继续比赛。若第 4 节某队全队犯规超过 4 次，由对方执行两次罚球的权利，一直延续到决胜期。

# 第二节 足球运动

足球运动是以脚为主支配球的一项球类运动。

## 一、足球运动概述

### （一）足球运动的起源与发展

古代足球运动起源于中国。我国战国时期，已有“蹴鞠”或“踏鞠”，“蹴鞠”至唐、宋时期开展最盛。现代足球起源于英国。1863 年 10 月 26 日，英国人在伦敦成立了世界上第一个足球运动组织——英格兰足球协会，并统一了足球规则。

1900年，足球被列为奥运会的正式比赛项目。1904年5月21日，国际足球联合会（以下简称国际足联）成立，其会员现有 200 多个。

现代足球运动是在 19 世纪中期传入我国并逐渐发展起来的。1955 年，中国足球协会成立，举办了全国足球甲、乙级联赛，足球运动技术水平有了迅速提高。1994 年起开始实行以俱乐部为主的全国甲级 A 组联赛，并确立了新赛制。2001 年 10 月 7 日，经过全体足球工作者的共同努力，我国取得了 2002 年韩日世界杯的参赛资格，实现了几代人的夙愿。目前我国足球处于不断向前摸索的阶段。

### （二）足球运动的特点及锻炼价值

1. 足球运动的特点

（1）比赛人数多，场地大，时间长，体力消耗大。足球比赛在所有球类比赛中，人数最多，场地面积最大，耗时最长，一场比赛中队员的能量消耗很大。

（2）技战术复杂多样，拼抢凶狠，对抗激烈。足球比赛是在不停的快速奔跑中来完成复杂的技术动作和战术配合，而且为了把球踢入对方球门，双方力争控球权，在规则允许的范围内，进行激烈而合理的拼抢和身体对抗。

（3）设备简单，易于开展，参与的适应性很强。除正规比赛外，参与者只需一块空场和球便可以进行颠球、传球、抢球或足球比赛，活动量可大可小，并且对身体条件没有特殊要求，男女均可参加。

（4）足球比赛具有较高的观赏性及诸多的文化内涵。高水平的足球比赛，由于胜负难料、变化莫测、对抗激烈，极具观赏性。此外，由于不同国家和地区的队员的民族文化特点不同，他们的比赛风格也有所不同。

2. 足球运动的锻炼价值

（1）增强体质，增进健康。足球运动能促进人体的骨骼和肌肉组织发育，有效提高人体各系统的功能，增强人体抵抗疾病和适应外界环境的能力，从而提高学习和工作效率。

（2）培养品德，陶冶情操。足球运动是一项集体项目，因此要求每名队员不仅要具有团结合作、顾全大局、尊重裁判员、胜不骄败不馁的良好思想品德，还要具有勇敢、顽强、拼搏的敬业精神。

（3）振奋精神，增进友谊。足球运动能激发人们的爱国热情，振奋民族精神，培养社会公德；增进人与人之间的感情交流，以及不同国家和地区、不同民族之间的友谊；激励参与者的荣誉感、责任心、集体观念、民族意识和奋发向上的进取精神。

### （三）足球赛事博览

1. 国内足球赛事博览

（1）中国足球协会超级联赛。中国足球协会超级联赛是由中国足球协会组织的，由中国最优秀的职业足球俱乐部参加的全国最高水平的足球职业联赛，简称为中超联赛。该联赛开始于2004年，前身为中国足球甲级A组联赛。

（2）中国足球协会甲级联赛。中国足球协会甲级联赛是由中国足球协会组织的，由国内职业足球俱乐部参加的全国次高水平的足球职业联赛，简称为中甲。该联赛开始于2004年，前身为中国足球甲级B组联赛。

2. 国际足球赛事博览

（1）世界杯足球赛。国际足联第3任主席米尔·里梅是世界杯足球赛的创始人。1930年，在乌拉圭举办了第1届世界杯足球赛，以后每4年举行一届。世界杯赛程分为预选赛阶段和决赛阶段两个阶段。世界杯预选赛阶段分别在欧洲、南美洲、亚洲、非洲、北美洲和大洋洲6个赛区进行。世界杯决赛阶段的名额目前是32个，主办国可以直接获得决赛阶段名额。决赛阶段32支球队通过抽签被分成8个小组，每个小组4支球队，进行分组积分赛。各个小组的前两名共16支球队将获得出线资格，然后进行单淘汰赛，直至决出冠军。

（2）奥运会足球赛。奥运会足球赛始于1900年的法国巴黎奥运会。在1908年的英国伦敦奥运会上，足球成为正式比赛项目。国际足联为了对职业足球运动员参加奥运会进行一些限制，于1984年做出如下决定：欧洲和南美洲参加过世界杯决赛的球员不得参加奥运会足球赛。1988年，国际足联在此基础上又做出如下规定：奥运会足球运动员年龄限制在23岁以下，每队允许有3名超龄球员。

（3）世界女子足球锦标赛。1988年6月，国际足联在中国广州市举办了一届试验性国际女子足球锦标赛。中国队在12队中位列第4。1991年11月，第1届世界女子足球锦标赛在中国广东举行，共有12支队参赛。美国队、挪威队、瑞典队分别获得第1、2、3名，中国队获得第5名。世界女子足球锦标赛同世界男子足球锦标赛一样，每4年举行一次，进入决赛的16支队伍必须由各大洲预选产生。

## 二、足球技术

### （一）踢球技术及练习方法

踢球主要用于传球和射门。踢球动作按脚击球的部位可分为脚内侧踢球、脚背正面踢球、脚背内侧踢球、脚背外侧踢球、脚尖踢球和脚跟踢球等几种方法。这里主要介绍脚内侧踢球、脚背正面踢球和脚背内侧踢球。

1. 踢球技术

（1）脚内侧踢球。脚内侧踢球是短距离传球和射门常用的脚法。技术要领：踢定位球时，直线助跑；支撑脚在球侧后方10~15厘米处，支撑脚脚尖正对击球方向；踢球腿以髋关节为轴，由后向前摆动，脚踝外

脚内侧踢球

展，脚尖稍翘；脚内侧部位对准来球。（图 3–29）

图 3–29

（2）脚背正面踢球。脚背正面踢球适用于远距离的传球和大力射门。技术要领：踢定位球时，直线助跑；支撑脚在球侧后方约 25 厘米处，支撑脚脚尖正对出球方向；踢球脚脚背绷直，击球的后下部。踢地滚球时，脚趾对准出球方向。（图 3–30）

（3）脚背内侧踢球。脚背内侧踢球是中远距离射门和传球常用的脚法。技术要领：踢定位球时，斜线助跑，助跑方向和出球方向约成 45° 角；支撑脚在球侧后方约 25 厘米处，脚尖正对出球方向；用脚背内侧踢球的后下部。踢球时脚背要绷直，脚趾紧扣，脚尖指向斜下方。（图 3–31）踢地滚球时，助跑最后一步带跨跳动作；支撑脚的脚趾和膝关节尽可能转向出球方向；击球点应在球的侧前部，并利用腰的扭转协助完成摆踢动作。

图 3–30

图 3–31

2. 踢球的练习方法

（1）脚内侧踢球。①向前跨一步，做踢球模仿练习。②两人一组，一人脚踩球，另一人做向前跨一步、慢速助跑踢球练习。③两人相距 15 米，面对面做踢球练习。

（2）脚背正面踢球。①双手将球抛起，当球落至脚背上方时，用脚背将球向上踢起，体会脚背击球动作。②两人一组，一人自抛球后，用正脚背将球踢给对方，另一人接球后用同样的方法将球踢回。

（3）脚背内侧踢球。①两人一组，相距 5~10 米，面对面做踢球练习。②对墙踢球，开始时距墙 5~10 米，踢球力量小些，然后逐渐加长距离，加大踢球力量。

**（二）接球技术及练习方法**

接球常用的方法有脚内侧接球、脚底接球、胸部接球、脚背外侧接球、脚背正面接球、腹部接球和大腿接球等。这里主要介绍脚内侧接球、脚底接球和胸部接球。

1. 接球技术

（1）脚内侧接球。脚内侧接球多用于停地滚球、反弹球和空中球。技术要领：停地滚球时，接球腿屈膝外转并前迎，脚尖稍翘起；脚在与球接触前的瞬间后撤并用脚内侧接触球，缓冲来球力量，把球控制在衔接下一个动作所需要的位置上。（图 3–32a）

停反弹球时，支撑脚踏在球落点的侧前方；接球腿提起，踝关节放松，脚内侧对准来球的反弹路线；当球落地反弹刚离地面时，用脚内侧接球的中上部。（图 3–32b）

停空中球时，接球脚抬起前迎，脚内侧对准来球路线，在与球接触前的瞬间后撤；在后撤过程中用脚内侧触球，缓冲来球力量，把球控制在下一个动作所需要的位置上。（图 3–32c）

a

b

图 3–32

c

图 3-32（续）

（2）脚底接球。技术要领：停地滚球时，支撑脚站在球的侧后方；接球脚提起，脚尖翘起高过脚跟；用前脚掌触球的中上部。停反弹球时，支撑脚踏在球落点的侧后方；在球着地的瞬间，用前脚掌对准球的反弹路线，触球的后上部。（图 3-33）

（3）胸部接球。胸部接球技术多用于停高球和平直球。技术要领：面对来球，两脚开立，两臂自然张开，下颌内收；接球时，蹬地挺胸，上体后仰，将球向前上方弹起并落于体前；如果来球比较低平，则收腹含胸，将球向下挡压。（图 3-34）

图 3-33

图 3-34

2. 接球的练习方法

（1）脚内侧及脚底接球。①两人一组，有球队员向对方抛高低不同的球，对方进行接球练习，然后双方交换练习。②对墙踢各种不同力量、弧线的球，用以上方法接反弹回来的球。③两人一组，相距 15 米，进行传、接球练习。

（2）胸部接球。①双手将球抛起，练习胸部接球。②两人一组，一人向对方抛不同高度的球，另一人练习胸部接球，接球后将球抛回。

**（三）运球技术及练习方法**

运球常用的方法有脚背外侧运球、脚背内侧运球、脚背正面运球、脚内侧运球等。

1. 运球技术

（1）脚背外侧运球。技术要领：直线运球时，当运球腿屈膝提起前摆至球体上方时，用脚背外侧推拨球的后中部，身体重心随球跟进。（图 3–35）变向运球时，及时调整支撑脚的位置、触球部位及运球脚的用力方向，以保证蹬摆用力与推拨球动作协调一致。

（2）脚背内侧运球。技术要领：上体稍前倾并向球侧稍转，运球腿屈膝提起，脚尖稍外转，用脚背内侧部位将球向侧前推拨。（图 3–36）

（3）脚背正面运球。技术要领：运球腿屈膝提起前摆，脚背绷紧，脚跟提起，脚尖下指，用脚背正面推拨球后自然落步。（图 3–37）

图 3–35

图 3–36

图 3–37

（4）脚内侧运球。技术要领：支撑脚落在球的侧前方，上体稍前倾侧向球，身体重心随之前移，运球腿膝关节外转，用脚内侧部位推运球前进。（图 3–38）

图 3-38

2. 运球的练习方法

（1）在步行或慢跑中进行各种运球练习，体会运球时的推拨动作。

（2）沿足球场中圈进行各种运球练习。

**（四）头顶球技术及练习方法**

1. 头顶球技术

头顶球技术按顶球部位可分为前额正面头顶球和前额侧面头顶球。

（1）前额正面头顶球。技术要领：原地顶球时，正对来球，两腿自然开立，上体稍后仰；当球运行到头前上方时，蹬地收腹，颈部垂直，用前额正面顶球的后中部。（图 3-39）

图 3-39

（2）前额侧面头顶球。技术要领：原地顶球时，两脚前后开立，重心落在后腰上，两臂自然张开，目视来球；顶球时，后脚向出球方向猛力蹬伸，身体随之向出球方向转动侧摆，同时颈部侧甩发力，用前额侧部将球击出。（图 3-40）

图 3-40

2. 头顶球的练习方法

（1）两人一组，一人双手将球向斜上方托起，另一人站在球的下方，用前额正面顶球。

（2）进行自抛自顶练习。

（3）3 人一组，呈三角形站立，一人抛球，一人顶球，一人接球。练习 10 次后轮换。

### （五）抢截球技术及练习方法

抢截球技术包括正面抢球、侧面抢球和侧后抢球等。

1. 抢截球技术

（1）正面抢球。正面抢球技术适用于抢截从正面运球前进的对方的球。技术要领：在控球队员触球的瞬间，支撑脚前跨，将球控住。如果双方对脚触球，则应顺势向上做提拉动作，将球从对方脚背上带出。（图 3–41）

图 3–41

（2）侧面抢球。技术要领：在对方近侧脚离地瞬间，用肩以下、肘以上的部位合理冲撞对手的相应部位，使其身体重心失去控制，趁机伸脚将球控在脚下。（图 3–42）

图 3–42

（3）侧后抢球。侧后抢球多是在对方突破的情况下进行的回追反抢。技术要领：与侧面抢球相似，注意不要利用非体育道德行为进行抢球。

2. 抢截球的练习方法

（1）正面抢球。①两人一球，做拼抢球的模仿练习；一人做脚内侧运球，另一人做正面跨步抢球练习。②两人一球，相对站立，距离 3~4 米，将球放在中间，听到哨声后，两人立即上前进行正面跨步抢球，不许从正面冲撞，要注意安全。③两人一球，相距 6~8 米，运球人先慢速向前运球，待抢球人抢球动作完成后积极运球过人。

（2）侧面抢球。①两人一组，一人正常走动配合，另一人体会合理冲撞的正确动作和时机。返回时，交换角色进行练习。②分两组，分别站在教师两侧，每组两人。当教师将球踢出时迅速起动，运用合理冲撞的技术将球抢下。

### （六）守门员技术及练习方法

守门员技术包括位置选择、准备姿势、移动、接球、扑球、拳击球、托球、手掷球和踢球等。

1. 守门员技术

技术要领：两腿微屈左右开立，两臂在体前自然弯曲，目视来球。移动主要采用滑步、交叉步和跪步等步法，根据来球的不同情况将球接住。

接球手形、原地接球、守门员跳起接球及倒地侧扑接球，分别如图 3–43 至图 3–46 所示。

图 3–43

图 3–44

图 3–45

图 3–46

2. 守门员的练习方法

（1）两人一组，一人用手抛地滚球、半高球或高球，另一人练接球。

（2）侧扑固定球练习。

（3）结合射门，进行接球手形及快速移动练习。

## 三、足球战术

足球战术是指在足球比赛中为了战胜对手，根据客观情况所采取的个人和集体配合的组织方式和组织形式。

### （一）比赛阵型

比赛阵型是指比赛场上队员的位置排列、攻守力量搭配和职责分工的形式。足球阵型的序列一般是从后卫排向前锋。守门员的人数、职责固定，一般不予计算。

（1）常用阵型：4–3–3、4–4–2、4–2–1–3、3–5–2。

（2）进攻型阵型：4–3–3、4–2–1–3、3–5–2。

（3）防守型阵型：4–4–2。

例如，4–3–3 阵型从后至前分为 3 条线，即后卫线 4 名队员、前卫线 3 名队员、前锋线 3 名队员。比赛阵型在比赛中不是一成不变的，它只是队员在场上活动的大体安排。场上每名队员都应在明确自己基本位置和职责的前提下，根据临场情况不断进行创造性的活动。现代足球比赛规则的变化，运动员技战术、身体素质等因素的不断提高，促进了比赛阵型的演变与发展。

### （二）比赛队形

比赛队形是阵型在不同比赛场区（前场、中场、后场）更具体、更严谨、更灵活的运用，它是根据赛势随机变化和协调有序的人员组合。良好的队形使攻防各线纵深层次分明，左右横向联系紧密，全队整体衔接紧凑而有序。这不仅使局部与整体攻防力量的搭配更趋合理，而且有利于根据场上比赛形势的变化及时调动攻防力量，保持攻防的动态平衡或在局部区域尽快形成以多打少、以多防少的局面，从而有利于进攻时创造和利用时间与空间，防守时控制时间和空间，封锁空间，最大限度地保证本队战术顺利实现。

### （三）进攻战术

1. 个人进攻战术

个人进攻战术是指在比赛中为了战胜对方而采取的符合整体进攻目的的个人行为，是构成局部和整体进攻战术的环节。个人进攻战术行动水平的高低直接影响局部和整体进攻战术的质量。个人进攻战术包括传球、射门、运球突破和摆脱跑位等。

2. 局部进攻战术

局部进攻战术是指场地范围不大、参与人数不多的攻、防配合行动，是两个或两个以上队员的战术配合行动。它可以丰富和完善全队的进攻战术，是整体攻防战术的基础。其基本配合形式有传切配合、交叉掩护配合和二过一配合。

（1）传切配合。传切配合是指控球队员将球传给切入的进攻队员的配合方法，是局部进攻战术中运用最多的方法。其基本形式有局部传切和转移长传切入。

（2）交叉掩护配合。交叉掩护配合是指在局部地区两名进攻队员在运球交叉换位时，以自己的身体掩护同伴越过防守队员的配合方法。

（3）二过一配合。①斜传直插二过一。甲队员运球过对方乙队员后，横传给本方丙队员，丙队员向前斜传，甲队员直线插入接球。②直传斜插二过一。这种配合是在对方基本站好位置的情况下采取的渗透性传球。甲队员接乙队员横传球，向前直传空当，乙队员斜线插入接球。③踢墙式二过一。它是两名进攻队员通过两次传球越过一名防守队员的配合方法。甲队员传球给乙队员，乙队员直接出球，球好像碰在墙上一样，反弹到防守队员丙背后的空当，甲快速切入接球。

3. 整体进攻战术

整体进攻战术是指为了完成进攻战术任务所采用的全局性的配合方法。其涉及的人员比较多，是全队协调一致的行动，体现了一支队伍的进攻实力和配合能力。根据进攻的区域，整体进攻战术可分为边路进攻、中路进攻、转移进攻、快速反击、层次进攻和密集防守的进攻。

（1）边路进攻。边路进攻是指进攻的最后阶段发生在前场罚球区域以外靠近边线区域的进攻。它的发起、推进有两种渠道：一是进攻过程始终沿边路进行，二是通过中路转移至边路。边路进攻打法的主要目的在于充分利用“宽度”原则，拉开防守面，削弱中路防守力量，创造中路破门得分的有利战机。

（2）中路进攻。中路进攻是指在进攻最后阶段发生在前场中间区域的配合。其一般有中路直线推进和边中转移两种形式。一般来说，中路进攻比边路进攻更具有威胁性和直接性。虽然于中路防守人员密集，进攻的难度很大，但一旦成功，则威胁效果很大。

（3）转移进攻。转移进攻是指由一个区域转向另一个区域的进攻配合。其一般有中路进攻受阻时转移到边路的进攻，或边路进攻受阻时转移到中路的进攻，或一侧边路转移到另一侧边路的进攻。转移进攻的特点是，充分利用场地的空间和足球比赛进攻没有时间和传球次数限制的规则，及时转移攻击点，迫使对方防线横向扯动，出现空当，从而成功突破防线。

（4）快速反击。快速反击是指防守方在获得控球权后，在对方尚未形成稳固防守态势时，快速攻击对方，从而创造射门得分机会的配合战术行动。

（5）层次进攻。层次进攻是指有组织、有步骤、层层推进的一种进攻方式。其一般发生在对方已组织好防守的情况下，是一种比快速反击更谨慎的进攻打法。如果说速度和冒险是快速反击的基础，那么准确和稳妥则是层次进攻的特点。层次进攻对进攻方运用宽度、渗透的原则和控制比赛节奏的意识及能力，以及跑位和传球配合要求更高。

（6）密集防守的进攻。密集防守的进攻是针对对方全队收缩在后场，防守人员密集情况的进攻配合。破密集防守的进攻的方法有拉开进攻的宽度、传切配合、运球突破、二过一配合、外围吊中、插上远射和任意球配合射门。

**（四）防守战术**

防守战术是指比赛中为了阻止对方进攻和重新获得控球权所采取的个人和集体配合的方法。进攻与防守是矛盾的两个方面，二者相互制约、相互促进。没有稳固的防守，再锐利的进攻也不能获得比赛的胜利，而只守不攻亦不能胜利。

1. 个人防守战术

个人防守战术是指为了控制对手所采用的个人战术行动。个人战术行动体现着整体战术的特征，是整体战术的基础，包括选位与盯人、断球、抢球等。

（1）选位与盯人。选位时防守队员一般应处于球门与进攻队员之间的直线上。盯人时应采用“有球紧，无球松”和“远松近紧”的方法。

（2）断球。断球是指将对方的传球从途中截下来或破坏掉的战术行动，是转守为攻最主要、最有效的战术行动，能在对方来不及反抢的状态下进行快速反击。

（3）抢球。抢球是指将对方控运的球抢过来或破坏掉的战术行动，是重要的个人防守战术，也是个人防守能力的重要标志。

2. 局部防守战术

局部防守战术是指两名或两名以上防守队员之间的配合战术行动，是集体防守战术的基础。其基本配合形式有保护与补位和围抢。

（1）保护与补位。保护是补位的前提，没有保护就不可能有效地补位，队员之间适当的斜线站位是保护的选位要求和后卫防守站位的基本原则。保护与补位一般有两种：一种是队员去补空当，如后卫插上助攻时，就由另一名队员暂时补他的位置；另一种是队员间的相互补位，即交换防守。

（2）围抢。围抢是指两名以上的防守队员从多方位夹击对方的控球队员，把球抢夺回来或破坏掉的战术配合。

3. 整体防守战术

整体防守战术是指全队所采取的防守配合。整体防守战术按形式可分为人盯人防守、区域盯人防守和混合盯人防守，按打法可分为向前逼压式打法、层次回撤式打法和快速密集式打法。

（1）人盯人防守。人盯人防守是一种除自由人以外，其他队员都有固定盯人对象的防守形式。这种打法的突出特点是，在全场攻守的每一个时间和空间，两两对抗的情况总是使每一名进攻队员始终处于压力之中。

（2）区域盯人防守。区域盯人防守是指每名防守队员占据一定的活动区域，当进攻队员进入该防区时，区域防守队员实施严密盯人，以控制进攻队员在此区域的一切有效行动。区域盯人打法规定了每一名防守队员的明确任务，但同伴之间仍需必要的协作。当某一区域盯人防守失败时，邻近队员应及时补位，被突破防守队员应及时与他换位，以求整体防守的有效性。此打法要特别注意各区域间交界处的防守，因为这些交界处常常由于防守职责不明确而给进攻队员带来可乘之机。

（3）混合盯人防守。混合盯人防守是指将人盯人打法与区域盯人打法交织在一起的防守打法。它最大的特点是能根据对方情况，灵活而充分地运用人盯人打法和区域盯人打法的优点，提高全队防守的能力。

（4）向前逼压式打法。向前逼压式打法是指丢失控球权后，不是回撤防守，而是立即对球、对空间进行逼压，降低对方的进攻速度，迫使对方犯错误，将球破坏或夺回来。

（5）层次回撤式打法。层次回撤式打法既不同于消极回撤防守，又不同于向前逼压式打法，而是分层次、有步骤、有组织的防守打法。

（6）快速密集式打法。快速密集式打法是一种缩小防守区域、集中主要防守力量于门前危险地带，仅留1~2名队员于中场附近的防守形式。其主要防守特点：防守人数多，可利用的空当较小，渗透性进攻配合较难。

**（五）定位球战术**

定位球战术是指比赛成死球时所采用的攻守战术方法，包括球门球、中圈开球、界外球、角球、任意球、点球的配合方法。定位球在比赛中的地位极为重要，它已成为决定比赛胜负的重要因素，尤其是在攻守双方势均力敌的比赛中，关键性的进球常常是定位球。此外，定位球有其特定的优势：在规定的9.15米范围内没有对手阻碍，可投入较多队员在预定的位置上进攻；定位球战术在开球前有充分的准备时间，进攻队员可以根据防守队员情况随意灵活地选位和商量进攻对策。

## 四、足球运动的主要比赛规则

**（一）比赛场地**

1. 场地尺寸

比赛场地应为长方形，其长度为90~120米，宽度为45~90米（国际比赛的场地长度为100~110米，宽度为64~75米）。在任何情况下，长度必须超过宽度。

2. 画线

比赛场地应按照平面图画出清晰的线条，线宽不得超过12厘米，不得做成“V”形凹槽，较长的两条线叫作边线，较短的线叫作球门线。场地中间横穿球场的线叫作中线。场地中央应当做一个明显的标记，以此点为圆心、以9.15米为半径画的圆圈叫作中圈。在场地每个角上应各插一根不低于1.50米的平顶旗杆，上系小旗一面。在中线的两端、边线以外不少于1米处也可以放置旗杆。

3. 球门区

在比赛场地两端距球门柱内侧5.50米处的球门线上，向场地内各画一条长5.50米与球门线垂直的线，一端与球门线相接，另一端连接线与球门线平行，这3条线与球门线范围内的区域叫作球门区。

4. 罚球区

在比赛场地两端距球门门柱内侧16.50米处的球门线上，向场地内各画一条长16.50米、与球门线垂直的线，一端与球门线相接，另一端与球门线平行，这3条线与球门线范围内的区域叫作罚球区。在两球门线中点垂直向场地内量11米处做一个清晰的标记，叫作罚球点。以罚球点为圆心，以9.15米为半径，在罚球区外画的弧线叫作罚球弧。

5. 角球区

以边线和球门线的交叉点为圆心，以1米为半径，向场内各画一段1/4的圆弧，这个弧内的区域叫作角球区。

6. 球门

球门应设在球门线的中央，由两根相距7.32米、与两面角旗点相等距离、直立门柱与一根下沿离地面2.44米的水平横木连接组成，为确保安全，无论是固定球门还是可移动球门，都必须固定在场地上。球门门柱及横木的宽度与厚度均应对称相等。

**（二）球**

比赛用球应为圆形，它的外壳应用皮革或其他许可材料制成，在它的结构中不得使用可能伤害运动员的材料。

球的圆周不得多于 71 厘米或少于 68 厘米。在比赛开始时，球的重量不得多于 453 克或少于 396 克。充气后其压力应等于 0.6~1.1 个大气压（海平面上），即等于 600~ 1100 克 / 厘米 $^2$。在比赛中，未经裁判员许可，不得更换比赛用球。国际比赛用球还有特殊的“标志”要求。

**（三）队员**

每队上场队员不得超过 11 人，其中必须有 1 名守门员。当一支队不足 7 人时不得继续比赛。更换守门员必须经裁判员同意。替补队员须在死球时经裁判员同意方可上场，被换下的队员不得重新上场，正式比赛每队最多可以使用 3 名替补队员。教练员可以在比赛中向队员传达战术指示，但必须在指定的技术区域内。

**（四）装备**

队员必须穿运动上衣、短裤（如果穿紧身内裤，必须与短裤的主色一致）、护袜、足球鞋。同队队员的服装颜色必须一致，守门员的服装颜色必须有别于其他队员、裁判员和助理裁判员。队员要戴护腿板，必须用护袜全部包住。队员不得穿戴有可能伤害他人及自己的任何物件。

**（五）比赛时间**

上、下半场各 45 分钟，中场休息不得超过 15 分钟。因故损失的时间应予补足。

**（六）比赛开始及重新开始**

进行投币，猜中的队决定进攻方向，另一队开球。开球可以直接进球得分。当球被踢出时，比赛开始。

**（七）比赛进行及死球**

比赛进行：球从球门门柱、横梁或角旗弹回场内，球从裁判员或助理裁判员身上弹回场内。

死球：当球从地面或空中全部越过球门或边线时，当比赛被裁判员暂停时。

**（八）计胜方法**

球的整体从球门门柱间及横梁下越过球门线，而此前未违反规则，即为进球得分，进球多的队为胜队，进球数相等或均未进球则为平局。

若比赛结束为平局，须按规则采用决胜期（加时赛）或其他步骤决出胜者。

**（九）越位**

1. 判罚越位的必备条件

（1）在对方半场。

（2）在球的前面。

（3）在控球队员与对方球门线之间不足两名防守队员。

（4）进攻队员干扰了比赛，干扰了对方队员或其取得利益，那么在同队队员踢或触及球的瞬间（传球），则判其越位。

2. 不判罚越位

（1）队员平行于对方倒数第 2 位防守的队员或平行于对方最后 2 名及以上的防守队员时。

（2）队员仅处于越位位置。

（3）队员直接接球门球、角球、掷界外球都不判罚越位。

**（十）犯规与不正当行为**

1. 直接任意球

下列 10 种犯规将被判罚直接任意球：①踢或企图踢对方队员；②绊摔或企图绊摔对方队员；③跳向对方队员；④冲撞对方队员；⑤打或企图打对方队员；⑥推对方队员；⑦拉扯对方队员；⑧为了得到对球的控制而抢截对方队员时，触球及对方队员；⑨向对方吐唾沫；⑩故意手球。

2. 间接任意球

下列 7 种犯规将被判罚间接任意球：①危险动作；②阻挡守门员发球；③阻挡对方队员；④守门员用手控球在发出球之前持球超过 6 秒、两次持球、接回传球、接同队的界外掷球；⑤擅自进、退场；⑥连踢犯规（角球、开球、点球、球门球、任意球、掷界外球时连踢）；⑦越位犯规。

3. 警告

下列 7 种犯规将被警告：①非体育道德行为；②以过激的语言或行动表达不满；③连续违反规则；④延误时间；⑤不退出 9.15 米；⑥未经许可进入或重新进入场地；⑦未经许可离开场地。

4. 罚令出场

下列 7 种犯规将被罚令出场：①严重犯规；②暴力行为；③向对方或其他人吐唾沫；④故意手球破坏对方进球及明显的得分机会；⑤用其他犯规破坏对方明显的得分机会；⑥辱骂对方或裁判员；⑦同一场比赛第 2 次被黄牌警告。

**（十一）任意球**

直接任意球可直接踢入对方球门得分。

间接任意球不可直接踢入对方球门得分，除非球在进球门之前触及了场上其他队员。

罚任意球时对方队员必须退出 9.15 米。

球被踢并移动时视为比赛继续，但在本方罚球区内必须直接踢出罚球区，比赛方可进行。在对方球门区内踢间接任意球，应在距犯规发生地最近的、与球门线平行的球门区线上执行。

**（十二）罚球点球**

在比赛进行中，一队在本方罚球区内由于违反了可判为直接任意球的 10 种犯规之一而被判罚的任意球，应执行罚球点球。罚球点球时，除主罚队员和防守方守门员外，其他队员都应在比赛场内、罚球区外、罚球点后及罚球弧外。

**（十三）掷界外球**

球出边线后都由最后触球队员的对方在出界地点掷界外球，不得违例，不得直接得分，不得连踢。

**（十四）球门球**

球门球可以直接射入对方球门得分。

若进攻方队员将球踢出对方的球门线（不是进球），则由守方踢球门球。

**（十五）角球**

角球可以直接射入对方球门得分。

若防守方队员将球踢出本方球门线，则由对方踢角球。

**安全提示**

（1）守门员扑球时，手臂支撑要保持手指向前，避免反关节支撑而造成手腕、肘关节损伤。

（2）在踢球的过程中，应合理冲撞，避免踢伤。

## 第三节 排球运动

排球运动是隔网对抗的集体项目。

### 一、排球运动概述

**（一）排球运动的起源与发展**

1895 年，威廉·莫根发明了排球运动。最初的排球运动被称为“米诺奈特”，即小网子运动。最初的米诺奈特运动使用的是篮球内胆，经过反复试验后制成了与现代排球相似的用球。霍尔斯泰德教授建议将“米诺奈特”改名“volleyball（排球）”，并沿用至今。

排球运动伴随着美国的传教士、驻外军队传播到世界各地。由于排球运动传入世界各地的时间不同、规则不同、参加人数不同，世界排球运动呈现出多样化的局面。排球于 1905 年传入中国，先后经历了 16 人制、12 人制、9 人制、6 人制的演变过程。

1947 年，国际排球联合会成立。在 1964 年的东京奥运会上，排球正式成为比赛项目。1965 年和 1973 年分别举办了男、女世界杯排球赛。1981—1986 年，中国女排以全攻全守、快速反击的独特打法，连续 5 次获得世界冠军，极大地鼓舞了中国人民参与排球运动的热情。

现代排球发展的趋势：一是以健身、休闲娱乐为目的的大众化趋势。排球运动以隔网对抗、组织形式多样等独特的魅力吸引了各个年龄段的人，已经成为广大群众喜爱并积极参与的健身娱乐项目之一。二是以市场经济为基础的职业化趋势。排球运动员的职业化对全世界高水平运动员具有强烈的吸引力，使排球运动的竞技化水平不断提高。

## （二）排球运动的特点及锻炼价值

1. 排球运动的特点

现代排球的技战术体系及水平已达到了一个新的高度，形成了各种各样的技战术方法。现代排球运动的特点体现在以下几个方面：一是形式多样性和群众基础广泛性，二是集体对抗性强和安全性高，三是技术的全面性和攻守的平衡性。

2. 排球运动的锻炼价值

一是提高弹跳力。排球运动的跳发球、扣球和拦网等技术动作的练习，可以提高练习者的弹跳力。二是提高速度素质。在快速移动中完成接发球、传球、扣球、拦网等技术动作，可以提高练习者的速度素质。三是提高耐力素质。30 分钟以上的排球练习和比赛，可以提高练习者的耐力素质。四是提高灵敏素质。排球运动中前、后、左、右等不同方位的快速而准确的移动，可以提高练习者的灵敏素质。

## （三）排球赛事博览

1. 国内排球赛事博览

国内排球赛事主要包括中国男子（女子）排球超级联赛、全国男（女）排大奖赛，这两项赛事促进了排球运动在我国的发展。

（1）中国男子（女子）排球超级联赛。1996 年 4 月，国家体育运动委员会（现为国家体育总局）在天津召开了全国排球竞赛工作会议，中国排球协会推出了主客场制和跨年度的双循环赛制改革，创建了中国男子（女子）排球联赛，2017—2018 赛季更名为中国男子（女子）排球超级联赛。

（2）全国男（女）排大奖赛。2004 年，中国排球协会首次推出全国男子排球大奖赛和全国女子排球大奖赛，比赛的冠军、亚军、季军将分别获得 20 万元、10 万元和 8 万元的奖金，比赛的总奖金额达 100 多万元。只有在上个赛季获得全国联赛前 8 名的男、女排球队拥有参赛资格。各参赛队转会将不受人数、时间和国籍的限制。

2. 国际排球赛事博览

国际排球联合会（以下简称国际排联）的主要赛事有世界排球锦标赛、奥运会排球赛。

（1）世界排球锦标赛。世界排球锦标赛是由国际排联主办的国际排球比赛，是最早的、规模最大的世界性排球比赛。世界排球锦标赛每 4 年举行一届，原与奥运会同年举行，1962 年起改在奥运会后第 2 年举行（第 5 届世界女子排球锦标赛除外）。冠军获得者可直接参加下届奥运会。第 1 届世界排球锦标赛在 1949 年，最初只有男子比赛，女子比赛始于 1952 年。最开始的比赛并不受洲际人数的限制，但从 1986 年开始，国际排联规定只允许 16 支队参加世界排球锦标赛。具体参赛资格为上一届比赛获得第 1~ 第 7 名的 7 支球队、举办国 1 支队、五大洲锦标赛 5 支冠军队、最后资格预定赛（巡回优胜杯）的前 3 名，共 16 支参赛队伍。

（2）奥运会排球赛。1964 年，在日本东京的第 18 届奥运会上，排球正式成为比赛项目。自 1964 年的东京奥运会至 2008 年的北京奥运会，奥运会排球赛共举行了 12 次。1984 年，袁伟民率领中国女排首次参加美国洛杉矶奥运会。中国女排在小组赛中以 1∶3 不敌东道主美国队，但是在决赛中以 3∶0 战胜对方，获得第 1 个奥运会冠军。2004 年，陈忠和带领中国女排赢得第 2 个奥运会冠军。2016 年，时隔 12 年之后，郎平带领中国女排再一次获得奥运会冠军。

### 知识窗

**娱乐排球的种类**

我们通常将排球称为硬式排球。除了硬式排球、沙滩排球、软式排球外，还有 7 种排球，它们分别是适合中青年妇女打的妈妈排球、适合小学生打的小排球、利用墙的反弹打的墙排球、雪地排球、专为双下肢残疾的人设计的坐式排球、专为单下肢残疾的人设计的站式排球、球中装有响铃的盲人排球。

## 二、排球技术

排球技术是队员在比赛中，运用符合排球规则的移动及攻防动作的总称，可分为无球技术和有球技术两大类。

**（一）无球技术及练习方法**

无球技术包括准备姿势、移动、起跳、倒地及各种掩护动作。这里只介绍准备姿势和移动。

1. 准备姿势

准备姿势分为稍蹲准备姿势、半蹲准备姿势和低蹲准备姿势。这 3 种准备姿势的技术要领相似，主要区别在于身体重心的高低，依次为身体重心高、中、低。稍蹲准备姿势一般用于对方正在组织进攻和我方队员助跑扣球时；半蹲准备姿势一般用于接发球、拦网和传球；低蹲准备姿势用于防守和保护动作。

技术要领：两脚左右或前后开立，比肩稍宽；屈膝，脚尖朝前或稍内扣，身体重心落在前脚掌上；两臂自然弯曲于腹前；全身适当放松，处于灵活的平衡状态。

2. 移动

移动常用的步法有以下几种：并步、滑步、交叉步、跑步、跨步和后退步。

（1）并步、滑步。移动时，一只脚向移动方跨出一步，另只一脚迅速蹬地并上，呈准备姿势。当球距身体一步左右时，采用并步移动。当来球稍远时，可重复连续并步。连续并步称为滑步，主要用于左右移动。

（2）交叉步。采用向右侧交叉步时，上体稍右倾，左脚从右脚前面交叉迈出一步，然后右脚向右跨出一大步，同时身体转向来球方向，保持击球前的姿势。当来球在体侧 3 米左右时，可采用交叉步移动。

（3）跑步。采用跑步时，两臂要配合摆动，球离身体较远时需用跑步。

（4）跨步。采用跨步移动时，如向前移动，则后脚用力蹬地，前脚向前跨出一大步，身体重心移至前脚。当来球较低，离身体 2 米左右时，可采用跨步移动。

（5）后退步。当击球者预判来球将会落在离自己的后方、侧后方两三步时，两脚依次迅速后退，重心后移。

3. 准备姿势和移动的练习方法

（1）根据教师或同伴的手势，向前、后、左、右等各方位做各种移动步法的徒手练习。

（2）在排球场，徒手做五米三向折回跑练习。

（3）两人一组，结合球，分别做并步、交叉步、跑步、跨步、后退步的练习。

**（二）有球技术及练习方法**

有球技术包括垫球、传球、发球、扣球、拦网。

1. 垫球技术及练习方法

（1）垫球技术。

① 垫球手形。垫球常用手形有两种：一是包拳法，二是叠指法。包拳法是两手抱拳互握，两拇指平行朝前的手形，如图 3–47a 所示。叠指法是两手手指上下相叠，掌根紧靠，合掌互握，两拇指朝前的手形，如图 3–47b 所示。

② 正面双手垫球。技术要领：插、夹、提。插——两臂前伸，插到球下；夹——两臂夹紧，前臂击球，同时压腕；提——蹬腿提肩抬臂，重心跟球上前。（图 3–48）

③ 体侧垫球。技术要领：以右侧来球为例，右脚向右跨出一步，同时两臂夹紧向右侧伸出，击球瞬间向左蹬地转腰。（图 3–49）

④ 单手垫球。技术要领：以右手垫球为例，当球飞向右侧远处时，迅速跑步接近球；最后右脚跨出一大步，伸右臂，用右手虎口或掌根击球。（图 3–50）

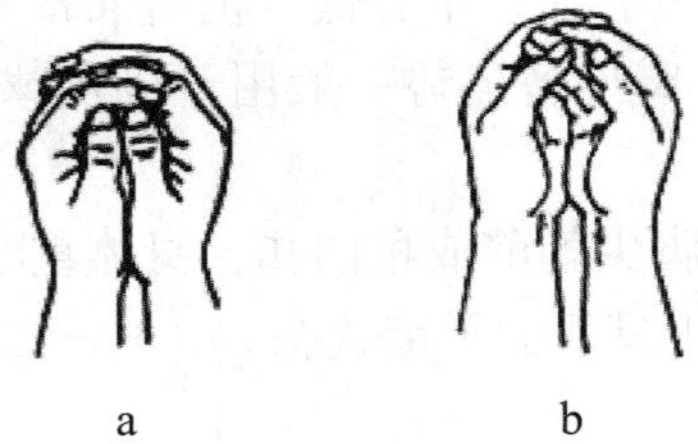
a b

图 3–47

图 3–48

图 3–49

图 3–50

（2）垫球的练习方法：①两人一组，一人持球，另一人做垫击固定球练习；②两人一组，一人抛球，另一人垫击抛来的球；③对墙做连续自垫球练习，离墙距离由近到远；④两人一组面对面垫球练习。

2. 传球技术及练习方法

（1）传球技术。传球技术有正面双手传球、背传球、侧面双手传球、跳传球和单手传球等。

① 传球手形。技术要领：双手手指自然弯曲，呈瓢状（图 3-51a），两手的拇指、食指组成三角形（图 3-51b）。传球时用拇指的内侧，食指的全部，中指的第二、第三指节触球（图 3-51c），无名指或小指在球的两侧辅助控制球的方向。两肘适当分开，以保证正确手形。

a　　b　　c

图 3-51

② 正面双手传球。技术要领：两脚左右开立，两手置于脸前，十指张开，呈半球形。当来球接近额前时，蹬地、伸膝、伸臂，两手微张，向前上方迎球。（图 3-52）击球点保持在额前上方约一球距离处，击球部位一般在球的后下方，依靠伸臂、蹬地的力量将球传出。

图 3-52

③ 侧面双手传球。技术要领：身体侧对传球目标，传球时依靠身体及手臂向侧方用力，其中异侧臂的伸展、用力幅度更大，将球传出。

④ 背传球。技术要领：背对传球目标，上体稍后仰；在额前上方触球，手腕后仰，击球点在球的底部；用蹬腿、展腹、抬臂的力量将球传出。（图 3-53）

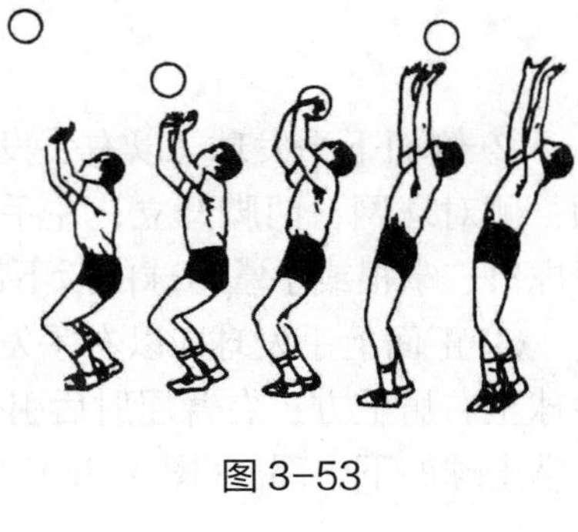

图 3-53

（2）传球的练习方法。

① 原地做正面双手传球的徒手练习。体会正确的传球动作和正确的击球点。

② 原地向上做抛接球练习。体会正确的传球手形和正确的击球点。

③ 原地自传练习。每人一球，连续向上自传，传出球的高度由低到高。主要体会传球动作、击球点、手形，提高控制球的能力。

④ 一抛一传练习。两人一组，相距 4 米左右站立，一人抛出带有弧度的球，另一人传球给抛球人，然后两人互换。着重体会全身协调用力，建立正确的动作概念。

⑤ 两人对传练习。两人一组，相距 4 米，左右站立对传球。要求提高控球能力，能连续传球。

⑥ 自传与对传练习。两人一组，相距 4 米，左右站立对传球，在接到对方传来的球时，先自传一次，再将球传给对方。要求提高控球能力，注意传球方向的变化和全身协调用力。

⑦ 左右跑动传球练习。两人一组，一人将球抛到另一人的左右两侧，另一人左右跑动到位后传球，然后两人互换。要求移动速度快，传球时面对抛球人，做到正面迎送来球。

⑧ 隔低网传球练习。两人一组，分别站在低网两边 3 米线以内对传球。要求控制传球弧度，进一步体会全身协调用力。

⑨ 三角传球练习。3 人一球，呈正三角形站立，按不同方向传球。要求面对出球方向，保持正面传球。

3. *发球技术及练习方法*

（1）发球技术。

① 正面下手发球（以右手发球为例）。正面下手发球适合初学者。技术要领：面对球网，两脚开立；左手抛球，同时右臂后摆；右臂伸直，以肩为轴，向前摆到腹前，以虎口、掌根或手掌击球的后下部。（图 3–54）

图 3–54

② 侧面下手发球（以右手发球为例）。侧面下手发球适合力量较小的女生。技术要领：侧对球网，两脚开立；左手抛球，距身体约一臂；右臂伸直，由后向前摆到腹前，以虎口、掌根或手掌击球的后下部。（图 3–55）

③ 正面上手发球（以右手发球为例）。技术要领：面对球网，两脚前后开立；左手抛球至右肩上方；右臂屈肘后引，上体稍向右转，身体重心移至右脚；迅速挥右臂，用全掌击球的下中部。（图 3–56）

图 3-55

图 3-56

（2）发球的练习方法：①固定球练习，注意选择好站立位置和击球点；②对墙发球练习；③离网 3~4 米发球练习；④球区发球练习。

4. 扣球技术及练习方法

（1）扣球技术。

① 正面扣球（以右手为例）。技术要领：两步或三步助跑；双脚起跳；挺胸展腹，身体呈反弓形；右臂以肩带肘、腕做鞭甩动作，向前上方挥动并迅速转体；击球时，以全掌包满球，击球的后中部；击球点在右肩的前上方；落地时，以前脚掌先着地过渡到全脚掌着地。（图 3-57）

② 近体扣球。技术要领：随一传队员的球同时助跑到网前；二传队员将球传至体前或体侧约 50 厘米处，扣球队员助跑路线与网约成 45°；当二传队员传球时，扣球队员在二传队员体前近网处迅速起跳、快速挥臂，将刚传出网口的球扣过网。（图 3-58）

图 3-57

图 3-58

（2）扣球的练习方法：①徒手扣球动作、挥臂击球和助跑练习；②扣固定球练习，5 人一组，其中一人站在高台上，一只手托球于网上沿，其余 4 人助跑起跳扣固定球；③练习扣 2、4 号位一般高球，体会不同方向、不同位置扣球的区别；④根据二传队员的水平，练习扣 3 号位近体快球。

5. 拦网技术及练习方法

（1）拦网技术。

① 单人拦网。技术要领：两脚左右开立，距球网 30~40 厘米；两臂放松屈于两肩前方，两眼注视球；对准扣球点，与网平行移动；两臂以上臂为半径做弧形摆动，蹬地起跳；拦强攻时，在扣球者挥臂时起跳；拦快球时，应与扣球者同时起跳。（图 3–59a）拦网时，两手距离以不漏球为宜；当手触球时，五指张开并紧绷，手腕用力下压，盖住球的前上方。（图 3–59b）落地时屈膝缓冲，并做好连接下一个动作的准备姿势。

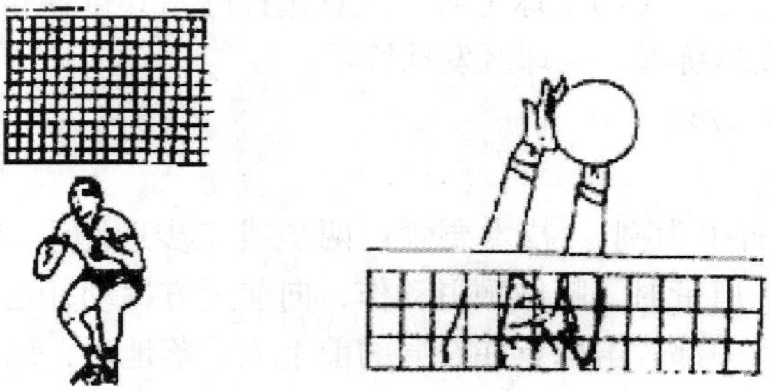

a　　b

图 3–59

② 集体拦网。

双人拦网：双人拦网由 2、3 号位队员或 3、4 号位队员组成。拦网以离攻手最近的拦网队员为主。如果球集中在 3 号位附近，则 3 号位队员为主拦网，2 号位或 4 号位队员配合拦网。（图 3–60a）

三人拦网：以 3 号位队员为主，两边队员主动配合拦网，多在对方进行高点强攻的情况下运用。（图 3–60b）

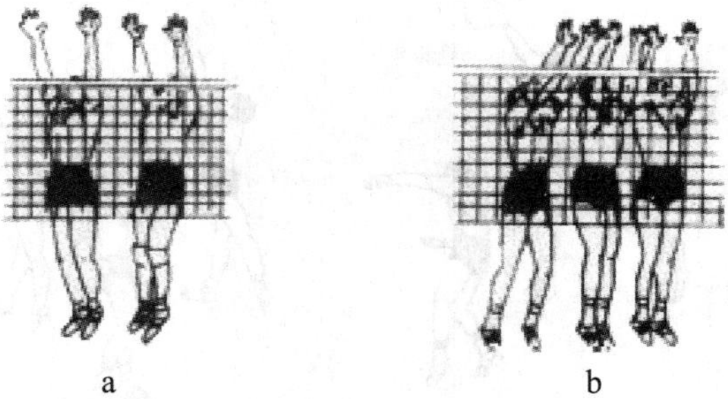

a　　b

图 3–60

（2）拦网的练习方法：①原地做拦网的徒手练习；②原地做起跳的徒手练习；③一人向网口抛球，一人拦网，掌握起跳时间；④完整拦网技术练习；⑤双人拦网的配合练习；⑥ 3 人拦网的配合练习。

## 三、排球战术

排球战术是指队员在比赛中根据临场情况的变化和发展，灵活运用合理技术，并按照一定的形式组织进行的有目的、有针对性的集体配合行动。

### （一）阵容配备

1. “四二”配备

将 4 名进攻队员（2 名主攻和 2 名副攻）、2 名二传安排在相对应的位置上，保证每一个轮次都有 1 名二传、1 名主攻和 1 名副攻。（图 3–61）

2. “五一”配备

由 5 名进攻队员和 1 名二传组成的上场阵容，将二传与担任接应二传的进攻队员安排在对角位置。（图 3–62）

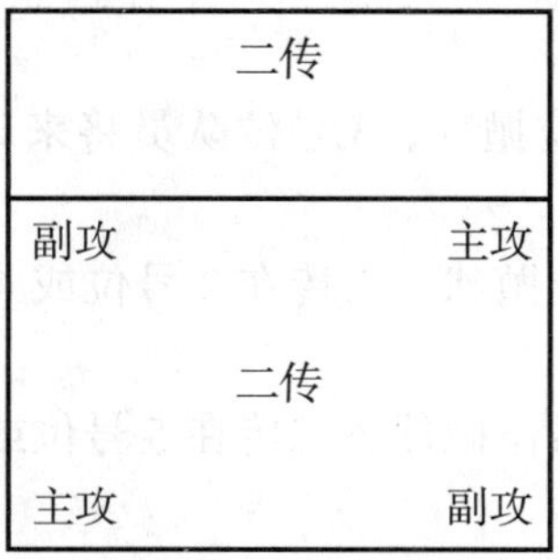


图 3–61

图 3–62

### （二）进攻战术

1. “中一二”进攻战术

由前排 3 号位队员担任二传，其他 5 名队员将球传（垫）给 3 号位队员，再由 3 号位队员传给 2 号位或 4 号位队员进攻，这种进攻配合方法称为“中一二”进攻战术。它是进攻战术中最基础、最简单的一种进攻战术形式。

2. “边一二”进攻战术

由前排 2 号位或 4 号位队员担任二传，其他 5 名队员将球传（垫）给 2 号位或 4 号位队员，再由 2 号位或 4 号位队员传给 3 号位、4（2）号位队员进攻，这种进攻配合方法称为“边一二”进攻战术。这种进攻战术具有变化多、应用广的特点，在快球、掩护、拉开球中都可以采用。

3. “后排插上”进攻战术

“后排插上”进攻战术是由后排任意一名队员插上担任二传，前排 3 名队员参与进攻的战术。这种进攻战术具有进攻性强、打法快速多变的特点。

### （三）防守战术

1. 接发球阵型

（1）5 人接发球阵型：①“W”站位阵型，也称“一三二”站位，即 5 名队员分布均衡，前排 3 名队员接前场区的球，后排 2 名队员接后场区的球；②“M”站位阵型，也称“一二一二”站位，即前面2名队员接前区球，中间队员负责接中区球，后面队员负责接后区球。

（2）4人接发球阵型：①“浅盆”形站位阵型，主要是接对方落在靠后或速度平快的发球；②“深盆”形站位阵型，主要是接对方下沉飘球及长距离飘球。

2. 接扣球防守阵型

（1）单人拦网时的防守阵型：①与对方扣球队员相对应位置的队员拦网的防守阵型；②固定3号位队员拦网的防守阵型。

（2）双人拦网时的防守阵型：①“边跟进”防守阵型，在对方进攻能力比较强、战术变化多、吊球少时采用，主要由后排的1号位、5号位队员跟进。②“心跟进”防守阵型，这种阵型也称为“6号位跟进”防守阵型。当对方经常运用打吊结合而本方拦网能力较强时，可由6号位队员跟进防吊球及接应落入中场的球。

### （四）排球战术的练习方法

1. 排球进攻战术的练习方法

（1）“中一二”进攻阵型练习。教师在6号位抛球，3号位队员将来球分别传给2号位、4号位队员进攻。

（2）“边一二”进攻阵型练习。教师在6号位抛球，二传在2号位或4号位分别将来球传给3号位、4号位或2号位队员进攻。

（3）“后排插上”进攻阵型练习。教师在2号位抛球，二传在5号位或6号位分别将来球传给2号位、3号位、4号位队员进攻。

（4）结合接发球进行“中一二”“边一二”“后排插上”的进攻战术练习。

（5）结合比赛进行“中一二”“边一二”“后排插上”的进攻战术练习。

2. 排球防守战术的练习方法

（1）接发球防守及其阵型的练习。教师抛球，结合5人或4人接发球阵型练习；发球区发球，结合5人或4人接发球阵型练习。

（2）接扣球防守阵型的练习。①单人拦网练习。教师站在高台上隔网扣球，其中一个前排队员上前拦网。②双人拦网练习。教师站在高台上隔网扣球，其中两个离教师最近的前排队员上前拦网。

## 四、排球运动的主要比赛规则

### （一）比赛场地与器材

1. 比赛场地

排球比赛场地包括比赛场区和无障碍区。比赛场区为长18米、宽9米的长方形，其四周至少有3米宽呈长方形对称的无障碍区，从地面量起至少有7米的无障碍空间。国际比赛的场区边线外的无障碍区至少宽5米，端线后至少宽9米，上空的无障碍空间高度至少12.5米。

2. 比赛场地的区域

（1）比赛场区。由中线分为长9米、宽9米的两个相等的场区。每个场区各画一条距离中线3米的进攻线（其宽度包括在内）。中线与进攻线之间为前场区。

（2）换人区。两条进攻线的延长线之间，记录台一侧边线外的范围为换人区。

（3）发球区。在两边的端线外，两条边线的延长线上，各画两条长 15 厘米、垂直并距离端线 20 厘米的短线，两条短线之间为发球区。发球区的深度延至无障碍区的终端。

3. 比赛场地与器材的要求

（1）地面。场地的地面必须是平坦、水平、划一的，不得有任何可能伤害队员的隐患，不得用任何坚硬的物体作为场地的界线，不得在粗糙、湿滑的场地上进行比赛。世界性比赛的场地地面必须由木材或其合成物制成。

（2）界线。场地所有的界线宽均为 5 厘米，其宽度包括在各个场区内。

（3）球网和球柱。成年比赛中，男子网高 2.43 米，女子网高 2.24 米；少年比赛中，男子网高 2.35 米，女子网高 2.15 米。网柱为两根高 2.55 米的光滑圆柱，固定在边线外 0.5~1.0 米处，周围的一切障碍物及危险设施必须清除。

（4）标志杆。标志杆为两根有韧性的杆子，长 1.8 米，直径 10 毫米，分别设在标志带外沿球网的两侧，高出球网 80 厘米，高出部分每隔 10 厘米涂有对比明显的颜色，最好为红白相间。标志杆被认为是球网的一部分，并被视为过网区的边界。

（5）球。比赛用球的颜色可为某一颜色的浅色或国际排联批准的多色球，圆周为 65~67 厘米，质量为 260~280 克，气压为 0.30~0.325 千克 / 厘米 $^2$。

**（二）非技术性规定**

1. 队员的替换

每一局每队最多可替换 6 人次，一名队员离开比赛场地，由另一名队员上场替换他的位置为一人次替换。在一次换人中可以同时替换一人或多人。

2. 比赛间断

正常的比赛间断为暂停和换人。在比赛成死球时，裁判员鸣哨发球前，教练员或场上队长用相应的手势请求间断。一次暂停的时间为 30 秒，但在世界比赛中，采用技术暂停的方法，即比赛中当比分至 8 分和 16 分时，便为技术暂停，时间为 1 分钟。在每局比赛中，球队还有一次暂停的机会，时间为 30 秒。

**（三）技术性规定**

1. 发球犯规与判罚

（1）发球击球时的犯规。①发球次序错误犯规，即某队未按照记分表上所登记的发球次序发球；②发球区外发球犯规，即队员发球击球时或跳起发球起跳时，踏及场区或发球区外地面；③发球击球时，球未抛起或持球手未撤离；④发球 8 秒犯规，即第一裁判员鸣哨发球后 8 秒之内，发球队员未将球击出。

（2）发球击球后的犯规。①发出的球触及发球队队员和未能通过球网垂直面，由第一裁判员判定，判犯规队失 1 分。②界外球。以下 4 种情况被判定为界外球：球的落点完全在场区界线以外的地面上；球触及场外物体、天花板或非比赛成员等；球触及标志杆、网绳、网柱或球网标志杆以外部分；发球时，球的整体或部分从过网区以外区域过网。

（3）发球掩护。任何 1 名或 2 名发球队的队员，以挥臂、跳跃或左右晃动等动作妨碍对方接发球，而且发出的球从他们的上空飞过，则构成发球掩护。

（4）位置错误。发球击球瞬间，双方任何1名队员不在规则规定的位置上，则构成位置错误犯规。判断位置错误必须明确以下几点：①位置错误犯规只在发球击球瞬间才有可能造成，发球击球前、后两队队员可在本场区任意移动或交换位置，不受任何限制；②队员的场上位置应根据脚的着地部位来确定。

（5）击球时的犯规。①连击犯规，即队员连续击球2次或球连续触及身体的不同部位（拦网1次除外）；②持球犯规，如果没有将球击出而造成接住或抛出；③4次击球犯规，即一支队连续触球4次（拦网1次除外）；④借助击球犯规，即队员在比赛场地以内借助同伴或任何物体的支持进行击球。

2. 队员在球网附近的犯规

（1）过网击球犯规。对方进行进攻性击球前或击球时，在对方空间触及球或对方队员为过网击球犯规。判断过网击球犯规的依据是击球点是否在对方场区空间。

（2）过中线犯规。比赛进行中，队员整个脚、整个手或身体其他任何部分越过中线并接触对方场区时，为过中线犯规。判断时必须注意区分以下情况：如果队员在一只脚或双脚、一只手或双手越过中线触及对方场区的同时，其余部分还接触中线或置于中线上空是允许的，不判为犯规。

（3）触网犯规。比赛进行中，进攻队员触网算犯规。在不妨碍对方队员进攻的情况下，触网不算犯规。

3. 拦网犯规

（1）过网拦网犯规。在对方进攻性击球前或击球时，在对方空间拦网触球为过网拦网犯规。

（2）后排队员拦网犯规。后排队员靠近球网，将手伸向高于球网处阻拦对方来球并触及球，为后排队员拦网犯规。判定后排队员拦网犯规必须同时具备3个条件：第一，后排队员在靠近球网处；第二，手在高于球网上沿处阻拦对方来球；第三，手触及球。

（3）拦发球犯规。拦对方发过来的球为拦发球犯规。不论拦起、拦死，只要触球即为犯规。

（4）从标志杆外伸入对方空间拦网犯规。从标志杆外伸入对方空间拦网并触球即为犯规。

4. 进攻性击球犯规

（1）后排队员在前场区内，或者是踏及进攻线或其延长线，击整体高于球网上沿水平面的球，并使球的整体由过网区通过球网垂直面或触及对方拦网队员，则为后排队员进攻性击球犯规。

（2）在前场区对发过来的并且整体高于球网的球，完成进攻性击球（如扣发球、吊发球等）为犯规。但在后场区起跳，击球后仍在后场区落地的不算犯规。

5. 暂停与换人犯规处理

（1）超过规定次数请求自由暂停。规则规定：第1~第4局，每局有2次技术暂停，各为1分钟，每当领先队达到8分或16分时自动执行。每个比赛队每局还有1次机会请求30秒的普通暂停。第5局中各队有2次请求30秒的普通暂停。如超过规定次数请求普通暂停属不符合规定的请求间断，应予以拒绝。若同一局中再次提出不符合规定的暂停请求，要给予“延误警告”，第一裁判员出示黄牌。同一场比赛中若某队再次延误比赛，则给予“延误判罚”，第一裁判员出示红牌，判犯规队失 1 分。

（2）超过规定次数请求换人。每局比赛中，每队最多允许请求 6 人次换人。1 名队员上场、1 名队员下场为 1 人次换人。某队超过规定次数请求 7 人次换人属不符合规定的请求间断，应予拒绝，再犯给予“延误警告”。

（3）不合法换人。每局比赛中，主力队员可以换下场和再次上场，但再上场时只能换原来替换他的替补队员；替补队员只可以替换主力队员上场比赛 1 次，再由该主力队员替换他下场。凡不符合上述规定的替换为不合法替换。若某队请求不合法替换，应给予“延误警告”。

（4）换人延误时间和拖延暂停时间。判该队延误时间，给予“延误警告”；再犯给予“延误判罚”，判犯规队失 1 分。

6. 胜 1 分、胜 1 局和胜 1 场

（1）比赛采用每球得分制，胜 1 球即胜 1 分。

（2）比赛前 4 局以先得 25 分，并超出对方 2 分为胜 1 局。当比分为 24∶24 时，比赛继续进行，直至某队领先 2 分为胜 1 局，如 26∶24 或 27∶25。决胜局以先得 15 分，并超出对方 2 分为胜 1 局。

（3）正式比赛采用 5 局 3 胜制，最多进行 5 局比赛，先胜 3 局为胜 1 场。

### 安全提示

排球运动中常见的运动伤害及预防方法如下。

（1）手指挫伤。预防方法：做好充分的准备活动，拉伸手指的韧带；传球技术动作正确，拇指不要朝前，避免手指挫伤。

（2）脚或腰扭伤。预防方法：做好充分的准备活动，拉伸踝关节、腰背部周围的韧带；扣球过程中，脚下无球，避免脚和腰扭伤。

（3）腿拉伤。预防方法：做好充分的准备活动，拉伸腿部的韧带，避免拉伤。

## 第四节　气排球运动

气排球运动是由我国自创的一种衍生项目，是集健身、娱乐、休闲于一体的大众性运动。

### 一、气排球运动概述

#### （一）气排球运动的起源与发展

1984 年，气排球运动首先在我国呼和浩特铁路局集宁分局组织的老年人体育活动中开展，最初是将两个气球套在一起，后逐渐用塑料球取代了气球，参照 6 人制排球规则

制定了简单的比赛规则，人们将这种活动命名为“气排球运动”。

1991 年，在北京举行的全国铁路老年体育工作会议决定在全系统老年人中推广气排球运动。火车头老年体育协会依据排球规则，编写了第一本《气排球竞赛规则》，并在上海特制了比赛用的气排球。

1992 年 3 月，在石家庄举办了第一期全国铁路气排球学习班。同年 11 月，在武汉举行了首届全国铁路老年人气排球比赛，共有 7 支男队和 6 支女队参赛。

1993 年 3 月，火车头老年人气排球协会在北京正式成立。同年 7 月，全国铁路第 2 届老年人气排球比赛分别在齐齐哈尔市和锦州市举行。从此，一年一届的老年人气排球比赛在全国铁路系统正式形成。

近年来，气排球运动在全国火热开展，受到不同年轻群众的喜爱。

### （二）气排球运动的特点

（1）球质软、手感舒适、不易受伤。

（2）球体运行速度慢，场地小而便于组织活动。

（3）技术、技巧多样化，易掌握。

（4）参与者易于掌握运动量，娱乐性更强。

## 二、气排球技术

气排球技术与排球技术相似，也包括准备姿势、移动、发球、垫球、传球、扣球、拦网等技术。在群众体育比赛中，参与者更多地采用“捞”“捧”等技术进行接球和传球，从而形成气排球技术的一个主要特点，增强了该运动的娱乐性与实用性。

## 三、气排球运动的主要比赛规则

### （一）比赛场地与器材

气排球圆周为 78~80 厘米，质量为 110~125 克，由质地柔软的塑料制成。气排球运动的比赛场地如图 3-63 所示。

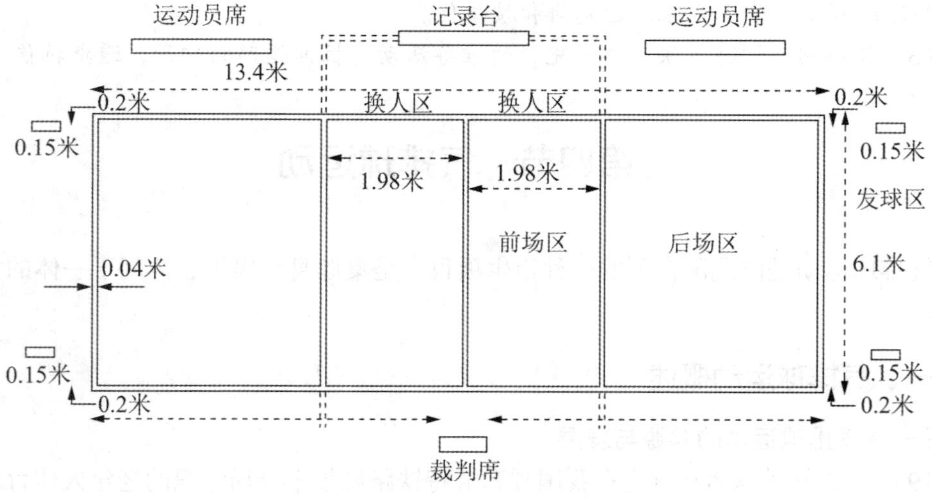


图 3-63

### （二）主要比赛规则

第 1 局与第 2 局之间休息时间为 3 分钟，第 2 局与第 3 局之间休息时间为 5 分钟。第 1 局结束后两队交换场区。决胜局某队先得 8 分时，两队交换场区，不得进行指导和休息，队员位置不得变动，由交换场区前最后一次发球的队轮转发球。场上队员一旦发生伤病，第一裁判员应立即鸣哨中止比赛，令该队换人并重打该球。如不能合法换人，则准许特殊的不合法换人或给予受伤队员 3 分钟的恢复时间，如仍不能继续参加比赛，则算该队该场失败，保留其所胜的分数和局数。

场上每队必须保持 5 名队员在场进行比赛，缺一不可，否则判阵容不齐，按弃权处理。双方队员各分为前排 3 名，后排 2 名。前排左边为 4 号位，中间为 3 号位，右边为 2 号位；后排左边为 5 号位，右边为 1 号位。每局比赛开始，场上队员必须按位置表排定的次序站位，在该局中不得调换。在球发出后，队员可以在本方场区内的任何位置上，不受限制。在每一局开始前，每队上场队员的位置均可重新安排。登记在记分表上的队员都可被列入新的上场阵容。

在比赛中，只有成死球时经教练员或场上队长向裁判员请求后才准予暂停比赛。每局比赛中，每个队可请求 2 次暂停，每次暂停时间为 30 秒。暂停结束后裁判员鸣哨示意，比赛应立即继续进行。当某队请求第 3 次暂停时，裁判员应予以拒绝，并提出警告。在同一局中如再次发生，则判该队失去控球权或对方得分。

每局每队最多可替换 5 人次，可以同时替换 1 人或多人。换人时不得进行指导。每局首发阵容的队员在同一局中可以退出比赛和再次上场各 1 次，而且只能回到原阵容的位置上。替补队员每局只有 1 次上场机会，可以替换任何一个开始上场的队员。同一局中，该替补队员只能由被他替换下场的队员替换。

比赛采用 3 局 2 胜每球得分制，非决胜局先得 21 分为胜 1 局，决胜局先得 15 分为胜 1 场（不规定需领先对手 2 分）。无正当理由而未准时到场比赛的队，判为弃权。对方则以每局 15∶0 的比分和 2∶0 的比分取胜。当两队或多队积分相等时，则计算本队的总得分数之和与总失分数之和的比值，比值大者名次列前；如比值也相等，计算总胜局数与总负局数之比，比值大者名次列前。

发球队员必须在端线发球区内发球，可以自由移动或起跳，但发球击球时不得踏及场区及端线和发球区以外的地面，跳发球击球后身体任何部位都不能落在比赛场区内；发球队胜一球或接发球队取得发球权时，该队队员必须按顺时针方向轮转一个位置，由轮转到 1 号位的队员发球，如没有按发球次序轮转发球，则为轮转错误，被判失分，必须立即纠正，由对方发球。当球被抛起或持球手撤离后，发球队员未击球，球也未触及发球队员而落地，应判发球犯规。

凡是把球接住，或把球顺势缓冲至停留后再将球送出，或顺球方向将球抛出的击球动作，都应判持球犯规。本队 2、3 名队员同时去击球只计 1 次，触到球的队员不能再去击球。双方队员在球网上空同时击球，球落在某方，某方仍可击球 3 次，如球落在界外则判对方击球出界。若双方队员将球按住，球落在哪方场区，该方还可以击球 3 次。

过中线和触网。在比赛中，队员越过中线，踏入对方场区则判过中线犯规；在比赛进行中，队员身体任何部位触及球网，均被判触网犯规。

进攻性击球。除发球和拦网外，所有直接击向对方的扣球、吊球、传球、垫球、顶球和挑球都是进攻性击球。任何队员在后场区都可以对任何高度的球做进攻性击球，扣球起跳时不得踏及或超越进攻线及其延长线，否则即为犯规；队员在前场区对高于球网上沿的球不准扣球，不准高压吊球，不准快抹球，不准携带球和凿球。只允许正常吊球、传球（单手或双手均可）、顶球及挑球进入对方场区。后排队员也可以在前场区完成进攻性击球，但触球时球的一部分必须低于球网上沿。

任何队员均不得拦对方的发球。拦网队员可将手或手臂伸过球网进行拦网，但不得妨碍对方击球。后排 2 名队员不准到网前进行拦网。拦网不算第 1 次击球，拦网触球后还可再击球 3 次。

# 第四章　小球运动

本章主要介绍乒乓球、羽毛球和网球运动的起源与发展、特点及锻炼价值、赛事、技战术和主要比赛规则。掌握小球运动的技战术，有助于大学生提高运动水平，培养团结协作的精神，达到强健体魄的目的。

## 第一节　乒乓球运动

乒乓球是我国的国球，也是一项老少皆宜的健身运动。进行乒乓球运动不仅有助于提高大学生的身体健康水平，还能培养其顽强拼搏和团结协作的精神。

### 一、乒乓球运动概述

#### （一）乒乓球运动的起源与发展

乒乓球运动最早起源于英国，是由网球运动派生出来的。19 世纪后期，英国一些大学生以酒瓶软木塞为球在桌上推来挡去。大约在 1890 年，有位名叫詹姆斯·吉布的人用硝化纤维塑料制成空心弹力球，人们用这种球代替了软木塞。由于打球时发出“乒乓”的声音，人们就将它命名为乒乓球。

乒乓球运动诞生后，逐渐被人们所熟悉和喜爱。1926 年 12 月，国际乒乓球联合会在英国伦敦正式成立。1988 年，乒乓球被国际奥林匹克委员会（以下简称国际奥委会）列为奥运会正式比赛项目，引起了世界各国和地区的极大重视。

#### （二）乒乓球运动的特点及锻炼价值

1. 乒乓球运动的特点

乒乓球运动的特点是球体积小、速度快、旋转性强、变化多，在室内外都可以进行，运动量可大可小，不同年龄、性别、身体条件的人均可参加。它可由 2 人组成单打比赛，也可由 4 人组成双打比赛，还可由不同性别的人组成男女混合双打比赛。因此，乒乓球运动是我国广大人民群众非常喜爱的体育项目之一，具有广泛的群众基础。

2. 乒乓球运动的锻炼价值

（1）经常参加乒乓球运动，可增强体质，促进身体的全面发展。打乒乓球时，球在空中飞行的速度是很快的，运动员要根据来球的方向、速度、旋转、落点迅速做出判断和对策。为了适应各种复杂的变化，运动员必须集中注意力，视觉神经要处于良好的兴奋状态。因此，经常参加乒乓球运动，能有效地提高练习者中枢神经系统的反应能力，提高身体的协调性和灵敏性。

（2）乒乓球运动对增强体质、改善心血管系统功能有很重要的作用。为应对紧张的乒乓球比赛，运动员一天挥拍击球上万次，两腿移动距离约 1 千米左右。因此，经常参加乒乓球运动不仅可以增强练习者的上肢、下肢、腰部、腹部等肌肉群的力量，还可以增强耐久力，改善内脏器官和心血管的功能，促进身体健康。

（3）乒乓球运动可以培养人们机智果断、沉着冷静、勇敢顽强的优良品质及互相配合、互相帮助、团结友爱的集体主义精神。

**（三）乒乓球赛事博览**

1. 世界乒乓球锦标赛

1926 年，在英国伦敦举办了第 1 届世界乒乓球锦标赛（以下简称世乒赛），有男子团体、男子单打、女子单打、男子双打、混合双打和男子安慰赛 6 个项目。1928 年，第 2 届世乒赛增设了女子双打比赛。1933 年，第 8 届世乒赛增设了女子团体比赛。1928—1939 年、1947—1957 年，世乒赛每年举行一次，从 1959 年的第 25 届开始改为每两年举行一次。

2. 奥运会乒乓球比赛

1988 年 9 月 17 日，第 24 届奥运会在韩国举行，在该届奥运会上乒乓球被列为正式比赛项目，设有男子单打、男子双打、女子单打、女子双打 4 个项目。

## 二、乒乓球技术

乒乓球技术是初学者必须掌握的入门技术，也是乒乓球爱好者参与乒乓球运动所必备的基本功。

**（一）握拍方法**

握拍方法主要分为两种，即直拍握拍法和横拍握拍法。

1. 直拍握拍法（以右手握拍为例）

（1）直拍快攻式握拍法。握拍时，虎口向下卡住拍柄。在拍的正面以拇指第一指节和食指第二指节扣住球拍两肩，拇指与食指之间的距离约 2 厘米，其余三指自然弯曲重叠，以中指第一指节偏左侧部位抵于拍背。击球时，五指应随击球动作的需要做适当改变，以保证击球的方向、旋转及力度等。（图 4–1）

（2）直拍弧圈球式握拍法。握拍时，虎口向下，以拇指紧贴球拍的左侧，食指从拍柄右侧扣住拍柄，形成一个小环，紧握拍柄和球拍背面，其余三指自然伸直，以中指末节抵住拍背约 1/3 处。（图 4–2）

（3）直拍削球式握拍法。握拍时，拇指弯曲紧贴在正面拍柄的左侧，用力下压，其余四指自然分开呈扇形，托住球拍背面。正、反手削球时以手臂、手指的变化调节拍

形。（图 4–3）

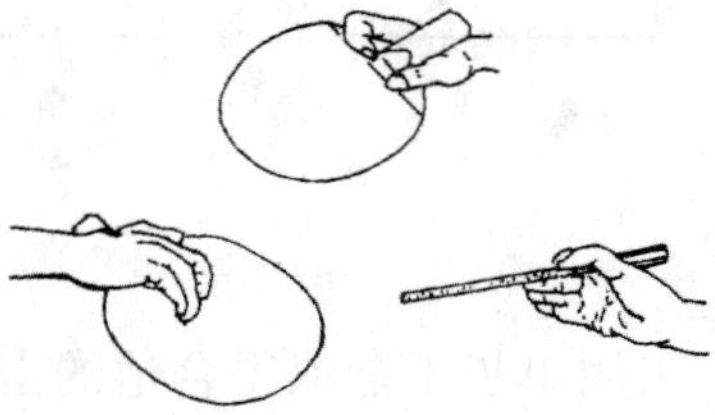

图 4–1

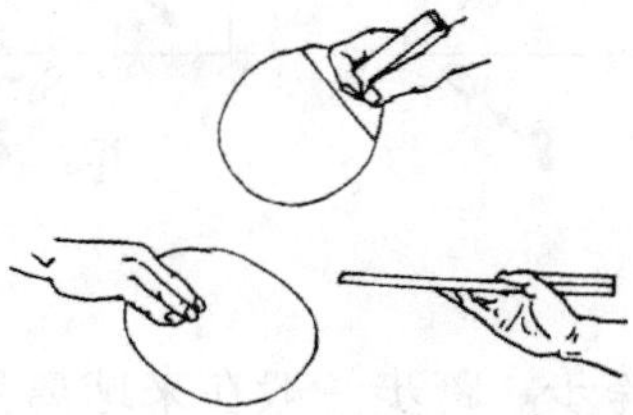

图 4–2

2. 横拍握拍法（以右手握拍为例）

横拍握拍法，是以中指、无名指、小指自然地握住拍柄，虎口压在球拍的右侧肩部，拇指轻贴在球拍正面中指下方，食指自然伸直斜贴在球拍的背面。正、反手攻球时，手指做适当的配合变化。（图 4–4）

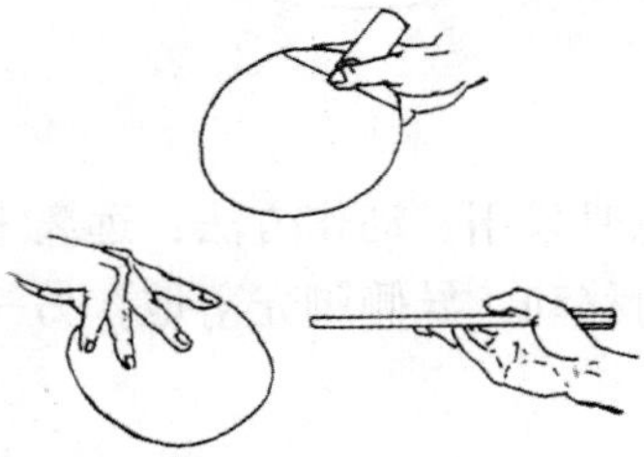

图 4–3

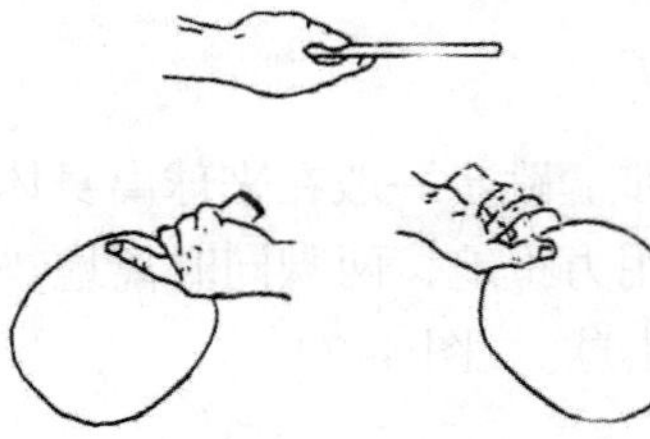

图 4–4

## 知识窗

### 乒乓球拍的保养

乒乓球拍的保养要做到“三防”：一防底板受潮，二防胶皮老化，三防摔拍。具体做法是：球拍使用后用干毛巾拭去拍子上的汗渍，胶皮用绞干的湿毛巾擦净皮面上的污物，反胶趁皮面未完全干透覆上涤纶纸，正胶须待皮面干燥后收藏。球拍收藏时应置于通风干燥处，远离热源，避免阳光暴晒，更不能在球拍上堆压重物。

### （二）基本步法及练习方法

1. 基本步法

（1）单步。单步一般在来球离身体较近、角度不大时采用。动作方法：以一只脚为轴稍转动，另一只脚向来球方向移动一步，身体重心随之落到移动脚上，挥拍击球。（图 4–5）

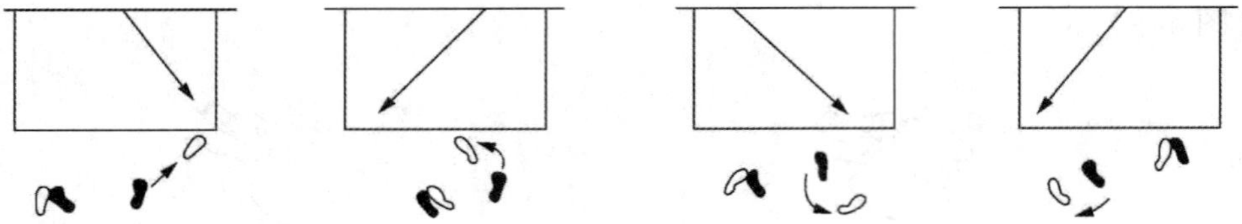

图 4-5

（2）跨步。跨步一般在来球离身体较远，采用单步不能取得合适的击球位置时使用，适于借力还击。动作方法：远离来球方向的脚的前脚掌起动蹬地，向来球方向跨出一大步，身体重心随即移到这只脚上，另一只脚迅速跟上。（图 4-6）

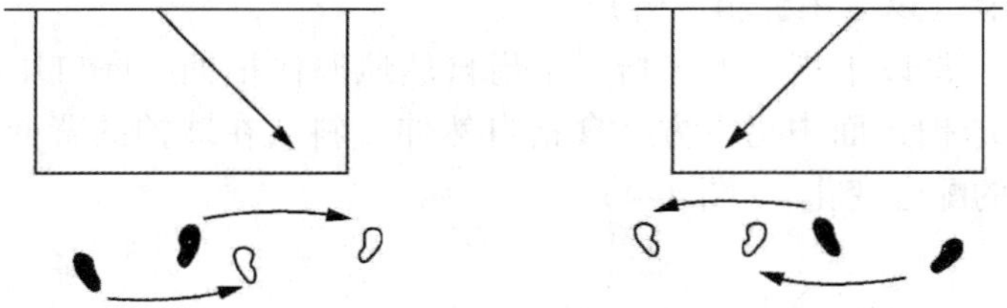

图 4-6

（3）跳步。跳步一般在来球离身体较远、较急时采用。动作方法：远离来球方向的脚的前脚掌用力蹬地，两脚同时离地，向来球方向移动，异侧脚先落地，另一只脚随即着地，挥拍击球。（图 4-7）

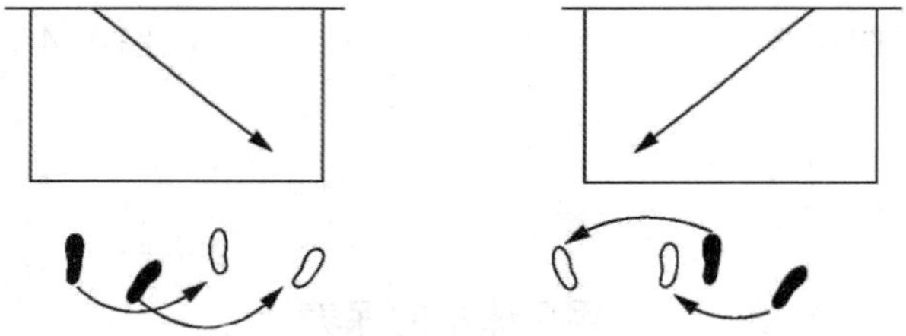

图 4-7

（4）交叉步。交叉步一般在来球离身体较远时采用。动作方法：以来球方向的同侧脚发力蹬地，异侧脚迅速由身后向来球方向跨出一大步，两脚交叉，然后同侧脚迅速跟上还原成准备姿势，挥拍击球。（图 4-8）

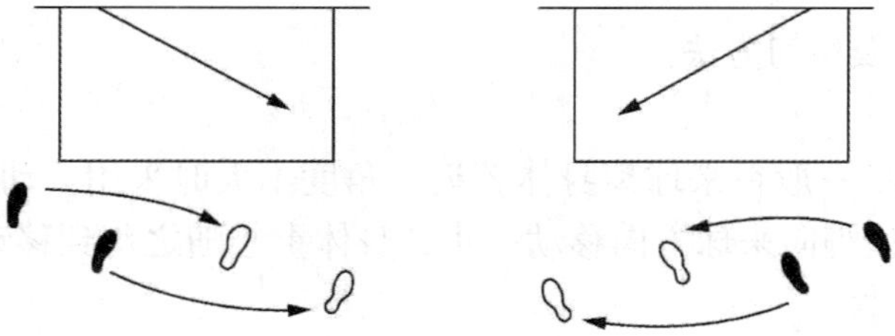

图 4-8

2. 基本步法的练习方法

（1）听口令做单个步法和组合步法的徒手模仿练习。

（2）看手势，在球台端线附近做前、后、左、右的移动练习。

（3）站在台后看信号，结合击球动作做各种步法的练习。

（4）采用多球练习方法，逐渐增加击球的难度，做各种步法的练习。

**（三）发球技术及练习方法**

1. 发球技术

（1）平击发球。

① 正手发平击球，如图 4–9 所示。

图 4–9

击球前：左脚稍前，身体略向右转，左手掌心托球，置于身体右侧前方，右手持拍于身体右侧；在向上抛球的同时，右臂内旋，使拍面角度前倾呈半横状，并向右侧后上方引拍。

击球时：当球下落时，身体重心移至左脚，由腰带动上臂，上臂带动前臂向前挥动；在球下降时，挥拍轻击球的中部偏上位置，球击出后第一落点在球台中间。

击球后：还原成准备姿势。

② 反手发平击球，如图 4–10 所示。

图 4–10

击球前：右脚稍前，身体略向左转，左手掌心托球，置于身体左侧前方，膝关节微屈；左手将球向上抛起，同时右臂外旋，并向身体左侧后上方呈半横状引拍。

击球时：当球下落时，持拍手臂从身体左侧后方向右前方挥动；以腰腹带动手臂击球，击球点在中上部并向右前方发力；球击出后的第一落点在球台中央。

击球后：还原成准备姿势。

（2）正、反手发急球。

① 正手发急球，如图 4–11 所示。

图 4-11

击球前：左脚稍前，身体略向右转，左手掌心托球，置于体前右侧；当将球向上抛起时，右臂内旋，使拍面呈半横状，持拍手腕自然放松，肘关节高于前臂，向身体右侧后上方引拍。

击球时：当球下落时，以腰带上臂、上臂带前臂发力，迅速由后向左前方挥动；击球的右侧中部并向中上方摩擦击球，击球瞬间，拇指扣拍；球击出后第一落点在本方球台的端线附近。

击球后：还原成准备姿势。

② 反手发急球，如图 4-12 所示。

图 4-12

击球前：右脚稍前，身体略向左转，左手掌心托球，置于身前左侧；当将球向上抛起时，持拍右臂外旋，拍面呈半横状，向身体左后方引拍。

击球时：当球下落时，腰部带动持拍手臂并以肘关节为轴心，使前臂向前横摆，击球的左侧中上部；触球时，前臂加速向前上方横摆，抖动手腕，使拍面摩擦球；球击出后的第一落点在本方球台的端线附近。

击球后：手臂继续随势向右前上方挥动，然后迅速还原成准备姿势。

（3）正手发转球与不转球。

① 正手发转球，如图 4-13 所示。

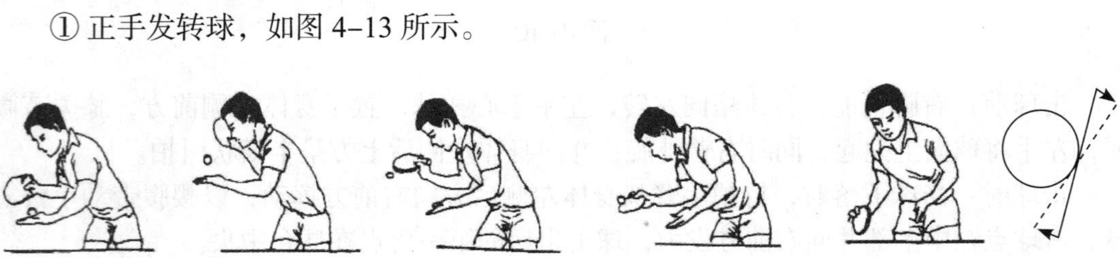

图 4-13

击球前：左脚稍前，身体略向右转，左手掌心托球，置于身体右前方；向上抛球时，右臂持拍向身体右上后方引拍。

击球时：当球下落时，腰部带动右臂，从身体右后上方向前下方挥摆；当球落至约与网同高时，前臂加速向前下方发力，做切击动作，同时持拍手以拇指压拍，用球拍的左侧偏下部位摩擦击球。

击球后：手臂继续随势向前下方挥动，然后迅速还原成准备姿势。

② 正手发不转球，如图 4–14 所示。

图 4–14

正手发不转球的动作方法与发转球基本相同，主要区别在于：击球部位不同，发不转球时，应击球的中部或中上部，否则会产生旋转；发力方法不同，发不转球时，应让球拍以近似摩擦球的动作去撞击球，使球产生微弱的旋转。

（4）正手发左侧上旋球和下旋球。

① 正手发左侧上旋球，如图 4–15 所示。

图 4–15

击球前：站位在左半台，左脚稍前，身体略向右转，左手掌心托球，置于身体右前方；向上抛球时，右臂外旋并向身体右侧后上方引拍。

击球时：当球下落时，持拍手从右后上方向左前下方挥拍；当球落至网高时，持拍手臂加速挥摆，切击球的中部并向左侧上方摩擦；触球瞬间，以前臂发力为主，配合手腕动作增强球的旋转。

击球后：持拍手臂随势向左方挥动，然后迅速还原成准备姿势。

② 正手发左侧下旋球。其动作方法与正手发左侧上旋球的动作方法大致相同，区别仅在于挥拍击球时，切击球的中下部并向左侧下方摩擦球。

（5）反手发右侧上旋球和下旋球。

① 反手发右侧上旋球，如图 4–16 所示。

图 4–16

击球前：站位在左半台，右脚稍前或平站，身体略向左转，左手掌心托球，置于身体左前方；向上抛球时，持拍手向左后上方引拍。

击球时：当球下落时，手臂内旋，从身体左后上方向右前下方挥拍；当球落至与网同高时，转体配合前臂和手腕同时发力挥拍击球，击球点在球的右侧中部略偏下位置；触球瞬间，手腕快速向右上方摩擦击球；根据发长球或短球来调整第一落点的远近。

击球后：持拍手臂随势向右上方挥动，然后迅速还原成准备姿势。

② 反手发右侧下旋球。其动作方法与反手发右侧上旋球的动作方法相似，区别仅在于挥拍击球时，手腕向右下方转动，切击球的中下部并向右侧下方摩擦球。

（6）正、反手发高抛球。发高抛球与发低抛球的动作方法基本相同，区别仅在于高抛球下落的时间较长，因此可以加大引拍的幅度和充分利用身体的转动来增强发球的力度。发高抛球时注意抛球要稳，尽量使球垂直向上抛起。（图 4–17）

图 4–17

2. 发球的练习方法

（1）持拍做抛球、引拍与挥拍击球动作模仿练习。

（2）两人一组在台上进行单一发球练习。

（3）进行先斜线后直线、先不定点后定点的发球练习。

（4）单一旋转性能的发球练习。

（5）不同旋转性能的发球练习。

**（四）接发球技术及练习方法**

1. 接发球技术

接发球技术由点、拨、带、拉、攻、推、搓、削、摆短等技术组成。

（1）接左侧上旋球和下旋球。

① 左侧上旋球是左侧旋与上旋结合的旋转球。接这种球一般采用推、攻技术。回接时，拍面角度要稍前倾，拍面向左偏斜以抵消球的侧旋力，触球的中上部，适当下压，防止球触拍时向自己右上方反弹。在拍触球时，要利用手腕、手指来调节用力方向。

② 左侧下旋球是左侧旋与下旋结合的旋转球。接这种球一般采用搓、削技术。回接时，拍面角度要稍后仰，拍面向左偏斜以抵消来球的侧旋力，触球时应以手腕发力为主，向前下方发力摩擦球。若采用攻球方法回接，拍触球时应向上、向前摩擦球。

（2）接右侧上旋球和下旋球。右侧上（下）旋球是右侧旋与上（下）旋结合的旋转球。接右侧上旋球一般采用推、搓、攻技术。回接时，拍面角度要稍前倾，拍面向右偏斜以抵消来球的侧旋，触球的中上部，适当下压，防止球触拍时向自己右下方反弹。如用搓、削回接，除注意拍面角度和所朝方向外，还要加大向下摩擦的力量。接右侧下旋球球一般采用搓、削技术。回接时，拍面角度要稍向后仰，拍面向右偏斜以抵消来球的侧旋力；触球时应以手腕发力为主，向前下方发力摩擦球。若采用攻球方法回接，拍触球时应向上、向前摩擦球。

（3）接短球。由于对方发来的球是台内近网短球，回接时最重要的是移动及时，以获得最适合的击球位置。同时，要控制好身体重心，接发球后迅速还原成准备姿势，准备下一拍击球。无论采用何种方法回接短球，都应特别注意来球的位置，充分依靠前臂和手腕发力，同时根据来球的旋转性能调节拍面角度、击球部位、击球时间和用力方向。

2. 接发球的练习方法

（1）回接对方平击发球练习。

（2）练习接对方用近似手法发出的两种不同旋转的来球，以提高适应能力。

（3）逐步掌握用不同的技术方法回接对方发来的旋转球，以提高适应能力。

（4）先进行定点定性能的接发球练习，然后过渡到不定点不定性能的接发球练习。

（5）多球接发练习。

## （五）推挡球技术及练习方法

1. 推挡球技术

推挡球技术可分为挡球、减力挡、快推、加力推、推挤和推下旋等技术动作。这里主要介绍挡球、减力挡、快推和加力推。

（1）挡球，如图 4–18 所示。

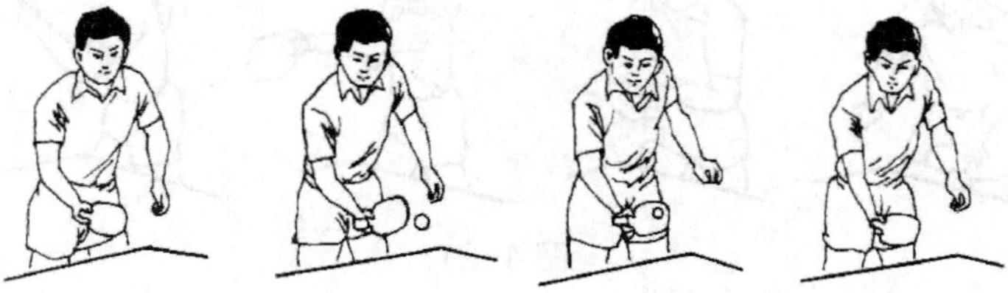

图 4–18

击球前：两脚平行或左脚稍前站位，两膝微屈，身体靠近球台，球拍置于腹前，略高于台而呈半横状，拍面近乎垂直。

击球时：上臂带动前臂沿台面向前移动，调整好拍形，在来球上升前期触球中部或中上部，借来球的反弹力将球挡回。

击球后：迅速还原成准备姿势，准备下次击球。

（2）减力挡，如图 4–19 所示。

图 4–19

击球前：站位与挡球时大致相同。

击球时：在触球的瞬间手臂、手腕稍回收，以缓冲来球的反弹力。

击球后：迅速还原成准备姿势，准备下次击球。

（3）快推，如图 4–20 所示。

图 4–20

击球前：站位近台偏左，两脚平行或右脚稍后站立，上臂和肘关节靠近身体右侧，前臂稍向后引。

击球时：上臂带动前臂向前推出，同时配合手臂外旋动作，使拍面前倾，在来球的上升前击球的中上部。

击球后：手臂顺势前送，迅速还原成准备姿势。

（4）加力推，如图 4–21 所示。

图 4–21

击球前：手臂向后上方引拍，球拍位置高于击球点，拍面稍前倾。

击球时：配合转髋的动作，持拍手由后向前发力推压，在来球上升后期或最高点时击球的中上部。

击球后：手臂随势前进，迅速还原成准备姿势。

2. 推挡球的练习方法

（1）熟悉球性，做球拍颠球和对墙击球的练习。

（2）挥拍模仿推挡练习，体会击球的动作要领。

（3）挡平击发球练习。

（4）对推练习。

（5）各种推挡球方法的结合练习。

**（六）攻球技术及练习方法**

1. 攻球技术

攻球技术主要分为正手攻球和反手攻球。

（1）正手近台快攻，如图 4–22 所示。

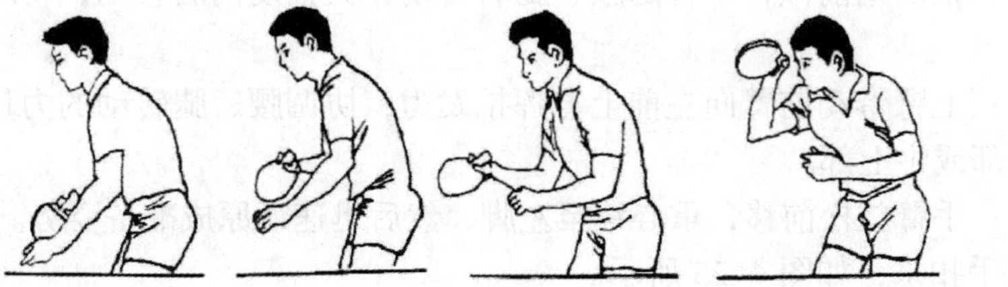

图 4–22

击球前：右脚稍后，站位近台偏左，身体离台 40~50 厘米，两膝微屈，上体略前倾，两眼注视来球。

击球时：手臂向后引拍，引至身体右侧稍后上方，手臂自然弯曲并内旋，拍面稍前倾呈半横状；在来球上升时，持拍手迅速向左前方挥拍，手腕内收，拍面稍前倾，击球的中上部。

击球后：球拍随势挥至额前左侧，身体重心移至左脚，然后快速还原成准备姿势。

（2）正手拉攻，如图 4–23 所示。

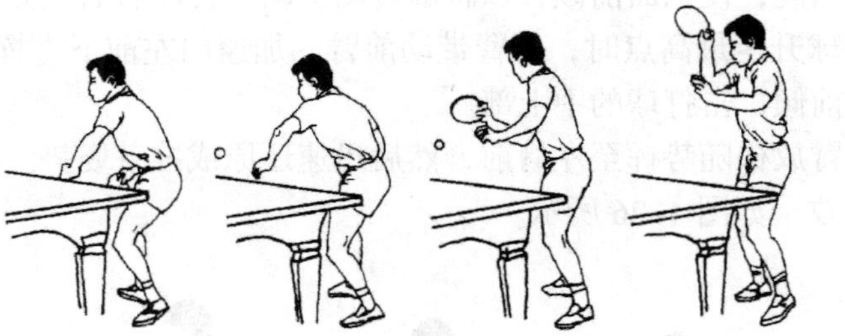

图 4–23

击球前：站位和准备姿势与正手快攻相同。引拍时，身体重心移至右脚，前臂随腰、腿右转，向右后方引拍，拍面稍前倾。

击球时：前臂由右后上方向左前上方挥拍迎球；在来球下降前，上臂带动前臂向左前上方快速挥动，以前臂发力为主，结合手腕力量，使球拍摩擦球的中下部或中部。

击球后：球拍随势挥至额前，身体重心移至左脚，然后迅速还原成准备姿势。

（3）正手中远台攻球，如图 4–24 所示。

图 4–24

击球前：准备姿势与拉攻基本相同。左脚稍前，身体离台约 1 厘米；引拍时，手臂自然弯曲，拍面稍前倾，手臂随腰、腿右转动作大幅度向后移动，将球拍引至身体右后方。

击球时：上臂带动前臂向左前上方挥拍发力，协调腰、腿转动的力量，在来球下降时击球的中部或中上部。

击球后：手臂放松前移，重心移至左脚，然后迅速还原成准备姿势。

（4）正手扣杀，如图 4–25 所示。

图 4–25

击球前：两脚开立，左脚在前，重心落在右脚上，根据对方来球调整站位；引拍时，手臂弯曲并内旋，使拍面前倾，以腰部转动带动手臂向右后上方引拍。

击球时：当球升至最高点时，上臂带动前臂，加速向左前下方挥动，配合腰、腿同时发力，拍面稍前倾，击打球的中上部。

击球后：手臂放松随势挥至左肩前，然后迅速还原成准备姿势。

（5）反手拉攻，如图 4–26 所示。

图 4–26

击球前：准备姿势与反手快攻基本相同。引拍时，手臂自然弯曲并内旋，使拍面稍后仰，手臂配合转体动作略向左转，前臂平行于台面，手腕弯曲内收，将球拍引至身体左侧下方。

击球时：腰、髋向右转，手臂、手腕放松，主动向前迎球；当球从高点下落时，肘关节内收，上臂带动前臂向前、向上加速挥动，并利用手腕外旋，使球拍摩擦球的中部或中下部。

击球后：球拍随势前送至身体右上方，重心移至右脚，然后迅速还原成准备姿势。

2. 攻球的练习方法

（1）徒手模仿练习。体会击球时的动作要点及身体各部位的协调配合。

（2）单个动作练习。规定一人发球一人练习攻球，打一板球后再重新发球。

（3）在原地做徒手模仿练习的基础上，结合步法做台下徒手练习。

（4）推攻练习。

（5）对攻练习。

（6）左推和右攻定点练习。陪练者快推斜线和直线至对方左、右两点，练习者做反手快推左方斜线、正手快攻右方直线至对方左半台的定点练习。

（7）发球抢攻练习。发球员在对方接发球后伺机抢攻，提高前三板的进攻能力。

（8）接发球抢攻练习。陪练者先发固定落点、单一性能的球，逐渐增加发球的难度，练习者进行接发球抢攻。

（9）拉攻练习。

**（七）搓球技术及练习方法**

1. 搓球技术

搓球技术按搓球时间可分为快搓和慢搓。

（1）快搓。

① 正手快搓，如图 4–27 所示。

图 4–27

击球前：两脚开立，左脚稍前，两膝微屈，站位近台；引拍时，手臂外旋，使拍面稍后仰，前臂向右后上方移动，将球拍引至身体右侧上方。

击球时：在来球上升时，持拍手臂由上方向前下方挥动；此时，手腕、手指配合使拍面稍后仰，击球瞬间向前发力，使球拍摩擦球的中下部。

击球后：手臂顺势挥摆，然后迅速还原成准备姿势。

② 反手快搓，如图 4–28 所示。

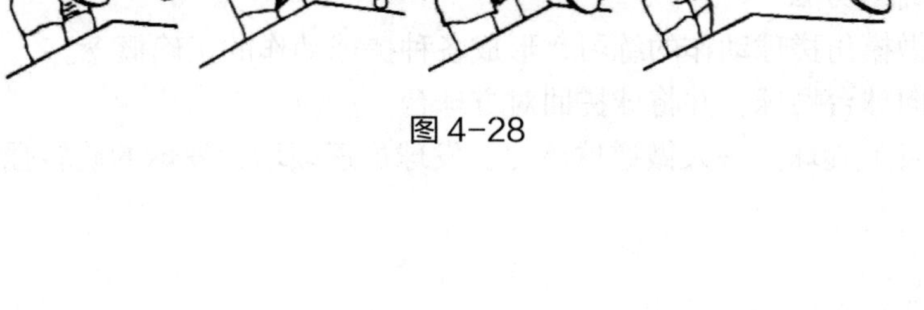

图 4–28

击球前：两脚开立，右脚稍前，两膝微屈，站位近台；引拍时，手臂自然弯曲，拍面稍后仰，前臂内收，将球拍引至身体左侧胸前。

击球时：在来球上升时，持拍手臂向前下挥动；此时，拇指压拍，拍面稍后仰，利用手腕外旋动作切击，摩擦球的中下部。

击球后：手臂顺势挥摆，然后迅速还原成准备姿势。

（2）慢搓。

① 正手慢搓，如图 4–29 所示。

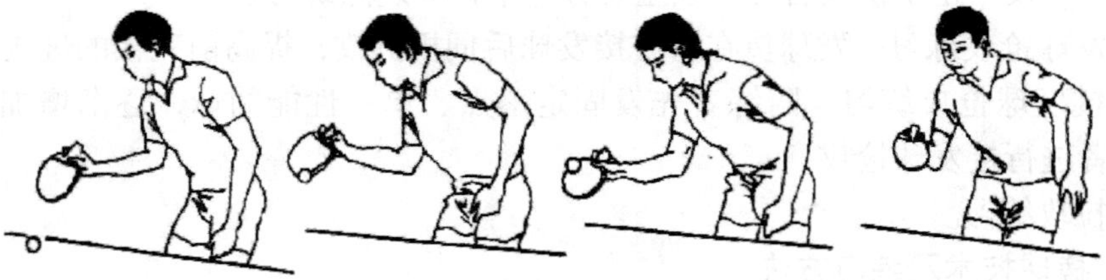

图 4–29

击球前：两脚开立，右脚稍后，两膝微屈，站位近台；引拍时，手臂外旋，使拍面稍后仰，前臂向右上方移动，将拍引至身体右侧上方。

击球时：在来球下落前，上臂带动前臂快速向左前下方挥摆，手腕、手指配合用力，使球拍摩擦球的中下部。

击球后：前臂顺势挥摆，然后迅速还原成准备姿势。

② 反手慢搓，如图 4–30 所示。

图 4–30

击球前：两脚开立，右脚稍前，两膝微屈，站位近台；引拍时，手臂自然弯曲，食指扣拍，使拍面角度稍后仰，前臂向左上方抬起，手腕内收，将球拍引至左胸前上方。

击球时：在来球下落前，前臂以肘关节为轴，快速向前下方用力挥摆，手腕、手指配合用力，使球拍摩擦球的中下部。

击球后：手臂顺势向前挥摆，然后迅速还原成准备姿势。

2. 搓球的练习方法

（1）徒手做模仿搓球动作的练习，形成各种搓球动作的正确概念。

（2）自己向球台抛球，并将球搓回对方球台。

（3）一人发下旋球，一人做搓球练习。发球员逐渐增大发球的旋转强度，提高练习者搓球的稳定性。

（4）做不定点发下旋球与搓球练习。

（5）做对搓练习。先固定路线，再进行不定点的无规律练习。

（6）做两点搓一点和一点搓多点练习。

（7）做慢搓与快搓相结合的练习。

## （八）弧圈球技术及练习方法

1. 弧圈球技术

弧圈球技术可分为加转弧圈球技术、前冲弧圈球技术、侧旋弧圈球技术和反手拉弧圈球技术等。这里主要介绍加转弧圈球技术，如图 4–31 所示。

图 4–31

击球前：两脚左右开立，比肩稍宽，左脚稍前，身体离台稍远，两膝微屈；引拍时，向右侧转体，重心移至右腿，手臂稍内旋，使拍面稍前倾，前臂自然下垂，将球拍引至身体右侧后下方。

击球时：右腿蹬地转体，带动手臂从右下方向前上方挥动迎球，身体重心移至左脚；在来球落前，上臂带前臂加速向前上方挥动，拍面略前倾，击球瞬间球拍速度达到最快，手腕、手指加速发力，使球拍摩擦球的中部偏上位置。

击球后：球拍顺势挥至头部附近，身体重心移至左脚，然后迅速还原成准备姿势。

2. 弧圈球的练习方法

（1）徒手模仿拉弧圈球的动作练习。在全身协调发力的基础上，体会手臂及手腕的发力动作。

（2）对墙做自抛自拉的练习，体会拉弧圈球的动作要点。

（3）一人推挡，另一人连续拉弧圈球。先做定点练习，然后做不定点练习，在移动中完成动作。

（4）两人对搓，固定一人搓中转拉。

（5）一人发定点下旋球，另一人练习拉弧圈球。

（6）两人做对拉弧圈球练习。

### （九）削球技术及练习方法

1. 削球技术

（1）近台削球。

① 正手近台削球，如图 4–32 所示。

图 4–32

击球前：两脚开立，略平行，身体离台约 60 厘米，两膝微屈，重心偏左脚；引拍时，持拍手臂略微外展，使拍面稍后仰，前臂上提，使球拍位置约与肩同高，肘关节自然弯曲，将拍引至身体右侧上方。

击球时：当来球至最高点时，随着身体向左转动，重心移至右脚，持拍手臂稍外旋，向左前下方快速发力迎球，手腕随前臂前伸，使球拍擦球的右侧中下部。

击球后：持拍手臂顺势向左前下方挥动，然后迅速还原成准备姿势。

② 反手近台削球，如图 4–33 所示。

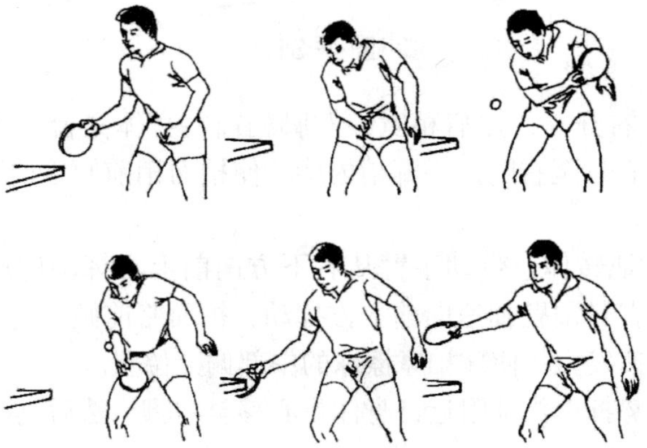

图 4–33

击球前：右脚稍前，身体离台约 60 厘米，两膝微屈，重心偏左脚；引拍时，持拍手臂略微外展，使拍面稍后仰，前臂上提，使球拍位置约与肩同高，肘关节自然弯曲，将拍引至身体左侧上方。

击球时：当来球至最高点时，随着身体向右转动，重心移至左脚，持拍手臂稍内旋，向左前下方快速发力迎球，手腕随前臂前伸，使球拍摩擦球的左侧中下部。

击球后：持拍手臂顺势挥动，然后迅速还原成准备姿势。

（2）远台削球。

① 正手远台削球，如图 4–34 所示。

图 4–34

击球前：左脚在前，身体离台 1 米以外，两膝微屈，收腹，重心落在两脚之间偏右；引拍时，肘关节自然弯曲，手臂上提，使球拍置于身体右侧上方，拍面稍后仰。

击球时：在来球下落后期，身体向左转，重心移至左脚，手臂向左前下方迅速发力并外旋，带动手腕前送，使球拍摩擦球的中下部。

击球后：持拍手顺势前送，然后迅速还原成准备姿势。

② 反手远台削球，如图 4–35 所示。

图 4–35

击球前：右脚在前，身体离台 1 米以外，两膝微屈，收腹，重心落在两脚之间偏左；引拍时，肘关节自然弯曲，手臂上提，手腕内旋，使球拍置于身体左侧上方，拍面稍后仰。

击球时：在来球下落后期，持拍手向右前下方挥拍，身体随之向右转，上臂带前臂发力，直握拍手腕外伸（横握拍手腕内收），拍面后仰切击球的后中下部。击球时要加大力量并向前送。

击球后：身体重心前移，持拍手随势前送，然后迅速还原成准备姿势。

2. 削球的练习方法

（1）模仿挥拍练习。

（2）用正、反手削对方发球的练习。

（3）用正、反手连续削对方回球的练习。

（4）斜线与直线的削球练习。

（5）削、攻结合练习。

## 三、乒乓球战术

### （一）发球抢攻

发球抢攻是快攻类打法力争主动、先发制人的一项主要战术，是比赛的重要得分手段。

（1）侧身用正手（高抛或低抛）发左侧上（下）旋长球到对方左角底线，角度要大，配合近网轻球和直线长球后侧身抢攻。

（2）反手发右侧上（下）旋球到对方正手近网处，配合发反手底线长球，侧身抢攻（两面攻选手运用较多）。

（3）反手发急球、急下旋长球到对方反手或中路，配合近网轻球，迫使对方打对攻或后退削球（擅长推挡的选手运用较多）。

（4）正手发右侧上旋急球（奔球）、急下旋长球到对方中路或正手，配合近网轻球，迫使对方打对攻或后退削球。

（5）正手发转与不转短球，配合发长球伺机抢攻。

### （二）对攻

对攻是进攻类打法，是在相互对抗时，力争主动的一种重要手段，主要是发挥其快速多变的特点来调动对方。

（1）紧压反手、结合变线、伺机抢攻。这是具有左半台技术特长的快攻运动员常用的对攻战术。

（2）调右压左。这是对付擅长推攻（反手攻）和侧身攻的对手时的一种战术。

（3）加、减力推压中路及两角，伺机抢攻。这是对付两面拉弧圈打法的主要对攻战术。

（4）连压中路或正手，伺机抢攻。这是对付两面攻或横拍反手球较强的对手时所采用的一种战术。

（5）被动防御和“打回头”。在被动时，可采用正、反手远台对攻，宜打相反球路，还可采用放高球战术来防守，并准备随时打回头，变被动为主动。

### （三）拉攻

拉攻是对付削球打法的主要战术。

（1）拉反手后侧身突击斜线，然后扣杀中路或两角。这是拉攻的常用战术。侧身斜线是直拍快攻类打法的特长。

（2）拉不同落点突击中路或直线，然后扣杀两大角。中路防守是削球选手的普遍弱点，即使是直线线路短削球手也较难还击。

（3）拉对方中路左、右，伺机突击两角再杀空当。这是对付以逼角为主或控制落点较好的削球手时所采用的一种战术。

（4）拉对方正手找机会突击中路后连续扣杀两角。当对方反手削球控制较好或自己不太适应时可采用此战术。

（5）长短球和拉搓相结合伺机扣杀。在对付稳削打法且站位较远时常用此战术。

（6）攻中防御。在拉攻时，遇到对方的反攻，必须加强积极的防御，随时做好对攻的准备。

**（四）搓攻**

搓攻是运用快攻类打法对付攻球和削球打法的辅助战术，主要是利用搓球的旋转和落点变化为进攻创造机会。在对付弧圈球时，搓球还要加上速度才能控制对方，使自己抢先拉起或突击。若对方抢先拉起，就会造成被动。

（1）以快搓加转短球为主，结合快搓转与不转长球至对方的反手或突然搓正手大角，伺机突击或抢先拉起。这是对付攻球打法的搓攻战术。

（2）快搓转与不转球至不同落点，伺机突击中路或两角。这是对付削球打法的搓攻战术。

**（五）双打战术**

双打战术的运用，应当根据双打配对的特点来确定，尽量做到各施所长，而且要通过两人合作来实现。这里介绍几种常用的双打战术。

第一种，发球抢攻。发球时，根据同伴抢攻的需要和对方接发球的能力，可用手势暗示同伴自己发球的意图，使同伴预先做好准备，争取发球抢攻战术成功。

第二种，交叉攻两角或长短结合。让对方在左右或前后移动中击球，然后伺机突击其空当。

第三种，紧盯一角突击另一角。把对方两人挤在一边后，再杀相反方向。

此外，根据双打的击球次序规定和双方的技术特点，选准主攻对象，确定谁先接发球，是双打比赛中的一种战略性安排。最好能做到控制较强者，主攻较弱者。

## 四、乒乓球运动的主要比赛规则

**（一）球台**

（1）球台的上层表面叫作比赛台面，应为水平放置的长方形，长 2.74 米，宽 1.525 米，离地面 76 厘米。

（2）比赛台面不包括球台台面的垂直侧面。

（3）比赛台面可用任何材料制成，应具有一致的弹性，即当标准球从离台面 30 厘米高处落至台面时，弹起高度应约为 23 厘米。

（4）比赛台面应呈均匀的暗色，无光泽。沿每个 2.74 米的比赛台面边缘各有一条 2 厘米宽的白色边线，沿每个 1.525 米的比赛台面边缘各有一条 2 厘米宽的白色端线。

（5）比赛台面由一个与端线平行的垂直球网划分为两个相等的台区，各台区的整个面积应是一个整体。

（6）双打时，各台区应由一条 3 毫米宽的白色中线划分为 2 个相等的“半区”。中线与边线平行，该中线应视为右半区的一部分。

**（二）球网装置**

（1）球网装置包括球网、悬网绳、网柱及将它们固定在球台上的夹钳部分。

（2）球网应悬挂在一根绳子上，绳子两端系在高 15.25 厘米的垂直网柱上，网柱外缘离开边线外缘的距离为 15.25 厘米。

（3）整个球网的顶端应距离比赛台面 15.25 厘米。

（4）整个球网的底边应尽量紧贴比赛台面，其两端应整体与网柱完全相连。

**（三）球**

（1）球应为圆球体，直径为 40 毫米。

（2）球重 2.7 克。

（3）球应用赛璐珞或类似的塑料制成，呈白色或橙色，且无光泽。

**（四）球拍**

（1）球拍的大小、形状和重量不限，但底板应平整、坚硬。

（2）底板中天然木材的厚度至少应占其总厚度的 85%；底板内部的黏合层可以用碳纤维、玻璃纤维或压缩纸等纤维材料加固，每层黏合层的厚度不超过底板总厚度的 7.5% 或 0.35 毫米，两者取其小。

（3）用来击球的拍面应用一层颗粒向外的普通颗粒胶覆盖，连同黏合剂，厚度不超过 2 毫米；或用颗粒向内或向外的海绵胶覆盖，连同黏合剂，厚度不超过 4 毫米。

① 普通颗粒胶是单层无泡沫的天然橡胶或合成橡胶，其颗粒必须以每平方厘米不少于 10 颗、不多于 30 颗的密度平均分布整个表面。

② 海绵胶是在一层泡沫橡胶上覆盖一层普通颗粒胶，普通颗粒胶的厚度不超过 2 毫米。

（4）底板、底板中的任何夹层以及用来击球一面的任何覆盖物及黏合层均应为厚度均匀的一个整体。可以添加用于制作执握球拍手柄的材料。

（5）覆盖物应覆盖整个拍面，但不得超过其边缘。靠近拍柄部分以及手指执握部分可不予以覆盖，也可用任何材料覆盖。

（6）球拍两面不论是否有覆盖物均应为无光泽，一面为黑色，另一面为与黑色及比赛用球颜色有明显区别的鲜艳颜色。

（7）球拍覆盖物不得经过任何物理的、化学的或其他处理。拍面的整体性和颜色上的一致性出现轻微差异，或者加上辅助性或保护性配件，只要未明显改变拍面的性能，可以允许使用。

（8）比赛开始前及比赛过程中运动员需要更换球拍时，应向对方和裁判员展示他将要使用的球拍，并允许他们检查。

**（五）发球**

（1）发球开始时，球自然地置于不持拍手的手掌上，手掌张开，保持静止。

（2）随后发球员须将球几乎垂直地向上抛起，不得使球旋转，并使球在离开不持拍手的手掌之后上升不少于 16 厘米，球在上升和下降至击球前不应触及任何物品。

（3）当球从抛起的最高点下降时，发球员方可击球，使球首先触及本方台区，然后直接触及接发球员台区。在双打中，球应先后触及发球员和接发球员的右半区。

（4）从发球开始，到球被击出，球要始终在比赛台面的水平面以上和发球员的端线以外；而且从接发球方看，球不能被发球员或其双打同伴的身体或他（她）们所穿戴（带）的任何物品挡住。

（5）一旦球被抛起，发球员的不持拍手及手臂应立即从球和球网之间的空间移开。

球和球网之间的空间由球和球网及其向上的无限延伸来界定。

（6）运动员发球时，有责任让裁判员或副裁判员确信他（她）的发球符合规则的要求，且裁判员或副裁判员均可判定发球不合法。裁判员或副裁判员如果对发球的合法性不确定，在一场比赛中第一次出现时，可以中断比赛并警告发球方。但此后该运动员或其双打同伴的发球如果不是明显合法，将被判发球违例。

（7）运动员因身体残疾而不能遵守合法发球的某些规定时，可由裁判员酌情放宽执行有关规定。

**（六）还击**

对方发球或还击后，本方运动员应击球，使球直接触及对方台区，或触及球网装置后，再触及对方台区。

**（七）比赛中的击球次序**

（1）在单打中，首先由发球员发球，再由接发球员还击，然后发球员和接发球员交替还击。

（2）在双打中，除（3）条款的情况之外，首先由发球员发球，再由接发球员还击，然后由发球员的同伴还击，再由接发球员的同伴还击。此后，运动员按此次序轮流还击。

（3）在双打中，当配对中至少有一名运动员由于身体残疾而坐轮椅时，首先由发球员应先发球，接发球员应还击，此后该配对的任何一名运动员均可还击。

**（八）重发球**

（1）回合出现下列情况应判重发球：

①如果发球员发出的球触及球网装置后成为合法发球或被接发球员或其同伴阻挡；

②如果接发球员或其双打同伴未准备好时，球已发出，而且接发球员或其双打同伴没有试图击球；

③由于发生了运动员无法控制的干扰，而使运动员出现未能合法发球、还击等不能遵守规则的情况；

④ 裁判员或副裁判员暂停比赛；

⑤由于身体残疾而坐轮椅的运动员在接发球时，发球员进行合法发球之后，出现下列情况：

—— 球在触及接发球员的台区后，朝着球网方向运行；

——球停在接发球员的台区上；

——在单打中，球在触及接发球员的台区后，从其任意一条边线离开球台。

（2）可以在下列情况下暂停比赛：

①由于要纠正发球、接发球次序或方位错误；

②由于要实行轮换发球法；

③由于警告、处罚运动员或指导者；

④由于比赛环境受到干扰，以致该回合结果有可能受到影响。

**（九）一分**

除判重发球外，一个回合出现下列情况该运动员得一分：

（1）对方运动员未能合法发球。

（2）对方运动员未能合法还击。

（3）当运动员在发球或还击后，对方运动员在击球前，球触及了除球网装置以外的任何东西。

（4）当击球后，球没有触及本方台区而越过本方台区或端线。

（5）当对方击球后，球穿过球网，或从球网和网柱之间、球网和比赛台面之间通过。

（6）对方阻挡。

（7）对方故意连续两次击球。

（8）对方用不符合“球拍（3）（4）（5）”条款的拍面击球。

（9）对方运动员或其穿或戴（带）的任何东西使比赛台面移动。

（10）对方运动员或其穿或戴（带）的任何东西触及球网装置。

（11）对方运动员不持拍手触及比赛台面。

（12）双打时，对方运动员击球次序错误。

（13）执行轮换发球法时，出现“轮换发球法（4）”条款情况。

（14）如果双方运动员或双打配对由于身体残疾而坐轮椅：

——对方击球时，其大腿后部未能和轮椅或坐垫保持最低限度的接触；

——对方击球前，其任意一只手触及比赛球台；

——在比赛状态中对方的脚垫或脚触及地面。

（15）当对方双打配对至少有一名为轮椅运动员时，其轮椅的任何部分或其站立运动员脚部的任何部分超越球台中线的假定延长线。

**（十）一局比赛**

在一局比赛中，先得 11 分的一方为胜方；当双方均得到 10 分后，先领先对方 2 分的一方为胜方。

**（十一）一场比赛**

一场比赛由奇数局组成。

**（十二）发球、接发球次序和方位**

（1）选择首先发球、接发球和方位的权利应由抽签来决定。中签者可以选择先发球或先接发球，或选择在某一方位开始比赛。

（2）当一方运动员选择了先发球或先接发球，或者选择了在某一方位开始比赛时，另一方运动员应做出另一个选择。

（3）在每获得 2 分之后，接发球方即成为发球方，以此类推，直至该局比赛结束，或者直至双方比分都达到 10 分或实行轮换发球法，这时，发球和接发球次序仍然不变，但每人只轮发 1 分球。

（4）双打的第一局比赛，先由有发球权的一方确定第一发球员，再由接发球方确定第一接发球员；以后的每局比赛，由先发球的一方确定第一发球员，第一接发球员则是前一局发球给他（她）的运动员。

（5）在双打中，每次换发球时，前面的接发球员应成为发球员，前面的发球员的同伴应成为接发球员。

（6）一局中，首先发球的一方，在该场下一局应首先接发球。在双打决胜局中，当一方先得 5 分时，接发球方应交换接发球次序。

（7）一局中，在某一方位比赛的一方，在该场下一局应换到另一方位。在决胜局中，一方先得 5 分时，双方应交换方位。

**（十三）轮换发球法**

（1）除（2）条款的情况之外，一局比赛进行到 10 分钟或在任何时间应双方运动员或配对的要求，应实行轮换发球法。

（2）如果一局比赛比分已达到至少 18 分，将不实行轮换发球法。

（3）当时限到且须实行轮换发球法时，球处于比赛状态，裁判员应立即暂停比赛，由被暂停回合的发球员发球，继续比赛；如果实行轮换发球法，球未处于比赛状态，应由前一回合的接发球员发球，继续比赛。

（4）此后，每名运动员应轮发 1 分球，直到该局结束。如果接发球方进行了 13 次合法还击，则判接发球方得 1 分。

（5）实行轮换发球法不能更改该场比赛中按“发球、接发球次序和方位（6）”条款所确定的发球与接发球次序。

（6）轮换发球法一经实行，将一直执行到该场比赛结束。

## 第二节　羽毛球运动

羽毛球运动是一项隔着球网，使用长柄网状球拍击打平口端扎有一圈羽毛的半球状软木的体育项目。它不仅具有健身、娱乐功能，还能调节心理，培养合作精神。

### 一、羽毛球运动概述

**（一）羽毛球运动的起源与发展**

现代羽毛球运动起源于英国。1873 年，在英国格拉斯哥附近的鲍弗特公爵的伯明顿庄园里举办了一次游园活动。由于下雨，大家只好聚在室内。当时有位退役的军官将“浦那”游戏介绍给了大家，由于这项游戏的趣味性强，参与者个个尽兴而归，后来这项游戏便逐渐流行起来，并以“伯明顿”命名。英语中的羽毛球运动名称“badminton”便由此而来。

1875 年，世界上第一部羽毛球规则在印度的浦那拟定，但由于世界各地的人们对这项运动的见解不一，因此各地的规则和场地也不一样。1878 年，英国人制定了渐趋完善和统一的比赛规则。1899 年，英国羽毛球协会举办了首届全英羽毛球锦标赛。此后，每年 3 月在伦敦举办一次，一直沿袭至今。

20 世纪 20 年代初，羽毛球运动传入我国。中华人民共和国成立前，只在上海、广州、北京、天津等城市的教会学校开展过羽毛球运动。1954 年，我国组建了国家羽毛球队。1959 年 9 月，在第 1 届全国运动会上羽毛球被列为正式比赛项目。

在羽毛球运动员的共同努力下，我国的羽毛球事业取得了令世界瞩目的辉煌成绩。在 1978 年第 8 届亚洲运动会上，我国羽毛球运动员获得了男子团体第 2 名和女子团体冠军。1979 年，在杭州举办的第 1 届世界杯羽毛球比赛和第 2 届世界羽毛球锦标赛上，我国羽毛球运动员取得了男子、女子团体，男子、女子单打和男子双打 5 项冠军。

此后在国际比赛中，我国羽毛球队在团体赛、单项赛上均取得优异的成绩，展示了中国羽毛球队的实力，充分证明了中国羽毛球队已进入世界羽毛球强队的行列。

### （二）羽毛球运动的特点及锻炼价值

1. 羽毛球运动的特点

羽毛球运动的特点是球轻、速度快、变化多，在室内外都可以进行，运动量可大可小，不同年龄、性别、身体条件的人均可参加。它可由两人组成单打比赛，也可由 4 人组成双打比赛，还可由两男两女组成男女混合双打比赛。因此，羽毛球运动是我国广大人民群众喜爱的体育项目之一，具有广泛的群众基础。

2. 羽毛球运动的锻炼价值

（1）提高人的耐力、协调性和灵敏性。无论是进行羽毛球比赛还是一般性的羽毛球活动，参与者都要在场地上不停地进行脚步移动、跳跃、转体、挥拍，合理地运用各种击球技术和步法将球击回。在这个过程中，参与者的耐力、协调性和灵敏性得到了锻炼。所以，羽毛球运动能提高人的耐力、协调性和灵敏性。

（2）通过调节运动量达到不同的健身目的。羽毛球运动适合男女老幼，运动量可根据个人年龄、体质、运动水平和场地环境的特点来调节。青少年可将其作为促进生长发育、提高身体机能的有效手段，运动量宜为中强度，运动时间以 40~50 分钟为宜。老年人和体弱者运动量宜较小，运动时间以 20~30 分钟为宜，达到增强心血管和神经系统功能的目的。

### （三）羽毛球赛事博览

1. 汤姆斯杯

1939 年，国际羽毛球联合会（以下简称国际羽联）理事会决定举行世界男子羽毛球团体比赛。时任国际羽联主席的乔治 · 汤姆斯向赛事委员会捐赠了一座奖杯，因此该奖杯被命名为“汤姆斯杯”。从 1984 年起，汤姆斯杯比赛改为每两年举行一届。比赛分为预赛、半决赛和决赛 3 个阶段。

汤姆斯杯比赛曾经采用九场五胜制，即 5 场单打、4 场双打，分两天进行。1984 年开始比赛改为五场三胜制，即 3 场单打、2 场双打。

2. 尤伯杯

尤伯全名为贝蒂 · 尤伯夫人，是英国 20 世纪 30 年代著名的女子羽毛球选手。她在 1956 年的国际羽联理事会上正式向国际羽联捐赠纪念杯，即现在的尤伯杯（Uber cup）。尤伯杯比赛又称为世界女子羽毛球团体锦标赛。尤伯杯赛制同汤姆斯杯赛制一样，在

1982 年以前是每 3 年举行一次，比赛采用七场四胜制；自 1984 年开始，改为每两年举行一次，比赛采用五场三胜制。

1981 年，国际羽联和世界羽联合并为国际羽联，决定将尤伯杯比赛与汤姆斯杯比赛在同时同地举行，并相应改为每两年举行一届。

3. 世界羽毛球锦标赛

世界羽毛球锦标赛是国际羽联在继汤姆斯杯、尤伯杯后，为了适应世界羽毛球运动日益发展的需要而设立的个人单项赛事。此项赛事只进行 5 个单项的比赛，即男女单打、男女双打和混合双打。所有项目的冠军都将获得金牌，亚军获得银牌，半决赛的负者获得铜牌。

1988 年，国际羽联决定世界羽毛球锦标赛与新设立的苏迪曼杯比赛同时同地举行。国际羽联根据当时的世界排名，邀请每个项目中的前 16 名（对）运动员直接参加比赛。

4. 苏迪曼杯

苏迪曼杯是印度尼西亚的羽毛球协会代表本国人民向国际羽联捐赠的一座奖杯。1986 年，在国际羽联召开的理事会上第一次提出了举行混合团体赛的建议。1988 年，国际羽联接受并指定了混合团体赛与单项锦标赛同时举行的事宜，并决定将苏迪曼杯作为混合团体赛的冠军奖杯。1989 年，在印度尼西亚同时举行了第 1 届苏迪曼杯比赛和第 6 届世界羽毛球锦标赛，同时规定苏迪曼杯比赛每两年举行一届，逢双数年是汤姆斯杯比赛、尤伯杯比赛，逢单数年是苏迪曼杯比赛。

## 二、羽毛球技术

### （一）握拍法（以右手握拍为例）

羽毛球拍的握拍方法有两种：正手握拍法和反手握拍法。

1. 正手握拍法

正手握拍法又称握手式握拍法。握拍时先用左手拿住球拍杆，使拍面与地面垂直，再张开右手，使虎口对着球拍框的内侧，手掌小鱼际肌靠在球拍柄端，小指、无名指、中指自然并拢，食指和中指微微分开，拇指的内侧和食指贴在拍柄的两个宽面上，将球拍柄握住。握拍时掌心不要贴紧拍柄，要使掌心与拍柄保持一定的空隙，如图 4–36 所示。

图 4–36

正手发球、身体右侧的放网前球、击肩下球和肩上球及头顶击球等一般采用正手握拍法。

2. 反手握拍法

反手握拍法是在正手握拍法的基础上，将拇指伸直，用其第一指节内侧顶点贴在拍柄内侧的宽面（图 4–37）上，食指收回，与拇指同（略）高，用拇指和食指将球拍稍向外转，中指、无名指、小指紧握拍柄，拍柄端靠近小指根部。握拍时掌心与拍柄之间留有空隙，以便能充分利用手腕力量和拇指的内侧压力击球。（图 4–38）

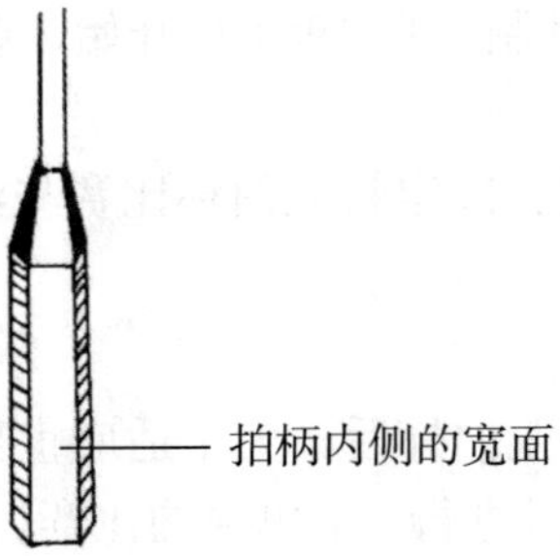


图 4-37

图 4-38

### （二）发球技术及练习方法

1. 发球技术

羽毛球运动的发球技术，按其动作分为正手发球和反手发球两种，按球在空中飞行的弧线可分为发高远球、平高球、平快球和网前球 4 种（图 4-39），按比赛项目则分为单打发球和双打发球两种。下面介绍正手发高远球、正手发平高球和正手发平快球。

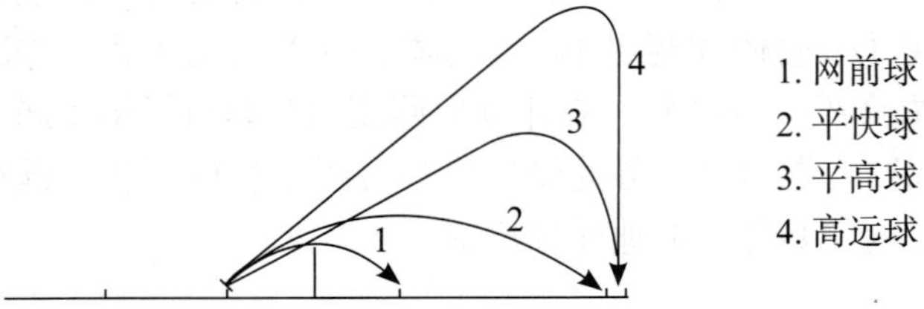


图 4-39

（1）正手发高远球。正手发高远球主要是把球发得又高又远，使球飞行到对方底线上空时几乎垂直下落，球的落点在对方场内端线附近。技术要领：发球时，身体重心由后脚前移至前脚，持球手松开使球自然下落，紧接着持拍手臂前臂由后上方经下方、侧下方向前上方挥拍。在球拍触球前的瞬间，前臂带动手腕向前上方闪动，手紧握拍柄，利用手腕、手指的爆发力，用拍面的前半部击球。击球瞬间，拍面正对出球方向，击球点在发球员的右前下方。球拍击球后随惯性向左侧上方继续挥摆。出球飞行弧度与地面仰角一般大于 45°，如图 4-40 所示。

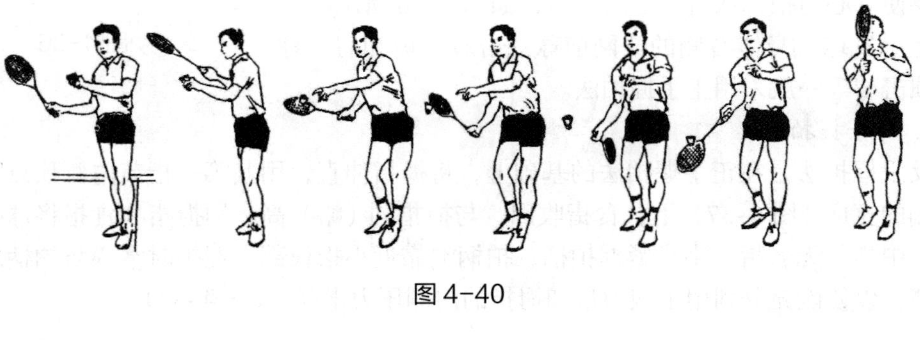

图 4-40

（2）正手发平高球。技术要领：站位和准备姿势同正手发高远球。挥拍击球时不要紧握拍柄，利用前臂挥动力量带动手腕、手指向前上方击球。拍面稍前倾，使出球仰角小于 45°，球运行到最高点后逐渐下落至对方场内端线附近。

（3）正手发平快球。技术要领：站位和准备姿势同正手发高远球。击球瞬间紧握拍柄，利用前臂的挥动力量带动手腕、手指快速向前击球，拍面仰角小于 30°，使球越网而过，直插后场，向对方反手部位或空当飞行。

2. 发球的练习方法

（1）徒手模仿练习。

（2）两人一组，正手发高远球练习。

（3）两人一组，正手发平高球练习。

（4）两人一组，正手发平快球练习。

**（三）接发球技术及练习方法**

1. 接发球技术

（1）单打接发球站位和准备姿势。

站位：在右发球区接发球时，运动员应站在靠中线离前发球线约 1.5 米处接发球；在左发球区接发球时，运动员则应站在该发球区内的中间位置接发球。

准备姿势：两脚开立，左脚在前右脚在后；侧身对网，身体重心在前脚上，后脚脚跟稍离地，双膝微屈，收腹含胸，左手自然抬起屈肘，右手持拍于右身前；思想集中，目视对方。

（2）双打接发球站位和准备姿势。

站位：双打比赛接发球员接发球可在接发球区内离前发球线较近的位置。

准备姿势：与单打接发球准备姿势基本相同，身体重心可随意放在任何一只脚上，球拍要举高，以争取主动。在右发球区接发球时要注意防备发球员发平快球突袭反手部位。

2. 接发球的练习方法

（1）两人一组，一人发高远球，另一人用平高球、吊球或杀球还击。

（2）两人一组，一人发网前球，另一人用平高球、高远球、网前球或平推球还击。

（3）两人一组，一人用正手发平快球，另一人用推球、平高球还击。

**（四）击球技术及练习方法**

1. 击高球技术及练习方法

（1）击高球技术。击高球技术有正手击高球与反手击高球两种。

① 正手击高球。技术要领：判断来球路线和高度，迅速移位，使球下落于右肩稍前上空，侧身对网，左脚在前右脚在后，身体重心在右脚上；右臂微屈，右手将球拍举在右肩上，拍面对网，左臂屈时，左手自然举起准备击球；当球下落至接近击球点高度时，胸部舒展，持拍手臂前臂向后移动，肘部自然抬起，使球拍后引至头后，自然伸腕；击球时，右腿蹬地，转体收腹协调用力，上臂带动前臂送肘上举，前臂向前甩出（带有内旋动作）；击球瞬间，手臂几乎伸直，闪动手腕，用手臂、手腕和手指力量将球击出。若拍面向前上方则击高远球，若拍面稍向前上方则击平高球。击球后，手臂顺惯性向右前下方挥摆收拍于上体前，身体重心由右脚移至左脚。（图 4–41）

图 4-41

② 反手击高球。技术要领：判断来球路线和高度，迅速移位，最后一步右脚前交叉向左侧底线跨出，背对球网，身体重心在右脚上，举拍于左胸前，双膝微屈准备击球；击球时，下肢由屈到伸用力，持拍手臂肘关节举高，用上臂支撑，当球在右侧上空下落时，上臂带动前臂把肘关节上举，与肩同高，以肘关节为轴，前臂伸直并外旋，以前臂带动手腕、手指力量闪动，在右侧上方向后击球；击球后迅速转体面向网。（图 4-42）

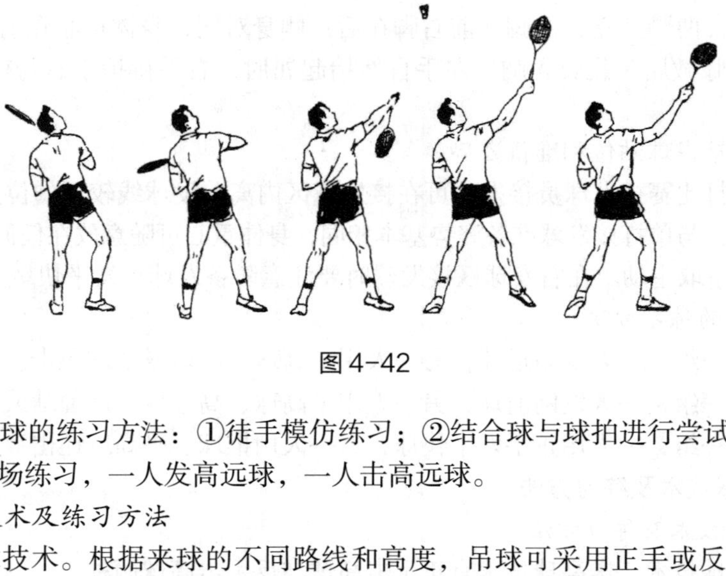

图 4-42

（2）击高球的练习方法：①徒手模仿练习；②结合球与球拍进行尝试性练习；③两人一组进行半场练习，一人发高远球，一人击高远球。

2. 吊球技术及练习方法

（1）吊球技术。根据来球的不同路线和高度，吊球可采用正手或反手、高手或低手来打。高手吊球按球的飞行弧线和击球动作的不同可分为劈吊、轻吊和拦截吊 3 种。（图 4-43）

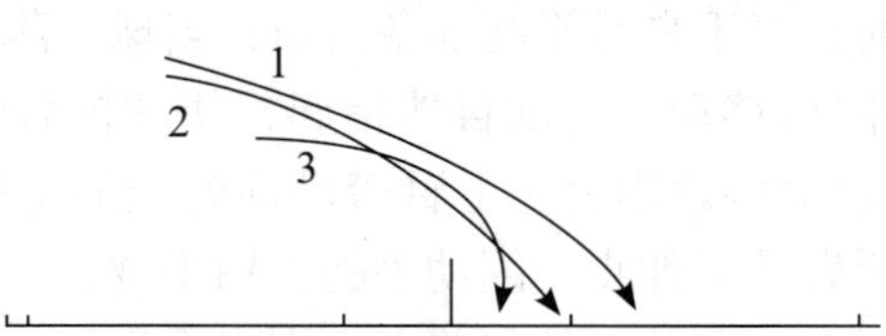


图 4-43

吊球技术要领：准备姿势与击高球相似，只是击球时用力不同。在挥动球拍时，拍面呈半弧形，击球瞬间前臂突然减速，快速闪动手腕击球托的偏右部（头顶吊球及反手吊球击球托的偏左部）。打对角吊球时，当对方来球较高时，手腕向下切削的角度要大些，力量稍大些；当对方来球较平时，手腕向前推的动作要大些，向下切削的力量要小一些。吊直线球时，拍面正对前方，向前下压。（图 4–44）

图 4–44

（2）吊球的练习方法：①徒手模仿练习；②两人一组，一人站半边场地，一人发球，一人吊球（直线）；③两人一组，隔网斜线站位，一人挑球，一人吊球（斜线）。

3. 扣杀球技术及练习方法

（1）扣杀球技术。扣杀球技术有正手扣杀球和反手扣杀球两种。

① 正手扣杀球。技术要领：准备姿势、击球动作与正手击高球大致相同，不同的是在击球瞬间须用全力，充分利用右腿的蹬力、腰腹力、手臂腕力及身体重心的移动，快速将球向前下方击出。球拍触球时拍面前倾向前下方用力，手握紧球拍，击球点在右肩稍前上方。击球后球拍随惯性向左下方摆动，身体重心由右脚移至左脚。（图 4–45）

图 4–45

② 反手扣杀球。技术要领：准确判断对方来球，迅速移动到合适的击球位置，最后一步右脚向左后侧跨出，背对球网，反手握拍，持拍手臂屈臂将球拍举至左肩上方准备击球。当球落到右肩上方适当高度时，肘关节向上举高，以肘关节为轴，左脚蹬地，展腰收腹，利用肩带动上臂、前臂、手腕、手指的力量快速向后击球。击球瞬间握紧球

拍，手腕快速用力向前下方扣压。

（2）扣杀球的练习方法：①练习者手持羽毛球站在半场内区，模仿扣杀球的方法向对方场区下压掷球；②练习者站在半场区，陪练者发半场高球，练习者做扣杀球练习；③一防一攻，如果陪练者有较强的挑球能力，练习者可进行挑—扣—挑的连续练习，也可按扣杀球——般挡球—回击高远球—扣杀球的顺序进行练习。

4. 网前击球技术及练习方法

（1）网前击球技术。网前击球技术有网前搓球、网前推球、网前扑球、网前勾球、放网前球等。

① 网前搓球。网前搓球有正手搓球和反手搓球两种。

a. 正手搓球。技术要领：左脚蹬地，右脚向网前跨成弓箭步，侧身对网，身体重心在右脚上。持拍手臂向前伸出，出手要快，握拍手腕和手指自然放松。击球时，前臂稍外旋，拍面与球网呈斜面向前。手指控制好拍面并发力，使搓出的球尽可能贴网而过。（图 4–46）

图 4–46

挥拍时，腕部由展腕至收腕闪动，带动手指向前切削，搓击球托的侧面底部，球呈下旋翻滚过网；或者腕部由收腕至展腕闪动，带动手指离网提拉，搓击球托的侧面底部，球呈上旋翻滚过网。

b. 反手搓球。技术要领：上网步法要快，左脚蹬地，右脚向网前跨成弓箭步，侧身背对网，身体重心在右脚上，持拍手臂向前伸出，出手要快，手腕、手指自然放松，前臂稍上举，手腕前屈，握拍手部高于拍面，反拍迎球，击球时，主要靠前臂的前伸外旋和手腕由内收至展腕的合力，带动手指离网提拉，搓击球托的侧面底部，使球呈上旋翻滚过网。搓球时，要注意用手指控制拍面，用手指发力，击球点要高且近网，搓出的球要尽可能贴近球网，球旋转翻滚性能越强，对方回击就越困难。

② 网前推球。网前推球有正手推球和反手推球两种。

a. 正手推球。技术要领：准备姿势与正手搓球相似。击球前，肘关节微屈回收，前臂稍外旋。手腕后伸，球拍向后摆。此时，小指和无名指稍松开，使拍柄稍离鱼际肌。

击球时，身体稍前倾，前臂前伸并内旋，手腕、手指控制拍面角度，手腕由后伸直闪动，食指前压，小指、无名指突然握紧拍柄。球拍急速推击球，球沿边线飞向对方后场底角。击球瞬间，拍面几乎与球网平行。（图 4-47）

图 4-47

b. 反手推球。技术要领：准备姿势与反手搓球相似。准备击球时，前臂向左胸前收引，屈肘屈腕。击球时，前臂前伸略带外旋，手腕由屈到伸闪动，中指、无名指和小指突然握紧拍柄，拇指顶压，向前挥拍，推击球托的侧面底部，将球推击到对方后场底线。

③ 网前扑球。网前扑球有正手扑球、反手扑球两种。

a. 正手扑球。技术要领：准确判断来球路线和高度，快速蹬步上网，身体右侧扑向球网，球拍随手臂向右前伸斜上举，正拍朝前。准备击球时，前臂外旋，手腕关节后伸，小指、无名指稍松开，使拍柄离开鱼际肌。击球时，手腕由后伸到屈腕闪动，利用前臂、手腕和手指的力量向前下方闪击球，球拍触球后立即收回；或者靠手腕由右前向左前滑动式挥拍扑球，以免球拍触网违例。扑球后，球拍随手臂向右侧前下方回收。（图 4-48）

图 4-48

b. 反手扑球。技术要领：反手握拍于左侧前，当身体向左侧前方跃起时，持拍手臂前伸上举，手腕外展，拍面正对来球。击球时，手臂伸直，手腕由外展到内收闪动，手握紧拍柄，拇指顶压，加速挥拍扑击球。击球后即刻屈肘，球拍回收。

④ 网前勾球。网前勾球有正手勾球、反手勾球两种。

a. 正手勾球。技术要领：看准来球快速上网，侧身对网，重心落在右脚上。持拍手臂前伸稍外旋，手腕稍后伸，手腕、手指自然放松。拍柄稍向外捻动，拇指贴在拍柄宽面，食指第二指节贴在拍柄背面宽面，拍柄不触掌心。击球时，前臂稍内旋，手腕由稍后伸至内收闪动，肘部稍回收，拍面朝对方右网前拨击球托的侧面底部，球沿对角线飞越过网。（图 4-49）

图 4-49

b. 反手勾球。技术要领：看准来球，持拍手臂前伸，球拍平举。准备击球时，肘部突然下沉，同时前臂稍外旋。击球瞬间，手腕由屈腕到伸腕闪动，拇指内侧和中指将拍柄向右侧一拉，其余手指突然握紧拍柄，球拍背面朝对方左网前拨击球托的侧面底部，球沿对角线飞越过网。

⑤ 放网前球。放网前球有正手放网前球和反手放网前球两种。

a. 正手放网前球。技术要领：准确判断来球路线和落点，快速上网，最后一步右脚在前，左脚在后，跨成弓箭步，侧身对网，上体前倾，身体重心在右脚上。右手正手握拍向前下方伸臂，前臂外旋展腕，左臂自然后伸，以保持平衡，拍面几乎朝上迎击来球。击球瞬间，手腕稍内屈，轻轻闪动，食指和拇指控制拍面角度和用力大小，球拍向前上方轻轻一托，把球轻击送过球网。（图 4-50）

b. 反手放网前球。技术要领：准确判断来球路线和落点，快速向左前侧上网，最后一步右脚在前，左脚在后，跨成弓箭步，侧身背对网，上体前倾，身体重心在右脚上。右手反手握拍向前下方伸臂，前臂内旋展腕，左臂自然后伸，以保持平衡，拍面几乎朝上迎击来球。击球瞬间，腕部伸腕轻轻闪动，食指和拇指控制拍面角度和用力大小，球拍向前上方轻轻一托，把球轻击送过球网。放网前球时，如遇对方上网封堵网前，则可改放对角线网前球，避开对方的扑杀。

图 4-50

（2）网前击球的练习方法：①徒手模仿练习；②两人一组，一人抛球，一人上网进行搓球、推球、扑球、勾球、放网前球练习；③水平较高的练习者，可两人站网前进行来回的连续搓球；④原地一人掷多球，一人练习网前推球、扑球、勾球、放网前球技术；⑤在原地挑球水平提高后，采用一对一掷多球进行移动中各种网前球练习。

5. 基本步法

（1）垫步。当左（右）脚向前（后）迈出一步后，紧接着以同一只脚向同一方向再迈一步，称为垫步。它一般用于调整步距。

（2）交叉步。左右脚交替向前、向侧或向后移动为交叉步。从另一只脚前面超越的为前交叉步，从另一只脚后面超越的为后交叉步。

（3）小碎步。小碎步即小的交叉步，由于其步幅小、步频快等特点，一般在起动或回动起始时采用。

（4）并步。右脚向前（后）移动一步时，左脚迅速向右脚跟并一步，紧接着右脚再向前（后）移一步，称为并步。

（5）蹬转步。以一只脚为轴，另一只脚做向后或向前蹬转迈步。

（6）蹬跨步。在移动的最后一步，左脚用力向后蹬的同时，右脚向球的方向跨出一大步，称为蹬跨步。蹬跨步多用于上网击球，在向后场底线两角移动做抽球时也常采用。

（7）腾跳步。起跳腾空击球的步法为腾跳步。腾跳步分为两种：一种是在上网扑球或向两侧移动突击杀球时，以领先的脚或双脚起跳，做扑球或突击杀球；另一种是对方击来高远球时，用右脚或双脚起跳到最高点时杀球。

## 三、羽毛球战术

### （一）单打战术

1. 发球战术

根据对方的站位、反击能力、接发球路线和思想状态等因素，有意识、有目的地采用多变的发球战术，争取由发球开始就掌握场上的主动权，为自己创造进攻的机会。这种战术用于对付经验不足和防守能力较差的对手比较有效。

2. 接发球战术

接发球要力争不让对方有直接进攻的机会，把球回击到远离对方所站的位置的落点上，或者回击到对方移动的方向相反的位置上，或者回击到对方技术薄弱的环节上，迫使对方被动回球。

3. 压后场战术

在对付后场还击能力较差的对手时，可以进攻对方后场底线两角（尤其是反手场区），待回球质量差时发起进攻，或趁对方注意力只顾及后场时突然吊网前球。

4. 攻前场战术

在对付网前技术较差的对手时，可以进攻对方后场底线两角（尤其是反手场区），待回球质量差时发起进攻，或对方勉强回击成高球时进攻其前场。

5. 四方球结合突击战术

如果对手步法、体力较差，技术欠全面，可以以平高球压对方后场底线两角和吊对方网前两角调动对方，当对方回球质量差或站位不当时发动进攻。

### （二）双打战术

1. 发球与接发球战术

双打发球应以发 1 号、2 号区的低球为主，以避免接发球下压进攻，也可发一些 3 号、4 号区的平高球。平高球应突然发向接发球员接球能力最薄弱的部位。接发球时，如果对方发网前球弧线较高，最好能快速上网扑杀；不能扑杀的则争取以搓、推技术回击，迫使对方向上挑球，为进攻后场创造机会。

2. 发球抢攻战术

发球抢攻战术是以发网前球为主，结合运用平快球、平高球，抓住对方接发球的习惯性球路和弱点，抓住战机，突击或封网扑杀的一种方法。

3. 攻中路战术

攻中路战术是当对方采用左右并列站位时，利用中间的位置是同伴双方容易出现矛盾的地方这一特点，攻其中路，乱其阵脚，伺机制胜的一种方法。

4. 避强打弱战术

如果双方的技术水平悬殊，可重点进攻弱者。如果强者争打来球，场上必会出现较大的空当，可乘虚击之。

## 四、羽毛球运动的主要比赛规则

### （一）比赛场地与器材

1. 比赛场地

比赛场地长 13.4 米、宽 6.1 米（双打）或 5.18 米（单打），用宽 20 毫米的线画出。网柱高 1.55 米。比赛场地中间的网高 1.524 米，网宽 0.76 米。参加比赛的双方运动员分别站在各自的场区。不论进行的是双打比赛还是单打比赛，网柱或代表网柱的条状物均应置于双打边线上。

2. 羽毛球

羽毛球可由天然材料、人造材料或其混合物制成。羽毛长 64~70 毫米，每一个球的羽毛从托面到羽毛尖的长度应一致。羽毛顶端围成圆形，直径为 58~68 毫米。羽毛应用线或其他适宜的材料扎牢。球托直径为 25~28 毫米，底部为半球体。羽毛球质量为

4.74~5.50 克。

3. 球拍

球拍由拍柄、排弦面、拍头、拍杆、连接喉组成整个框架。球拍总长不超过 68 厘米、宽为 23 厘米。一个好的球拍，连接拍头和拍杆的 T 字区并不明显。高档的连体羽毛球拍上的 T 字区包含在拍框中。

**（二）主要比赛规则**

1. 掷挑边器

比赛前，双方应掷挑边器。赢方将在先发球或先接发球和场区之间进行选择。输方选择余下的一项。

2. 计分

（1）一场比赛以三局两胜制定胜负。

（2）采用每球得分制。

（3）每局比赛先得 21 分者获胜，当比分出现 20 平时，先胜两球者获胜，但当比分为 29 平时，先满 30 分者获胜。

3. 交换场区

以下情况运动员应交换场区：①第 1 局结束；②第 3 局开始前；③第 3 局中或只进行一局的比赛中，当领先的一方得分为 11 分时。

4. 发球

（1）合法发球的情况有以下几种：①发球时任何一方都不允许非法延误发球。②发球员和接发球员都必须站在斜对角发球区内发球和接发球，脚不能触及发球区的界线，两脚必须都有一部分与地面接触，不得移动，直至将球发出。③发球员的球拍必须先击中球托，与此同时，整个球要低于发球员的腰部（过腰违例）。④击球瞬间，球拍杆应指向下方，从而使整个拍头明显低于发球员的整个握拍手部（过手违例）。⑤发球开始后，发球员的球拍必须连续向前挥动，直至将球发出。⑥发出的球必须向上飞行过网，如果不受拦截，应落入接发球员的发球区。

（2）一旦双方运动员站好位置，发球员的球拍拍头第一次向前挥动即为发球开始。

（3）发球员须在接发球员准备好后才能发球，如果接发球员已试图接发球则被认为已做好准备。

（4）一旦发球开始，球被发球员的球拍触及或落地为发球结束。

（5）在双打比赛中，发球员或接发球员的同伴站位不限，但不得阻挡对方发球员或接发球员的视线。

5. 单打

（1）当发球员的分数为双数时，双方运动员均应在各自的右发球区发球或接发球。

（2）当发球员的分数为单数时，双方运动员均应在各自的左发球区发球或接发球。

（3）球发出后，由发球员和接发球员交替对击直至违例或死球。

（4）接发球员违例或因球触及接发球员场区内的地面而成死球，发球员得 1 分，随后，发球员再从另一发球区发球；发球员违例或因球触及发球员场区内的地面而成死球，发球员即失去发球权，随后，接发球员成为发球员，双方均不得分。

6. 双打

（1）一局比赛开始首先发球的一方，都应从右发球区发球。

（2）只有接发球员才能接发球；如果他的同伴去接球或被球触及，发球方得 1 分。

① 自发球被回击后，由发球方的任何一人击球，然后由接发球方的任何一人击球，如此往返直至死球。

② 接发球方违例或因球触及接发球方场区内的地面而成死球，发球方得 1 分，原发球员继续发球；发球方违例或因球触及发球方场区内的地面而成死球，对方得 1 分并发球。

（3）比赛采用 1 次球权制，双方在每轮次发球中都只有 1 次球权。

（4）发球必须从两个发球区交替发出。发球方得分换位，接发球方不动。

（5）运动员不得有发球顺序错误和接发球顺序错误，或者不得在同一局比赛中连续两次接发球。

（6）一局胜方中的任意一名运动员可在下一局先发球，负方中的任意一名运动员可先接发球。

7. 发球区错误

（1）发球顺序错误。

（2）从错误的发球区发球。

（3）在错误的发球区准备接发球，且球已发出。

8. 发球区错误的处理

（1）如果因发球区错误而重发球，则该回合无效，纠正错误重发球。

（2）如果发球区错误未被纠正，比赛也应继续进行，并且不改变运动员的新发球区和新发球顺序。

9. 重发球

出现下列情况应判重发球：

（1）裁判员尚未报分或未报完分，发球员就将球发出。

（2）发球员在接发球员未做好准备时发球。

（3）球过网后挂在网上或停在网顶。

（4）发球时，发球员和接发球员同时违例。

（5）比赛进行中，球托与球的其他部分完全分离。

（6）司线员未看清，裁判员也不能做出决定时。

（7）比赛进行时，遭遇意外事故，如外场球侵入球场影响比赛、灯光熄灭。

（8）遇发球方位、顺序错误或接发球方位错误，如违例的一方获胜，而这一错误又是在下一次发球前发现的，判胜球不算，纠正错误，重新发球。

10. 死球

出现下列情况应判死球：

（1）击球过程中球撞网并挂在网上或停在网顶。

（2）球撞网或网柱后在击球者这一方落地。

（3）球触及地面。

（4）违例或重发球已被宣报。

11. 违例

出现下列情况应判违例：

（1）发球不合法。

（2）发球员发球时未击中球。

（3）发球时，球过网后挂在网上或停在网顶。

（4）比赛时，球落在球场界线外，球从网孔或网下穿过，球不过网，球碰屋顶、天花板或四周墙壁，球触及运动员的身体或衣服，球触及场外其他人或物体（由于建筑物的结构问题，必要时地方羽毛球组织可以指定羽毛球触及建筑物的临时规定，但其国家组织有否决权）。

（5）比赛时，球拍与球的最初接触点不在击球者网的这一方（击球者击球后，球拍可以随球过网）。

（6）比赛中，运动员球拍、身体或衣服触及网或网的支撑物；运动员的球拍或身体从网下侵入对方场区，妨碍对方或使对方注意力分散；妨碍对方，如阻挡对方紧靠球网的合法击球。

（7）比赛时，运动员有故意分散对方注意力的举动，如喊叫、故作姿态等。

（8）击球时，球夹在或停滞在拍上，紧接着又被拖带，同一运动员两次挥拍，连续击中球两次，同方两名运动员连续各击中球一次，球触及运动员球拍后继续向其后场飞行。

12. 比赛连续性

（1）比赛从第一次发球起至比赛结束应是连续的。

（2）每场比赛的第 1 局和第 2 局之间有不超过 90 秒的间歇，第 2 局和第 3 局之间应允许有不超过 5 分钟的间歇。

# 第三节　网球运动

## 一、网球运动概述

### （一）网球运动的起源与发展

现代网球运动起源于英国。1873 年，英国少校沃尔特·克洛普顿·温菲尔德在羽毛球运动的启示下，将古式网球和羽毛球结合起来，设计出一种适于户外开展的草地网球，并取得有关场地、规则和器材的专利权。为此，温菲尔德获得了维多利亚十字勋章，他的半身雕像被矗立在伦敦草地网球协会会址的走廊里。

现代网球运动诞生后，迅速传至世界各地。19 世纪后期，网球运动传入我国。1913 年，世界网球的最高组织——国际网球联合会（以下简称国际网联）在法国巴黎正式成立。1896—1924 年，网球为奥运会的正式比赛项目。此后，国际网联因运动员参赛资格问题而与国际奥委会发生冲突，网球不再是奥运会项目，直到 1988 年才重新被列为奥运会正式比赛项目。国际网联一直在促进和鼓励网球的教学，在国际网球赛事制定和实施规则等方面做出了巨大贡献，为网球运动的进一步发展开辟了广阔的前景。

**（二）网球运动的特点及锻炼价值**

1. 网球运动的特点

现代网球运动表现出如下特点：一是普及率高；二是比赛水平高，竞争激烈，比赛成绩具有不确定性；三是朝速度、力量型方向发展，随着器材的改革，尤其是球拍的研制，球速越来越快，击球的力量越来越大；四是职业化、商业化程度高，随着各种大赛奖金的不断提高，网球的职业化、商业化程度越来越高。

2. 网球运动的锻炼价值

（1）提高呼吸系统功能。网球运动是以有氧运动为主，有氧、无氧运动相交替的一项运动。在比赛中，运动员在底线打对攻战，或在底线或两侧来回奔跑，或跑到网前救小球，因此网球运动对运动员的耐力素质要求很高。网球运动员的肺活量一般可达5000~6000毫升，比普通人高2000毫升。可见，网球运动是一项有效提高呼吸系统功能的运动。

（2）提高身体素质。网球运动对力量素质的要求很高。首先网球拍较重，在发球和接球时，需要用较大的力量去挥动。经常打网球可以促进肌肉各项指标的提升。网球运动对柔韧素质要求也颇高。例如，发球时的背弓动作，对运动员的肩关节和腰部的柔韧性要求很高；接一些大角度的来球或上网截击时，要求运动员有良好的下肢柔韧性。

（3）有利于形成健美的形体。网球运动是一种全身运动，在击球过程中，肩、胸、背、腰、腿各部位的大小肌肉群都参与工作，使人的颈、肩、脊柱、髋、踝各关节得到锻炼，而且有利于矫正和改善身体姿势，使人形成健美的形体。

（4）有利于提高决策力，磨炼意志。在网球比赛中，运动员根据对手的弱点和自己的技术优势选择合适的战术，扬长避短，有助于提高其决策力。有时运动员面临着被对手破发的危险或比赛打到抢七局，这时如果运动员心理素质过硬，就有可能逆风翻盘，取得最后的胜利。因此，经常参加网球比赛有助于磨炼意志，培养自信和临危不惧等优良的心理素质。

（5）有利于加强社会交往和减压。网球运动是一种快捷、有效地结交朋友的方法。随着生活压力增大，人们易烦易躁。在网球场上，人们通过快速的奔跑、强有力的击打等可以缓解自己的紧张情绪、释放压力，从而以充沛的体力和精力迎接新的挑战。

**（三）网球赛事博览**

网球赛事中高水平国际比赛有网球四大满贯，又称网球四大公开赛，即温布尔登网球锦标赛、法国网球公开赛、美国网球公开赛和澳大利亚网球公开赛。

1. 温布尔登网球锦标赛

首届温布尔登网球公开赛于1877年举行，是现代网球史上最早的网球比赛。比赛时间为每年的6—7月，是每年度网球大满贯赛事的第3项赛事。

第1届温布尔登网球公开赛只设了男子单打项目，1879年增加了男子双打项目，1884年增加了女子单打项目，1889年增加了女子双打和混合双打项目，1901年开始接受外国选手参赛，1905年正式允许世界各国网球选手报名参赛，成为名副其实的国际性赛事。2006 年，我国选手郑洁和晏紫夺得温布尔登网球公开赛双打冠军。

2. 法国网球公开赛

第 1 届法国网球公开赛于 1891 年在巴黎西部罗兰 · 卡罗斯的体育场内举行，是国际上享有盛名的传统网球比赛。由于比赛日期安排在每年的 5—6 月，法国网球公开赛是每年度网球大满贯赛事的第 2 项赛事。1925 年，法国网球公开赛正式对外开放，成为国际性的公开赛。在 2011 年法国网球公开赛女单决赛中，中国选手李娜以 2 : 0 战胜意大利选手斯齐亚沃尼，夺得冠军。这是亚洲选手第一次夺得大满贯赛事的单打冠军。

3. 美国网球公开赛

第 1 届美国网球公开赛于 1881 年在美国罗德岛新港举行，每年举办一次。1968 年，美国网球公开赛被列为网球四大公开赛之一，是每年度最后一项网球大满贯赛事。由于美国网球水平较高，比赛奖金数额远远高于其他比赛，吸引了世界上众多顶尖选手参加，它的影响力仅次于温布尔登网球锦标赛。

4. 澳大利亚网球公开赛

澳大利亚网球公开赛创办于 1905 年，比赛地点在墨尔本，在每年的 1—2 月举行，是每年度网球大满贯赛事的第 1 项赛事。澳大利亚是旅游胜地，且比赛日期安排在年初，正是当地夏季，因此澳大利亚网球公开赛是很有影响力的网球赛事。

在澳大利亚网球公开赛比赛中，2006 年，我国选手郑洁和晏紫夺得双打冠军；2008 年，我国选手孙甜甜和塞尔维亚选手泽蒙季奇问鼎混双冠军；2011 年，我国选手李娜荣获亚军。

## 二、网球技术

### （一）握拍法（以右手握拍为例）

1. 东方式握拍法

东方式握拍法分为正手握拍法和反手握拍法。

（1）正手握拍法（图 4–51）。技术要领：左手持拍，使拍面与地面垂直，然后右手的虎口对准拍柄右上方侧棱面；掌根与拍柄右上斜面贴紧，拇指垫握住拍柄的左垂直面，食指稍离中指，以第三指节压住拍柄右垂直面，五指紧握拍柄。

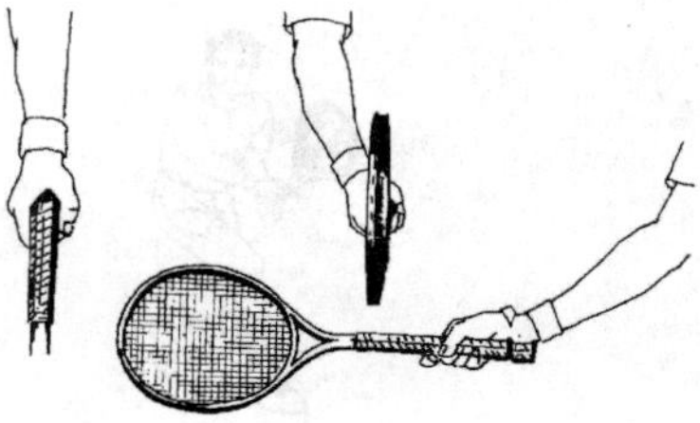

图 4–51

（2）反手握拍法。在正手握拍法的基础上，手向左转动，使持拍手虎口正对拍柄左侧棱面；掌根压住拍柄的左上斜面，拇指直贴在拍柄的左垂直面上，食指第三指节压住右上斜面。

2. 大陆式握拍法

大陆式握拍法如图 4–52 所示。技术要领：持拍手虎口对准拍柄上方棱面；掌根抵住拍柄上部的平面，拇指伸直贴着拍柄的左垂直面，食指第三指节紧贴拍柄右上斜面，小指、无名指和中指都紧贴拍柄。

3. 西方式握拍法

西方式握拍法分为正、反两种握拍方式，如图 4–53 所示。

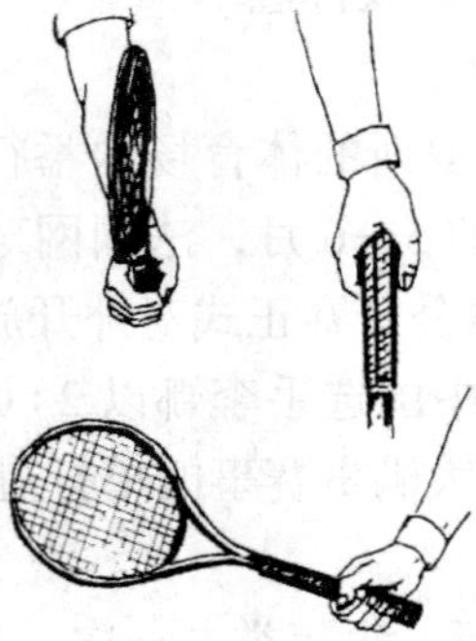
图 4-52

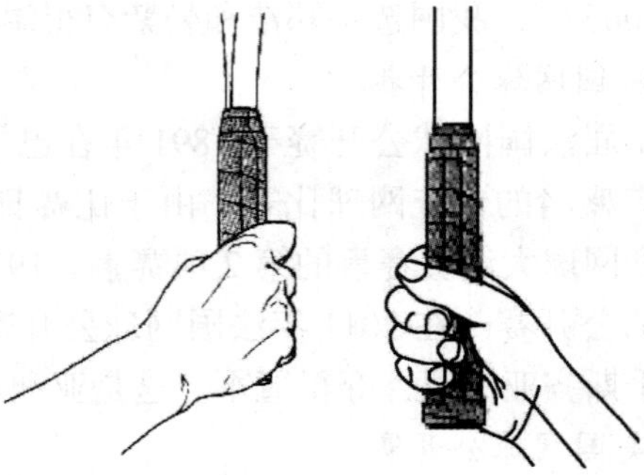
图 4-53

（1）正手握拍法。技术要领：拍面与地面平行，持拍手掌心朝下抓住拍柄，掌根大部分贴着拍柄右下斜面，拇指和食指都不前伸，拇指第二指节贴着拍柄的右下斜面。

（2）反手握拍法。技术要领：在正手握拍法的基础上，手腕顺时针转动，使食指第三指节压住拍柄上侧面，掌根贴着左上斜面。

**（二）击球技术及练习方法**

1. 准备姿势（以右手持拍为例）

技术要领：面对球网，两脚左右开立，略比肩宽，两膝微屈，上体稍前倾，身体重心落在前脚掌上。右手轻握拍柄，左手托住球拍，将球拍置于腰腹与胸部之间，两手肘关节放于腰侧，两眼注视来球方向，如图 4-54 所示。

图 4-54

2. 抽击球技术及练习方法

（1）抽击球技术。抽击球技术分正手抽击球和反手抽击球两种。

① 正手抽击球，如图 4-55 所示。

图 4-55

准备姿势：面对球网，两脚向前自然开立，与肩同宽，两膝微屈，身体稍前倾，重心落在两脚的前脚掌上。右手握拍，左手轻托拍颈，两肘自然弯曲，将球拍置于身体前方，拍面垂直于地面，拍头指向对方，两眼注视来球方向，做好回球准备。

后摆引拍：当判断来球朝正手方向击来时，立即转动两脚，左脚脚跟抬起并向右斜前方跨一小步，同时向后转肩、转髋，带动右手向后呈弧形摆动引拍，引拍时肘关节自然弯曲并稍抬起。左手前伸，保持身体平衡，后摆引拍时身体重心移至右脚，以左肩对网。

挥拍击球：从后摆进入向前挥动时紧握球拍，配合蹬地转体动作，以上臂带动前臂向前上方挥拍，击球点位于身体重心脚的前侧方，击球时的挥拍速度达到最快，球打在拍面的中心，击球挥拍时拍面略向上摩擦，使球稍带上旋。

随挥跟进：击球后，球拍沿着球飞行方向继续向前上方挥动，重心前移至左脚，身体由侧身转向正对球网，挥拍动作在左肩上方结束，然后迅速还原成准备姿势。

## 知识窗

### 怎样挑选网球拍

应根据选手的身高、体形和体能来挑选网球拍。如果是身材高大健壮、体能好的选手，建议选择拍身较软、弹性较小的网球拍；如果是身材瘦小、体能较差的选手，建议选择拍身较硬、弹性较大的网球拍；如果是身材及体能中等的选手，建议选择拍身软硬、弹性中等的网球拍。

② 反手抽击球，如图 4–56 所示。

图 4–56

准备姿势：面对球网，两脚左右开立，与肩同宽，两膝弯曲，上体略前倾，用非持拍手轻托拍颈，拍头与下颌齐平，两肘自然弯曲，身体重心落在两脚上，两眼注视对方来球方向，做好回球准备。当判断对方来球在反手位时，轻握拍颈的左手应迅速带动正手变换为反手握拍姿势。

后摆引拍：向左转肩、转体并带动右手向左后方摆动，同时右脚朝左前方跨步，以右肩侧对球网，左手轻托拍颈帮助右手向左后方挥摆，握拍手臂靠近身体并保持适当弯曲，身体重心移至左脚。

挥拍击球：向前挥拍时应紧握球拍，手腕固定，转动两肩、躯干向球挥拍。击球时，球拍与右脚应在一条直线上，击球点在右脚的侧前方。击球瞬间，拍面垂直于地面，挥动快速，肘关节稍外展弯曲，使球拍由下向前上方挥出。随着球拍前挥身体重心向前移动。

随挥跟进：球击出后，球拍沿着球飞行的方向前送，球拍和手臂充分伸展。身体重心前移，并顺势转向球网，挥拍在右肩上方结束，然后迅速还原成准备姿势。

（2）抽击球的练习方法：①做无球持拍挥拍练习；②对墙练习，掌握正、反手抽击球；③ 两人一组，在底线进行正、反手抽击球练习；④两人一组，结合发球进行抽击球练习。

3. 截击球技术及练习方法

（1）截击球，如图 4–57 所示。

图 4–57

握拍方法：普遍采用大陆式握拍法。

准备姿势：与抽击球相似，两眼注视来球，及时判断出对方击球的方向及高度，调整自己的身体位置，快速移动。

挥球击球：对于高球，不管是正、反手，都应侧对球网，两腿微屈，击球前身体重心在后脚上，拍头高于球，击球点在体前或稍侧前方，固定手腕，用手臂和球拍把球压过网，要举拍快打，身体协调快速发力，力争一拍制胜。

截击低球时，屈膝降低身体重心，后腿弯曲至膝关节触地，用抖手腕方式击球，使球带有旋转。

（2）截击球的练习方法：①做无球持拍挥拍练习；②两人一组，一人抛球，一人正手截击球练习；③两人一组，一人抛球，一人反手截击球练习；④先做截击球练习，再做破网前球练习。

4. 高压球技术及练习方法

（1）高压球，如图 4–58 所示。

图 4–58

握拍方法：高压球的挥拍方法与发球一样，适宜使用大陆式握拍法。这种握拍方法既可以击出杀伤力很强的高压球，攻击对方直接得分，又可以在网前灵活地进行正、反手的截击，因此，受到广大网球爱好者的喜爱。

准备姿势：球拍应向前上方举起，对着对方挑来的高球，身体向右侧转动，左脚在前，右脚在后，约与肩同宽，重心在后脚上，左肩对网，在用短促的垫步迅速调整位置的同时，左手（非持拍手）上举指向来球，持拍的右手直接举起，右肘抬起，略比肩高，拍头指向上方，两眼注视高空飞来的球。

后摆引拍：引拍从前方开始，从前下向后上方摆起，同时右腿后退一步，做屈膝、转体、展肩的动作，右肘由外向后展，略比肩高。因为球从空中落下的速度很快，高压球只能是直接从前下方经前方向上举起球拍，以缩短挥臂时间。

挥拍击球：击球点在身体前上方。用收腹、转体、转肩动作，由上臂带动前臂向前下方挥击。击球瞬间，手腕抖动用爆发力击球，身体重心移至左脚，果断挥拍猛击球的后上部。距网近，击球点稍前，击球的部位稍高些；距网远，需要迅速移动，后脚跳起高压，此时的击球点稍后。

随挥跟进：保持连续、完整的向前上方伸展的随挥动作，挥拍直至身体的左下方，身体转向球网保持平衡，击完球要迅速调整位置，准备接对方回球。

（2）高压球的练习方法：①做无球持拍挥拍练习；②对墙练习，掌握正手高压球；③两人一组，一人抛球，另一人进行站定高压球练习；④两人一组，一人抛球，另一人进行跳起高压球练习；⑤两人一组，一人抛球，另一人进行后退高压球练习。

5. 挑高球技术及练习方法

（1）挑高球，如图 4-59 所示。

图 4-59

握拍方法：挑高球技术是回击落地球的一种方法，所以它的握拍方法与正、反手抽击球相同，即正手挑高球可使用正手握拍法，反手挑高球可使用反手握拍法。

准备姿势：与正、反手抽击球的准备姿势基本相同。注意力应高度集中，两眼注视来球，紧握球拍。

后摆引拍：与正、反手抽击球相似。判断好来球方向，以转髋带动右手向后下方呈弧形摆动引拍，引拍时肘关节自然弯曲并稍抬起，手腕外展，身体重心移至后腿。

挥拍击球：由后下方向前上方挥动，击球点在身体的侧前方，身体重心在右脚上。击球时，身体转动，带动手臂向前上方挥出，拍头微低于手腕，位于球后。击球瞬间，利用手腕的回拨和前臂的回旋动作，使球拍从球的后下方向前上方做弧形擦击球。击球点在前脚的稍后处，整个击球动作应舒展放松。

随挥跟进：挑高球的随挥动作应尽量远伸，球拍向击球的方向充分送出，直至放松地挥到身体左侧。动作结束后，身体转向球网保持平衡，击完球要迅速调整位置，准备接对方回球。

（2）挑高球的练习方法：①做无球持拍挥拍练习；②两人一组，做平击挑高球练习；③ 两人一组，做上旋挑高球练习；④两人一组，做下旋挑高球练习；⑤做击球—放轻球—上网—挑高球练习。

6. 放短球技术及练习方法

（1）放短球，如图 4-60 所示。

图 4-60

握拍方法：采用与正、反手抽击球相同的握拍方法。

准备姿势：与正、反手抽击球的准备姿势相同。

后摆引拍：与正、反手抽击球的后摆引拍相似，侧身转体带动手臂后摆引拍。

挥拍击球：侧身还击来球。击球时，手腕张紧，使拍面稍后仰，击球点仍在身体前方，球拍接触球时，从球的侧下削击球，使之产生下旋，并适当地前推或托击球，使球沿弧线落在对方球场近网处。

随挥跟进：球拍向击球的方向跟进，用放松、协调的动作来完成随挥动作。

（2）放短球的练习方法：①做无球持拍挥拍练习；②自己抛球，做放短球练习；③两人一组，一人抛球，一人做放短球练习。

7. 反弹球技术及练习方法

（1）反弹球，如图 4-61 所示。

图 4-61

握拍方法：一般采用东方式握拍法或大陆式握拍法。

准备姿势：判断好对方来球后，身体迅速屈膝下蹲，重心下降；手腕用力握住球拍，拍面对准来球方向迅速向下，准备做跨步迎击的动作。

后摆引拍：后摆动作要小，以正手为例，转肩后摆引拍，拍头略高于手腕，左手指向来球，左肩侧对网，随着左脚向前跨出，身体重心随之下降。应对底线深区的反弹球，后摆动作幅度要大很多，因距网远，需要加力抽击。

挥拍击球：场地近网的反弹球采用交叉跨步的步法，以保持侧身对网和下蹲，降低重心，保持身体平衡，击球点在前脚的侧前方，球拍尽量与地面平行，拍头与手腕同高，由下向上挥动击球。

随挥跟进：不宜过长，只要送球方向清晰即可结束动作，迅速还原。

（2）反弹球的练习方法：①做无球持拍挥拍练习；②对墙进行正、反手反弹球练习；③两人一组，做轻击反弹球练习；④两人一组，做推击反弹球练习；⑤两人一组，做抽击反弹球练习。

8. 发球技术及练习方法

（1）发球技术。网球发球技术有削击发球、平击发球、旋转发球 3 种。

① 削击发球。削击发球又称切削发球，是一种以右侧旋转（稍带上旋）为主的发球方法。这种发球实用且易掌握，是初学者适宜采用的发球方法。其优点是球速快、威胁大、命中率高。发球时，将球抛向右侧前上方，转体带动手臂由上方向左下方切削击球，击球点在球的中部偏右侧位置，使球产生右侧旋转。

② 平击发球。平击发球优点是力量大、球速快、威胁大。这种发球适合身材高大的选手使用。发球时，把握好击球点，用球拍面中心对准抛出的球，在球达到最高点时，充分向上、向前伸展身体和手臂，然后以手臂带手腕鞭打、抽击球的后中上部。

③ 旋转发球。旋转发球的作用是通过摩擦球体使球产生以上旋为主、以侧旋为辅的旋转性能。由于它的上旋强烈，球做明显的从上向下的抛物线运动。球落地反弹后会向左侧漂移，可迫使对手离位接球，从而使自己获得主动。

（2）发球的练习方法：①抛球练习，提高发球质量；②模拟发球，用一杆挑起固定球做发球练习；③在发球区做发球练习；④在发球区做发不同落点球的练习。

## 三、网球战术

### （一）单打战术

1. 发球的站位

单打发球一般站在距中点较近的位置，也可以根据自身的特点和对手的站位有所改变。例如，右区选手向边线一侧站位，有利于发出角度更大的外角球，可以充分将对手拉出场地左区、靠近边线，更有利于下一板球的正手进攻。

2. 发球的落点

发球的落点通常取决于球的旋转类型和飞行路线，这是因为球拍的角度决定球的旋转和方向。在右区通常用平击球发对手的内角，用削击球发对手的外角，用稳健的上旋球发对手的中路追身；在左区通常采用平击球发对手的外角，用削击球发对手的内角，用上旋球发对手的中路追身或外角。

3. 发球上网

发球上网通常抛球要靠前一些，并尽量向前上方跳起，然后向网前冲去。在对手击球时，应该立刻跳步停住，以便判断来球的方向，然后对着球，向前去做网前第一次截击。至于移动到什么地方击球，则取决于发球的落点和接发球员回球的角度。要注意的是，不要寄希望于在第一次截击时得分，除非对手回球又高又软，否则应当力图把球打深，并尽量击向对手的弱处，使对手留在端线，迫使其回球质量不高，同时使自己可以来到网前，站在更具有威胁性的位置上，再通过第二板球击垮对手。大部分中上水平的运动员，特别是专业运动员，都会利用第一发球的成功，立即上网截击。

**（二）双打战术**

1. 发球的配合

双打发球以旋转和落点为主，因为相对于单打，双打的每个人需要控制的面积缩小，不容易接发球抢攻直接得分，所以不必死拼发球。发球前要让同伴了解自己发球的落点，以便于同伴做抢网准备。在双打比赛中，发球技术好的队员应作为每队的第一发球员，每次发球比单打更注重一发成功率，落点以内角和中路居多，以使对方无法击出大角度的回球，有利于同伴抢网得分。

2. 接发球的配合

（1）协同防守。如果同伴出现十分被动的局面，要给予支持和援助。当同伴被迫挑高球时，自己要立刻后退，使己方处于被动的防守地位。虽然退回底线被动了，但是一旦出现浅球，两人可马上一起上网，回到网前。

如果同伴被拉出边线，自己要立即向同伴靠近，给同伴以支援。否则，在自己与同伴之间会留下很大的空当，使对方很容易打出破网球，同时根据被动的局面，适当后退，等待机会。

（2）抢网战术。

① 抢网。抢网是指网前队员横向或向斜前方移动，拦截对方打过来的斜线球。它要求网前队员有敏捷的思维、准确的判断及快速的步法。是否抢网两人要事先商定。一些双打的配对队员喜欢用暗号。例如，网前队员把手放在背后，用握拳或张开手指向发球员表示他抢或不抢网，但最好有口头上的约定。需要注意的是，千万不能让对方猜透你的意图或听到你们的交流，而且一旦做出决定就要坚决执行。

② 防守空当区域。网前队员在抢网时，很容易造成自己的那半块场地空出，无人防守，所以发球员发球之后，另一名队员不应直接向前冲，而应向前跑几步，然后向同伴留下的那半块场地跑去，并继续向网前移动。抢网队员在拦截之后要进入发球员的场区，两人交叉换位，防守对方可能回击的直线球以及抢网队员第一次截击没能得分后的回击球。

③ 抢网时机。抢网时，需要在对方接发球员击球的一瞬间移动，而不要在接发球员击球之前移动，把自己的行动意图暴露给对方，否则对方击出直线球便很有可能得分；同时不能移动得过晚，否则就会抢不到球。

④ 抢网击球路线。如果能够抢到，最佳的击球路线是对方网前队员的脚下。因为这

样的球会使对方十分难受，至少可使对方无法发动进攻。如果抢网的同时，对方的接发球员仍在底线，那么接发球方网前队员的背后也是他们的“死穴”。对于手感很好的网前队员也可截击至接发球员一面的小斜线，如果接发球员上网很快，那么他们的中路则是最薄弱的地方，是攻击重点。

（3）扣杀高压球。无论对方是进攻性挑高球还是防守性挑高球，网前队员都要尽力不让球落地，在空中将球扣杀过网。因为双打由两人进行防守，所以经常出现即使一两板高压球也不能得分的状况，这时不能着急，要紧紧地把握住网前优势。高压球的战术与打落地球不同，要尽量压斜线球才有威胁，但不要像打落地球那样攻击对方中路。

（4）运用双打战术的要点。①提高一发的成功率，旋转和落点要有变化；②接发球要求低而斜地打在发球员的脚下；③与同伴一起向前、后退，一起左、右移动，守住球场；④ 尽力控制网前；⑤迫使对方后退。

## 四、网球运动的主要比赛规则

### （一）比赛场地

1. 球场

球场应为长 23.77 米、宽 8.23 米的矩形。

2. 球网

球网高 1.07 米。

3. 球场线

球场两端的界线叫作底线，两边的界线叫作边线。在距离球网两侧 6.4 米的地方各画一条与球网平行的线，为发球线。

4. 发球区

球网与每一边的发球线和边线组成的场地再被发球中线分为两个相等的区域，为发球区。

### （二）主要比赛规则

1. 发球

（1）发球前的规定。发球员在发球前应先站在端线后、中点和边线的假定延长线之间的区域，用手将球向空中任何方向抛起，在球接触地面以前，用球拍击球（仅能用一只手的运动员，可用球拍将球抛起）。球拍与球接触时，就算完成发球。

（2）发球时的规定。发球员在整个发球动作中，不得通过行走或跑动改变原来的站位，两脚只准站在规定位置，不得触及其他区域。

2. 发球员的位置

（1）每局开始，先从右区端线后发球，得或失 1 分后，应换到左区发球。

（2）发出的球应从网上越过，落到对角的对方发球区内或其周围的线上。

3. 发球失误

运动员出现以下情况视为发球失误：未击中球；发出的球，在落地前触及固定物（球网、中心带和网边白布除外）；违反发球站位规定。发球员第一次发球失误后，应在原发位置进行第二次发球。

4. 发球无效

发球触网后仍然落到对方发球区内，接发球员未做好接球准备，均应重发球。

5. 交换发球

第 1 局比赛结束后，接发球员成为发球员，发球员成为接发球员。之后每局比赛结束，均依次互相交换发球，直至比赛结束。

6. 交换场地

双方应在每盘的第 1、第 3、第 5 单数局结束后，以及每盘结束双方局数之和为单数时，交换场地。

7. 失分

发生下列任何一种情况，均判失分：①在球第二次着地前，未能还击过网；②还击的球触及对方场区界线以外的地面、固定物或其他物件；③还击空中球失败；④故意用球拍触球超过一次；⑤在发球期间，运动员的身体、球拍触及球网；⑥过网击球；⑦抛拍击球。

8. 压线球

落在线上的球即压线球，算界内球。

**（三）双打**

1. 双打发球次序

每盘第 1 局开始时，由发球方决定由何人首先发球；同样，在第 2 局开始时，由上一局接发球方决定由何人首先发球；第 3 局由第 1 局发球方的另一名球员发球；第 4 局由第 2 局发球方的另一名球员发球。以下各局均按此次序发球。

2. 双打接球次序

先接球的一方应在第 1 局开始时决定由何人先接发球，并在这盘单数局继续先接发球。同样，上一局接发球方应在第 2 局开始时决定由何人接发球，并在这盘双数局继续先接发球。他们的同伴应在每局中轮流接发球。

3. 双打还击

接发球后，双方应轮流由各自队伍中的任何一名队员进行还击。如一名队员在其同队队员击球后，再以球拍触球，则判对方得分。

**（四）计分方法**

1. 胜 1 分

遇到下列情况时，判对方胜 1 分。

（1）发球员连续两次发球失误或脚误时。

（2）接发球员在发来的球没有着地前用球拍击球时，或者在球触及自己的身体和所穿戴的衣物时。

（3）在球第二次落地前未能还击过网时。

（4）还击球触及对方场区界线以外的地面、固定物或其他物件时。

（5）还击空中球失败时。

（6）比赛中，击球员故意用球拍拖带或接住球，或者故意用球拍触球超过一次时。

（7）活球期间运动员的身体、球拍或穿戴的其他物件触及球网、网柱、单打支柱、绳或钢丝绳、中心带、网边白布或对方场区以内的场地地面。

（8）还击尚未过网的空中球。

（9）除握在手中的球拍外，运动员的身体或穿戴的物体触球。

（10）抛拍击球时。

（11）比赛中，运动员故意改变其球拍形状。

2. 胜 1 局

每胜 1 球得 1 分，先胜 4 分者胜 1 局。但遇双方各得 3 分时，则为平分。平分后，一方先得 1 分时，为“接球占先”或“发球占先”。占先后再得 1 分，才算胜 1 局。

3. 胜 1 盘

一方先胜 6 局为胜 1 盘，但遇双方各胜 5 局时，另一方必须净胜 2 局才算胜 1 盘。

4. 决胜局

在每盘的局数为 6∶6 平时，进行决胜局，先得 7 分为胜该局及该盘。若比分为 6∶6 平时，一方须净胜 2 分。

# 第五章　操舞类运动

## 第一节　体育舞蹈

体育舞蹈是在有特定节奏的舞曲引导下运用交际舞舞技，展示舞蹈风格、魅力的竞技性国际标准交际舞。它是以竞赛为目的，集娱乐、表演、健身于一体的竞技舞蹈，包括现代舞（摩登舞）、拉丁舞、集体舞 3 个竞赛项目的 10 个竞赛舞种。体育舞蹈是一项老少皆宜，便于开展，具有塑造形体、培养风度气质和怡情健体功能的新兴体育运动，有很好的可参与性，人们可以根据自己的爱好选择不同风格的舞种练习。

### 一、体育舞蹈的起源与发展

体育舞蹈和其他舞蹈艺术一样，也起源于原始舞蹈，是随着人类社会的演变和文化进程而发展的。体育舞蹈的前身是社交舞，又称舞厅舞，最早出现在 14—15 世纪的意大利，16 世纪末传入法国。1786 年，巴黎开办了第一家交际舞厅，由此社交舞开始流行于欧美各国，成为一种普遍的社交方式。

随着体育舞蹈越来越受欢迎，总部设在英国的世界国际标准舞竞技总会和总部设在德国的世界国际业余舞蹈总会相继改名：前者改名为世界舞蹈和体育舞蹈理事会，后者改名为国际体育舞蹈联合会。1995 年 4 月，国际奥委会决定给予竞技性体育舞蹈准承认资格。国际奥委会的认可为体育舞蹈的发展开辟了更广阔的天地。

我国体育舞蹈的开展深受西方文化的影响，早在 20 世纪 30 年代，交谊舞率先进入上海，后在天津、广州等大城市广泛流行。中华人民共和国成立后，国内盛行舞会，通常由各地的工会、共青团、妇联组织大家一起跳交谊舞。1956 年以后，交谊舞陷入困境。1979 年 2 月，人民大会堂的春节联欢会上交谊舞复出。从此，交谊舞普及开来。

20 世纪 80 年代初，随着改革开放的进一步深入，体育舞蹈在我国进入了一个新的发展时期。外国专家及优秀选手纷纷来华讲学、表演、交流、培训，体育舞蹈迅速从北京、广州向全国推广。1986 年，中国国际标准舞总会成立。1987 年，举办了第 1 届全国国际标准舞锦标赛，此后每年举行一次。

1991 年 5 月 3 日，中国体育舞蹈运动协会成立，并依照国际规则制定了我国第一个《体育舞蹈竞赛规则草案》，举办了第 1 届全国体育舞蹈锦标赛（在北京举行）。1993 年年底，举办了中国上海、北京世界杯体育舞蹈锦标赛。这是我国首次获得世界舞蹈和体育舞蹈理事会及国际体育舞蹈联合会认可的世界性大赛。

1992 年，体育舞蹈被列为奥运会表演项目。

体育舞蹈的发展前景非常广阔，具有重要的体育价值和竞技价值。

**知识窗**

### 体育舞蹈比赛简介

目前，体育舞蹈比赛主要有世界锦标赛、友谊赛、邀请赛、对抗赛等，世界锦标赛分专业组和业余组。在各种比赛中，又分别设少年组、青年组、中老年组等，比赛分初赛、复赛、半决赛、决赛 4 个阶段进行。

## 二、体育舞蹈的特点与分类

### （一）体育舞蹈的特点

体育舞蹈是一项集动作美、服装美、音乐美、形体美于一体的体育运动，具有健身、培养气质及文化修养。作用与特点，它的风格随着舞种的不同而各异。但就整体而言，体育舞蹈的特点有以下几个：

第一，动作连贯，舞步变化多样。跳体育舞蹈时，要求在脚跟过渡到脚掌或脚掌过渡到脚跟的同时身体重心的移动要连贯。标准舞中有时是单人移动，有时是双人移动，这样的要求就使舞步变化多样，深受广大爱好者的青睐。

第二，规范性强，动作优美，幅度很大。体育舞蹈是一项高雅、文明的运动，对舞蹈、舞步、舞德要求很高。在运步过程中，选手通过膝部发力、脚踝控制做移动，如果脚法错误，将会影响技术的发挥，从而导致选手在比赛中失利。体育舞蹈又是力量的较量，选手在跳体育舞蹈时，巧妙地利用松膝发力及强有力的腰肌力量和腿部力量做出较大幅度的技术性动作，形成一种飘逸的感觉。

第三，技术复杂，对音乐、服装要求很高，不同程度、不同阶段的学习伴随着不同的心理活动。

### （二）体育舞蹈的分类

体育舞蹈按舞蹈的风格和技术结构，分为标准舞和拉丁舞两大类。按竞赛项目可分成 3 类，即标准舞、拉丁舞和团体舞。标准舞包括华尔兹舞、探戈舞、狐步舞、快步舞和维也纳华尔兹舞 5 种，拉丁舞包括桑巴舞、恰恰舞、伦巴舞、斗牛舞和牛仔舞 5 种。

## 三、体育舞蹈的基本术语

1. 舞程向

在同一舞池，为避免舞者相撞而规定必须按逆时针方向行进，这个行进方向叫作舞程向。

2. 舞程线

舞程线是指沿舞程向行进的路线，如图 5–1 所示。

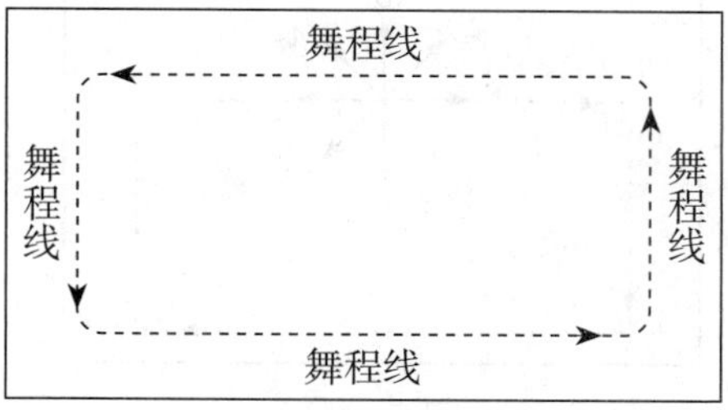


图 5–1

## 四、角度、方位及赛场

1. 旋转角度的认定

旋转时以每转 360° 为 1 周，旋转 45° 为 1/8 周，旋转 90° 为 1/4 周，旋转 135° 为 3/8 周，旋转 180° 为 1/2 周，旋转 225° 为 5/8 周，旋转 270° 为 3/4 周，旋转 315° 为 7/8 周。在记录旋转动作时，应先标明旋转的方向，即左转或右转，再标明角度，如左转 1/8 周，如图 5–2 所示。

2. 方位

为了便于舞蹈进行中正确地辨别方位和检查旋转的角度，根据国际上记录各种舞蹈的惯例，在舞场上要规定一定的方位。一般情况下，多以乐队演奏台的一面为规定方位的基点，定为“1 点”，也可在场地中任选一个面定为“1 点”。顺时针方向每转动 45° 则变动一个方位，依次类推，一共有 8 个点。因此，一个场地中的 4 个面为 1、3、5、7 点，4 个角为 2、4、6、8 点，如图 5–3 所示。

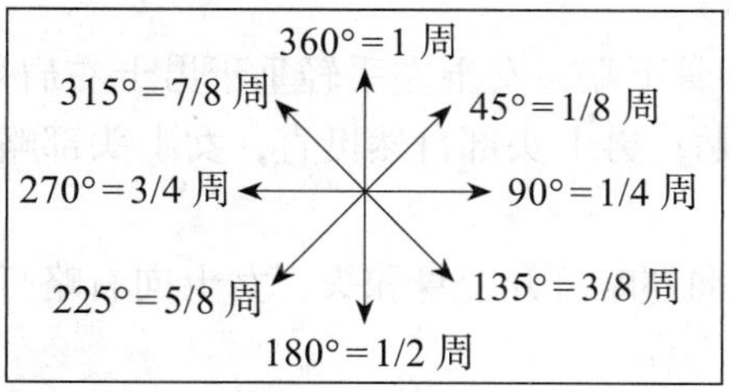


图 5–2

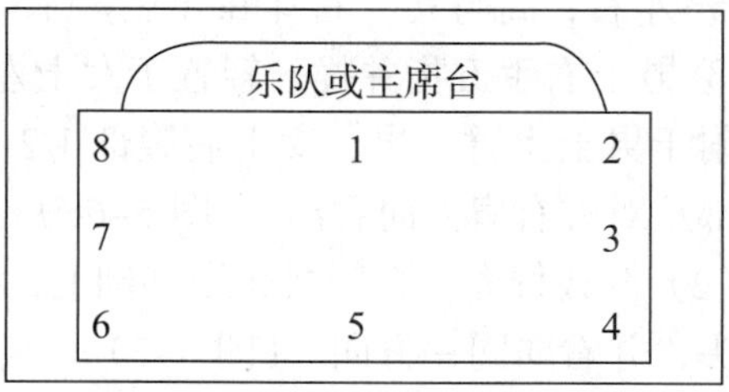


图 5–3

以上所谈方位，是在一个固定的位置上使用的。如果舞蹈者按舞程线不断变换方位，向前移动，则要和舞程线发生联系。因此，规定了几条线来指示舞蹈者每个舞步的行进方向。

国际体育舞蹈规定了 8 条线：①面向舞程线；②面向斜壁线；③面向壁线；④背向斜壁线；⑤背向舞程线；⑥背向斜中央线；⑦面向中央线；⑧面向斜中央线。（图 5–4）

3. 赛场

进行国际体育舞蹈比赛的场地是有一定规格的，一般赛场地面应平整光滑，场地的面积为 15 米 ×23 米。赛场长的两条边线叫作 A 线，短的两条边线叫作 B 线，如

图 5-5 所示。

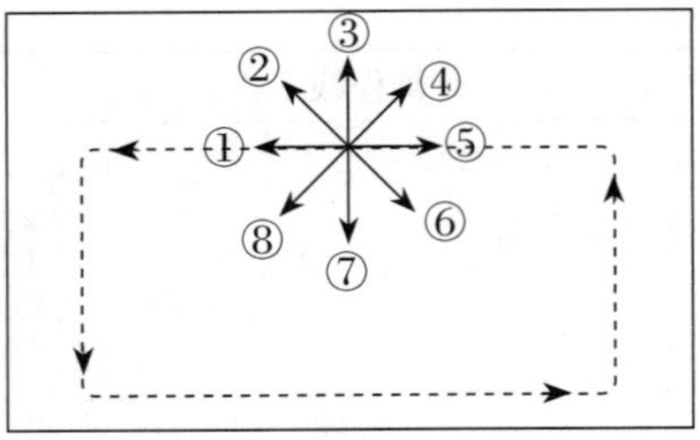


图 5-4

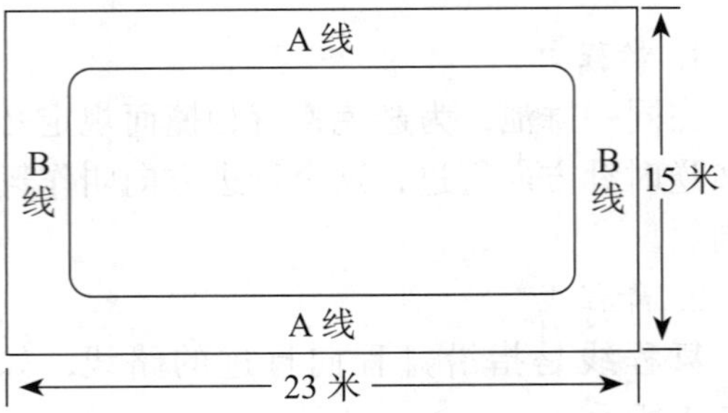


图 5-5

比赛选手所编的套路，应按两条线的长短不同安排适当的动作，不断沿两条线按舞程向循序而进。

## 五、标准舞、拉丁舞的握抱舞姿、基本步法及组合练习

### （一）标准舞的握抱舞姿

标准舞以其特有的准确、飘逸及自然的舞姿，表现出一种庄重典雅、细腻严谨的风格。

1. 华尔兹舞、狐步舞、快步舞、维也纳华尔兹舞的握抱舞姿

（1）闭式舞姿。

① 男、女士面对面直立、两脚并拢，挺胸立腰，收腹提臀，两膝自然放松。（图 5-6a）

② 女士右手轻挂在虎口向上的男士左手虎口上，掌心相对而握；前臂与上臂夹角为 135° 左右，高与女士右耳峰齐平。（图 5-6b）

③ 男士右手五指并拢，轻置于女士左肩胛骨下端；女士左手轻垂于男士右肩袖处，前臂附于男士上臂；男、女士右腹部 1/2 处微贴；男士头部自然挺直，女士头部略向左倾，都从对方右肩方向看出。（图 5-6c）

（2）散式舞姿。在闭式舞姿基础上，男士向左略打开上身和头，女士向右略打开上身和头，并看向同一方向。（图 5-7）

a　b　c

图 5-6

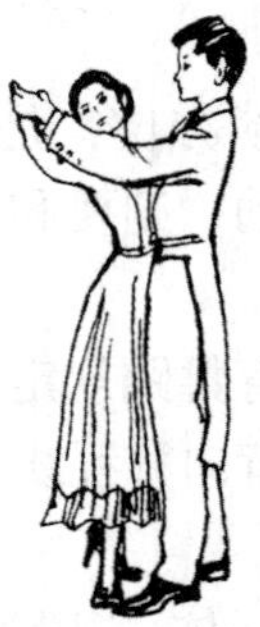

图 5-7

2. 探戈舞的握抱舞姿

由于探戈舞风格独特，其握抱舞姿与上述标准舞有所不同。

（1）闭式舞姿。

① 男士左脚在前，右脚在后，两脚前后错开半个脚，重心下沉，膝关节弯曲并松弛；左前臂内收，与上臂夹角接近 90°，右手略斜下插（不超过脊柱）。

② 女士左手虎口抵卡住男士的上臂外侧腋下，男士与女士右身 1/3 处微贴，接触位是膝、髋部到腹部。（图 5–8）

（2）散式舞姿。在原闭式舞姿的基础上，男士头部及上身向左拧转，胸部向外打开并带动女士身体向右拧转。男、女士向同一方向，从相握的手臂看去。男士身体重心在右脚上，左脚拇指内缘点地，膝关节内合，包住女士右膝；女士身体重心在左脚上，右腿屈膝内扣，右脚拇指内缘点地。（图 5–9）

图 5–8

图 5–9

## （二）华尔兹舞的基本步法及组合练习

华尔兹舞又称圆舞，是交际舞中历史最悠久的舞蹈。3/4 拍的华尔兹舞早在 12 世纪就在德国和奥地利的农民中流行，16 世纪传入法国作为宫廷舞，17 世纪进入维也纳宫廷，18 世纪被誉为“欧洲宫廷舞之王”，19 世纪末传入美国波士顿，20 世纪重返欧洲，并以新的“慢华尔兹”形式流行于英国和其他欧洲国家。后来人们称其为“英国华尔兹”，即当代标准华尔兹。

1. 华尔兹舞的基本步法

（1）前进并换步。男、女士前进并换步动作分别见表 5–1、表 5–2，前进并换步第 1~6 步动作如图 5–10 所示，男、女士前进并换步步法分别如图 5–11、图 5–12 所示。

表 5–1 男士前进并换步动作

| 步骤 | 节拍 | 步法 | 方位 | 升降 | 转度 | 倾斜 |
|---|---|---|---|---|---|---|
| 1 | 1 | 左脚前进 | 面向舞程线 | 结尾开始上升 | 不转 | — |
| 2 | 2 | 右脚经左脚横步 | 面向舞程线 | 继续上升 | | 左 |
| 3 | 3 | 左脚并于右脚 | 面向舞程线 | 继续升结尾降 | | 左 |

续表

| 步骤 | 节拍 | 步法 | 方位 | 升降 | 转度 | 倾斜 |
|---|---|---|---|---|---|---|
| 4 | 1 | 右脚前进 | 面向舞程线 | 结尾开始上升 | 不转 | — |
| 5 | 2 | 左脚经右脚横步 | 面向舞程线 | 继续上升 | | 右 |
| 6 | 3 | 右脚并于左脚 | 面向舞程线 | 继续升结尾降 | | 右 |

注：表格中的方位是指在一个舞步结束时，双脚（并非身体）在舞池中指示的方向。身体的位置有时也概括在方位中。身体和脚的转度因为在侧行位中有所不同，所以应分别叙述。

表 5-2　女士前进并换步动作

| 步骤 | 节拍 | 步法 | 方位 | 升降 | 转度 | 倾斜 |
|---|---|---|---|---|---|---|
| 1 | 1 | 右脚后退 | 背向舞程线 | 结尾开始上升 | 不转 | — |
| 2 | 2 | 左脚经右脚横步 | 背向舞程线 | 继续上升 | | 右 |
| 3 | 3 | 右脚并于左脚 | 背向舞程线 | 继续升结尾降 | | 右 |
| 4 | 1 | 左脚后退 | 背向舞程线 | 结尾开始上升 | | — |
| 5 | 2 | 右脚经左脚横步 | 背向舞程线 | 继续上升 | | 左 |
| 6 | 3 | 左脚并于右脚 | 背向舞程线 | 继续升结尾降 | | 左 |

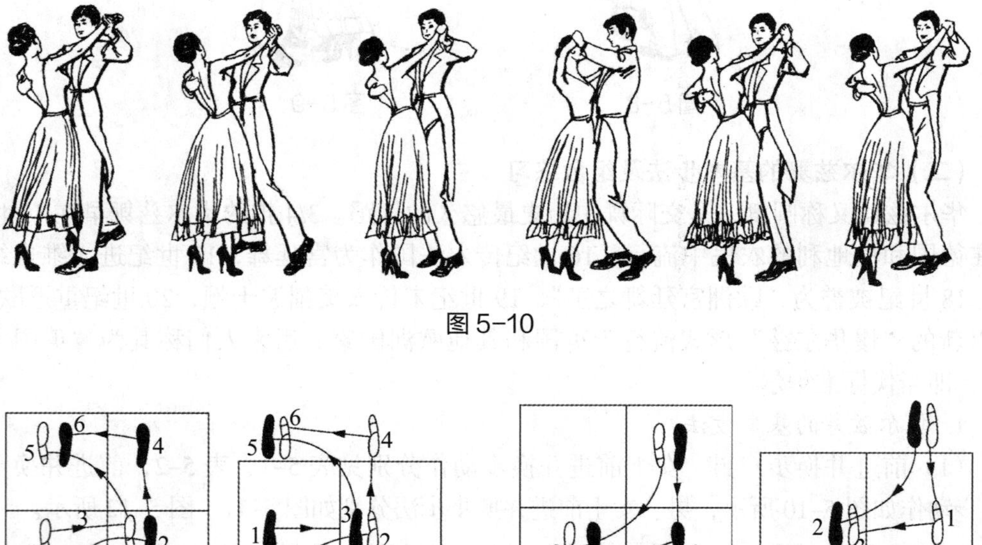

图 5-10

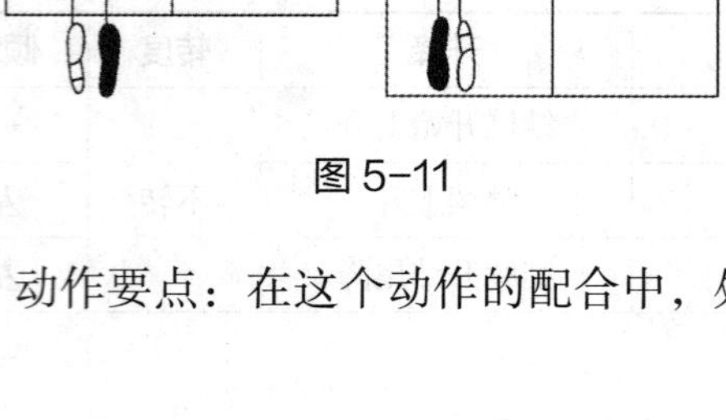

图 5-11

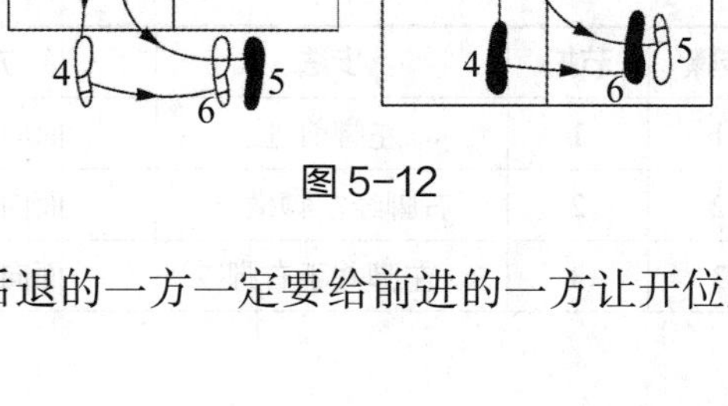

图 5-12

动作要点：在这个动作的配合中，处于后退的一方一定要给前进的一方让开位置，第 1 步中身体没有任何变化，在跳第 2 步时，男、女士的身体要侧向倾斜，当身体升到最高点时，重心落下后才能走下一个步法。

（2）后退并换步。男、女士后退并换步动作分别见表 5–3、表 5–4。

表 5–3　男士后退并换步动作

| 步骤 | 节拍 | 步法 | 方位 | 升降 | 转度 | 倾斜 |
|---|---|---|---|---|---|---|
| 1 | 1 | 右脚后退 | 背向舞程线 | 结尾开始上升 | 不转 | — |
| 2 | 2 | 左脚经右脚横步 | 背向舞程线 | 继续上升 | | 右 |
| 3 | 3 | 右脚并于左脚 | 背向舞程线 | 继续升结尾降 | | 右 |
| 4 | 1 | 左脚后退 | 背向舞程线 | 结尾开始上升 | | — |
| 5 | 2 | 右脚经左脚横步 | 背向舞程线 | 继续上升 | | 左 |
| 6 | 3 | 左脚并于右脚 | 背向舞程线 | 继续升结尾降 | | 左 |

表 5–4　女士后退并换步动作

| 步骤 | 节拍 | 步法 | 方位 | 升降 | 转度 | 倾斜 |
|---|---|---|---|---|---|---|
| 1 | 1 | 左脚前进 | 面向舞程线 | 结尾开始上升 | 不转 | — |
| 2 | 2 | 右脚经左脚横步 | 面向舞程线 | 继续上升 | | 左 |
| 3 | 3 | 左脚并于右脚 | 面向舞程线 | 继续升结尾降 | | 左 |
| 4 | 1 | 右脚前进 | 面向舞程线 | 结尾开始上升 | | — |
| 5 | 2 | 左脚经右脚横步 | 面向舞程线 | 继续上升 | | 右 |
| 6 | 3 | 右脚并于左脚 | 面向舞程线 | 继续升结尾降 | | 右 |

动作提示：在这个动作的配合中，要求同前进并换步。为了更好地完成比较复杂的动作，要认真练习此动作，从而打好基本功。

（3）左脚并换步。动作同前进并换步的第 1~3 步，只是方位要面向斜壁线起步。

（4）右转步。男、女士右转步动作分别见表 5–5、表 5–6，右转步第 1~6 步动作如图 5–13 所示，男士右转步步法如图 5–14a 所示，女士右转步步法如图 5–14b 所示。

表 5–5　男士右转步动作

| 步骤 | 节拍 | 步法 | 方位 | 升降 | 转度 | 倾斜 |
|---|---|---|---|---|---|---|
| 1 | 1 | 右脚前进 | 面向斜壁线 | 结尾开始上升 | 开始右转 | — |
| 2 | 2 | 左脚经右脚横步 | 背向斜中央线 | 继续上升 | 1~2 转 1/4 周 | 右 |
| 3 | 3 | 右脚并于左脚 | 背向斜壁线 | 继续升结尾降 | 2~3 转 1/8 周 | 右 |
| 4 | 1 | 左脚后退 | 背向舞程线 | 结尾开始上升 | 4~5 转 3/8 周 | — |
| 5 | 2 | 右脚经左脚横步 | 背向斜中央线 | 继续上升 | 身体稍转 | 左 |
| 6 | 3 | 左脚并于右脚 | 面向中央线 | 继续升结尾降 | 身体完成转动 | 左 |

表 5-6 女士右转步动作

| 步骤 | 节拍 | 步法 | 方位 | 升降 | 转度 | 倾斜 |
|---|---|---|---|---|---|---|
| 1 | 1 | 左脚后退 | 面向斜中央线 | 结尾开始上升 | 开始右转 | — |
| 2 | 2 | 右脚经左脚横步 | 面向斜中央线 | 继续上升 | 1~2 转 1/8 周 | 左 |
| 3 | 3 | 左脚并于右脚 | 面向舞程线 | 继续升结尾降 | 身体完成转动 | 左 |
| 4 | 1 | 右脚前进 | 面向舞程线 | 结尾开始上升 | 继续右转 | — |
| 5 | 2 | 左脚经右脚横步稍前 | 面向壁线 | 继续上升 | 4~5 转 1/4 周 | 右 |
| 6 | 3 | 右脚并于左脚 | 面向壁线 | 继续升结尾降 | 5~6 转 1/8 周 | 右 |

图 5-13

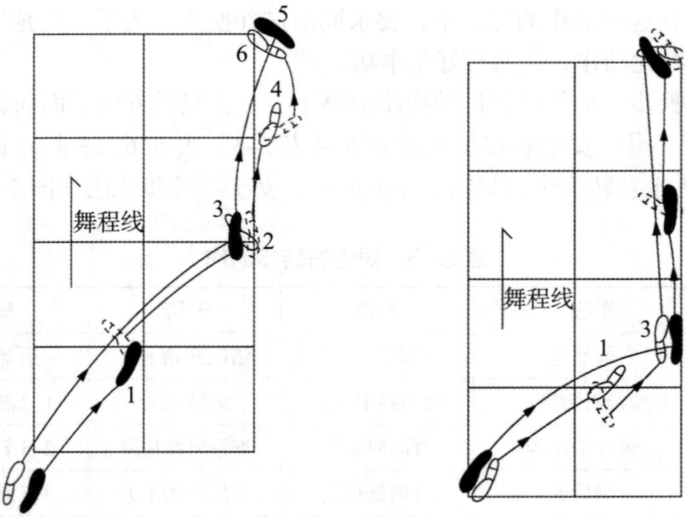


a b

图 5-14

（5）右脚并换步。右脚并换步动作同后退并换步的第 1~3 步，只是方位要面向斜中央线起步。

（6）左转步。男、女士左转步动作分别见表 5–7、表 5–8。左转步第 1~6 步动作如图 5–15 所示，男士左转步步法如图 5–16a 所示，女士左转步步法如图 5–16b 所示。

表 5–7　男士左转步动作

| 步骤 | 节拍 | 步法 | 方位 | 升降 | 转度 | 倾斜 |
|---|---|---|---|---|---|---|
| 1 | 1 | 左脚前进 | 背向斜中央线 | 结尾开始上升 | 开始右转 | — |
| 2 | 2 | 右脚经左脚横步 | 背向斜壁线 | 继续上升 | 1~2 转 1/4 周 | 左 |
| 3 | 3 | 左脚并于右脚 | 背向舞程线 | 继续升结尾降 | 2~3 转 1/8 周 | 左 |
| 4 | 1 | 右脚后退 | 背向舞程线 | 结尾开始上升 | 4~5 转 3/8 周 | — |
| 5 | 2 | 左脚经右脚横步稍前 | 面向斜壁线 | 继续上升 | 身体稍转 | 右 |
| 6 | 3 | 右脚并于左脚 | 面向斜壁线 | 继续升结尾降 | 身体完成转动 | 右 |

表 5–8　女士左转步动作

| 步骤 | 节拍 | 步法 | 方位 | 升降 | 转度 | 倾斜 |
|---|---|---|---|---|---|---|
| 1 | 1 | 右脚后退 | 面向斜中央线 | 结尾开始上升 | 开始左转 | — |
| 2 | 2 | 左脚经右脚横步 | 背向舞程线 | 继续上升 | 1~2 转 3/8 周 | 右 |
| 3 | 3 | 右脚并于左脚 | 背向舞程线 | 继续升结尾降 | 身体完成转动 | 右 |
| 4 | 1 | 左脚前进 | 背向舞程线 | 结尾开始上升 | 继续左转 | — |
| 5 | 2 | 右脚经左脚横步 | 面向中央线 | 继续上升 | 4~5 转 1/4 周 | 左 |
| 6 | 3 | 左脚并于右脚 | 背向斜壁线 | 继续升结尾降 | 5~6 转 1/8 周 | 左 |

图 5–15

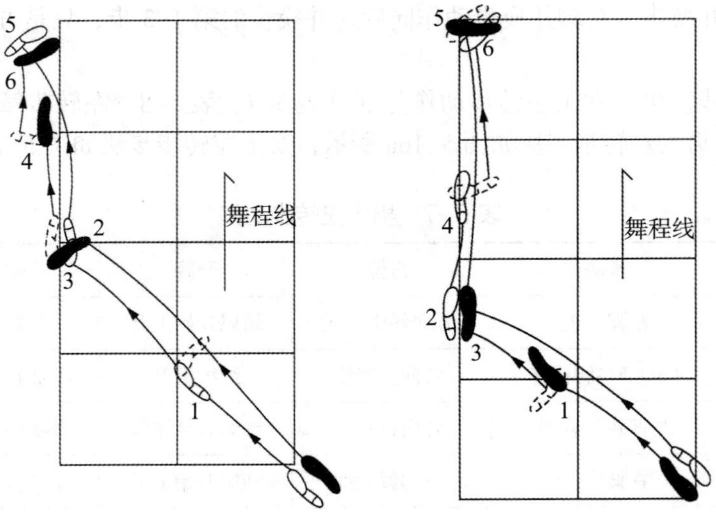


a　　　　b

图 5-16

动作提示：左转步是华尔兹舞的基础舞步，因此要多练习这个步法。

（7）叉形步。男、女士叉形步动作分别见表 5-9、表 5-10，叉形步第 1~3 步动作如图 5-17 所示，男、女士叉形步步法如图 5-18 所示。

表 5-9　男士叉形步动作

| 步骤 | 节拍 | 步法 | 方位 | 升降 | 转度 | 倾斜 |
|---|---|---|---|---|---|---|
| 1 | 1 | 左脚前进 | 面向斜壁线 | 结尾开始上升 | | — |
| 2 | 2 | 右脚横步稍前 | 面向斜壁线 | 继续上升 | 不转 | 右 |
| 3 | 3 | 左脚在右脚后交叉 | 面向斜壁线 | 保持升结尾降 | | 右 |

表 5-10　女士叉形步动作

| 步骤 | 节拍 | 步法 | 方位 | 升降 | 转度 | 倾斜 |
|---|---|---|---|---|---|---|
| 1 | 1 | 右脚后退 | 背向斜壁线 | 结尾开始上升 | 1~2 右转 1/4 周 | — |
| 2 | 2 | 左脚斜后退 | 背向斜中央线 | 继续上升 | 不转 | 右 |
| 3 | 3 | 右脚在左脚后交叉 | 面向斜中央线 | 保持升结尾降 | 身体完成转动 | 右 |

（8）侧行追步。男、女士侧行追步动作分别见表 5-11、表 5-12，侧行追步第 1~4 步动作如图 5-19 所示，男士侧行追步步法如图 5-20a 所示，女士侧行追步步法如图 5-20b 所示。

图 5-17

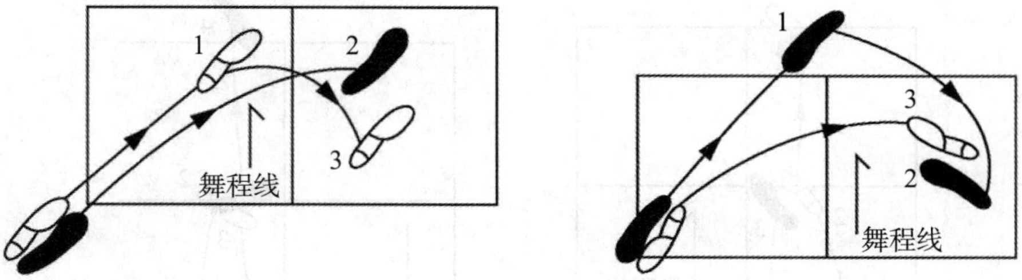


图 5-18

表 5-11 男士侧行追步动作

| 步骤 | 节拍 | 步法 | 方位 | 升降 | 转度 | 倾斜 |
|---|---|---|---|---|---|---|
| 1 | 1 | 右进交叉于反身位 | 面向斜壁线 | 结尾开始上升 | 不转 | — |
| 2 | 2 | 左脚横步稍前 | 面向斜壁线 | 继续升 | | |
| | 1/2 | | | | | |
| | & | | | | | |
| 3 | 1/2 | 右脚并于左脚 | 面向斜壁线 | 继续升 | | |
| 4 | 3 | 左脚横步稍前 | 面向斜壁线 | 保持升结尾降 | | |

表 5-12 女士侧行追步动作

| 步骤 | 节拍 | 步法 | 方位 | 升降 | 转度 | 倾斜 |
|---|---|---|---|---|---|---|
| 1 | 1 | 左进交叉于反身位 | 面向斜中央线 | 结尾开始上升 | 开始左转 | — |
| 2 | 2 | 右脚横步稍后 | 面向壁线 | 继续升 | 1~2 转 1/4 周 | |
| | 1/2 | | | | | |
| | & | | | | | |
| 3 | 1/2 | 左脚并于右脚 | 背向斜壁线 | 继续升 | 2~3 转 1/8 周 | |
| 4 | 3 | 右脚横步稍后 | 背向斜壁线 | 保持升结尾降 | 身体完成转动 | |

图 5-19

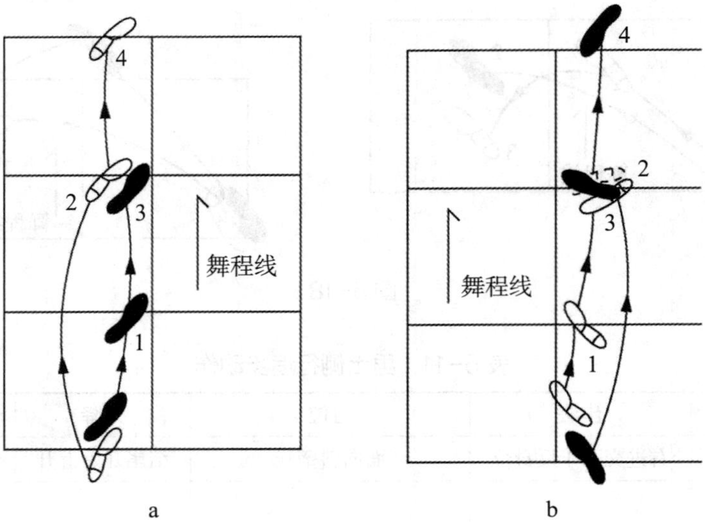


图 5-20

2. 华尔兹舞的组合练习

（1）左脚并换步—右转步—右脚并换步—左转步。

（2）叉形步—侧行追步。

（3）将（1）和（2）组合连接起来。

**（三）伦巴舞的握抱舞姿、基本步法及组合练习**

1. 伦巴舞的握抱舞姿

伦巴舞历史悠久，舞型成熟，原始的舞蹈风格融进了现代的情调，是拉丁舞中具有独特魅力的舞蹈。它的音乐缠绵，舞蹈风格柔媚而抒情，以表达情侣之间的爱情为主题，被称为“拉丁舞之魂”。伦巴舞的音乐是 4/4 拍，音乐速度为每分钟 27~31 小节。第 2 拍和第 3 拍各走一步，第 4 拍和第 1 拍共走一步。音乐重拍是第 1 拍，动作上表现为髋部的运动。

伦巴舞的握抱舞姿——闭式舞姿，即男女相对站立，相距约 20 厘米，身体正直，男士的右手放在女士的左肩胛骨上，女士的左臂轻靠在男士的右臂上，男士的左臂稍弯抬起，与眼睛平齐，女士的右手手指放在男士拇指和食指之间，双方的手轻握。

2. 伦巴舞的基本步法

（1）单步。单步动作见表 5–13，单步第 1~3 步动作如图 5–21 所示。

表 5–13　单步动作

| 步骤 | 节拍 | 动作要领 |
|---|---|---|
| 1 | 2 | 一只脚迈出，迈步时膝部关拢，脚尖经另一只脚内侧轻轻擦地前进，脚掌先落地成外“八”字，脚跟落地后膝部立即伸直 |
| 2 | 3 | 换另一只脚，动作同上 |
| 3 | 4&1 | 每换另一只脚时动作同上 |

图 5–21

动作要点：①每一步的后半拍都要出胯；②按节奏每小节走 3 步，即“停、左、右、左，停、右、左、右”。

（2）开式扭胯步。开式扭胯步动作见表 5–14。

表 5–14　开式扭胯步动作

| 步骤 | 节拍 | 男士 | 女士 |
|---|---|---|---|
| 1 | 2 | 左脚前进 | 右脚后退 |
| 2 | 3 | 右脚后退 | 左脚前进 |
| 3 | 4&1 | 左脚并右脚 | 右脚前进，右转 90° |

动作要点：①当胯部扭动时，上身不要跟着转，使上身和胯部形成竖着的“S”形；②开式和闭式扭胯步的区别是，开式只做 1 次扭胯动作，而闭式可连续做 3 次扭胯动作。

（3）十字步。十字步动作见表 5–15，十字步步法如图 5–22 所示。

表 5-15　十字步动作

| 小节 | 步骤 | 节拍 | 男士 | 女士 |
|---|---|---|---|---|
| 1 | 1 | 2 | 左脚前进一步 | 右脚后退一步 |
| | 2 | 3 | 右脚后回一步 | 左脚前回一步 |
| | 3 | 4&1 | 左脚左横一步 | 右脚右横一步 |
| 2 | 1 | 2 | 右脚后退一步 | 左脚前进一步 |
| | 2 | 3 | 左脚前回一步 | 右脚后回一步 |
| | 3 | 4&1 | 右脚右横一步 | 左脚左横一步 |

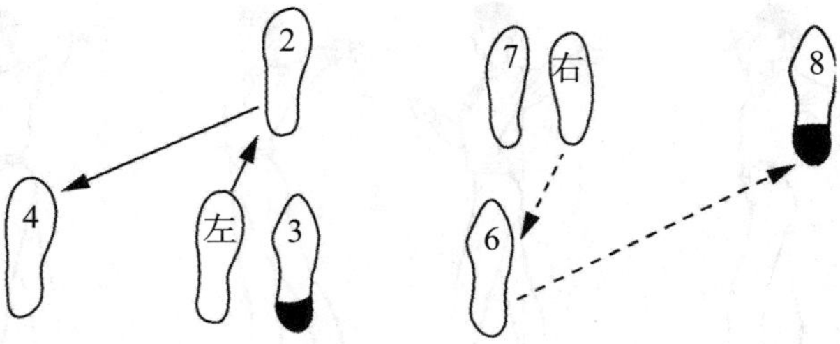


图 5-22

十字步的前 4 拍，男士为前进十字步，女士为后退十字步；后 4 拍，男士为后退十字步，女士为前进十字步。准备姿势为闭式舞姿。

动作要点：①开始前男士左脚立地，右脚做“旁点步”，女士右脚立地，左脚做“旁点步”。②第 2 拍男士上步时，左脚须经过右脚的内侧，再跨到右脚的正前方，两脚在一条直线上；女士后退时右脚须经过左脚的内侧，再退到左脚的正后方，两脚在一条直线上。

十字步是伦巴舞中的一个主要舞步，在舞蹈开始时及连接处都用这个步子。

（4）分展步。分展步动作见表 5-16，分展步主要动作如图 5-23 所示。

表 5-16　分展步动作

| 步骤 | 节拍 | 男士 | 女士 |
|---|---|---|---|
| 1 | 2 | 左脚向左横开一步，出左胯，左手在腰前反掌朝外，右手扶女士腰，引导女士反身呈侧行位舞姿 | 右脚后退一步，右反身 270° 出右胯，右手在腰前呈侧行位舞姿 |
| 2 | 3 | 右脚右回一步，同时出右胯 | 左脚左回一步，同时出左胯 |
| 3 | 4&1 | 左脚并步，左手反掌朝里，右手把女士引向左转身，回到闭式舞姿 | 左后转身，脚绕地稍转，右脚收到左脚旁 |

图 5–23

（5）扇形步。扇形步动作见表 5–17，扇形步主要动作如图 5–24 所示，扇形步步法如图 5–25 所示。

表 5–17　扇形步动作

| 小节 | 步骤 | 节拍 | 男士 | 女士 |
|---|---|---|---|---|
| 1 | 1 | 1~4 | 做“后退十字步” | 做“后退十字步” |
| 2 |  | 2 | 右脚后退一步 | 左脚前进一步 |
|  | 2 | 3 | 左脚向左斜方进一步，脚尖外撇 45°，左手将女士轻轻向左推出 | 右脚向右后方退一步，脚跟外撇 45° |
|  | 3 | 4&1 | 右脚向 2 位方向横一步，左转 45°，身体重心慢慢地移至右脚，左脚跟离地，右手外展，手心向前 | 左脚向后撤一步，身体重心慢慢地移至左脚，右脚跟离地，左手向左侧伸展，手心向后 |

图 5–24

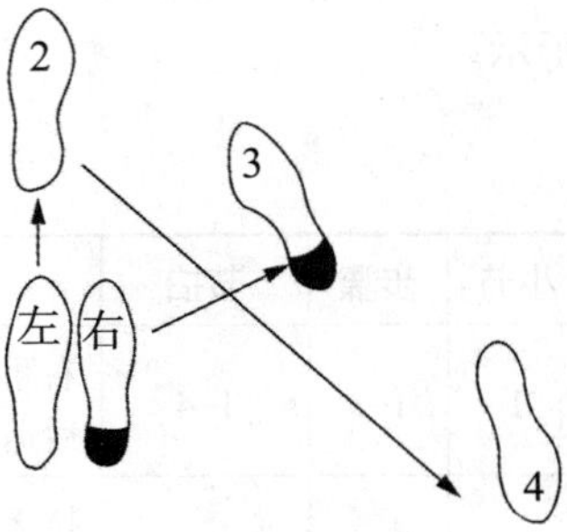


图 5–25

动作要点：最后 1 拍，男、女士分别朝 8 位及 2 位方向站立，里侧的手相拉，外侧的手伸展，好像一把打开的扇子，故名“扇形步”。当扇形步连接下一舞步时，一般需经过开式扭胯步。

（6）曲棍步。曲棍步动作见表 5–18，曲棍步主要动作如图 5–26 所示，曲棍步步法如图 5–27 所示。

表 5-18　曲棍步动作

| 小节 | 步骤 | 节拍 | 男士 | 女士 |
|---|---|---|---|---|
| 1 | 1 | 1~4 | 做“前进十字步”，引导女士到自己的身前，右转 45° | 从扇形前位置做开式扭胯步，走到男士身前 |
| 2 | | 2 | 右脚后退一步，左手拉手举到头旁，肘部抬起，与女士对视 | 左脚进一步，右手拉手到头前，肘部下压，头右转与男士对视 |
| | 2 | 3 | 左脚前回一步，左手做“手拉手反绕圈”，引导女士左转身后左手落到腰间，与女士相对 | 右脚跨到左脚前，脚跟离地，脚掌转，左转 360°，与男士相对 |
| | 3 | 4&1 | 右脚向前进一步 | 左脚向后退一步 |

图 5-26

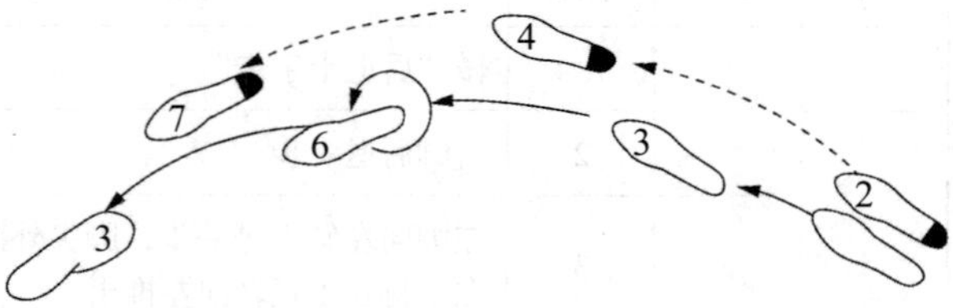

图 5-27

动作要点：前 8 拍时，男士把女士从左侧引导到身前，再向右侧送出，走出一个“A”形，犹如倒卧的曲棍球棒，因而得名。

（7）阿依达摇摆步。阿依达摇摆步动作见表5-19，阿依达摇摆步主要动作如图5-28所示。

表 5-19　阿依达摇摆步动作

| 小节 | 步骤 | 节拍 | 男士 | 女士 |
|---|---|---|---|---|
| 1 | 1~3 | 1~4 | 右手外展，左手拉手平伸，右脚起后退 3 步 | 左手外展，右手拉手平伸，左脚步起后退 3 步 |
| 2 | 1~3 | 1~4 | 拉手动作不变，左脚在前，右脚在后，向前、向后、向前扭胯 3 次 | 拉手动作不变，右脚在前，左脚在后，向前、向后、向前扭胯 3 次 |
| 3 | 1 | 2 | 右脚上步，左转 90° | 左脚上步，右转 90° |
| | 2 | 3&4&1 | 与女士相对拉手，右脚上步，做“左点转步”，左转 360°，与女士相对拉手 | 与男士相对拉手，左脚上步，做“右点转步”，右转 360°，仍与男士相对拉手 |

动作要点：准备姿势为对式舞姿。阿依达摇摆步简单来说就是“退三步”“摇三摇”“转一圈”。

图 5-28

（8）阿里曼娜。阿里曼娜动作见表 5-20，阿里曼娜主要动作如图 5-29 所示，阿里曼娜步法如图 5-30 所示。

表 5-20　阿里曼娜动作

| 小节 | 步骤 | 节拍 | 男士 | 女士 |
| --- | --- | --- | --- | --- |
| 1 | 1~2 | 1~4 | 左脚前进 1 步，身体重心前移至左脚；重心再后移至右脚；左脚后撤，经右脚向左侧横侧一步打开 | 右脚后退；左脚向前进一步；右脚前进一步到男士身前，成前交叉步，面向 5 位方向 |
| 2 | 1~2 | 1~4 | 右脚后撤 1 步，重心移至右脚；重心再前移至左脚；右脚经左脚向右侧横侧一步打开 | 左脚跨到右脚前，脚尖朝右；右脚脚尖沿地面顺时针方向向画一小圈后踏，脚尖朝右，呈闭式舞姿，再右转 180°，仍与男士相对；左脚旁点步 |

图 5-29

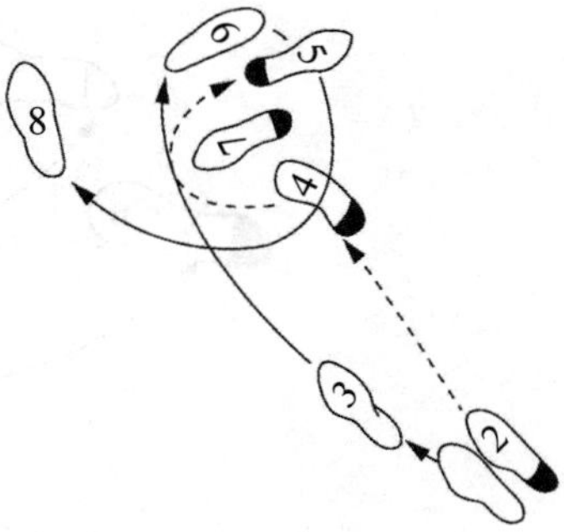


图 5-30

动作要点：准备姿势为闭式舞姿。阿里曼娜是女士的右转身 360° 动作，右脚在地上顺时针方向向画小圈是这个动作的特点动作，转体必须是 180° + 180°，分两次完成，不能省略，否则与其他转身动作无区别。这个动作要做得柔韧、细腻，转身时用些旁腰可为舞姿增添魅力。

（9）扶肩转（环抱接分离）。扶肩转动作见表 5-21，扶肩转主要动作如图 5-31 所示，扶肩转步法如图 5-32 所示。

表 5-21　扶肩转动作

| 小节 | 步骤 | 节拍 | 男士 | 女士 |
|---|---|---|---|---|
| 1 | 1 | 2 | 右脚向右横一步，右手将女士向左推出后外展，左手相搭 | 左脚退一步，左后转身，左手外展，右手搭在男士左肩上，呈 P.P 舞姿 |
| | 2 | 3 | 左脚左回一步 | 右脚右回一步 |
| | 3 | 4&1 | 右脚并步，引导女士回到自己身前，两手扶女士腰部 | 右转身，左脚上步，回到男士身前，两手搭于男士肩上，呈侧行位舞姿 |
| 2 | 1 | 2 | 左脚向前进一步，右手放开外展，引导女士右转身，右手搭于女士肩上 | 右脚向后退一步，右后转身，右手外展，左手搭于男士右肩上，呈 P.P 舞姿 |
| | 2 | 3 | 右脚后回一步 | 左脚左回一步 |
| | 3 | 4&1 | 左脚并步，引导女士回到自己身前，两手扶女士腰部 | 右脚上步，向左转身面朝男士，左手搭在男士左手上，轻轻相握 |

图 5-31

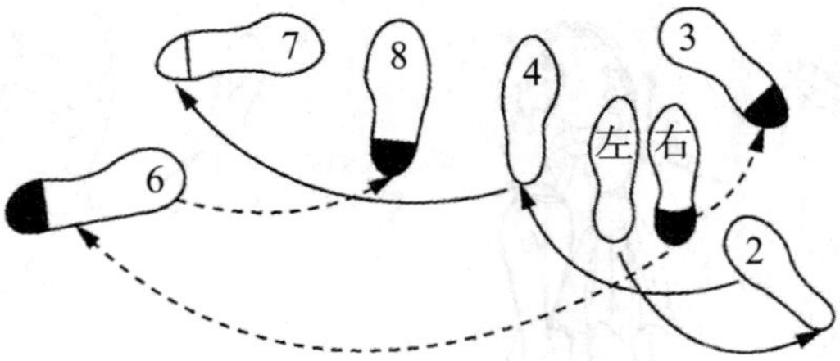


图 5-32

动作要点：准备姿势为闭式舞姿。做扶肩转时，动作不要太缓太柔，要有力度并且必须带上胯部的动作。

2. 伦巴舞的组合练习

（1）组合 1。准备姿势：开式舞姿。第 1 小节：做开式扭胯步。第 2 小节：做阿里曼娜。第 3~4 小节：做十字步。第 5~6 小节：做扇形步。第 7~8 小节：做开式扭胯步及曲棍步。

（2）组合 2。准备姿势：开式舞姿。第 1~3 小节：做十字步。第 4 小节：做扇形步。第 5~6 小节：做开式扭胯步及阿里曼娜。第 7~8 小节：做分展步及扇形步。

（3）组合 3。准备姿势：开式舞姿。第 1~2 小节：做十字步。第 3~5 小节：做开式扭胯步。第 6 小节：做阿依达摇摆步。第 7 小节：做摇摆步。第 8 小节：做十字步。第 9~10 小节：做扶肩转。

**（四）恰恰舞的基本步法及组合练习**

恰恰舞的发源地是墨西哥，其舞步活泼、诙谐、热情奔放、节奏较快。恰恰舞曲节拍为 4/4 拍，速度为 29~32 小节 / 分，其节奏为 1、2、3、4&1，其拍子值分别对应为 1 拍、1 拍、1/2 拍、1 拍；第 1、2、3 拍各走 1 步，第 4 拍走两步，因此恰恰舞步由 5 步构成。

1. 恰恰舞的基本步法

（1）恰恰步。

① 左退、右进恰恰步。左退、右进恰恰步动作分别见表 5–22、表 5–23，恰恰步主要动作如图 5–33 所示，恰恰步步法如图 5–34 所示。

表 5–22　左退恰恰步动作

| 步骤 | 节奏 | 动作 |
|---|---|---|
| 1 | Q | 左脚后退一步，脚跟往下压，脚尖向外撇，出左胯 |
| 2 | Q | 右脚后靠一步，脚跟靠在左脚的脚尖旁，脚尖向外撇 |
| 3 | S | 左脚再后靠一步，脚尖向外撇 |

注：Q 是指快步，S 是指慢步。

表 5–23　右进恰恰步动作

| 步骤 | 节奏 | 动作 |
|---|---|---|
| 1 | Q | 右脚前进一步，脚跟往下压，脚尖向外撇，出右胯 |
| 2 | Q | 左脚前靠一步，脚跟靠在右脚的脚尖旁，脚尖向外撇 |
| 3 | S | 右脚再前靠一步，脚尖向外撇 |

注：Q 是指快步，S 是指慢步。

图 5–33

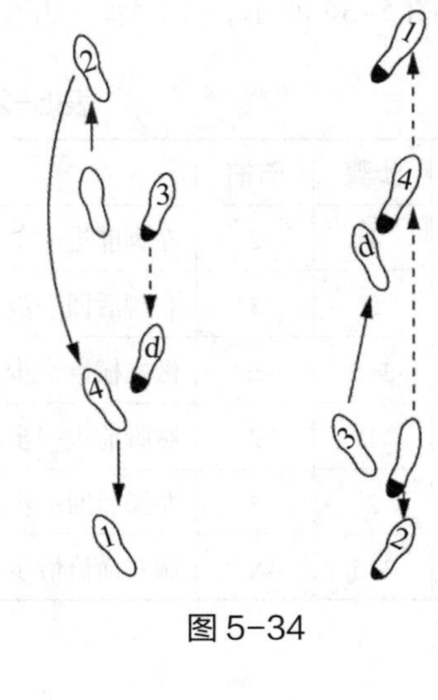


图 5–34

②左、右横恰恰步。左、右横恰恰步动作分别见表 5-24、表 5-25。

表 5-24　左横恰恰步动作

| 步骤 | 节奏 | 动作 |
|---|---|---|
| 1 | Q | 左脚左横一步，直步，出左胯 |
| 2 | Q | 右脚并步，直步 |
| 3 | S | 左脚再左横一步，直步 |

注：Q 是指快步，S 是指慢步。

表 5-25　右横恰恰步动作

| 步骤 | 节奏 | 动作 |
|---|---|---|
| 1 | Q | 右脚右横一步，直步，出右胯 |
| 2 | Q | 左脚并步，直步 |
| 3 | S | 右脚再右横一步，直步 |

注：Q 是指快步，S 是指慢步。

动作要点：恰恰舞每小节的后两拍总是跳恰恰步，方向不外乎前、后、左、右。凡第 1 步是左退步，则必定是左退恰恰步；凡第一步是右进步，则必定是右进恰恰步。做左退恰恰步时，左肩朝后，右肩在前，上身向左偏 45°，头向正前方，两臂屈肘在两侧，女士与男士相拉。当男、女士做分身跳时，右手在前，左手在后，手心向上，按右手、左手、右手的顺序上、下轻摆 3 次。做右进恰恰步时，右肩朝后，左肩在前，上身向右偏 45°，头向正前方，两臂屈肘在两侧与舞伴相拉。当男、女士做分身跳时，左手在前，右手在后，手心向上，按左手、右手、左手的顺序上、下轻摆 3 次。

（2）十字步（方形步）。十字步（方形步）动作见表 5-26，十字步（方形步）主要动作如图 5-35 所示，十字步（方形步）步法如图 5-36 所示。

表 5-26　十字步（方形步）动作

| 小节 | 步骤 | 节拍 | 男士 | 女士 |
|---|---|---|---|---|
| 1 | 1 | 2 | 左脚前进一步，出左胯，左手前推 | 右脚后退一步，出右胯，右手后缩 |
|  | 2 | 3 | 右脚后回一步，出右胯，两手拉平 | 左脚前回一步，出左胯，两手拉平 |
|  | 3~5 | 4&1 | 做左横恰恰步 | 做右横恰恰步 |
| 2 | 1 | 2 | 右脚前进一步，出右胯，左手前推 | 左脚后退一步，出左胯，右手后缩 |
|  | 2 | 3 | 左脚后回一步，出左胯，两手拉平 | 右脚前回一步，出右胯，两手拉平 |
|  | 3~5 | 4&1 | 做右横恰恰步 | 做左横恰恰步 |

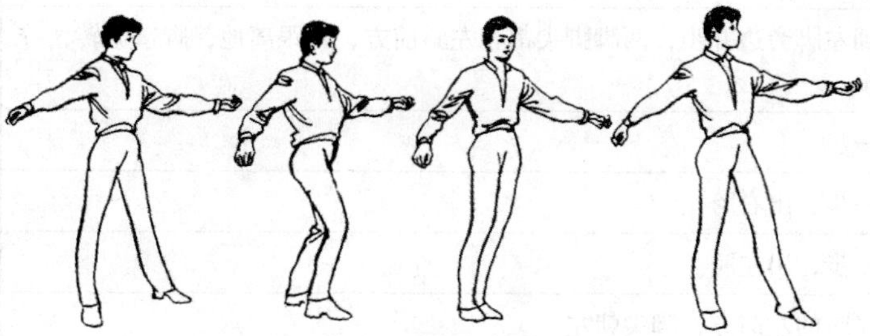

图 5-35

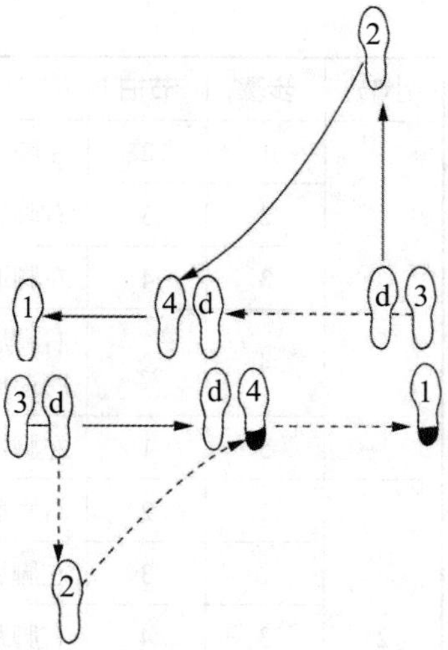


图 5-36

动作要点：准备姿势为闭式舞姿。进退步时脚尖须外撇；横步时是直步；追步（并步）时要屈膝，脚跟离地。

（3）后拖步及拧胯步。后拖步及拧胯步动作见表 5-27。

表 5-27 后拖步及拧胯步动作

| 小节 | 步骤 | 节拍 | 男士 |
|---|---|---|---|
| 1 | 1 | 2 | 左脚前进一步，出左胯 |
| | 2 | 3 | 右脚后回一步，出右胯 |
| | 3 | 4 | 左脚后退一步，出左胯 |
| | 4 | & | 右脚后拖半步 |
| | 5 | 1 | 左脚向右脚并步 |
| 2 | 1 | 2 | 右脚后退一步 |
| | 2 | 3 | 左脚前回一步，脚尖外撇 |
| | 3 | 4 | 右脚向左脚并步指向左斜方 |
| | 4 | & | 两脚脚跟离地，脚掌转成正步 |
| | 5 | 1 | 右脚右横一步 |

动作要点：这是十字步的变化舞步，可以和十字步交替使用，是男士专用的舞步。第 1 小节是后拖步，第 2 小节是拧胯步。男士必须记住这两个步子的名称，有时在组合时也可将它们拆开使用。

（4）交叉拧胯步。交叉拧胯步动作见表 5-28，交叉拧胯步主要动作如图 5-37 所示，交叉拧胯步步法如图 5-38 所示。

表 5–28　交叉拧胯步动作

| 小节 | 步骤 | 节拍 | 男士 |
|---|---|---|---|
| 1 | 1 | 2 | 左脚前进一步，出左胯 |
| | 2 | 3 | 右脚后回一步，出右胯 |
| | 3 | 4 | 左脚退到右后方，形成后交叉步 |
| | 4 | & | 右脚后撤到左脚旁边并步，两脚脚尖都朝左斜前方，脚跟离地，脚掌辗转，拧胯形成正步 |
| | 5 | 1 | 左脚左横一步 |
| 2 | 1 | 2 | 右脚前进一步，出右胯 |
| | 2 | 3 | 左脚后回一步，出左胯 |
| | 3 | 4 | 右脚跨到左脚的左前方，脚尖朝左 |
| | 4 | & | 左脚向右脚靠步，右脚脚跟离地，脚掌辗转，向右拧胯，形成正步 |
| | 5 | 1 | 右脚向右横一步 |

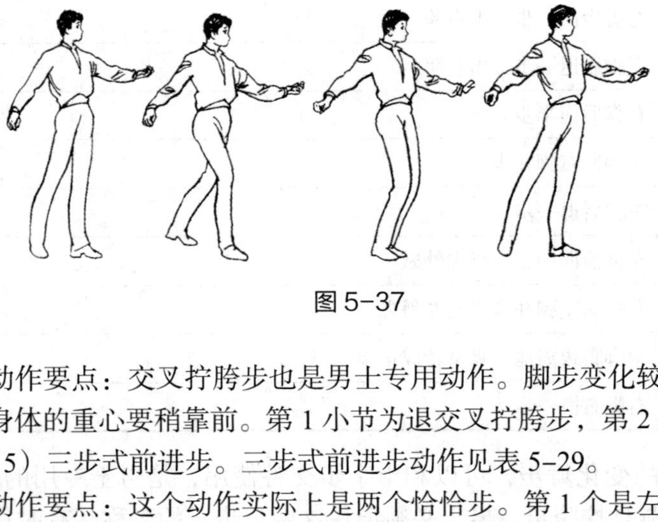

图 5–37

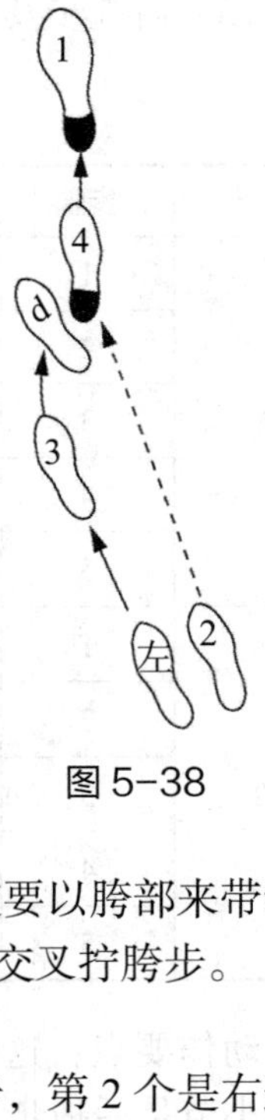


图 5–38

动作要点：交叉拧胯步也是男士专用动作。脚步变化较多，一定要以胯部来带动脚步，身体的重心要稍靠前。第 1 小节为退交叉拧胯步，第 2 小节为进交叉拧胯步。

（5）三步式前进步。三步式前进步动作见表 5–29。

动作要点：这个动作实际上是两个恰恰步。第 1 个是左进恰恰步，第 2 个是右进恰恰步。如果做三步式后退步，只要将前进改成后退就可以了。

（6）开式扭胯步。开式扭胯步动作见表 5–30。

表 5-29　三步式前进步动作

| 步骤 | 节拍 | 男士、女士 |
|---|---|---|
| 1 | 2 | 左脚前进一步，出左胯 |
| 2 | & | 右脚前靠一步 |
| 3 | 3 | 左脚再前进一步 |
| 4 | 4 | 右脚前进一步，出右胯 |
| 5 | & | 左脚前靠一步 |
| 6 | 1 | 右脚再前进一步 |

表 5-30　开式扭胯步动作

| 步骤 | 节拍 | 女士 |
|---|---|---|
| 1 | 2 | 右脚脚尖擦地，慢慢靠向左脚，膝盖向左脚，膝盖并拢，上身转向左侧，脚掌向外辗转 45°，脚跟落地，同时左脚脚跟离地，膝盖向右侧并拢，左胯向前拧出 |
| 2 | 3 | 左脚再前进一步，右脚脚跟离地，右胯向前拧 |
| 3 | 4 | 右脚前进一步，出右胯 |
| 4 | & | 左脚前靠步 |
| 5 | 1 | 右脚再前进一步 |

动作要点：准备姿势为左脚立地，右脚旁步。开式扭胯步动作是非常有特点的女士专用动作，在进行这个舞步时要尽量做得细腻、柔韧。同时，开式扭胯步是一个过渡动作，在扇形步舞姿后接其他动作时常用这个动作过渡。

（7）曲棍步和扇形步。曲棍步和扇形步动作见表 5-31。

表 5-31　曲棍步和扇形步动作

| 小节 | 步骤 | 节拍 | 男士 | 女士 |
|---|---|---|---|---|
| 1 | 1 | 2 | 做前进十字步，把女士引导到自己的身前，左手拉手举起 | 做五步式前进步到男士身前，右手拉手举起 |
| 2 | 1 | 2 | 右脚后退一步，左手肘部抬起 | 左脚前进一步，与男士对视 |
|  | 2 | 3 | 左脚前回一步，左手“拉手反绕圈”引导女士转身后仍与自己相对 | 右脚前进一步，迅速转身 180° 与男士相对 |
|  | 3 | 4&1 | 右脚前进一步 | 左脚后退一步 |
|  | 4 |  | 左脚前靠一步 | 右脚后靠一步 |
|  | 5 |  | 右脚前进一步 | 左脚后退一步 |
| 3 | 1 | 2 | 左脚前进一步 | 右脚后退一步 |
|  | 2 | 3 | 右脚后回一步 | 左脚前回一步 |
|  | 3~5 | 4&1 | 做左退恰恰步 | 做开式扭胯步，到男士左侧 |

续表

<table>
<tr><th>小节</th><th>步骤</th><th>节拍</th><th>男士</th><th>女士</th></tr>
<tr><td rowspan="5">4</td><td>1</td><td>2</td><td>右脚后退一步，左手在腰间向左侧轻摆</td><td>左脚上一步，左手向前伸直，向右转身 45°</td></tr>
<tr><td>2</td><td>3</td><td>左脚前回一步，左手向右侧轻摆，引导女士左转身</td><td>右脚退一步，左手展开，向左转身</td></tr>
<tr><td>3</td><td rowspan="3">4&1</td><td rowspan="2">右脚向右横一步，左脚并步</td><td rowspan="2">左脚向左横一小步，右脚并步</td></tr>
<tr><td>4</td></tr>
<tr><td>5</td><td>右脚右横一步，右手右侧伸展</td><td>左脚左横一步，左手左侧伸展</td></tr>
</table>

动作要点：准备姿势为闭式舞姿。其行进路线与伦巴舞相同，男士前进时左手要对女士右手加压，女士则要有抵制。带上胯的动作要有韧劲。

2. 恰恰舞的组合练习

（1）组合 1。准备姿势：闭式舞姿。每小节所对应的舞步见表 5-32。

表 5-32　组合 1 每小节所对应的舞步

| 小节 | 男士 | 女士 |
|---|---|---|
| 1~2 | 十字步 | 十字步 |
| 3 | 前进十字步 | 后退十字步 |
| 4 | 拧胯步 | 扇形步 |
| 5 | 后交叉拧胯步 | 开式扭胯步 |
| 6 | 后退十字步 | 阿里曼娜 |

（2）组合 2。准备姿势：闭式舞姿。每小节所对应的舞步见表 5-33。

表 5-33　组合 2 每小节所对应的舞步

| 小节 | 男士 | 女士 |
|---|---|---|
| 1 | 前进十字步 | 后退十字步 |
| 2 | 后退十字步 | 前进十字步 |
| 3 | 十字步引导女士 | 后退十字步 |
| 4 | 扇形步 | 扇形步 |
| 5 | 后拖步 | 开式扭胯步 |
| 6 | 后退十字步 | 前进十字步 |

# 第二节　健美操

健美操是以有氧运动为基础，以健、力、美为特征，融体操、音乐、舞蹈于一体的体育项目。其具有竞技性、娱乐性和观赏性。通过徒手、手持轻器械和在专门器械上进行健美操练习，可达到健身、健美和健心的目的。

## 一、健美操的起源与发展

现代健美操起源于 20 世纪 60 年代的美国，最早是由著名的医学博士库珀设计的一些动作，配上音乐作为训练宇航员体能的内容之一，20 世纪 70 年代末发展为一项独立的运动。在此期间涌现出一批健美操的代表人物，好莱坞影星简・方达就是其中一位，她著有《简・方达健美术》一书。

健美操在 20 世纪 80 年代传入我国伊始便受到了青年学生的喜爱，并在高校和社会中普及开来。在不断发展的过程中，健美操已逐渐形成了一套科学的健身、训练和竞赛体系。

## 二、健美操的分类

按照健美操的目的和任务，健美操可分为健身性健美操和竞技性健美操两类。（表 5-34）

表 5-34　健美操的分类

| 类型 | 主要项目 | |
|---|---|---|
| 健身性健美操 | 徒手健美操 | 传统有氧健美操、搏击健美操、拉丁健美操 |
| | 器械健美操 | 踏板操、哑铃操、杠铃操、橡皮筋操、健身球操 |
| | 特殊场地健美操 | 水中健美操 |
| 竞技性健美操 | 男子单人、女子单人、混合双人、3 人、集体 6 人 | |

1. 健身性健美操

健身性健美操是集健身、娱乐于一体的群众、普及性健身运动。其主要目的在于锻炼身体，保持健康。

健身性健美操按练习形式可分为徒手健美操、器械健美操和特殊场地健美操 3 类。

2. 竞技性健美操

竞技性健美操是在健身性健美操的基础上发展形成的。竞技性健美操以成套动作为表现形式，在成套动作中必须展示连续的动作组合、柔韧性、力量与 7 种基本步法的综合使用，并结合难度动作高质量地完成。其主要目的是竞赛，竞赛项目有男子单人、女子单人、混合双人、3 人和集体 6 人等。竞技性健美操规则对参赛人数、比赛场地、成套动作的时间、动作的编排、动作的完成和难度动作的数量等有严格的规定。

## 三、健美操的基本步法与基本动作

### （一）健美操的基本步法

健美操的基本步法是体现健美操练习者下肢动作基本姿态的主要练习手段。根据动作的特点及运动强度的差异，健美操的基本步法包括以下 12 类。

1. 踏步类

踏步类动作运动强度较低，要求练习者在运动过程中至少有一只脚与地面保持接触。常见的踏步类步法如下。

（1）踏步。分类：按种类分为脚尖不离地的踏步、脚离地的踏步、高抬腿的大幅度主踏步；按形式分为原位踏步、移动踏步及转体踏步；按方向分为向前、向后、向左、向右走的踏步。要点：落地时，由脚尖过渡到脚跟着地；屈膝时，髋微收，两臂自然前后摆动。

（2）走步。分类：按方向分为前走、后走、斜向走、弧形走。要点：基本同踏步。

（3）“V”字步。分类：按种类分为正“V”字步、倒“V”字步；按形式分为平移的、转体的、小幅度跳的正“V”字步和倒“V”字步；按方向分为左、右腿的正“V”字步和倒“V”字步。要点：一只脚迈出，另一只脚随之迈出成一条直线，两脚距离略比肩宽，两膝自然弯曲，然后依次收回。

（4）恰恰步（水兵步）。分类：按形式分为平移的和转体的恰恰步，按方向分为向前、向后、向侧的恰恰步。要点：在 2 拍节奏中，快速踏步 3 次。

2. 并步类

常见的并步类步法如下。

（1）点地。分类：按种类分为脚尖点地、脚跟点地；按形式分为原位点地、移动点地和转体点地；按方向分为脚尖向前、向侧、向后、向斜方向的点地，脚跟向前、向侧、向斜方向的点地。要点：点地要有弹性，腿自然伸直。

（2）左右移重心。分类：按种类分为双腿、单腿的移重心；按形式分为原位的移重心、移动的移重心、转体的移重心、跳的移重心；按方向分为向前、向后、向左、向右的移重心。要点：身体重心从一端移向另一端时，必须途经两腿之间。

（3）并步。分类：按种类分为两腿同时屈的并步、一直一屈的并步；按形式分为原位的并步、移动的并步（“之”字步）、转体的并步；按方向分为向前、向后、向左、向右的并步。要点：一只脚并于另一只脚，重心要随之移动，两膝自然屈伸。

（4）交叉步。分类：按形式分为平移的交叉步、转方向的交叉步、小幅度跳的交叉步；按方向分为向前、向后、向侧的交叉步。要点：一只脚迈出，另一只脚在前或在后交叉，身体重心随之移动。

3. 弓步类

分类：按种类分为静力性的弓步、动力性的弓步；按形式分为原地左右移重心的弓步、移动的弓步、转体的弓步、跳的弓步；按方向分为上步弓步、后撤弓步、向侧伸弓步。要点：一条腿屈膝，脚尖与膝垂直；另一条腿伸直，身体重心落于两腿之间。

弓步的形式很多，因此在做法上有所不同。

4. 半蹲类

分类：按种类分为小分腿半蹲、大分腿半蹲；按形式分为向侧一次、向侧两次、转体；按方向分为向左侧、向右侧。要点：半蹲时要立腰。

5. 吸腿类

分类：按形式分为原位的吸腿及跳、移动的吸腿及跳和转体的吸腿及跳；按方向分为向侧、向前的吸腿及跳。要点：大腿用力上提，小腿自然下垂。

6. 弹踢类

分类：按形式分为原位的弹踢腿及跳、移动的弹踢腿及跳和转体的弹踢腿及跳；按方向分为向前的弹踢腿及跳、向侧的弹踢腿及跳、向后的弹踢腿及跳。要点：大腿抬起至一定角度后，小腿自然弹直。

7. 开合跳

分类：按种类分为双起双落的开合跳（两次开开合合、连续开合）、单起双落的开合跳；按形式分为原位的开合跳、移动的开合跳和转体的开合跳；按方向分为向前的开合跳、向后的开合跳。要点：分腿时，两脚自然外开，膝关节沿脚尖方向弯曲；跳起落地时，注意屈膝缓冲。

8. 踢腿类

分类：按种类分为有弹动的踢腿、一般的直踢腿；按形式分为原位的（弹）踢腿及跳、移动的（弹）踢腿及跳和转体的（弹）踢腿及跳；按方向分为向前的、向侧的、向斜前的（弹）踢腿及跳。要点：腿上踢时，须加速用力，立腰，上体尽量保持不动。

9. 后踢腿跳

分类：按形式分为原位的后踢腿跳、移动的后踢腿跳、转体的后踢腿跳；按方向分为向后的后踢腿跳。要点：腿和膝在一条直线上，小腿尽量叠于大腿。

10. 点跳

分类：按形式分为原位的点跳、移动的点跳、转体的点跳；按方向分为向侧、向前、向后的点跳。要点：点地时身体重心在一条腿上。

11. 摆腿跳

分类：按形式分为原位的摆腿跳、移动的摆腿跳和转体的摆腿跳；按方向分为向侧、向前、向后的摆腿跳。要点：摆腿时上体顺势前倾、后倒或侧倾。

12. 并跳

分类：按形式分为移动的并跳、转体的并跳；按方向分为向前、向后的并跳。要点：一条腿迈出蹬地，另一条腿并上，身体重心随之移动。

说明：①种类是根据动作的特点划分的；②形式是根据做动作时身体位置发生的变化划分的；③方向是根据身体轴面划分的。

**（二）健美操的基本动作**

1. 徒手动作

健美操的徒手动作是根据人体结构的活动特点确定的。常见的健美操的基本动作如下。

（1）头颈动作。分类：按形式分为头颈的屈、头颈的转、头颈的平移、头颈的绕与绕环；按方向分为向前的、向后的、向左的、向右的屈和平移，向左的、向右的转和绕与绕环。要点：在做各种形式的头颈动作时，节奏一定要慢，上体保持正直。

（2）肩部动作。分类：按形式分为单肩的、双肩的担肩、沉肩、收肩和展肩，单肩的、双肩的绕与绕环、振肩；按方向分为向前的、向后的绕与绕环。要点：担肩、沉肩时两肩在同一额状面上尽量上下运动；收肩、展肩幅度要大，肩部要平；振肩动作要有速度、力度和弹性。

2. 上肢动作

手形：健美操中有多种手形，它是从爵士舞、芭蕾舞、西班牙舞、迪斯科、武术等中吸收和发展来的。合理地运用手形可以使手臂动作更加生动活泼。

分类：按形式分为坐（直角坐、分腿坐、跪坐、盘腿坐）、卧（仰卧、俯卧、侧卧）、撑（仰撑、俯撑、跪撑）等。

要求：坐时，收腹、立腰、挺胸；撑时，腰背张紧。

## 四、健美操的基本步法组合

健身性健美操以健美操基本步法为基础，配以上肢、髋部、躯干等部位动作组合而成，符合当前健美操发展的方向，对学生有重点地掌握健美操的基本动作，形成良好的身体姿态，提高有氧代谢的能力及协调、灵敏的素质均有较大的作用。全操由7节组成，每节4个8拍。

### （一）踏步、走步组合练习

第1个8拍：练习动作如图5–39所示。第2个8拍：练习动作如图5–40所示。第3个8拍：练习动作如图5–41所示。第4个8拍：练习动作同第3个8拍，但方向相反。

图5–39

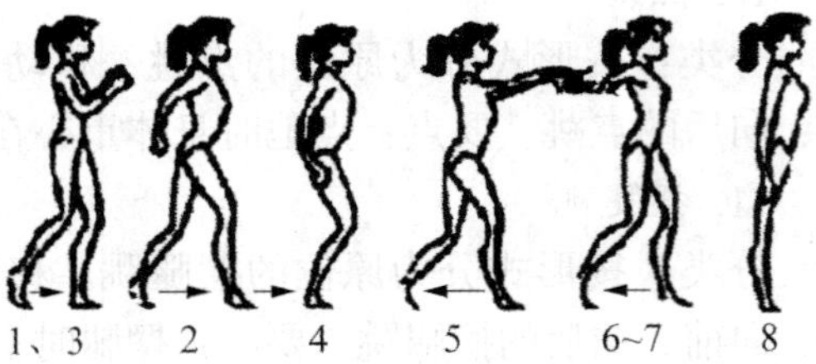


图5–40

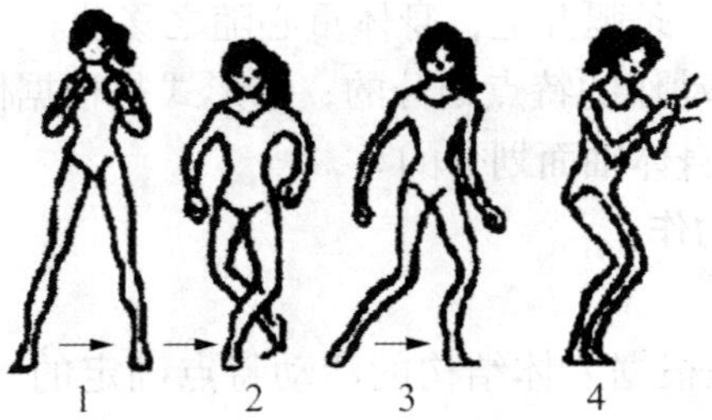


图5–41

### (二)并步组合练习

第 1 个 8 拍：3~4 拍练习动作同 1~2 拍，但方向相反(图 5–42)。5~8 拍练习动作同 1~4 拍。第 2 个 8 拍：3~4 拍练习动作同 1~2 拍，但动作方向相反(图 5–43)。5~8 拍练习动作同 1~4 拍。第 3 个 8 拍：5~8 拍练习动作同 1~4 拍(图 5–44)，但方向相反。

图 5–42

图 5–43

图 5–44

### (三)“V”字步组合练习

第 1 个 8 拍：练习动作如图 5–45 所示。第 2 个 8 拍：练习动作如图 5–46 所示。第 3、第 4 个 8 拍：练习动作同第 1、第 2 个 8 拍，但方向相反。

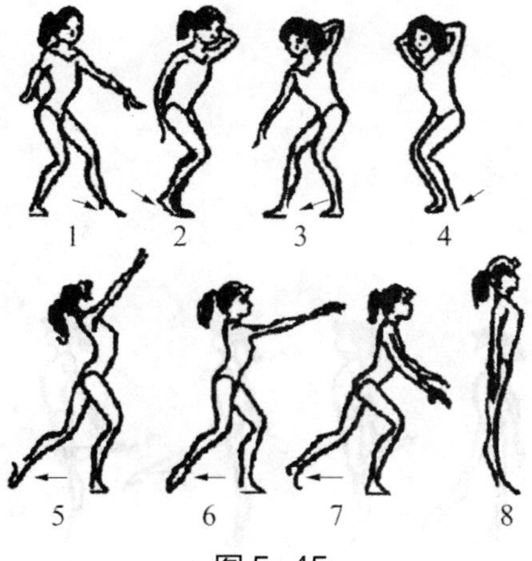

图 5–45

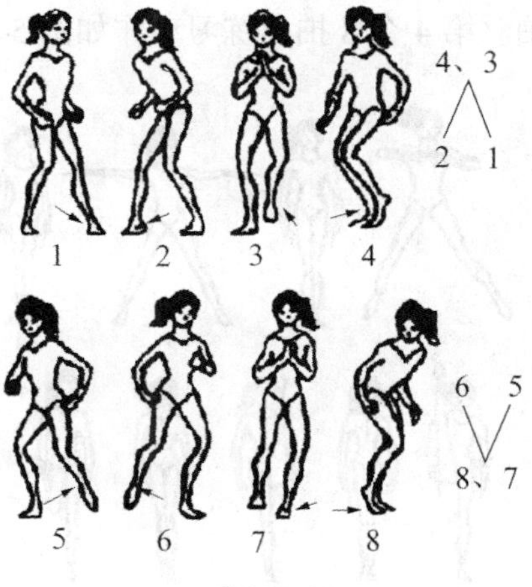

图 5–46

### （四）半蹲步、髋步组合练习

第 1 个 8 拍：练习动作如图 5–47 所示。第 2 个 8 拍：练习动作同第 1 个 8 拍，但方向相反。第 3 个 8 拍：练习动作如图 5–48 所示。第 4 个 8 拍：练习动作同第 3 个 8 拍，但方向相反。

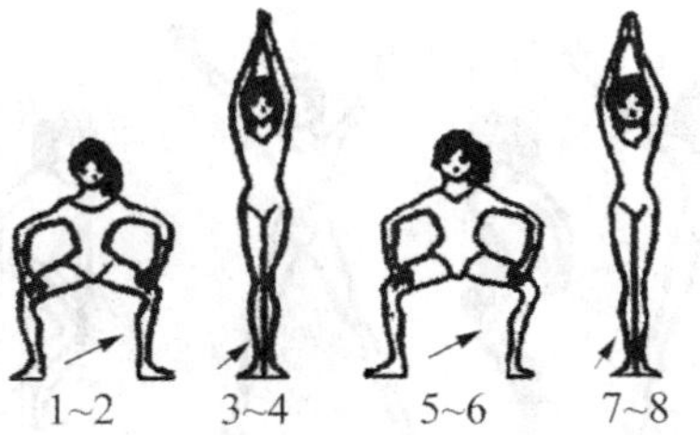

图 5–47

图 5–48

### （五）吸腿跳、弓步跳组合练习

第 1 个 8 拍：练习动作如图 5–49 所示。第 2 个 8 拍：练习动作同第 1 个 8 拍，但方向相反。第 3、第 4 个 8 拍：练习动作同第 1、第 2 个 8 拍。

图 5–49

### （六）分腿跳、开并腿跳、踢腿跳、弹踢跳、摆腿跳组合练习

第 1 个 8 拍：练习动作如图 5–50 所示。第 2 个 8 拍：练习动作同第 1 个 8 拍，但最后 1 拍左腿后屈。第 3 个 8 拍：1~4 拍练习动作如图 5–51 所示，5~8 拍练习动作同 1~4 拍。第 4 个 8 拍：练习动作如图 5–52 所示。

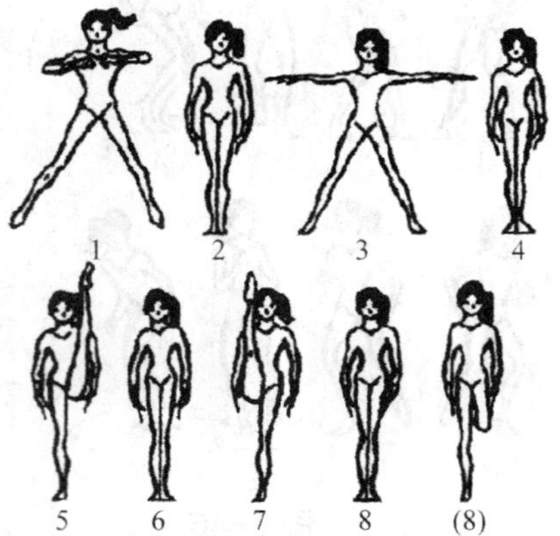

图 5–50

图 5–51

图 5-52

## 五、健美操套路练习

进行健美操套路练习的目的是使学生对健美操的基本步法、风格、要求等形成初步的了解，通过反复练习，促进力量、柔韧、协调等身体素质的全面发展及动作节奏感和审美意识的提高。本练习共 30 个 8 拍，由健美操的 6 类难度动作（动力性力量、静力性力量、跳跃、踢腿、平衡、柔韧）配以健美操几种主要的跳步和规范有力的上肢动作组合而成。在本套练习中，留有部分节拍要求学生自主创编，这样有助于培养学生的创造意识、创编能力和自主学习的精神。

预备姿势：两脚左右开立，右臂上举（五指分开，掌心向前），左臂上屈，肘外开，手扶头后（五指并拢），头稍抬起。

1. 第 1 个 8 拍

第 1 个 8 拍练习动作如图 5-53 所示。1~2 拍：不动。3~4 拍：两臂还原至体侧（两手五指并拢，掌心向内）。5 拍：前半拍两腿微屈，同时左臂侧举（拳心向下），右臂胸前平屈（拳心向下）；后半拍左腿直立（身体重心移至左腿），同时右腿侧下举，右臂侧举，左臂胸前平屈。6 拍：不动。7~8 拍：右腿并向左腿成直立，掌心向内，同时两臂还原至体侧（五指并拢，掌心向内）。

图 5-53

2. 第 2 个 8 拍

第 2 个 8 拍练习动作如图 5-54 所示。1~2 拍：高姿态跳（自选，如鹿跳或双飞燕跳等），上肢动作自编。3~4 拍：落地成并立，同时两臂还原至体侧。5~7 拍：左脚侧出 1 步，同时向左平转 360° 成并立，两臂经体侧至上举（五指并拢，掌心由向上至向内）。8 拍：两臂还原至体侧。

图 5-54

3. 第 3 个 8 拍

第 3 个 8 拍练习动作如图 5-55 所示。1~8 拍：左腿侧举成侧平衡，同时身体右倾，右臂侧上举（掌心向下）。

4. 第 4 个 8 拍

第 4 个 8 拍练习动作如图 5-56 所示。1~4 拍：还原成并立。5~6 拍：右脚侧出 1 步，成两腿屈膝开立，同时两手扶两膝，上体微前屈，抬头。7~8 拍：还原成并立。

图 5-55

图 5-56

5. 第 5 个 8 拍

第 5 个 8 拍练习动作如图 5-57 所示。1 拍：跳成开立，同时左臂侧举（拳心向下），头向左转。2 拍：跳成并立，同时左臂肩侧上屈（拳心向内），头还原。3 拍：右脚向后跳成左前弓步，同时右臂侧举（拳心向下）。4 拍：跳成并立，同时两臂肩侧上屈（拳心向内）。5 拍：跳成开立，同时两臂胸前屈（拳心向后）。6 拍：跳成并立，同时两臂胸前平屈（拳心向下）。7 拍：跳成右前弓步，同时两臂上举（五指并拢，掌心向外）。8 拍：跳成并立，同时两臂还原至体侧（掌心向内）。

图 5-57

图 5-57（续）

6. 第 6 个 8 拍

第 6 个 8 拍由学生自编 1 个 8 拍的跳跃动作。

7. 第 7 个 8 拍

第 7 个 8 拍练习动作如图 5-58 所示。1 拍：左脚向左侧迈出 1 步，同时左臂上举（五指并拢，掌心向内），右臂前举（五指并拢，掌心向内）。2 拍：提右膝，同时向右转体 90°，左臂胸前上屈（拳心向后），右臂胸前平屈（指尖搭在左上臂）。3 拍：右腿后伸成左前弓步，同时左臂侧举（掌心向下），右臂肩侧上屈（拳心向内），头向左转。4 拍：右腿还原，跳成并立，同时两臂还原至体侧（掌心向内），头还原。5 拍：左腿提膝跳，同时两臂胸前平屈（拳心向下）。6 拍：还原成并立，同时两臂还原至体侧（拳心向后）。7 拍：右腿高踢跳。8 拍：右腿落下成并立。

图 5-58

8. 第 8 个 8 拍

第 8 个 8 拍练习动作如图 5-59 所示。1 拍：向右跳转 90°，成开立，同时左臂侧举（五指并拢，掌心向下），右臂胸前平屈（五指并拢，掌心向下）。2 拍：跳成并立，同时两臂上举（掌心向内）。3 拍：右腿提膝跳，同时右臂侧举（掌心向下），左臂胸前平屈。4 拍：向右跳转 90°，成并立，同时两臂还原至体侧（掌心向内）。5~6 拍：全蹲（脚跟提起），同时两手体前撑地。7~8 拍：两脚蹬地伸膝，成俯撑。

9. 第 9 个 8 拍

第 9 个 8 拍练习动作如图 5-60 所示。1~8 拍：做 1 次俯卧撑，4 拍落下，4 拍撑起。

10. 第 10 个 8 拍

第 10 个 8 拍动作同第 9 个 8 拍。

11. 第 11、第 12 个 8 拍

第 11、第 12 个 8 拍由学生自编移动俯卧撑 2 个。

图 5-59

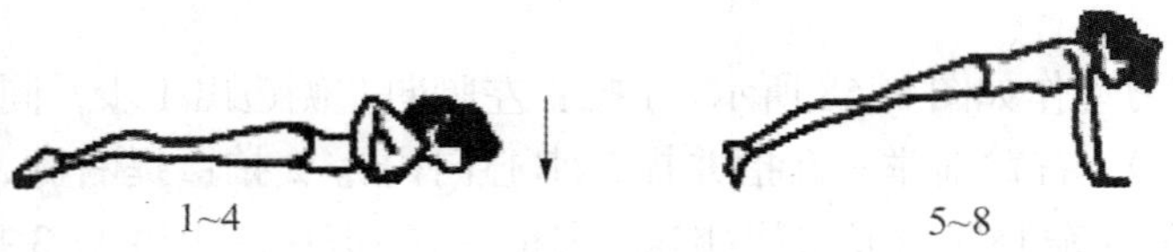


图 5-60

12. 第 13 个 8 拍

第 13 个 8 拍练习动作如图 5-61 所示。1~2 拍：两脚蹬地跳，成蹲撑。3~4 拍：起立，同时两臂还原至体侧（五指并拢，掌心向内）。5~6 拍：左脚向前 1 步，向左转体 360°，同时右腿屈膝上提，两臂经体侧（左手掌心向上，右手掌心向下）至上举（握拳，拳心向内）。7~8 拍：还原成并立，两臂落至体侧（五指并拢，掌心向内）。

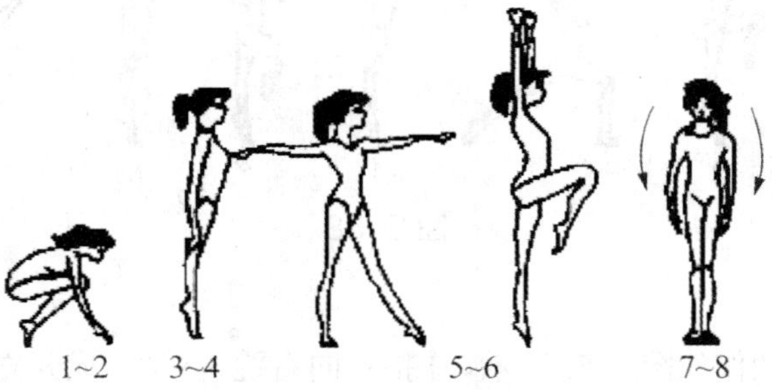


图 5-61

13. 第 14 个 8 拍

第 14 个 8 拍练习动作如图 5-62 所示。1 拍：跳成开立，同时两臂侧举（拳心向下）。2 拍：左腿屈膝后踢，同时右脚提踵，向左转体 45°，两臂体侧屈手，半握拳置于腰部（拳心向上）。3 拍：左腿后伸（左脚前脚掌着地），同时两臂前伸（由拳变掌）。4 拍：左脚还原成并立，同时两臂落至体前（掌心向内）。5 拍：左脚向前迈步跳起，同时右腿屈膝后踢，两臂胸前屈（拳心向后）。6 拍：右腿向前迈步跳，同时左腿屈膝后踢，两臂胸前屈交叉（五指分开，掌心向后）。7 拍：左脚向前迈步跳，同时右腿屈膝后踢，两臂肩侧上屈（拳心向内）。8 拍：右脚上步成并立，同时向右转体 45°（还原成面对正前方），两臂还原至体侧（掌心向内）。

图 5-62

14. 第 15 个 8 拍

第 15 个 8 拍由学生自编 1 个 8 拍的跑、跳动作。

15. 第 16 个 8 拍

第 16 个 8 拍练习动作如图 5-63 所示。1~3 拍：左腿微屈，向左小跳 3 步，同时右腿侧下举（绷足尖），左臂慢举至侧上（五指并拢，掌心向前），上体左倾，头向左转。4 拍：右腿并向左腿成并立，同时上体立起，头还原，面对正前方，左臂肩侧上屈，左手扶头后。5 拍：跳成开立，同时左臂侧上举（掌心向前）。6 拍：跳成并立，同时左臂还原至体侧（掌心向内）。7 拍：分腿跳，同时两臂侧举（五指分开，掌心向前）。8 拍：落地成并立，同时两臂还原至体侧（五指并拢，掌心向内）。

图 5-63

16. 第 17 个 8 拍

第 17 个 8 拍由学生自编 1 个 8 拍的跑、跳动作。

17. 第 18 个 8 拍

第 18 个 8 拍练习动作如图 5-64 所示。1~8 拍：向右转体 90°，同时两腿前后伸，逐渐下滑，成右腿在前的纵劈叉，两臂经上举（掌心向内）至侧举（五指分开，掌心向前），头向左转。

1~8

图 5-64

18. 第 19 个 8 拍

第 19 个 8 拍练习动作如图 5-65 所示。1~4 拍：左腿伸膝经侧向前并至右腿（两脚绷足尖），同时以臀部为轴向右转体 180°，两手体后扶地。5~6 拍：两腿屈膝（大小腿夹角为 90°）。7~8 拍：仰卧，同时两臂置于体侧（五指并拢，掌心向下）。

1~4 5~6 7~8

图 5-65

19. 第 20 个 8 拍

第 20 个 8 拍练习动作如图 5-66 所示。1~4 拍：两手撑地，臀部抬起，同时左腿前上举。5~8 拍：臀部落地，成屈膝坐。

1~4 5~8

图 5-66

20. 第 21 个 8 拍

第 21 个 8 拍练习动作如图 5-67 所示。1~4 拍：两手撑地，臀部抬起，同时右腿前上举。5~6 拍：臀部落地，成屈膝坐。7~8 拍：上体后倒成仰卧，同时两臂上举。

1~4 5~6 7~8

图 5-67

21. 第 22 个 8 拍

第 22 个 8 拍练习动作如图 5-68 所示。1~4 拍：上体抬起（背与地面夹角为 40°），手臂动作自编。5~8 拍：还原成仰卧，手臂动作自编。

图 5-68

22. 第 23 个 8 拍

第 23 个 8 拍同第 22 个 8 拍。

23. 第 24 个 8 拍

第 24 个 8 拍练习动作如图 5-69 所示。1~4 拍：上体起，同时两腿伸直（绷足尖），成直角坐，两手体侧撑地。5~8 拍：形成直角支撑。

图 5-69

24. 第 25 个 8 拍

第 25 个 8 拍练习动作如图 5-70 所示。1~2 拍：两腿落地。3~4 拍：左腿屈，左脚跨至右腿外侧，同时向右转体，屈左臂抬肘，左手扶左膝，右手撑地。5~8 拍：起立成并立，同时两臂置于体侧（五指并拢，掌心向内）。

图 5-70

25. 第 26 个 8 拍

第 26 个 8 拍练习动作如图 5-71 所示。1 拍：右腿做后踢跑，同时两臂胸前屈（拳心向后）。2 拍：左腿做后踢跑，同时两手胸前击掌。3 拍：右腿做后踢跑，同时两臂肩侧上屈（拳心向内）。4 拍：并腿，同时两手胸前击掌。5 拍：双脚向右蹬跳成右侧弓步（左脚脚跟着地)，右臂胸前平屈（拳心向下)，左臂侧拳，头稍左转。6拍：还原成并立，同时两手胸前击掌。7~8拍：同5~6拍，动作方向相反，但8拍两臂还原至体侧。

图5-71

26. 第27、第28个8拍

第27、第28个8拍由学生自编2个8拍的跳跃动作，最后要求侧对主席台。

27. 第29个8拍

第29个8拍练习动作如图5-72所示。1~4拍：两腿交替，连续做2次直膝高踢腿跳（先踢左腿)，两臂置于体侧（拳心向后)。5拍：提左膝向右跳转90°，同时两臂胸前屈（拳心向后)。6拍：还原成并立，同时两臂体侧下垂。7拍：右腿侧踢，同时两臂侧举（掌心向下)。8拍：同6拍动作。

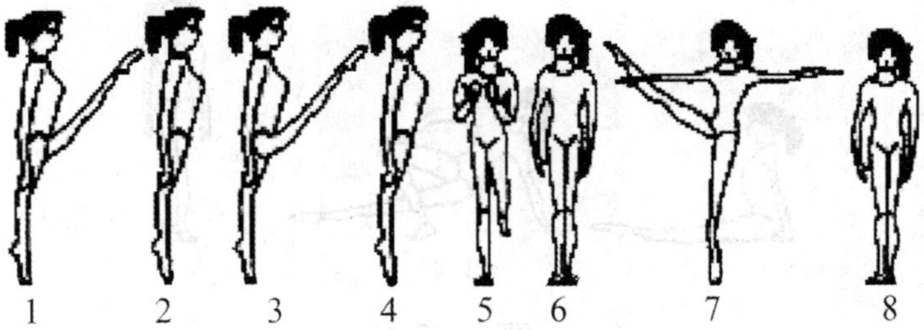


图5-72

28. 第30个8拍

第30个8拍由学生自编1个8拍的动作，最后4拍为结束造型。

音乐选择：节奏感强的音乐。

要求：跳跃轻快、有弹性；上肢动作到位、有力度；高质量地完成每一个动作；整套动作连贯，节奏准确，富有表现力；创造性地完成几段自编任务，以培养学生的创编能力和自主学习精神。

# 第三节　排舞

## 一、排舞概述

排舞，即排成一排一排的队形跳舞。排舞是以一段完整的歌曲或音乐为伴奏，以国际流行的多元化操舞动作作为舞码元素，由编者按照一定规律创编的一套完整的动作。排舞是高度兼容各种风格的一项全球化的、新型时尚的大众健身运动。它以有氧运动为基础，以身体练习和多变的步法为基本手段，使练习者达到舒缓压力、调节身心健康、塑造形体及增强身体协调性等目的，从而提高健康水平。它的舞步简单易学，受到各个年龄层的欢迎，可以说是老少皆宜的舞蹈。

### （一）排舞的产生与发展

排舞来源于20世纪初期美国较为流行的社交舞。由于社交舞必须男女结伴才能起舞，在很大程度上限制了喜欢跳舞却没有舞伴的人群，因此当时美国的一些社交舞俱乐部尝试着让大家站成一排一排的队形跳舞，而不用男女结伴按照方块或圆形的站位形式跳舞，这种尝试即排舞的萌芽。受此启发，美国一些DISCO俱乐部和西部乡村民间舞蹈俱乐部也相继派生出不同风格的排舞。“排舞”这一概念的出现让人们认识到跳舞时并不一定是男女结伴，既可以单独跳，也可以集体跳。排舞真正意义上的发展是在20世纪70年代，有3个方面的因素促使排舞在这个时期的美国广泛传播：社交舞俱乐部教授的社交舞风格的排舞，DISCO俱乐部教授的流行舞风格的排舞，美国西部乡村民间舞蹈俱乐部教授的乡村舞风格的排舞。其中，乡村舞风格的排舞的传播与发展，促成了现代排舞最为典型的风格。20世纪80年代，排舞在美国和加拿大受到人们的广泛喜爱。90年代，这项运动已经遍布欧美各国，并于20世纪90年代后期风靡世界。排舞从2000年开始逐渐传入亚洲并掀起了一股热潮，受到各个年龄层的欢迎。排舞融合了流行音乐、动感服饰等国际上多种时尚舞蹈元素，魅力无限。

### （二）排舞在我国的发展

排舞在我国叫作全民健身排舞。2006年，北京市体操技巧运动协会从国外引进这一项运动，使其很快在一些大中城市开展起来。2007年11月，中国组建排舞代表队，前往马来西亚参加国际排舞嘉年华活动。2008年11月，我国全民健身排舞舞队出访马来西亚国际排舞嘉年华并载誉归来，《永远的朋友》《我们准备好了》《卓玛》等排舞作品声名鹊起。2008年3月，在北京举办了全国第一期全民健身排舞初级培训班，来自全国19个省35个市的学员们首次接触了全民健身排舞，北京卫视、《北京日报》、《北京晚报》、中央人民广播电台、新浪网等对其进行了报道。借助2008年北京举办奥运会的东风，在国家体育总局体操运动管理中心、中华全国总工会中国职工文化体育协会、中央电视台体育频道（CCTV-5）、北京市体操技巧运动协会的大力支持和推动下，全民健身排舞作为新兴的全民健身项目在全国推广。全民健身排舞积极向上、健康阳光、简单快乐、互动性强，几乎人人都能参与。2008 年 8 月 8 日 8 点 08 分，在天安门广场，800 名排舞爱好者身着奥运五环颜色 T 恤组成 5 个方阵，伴随着奥运主题歌曲，展演排舞《永远的朋友》和《我们准备好了》等，以表达对北京奥运会的祝福。2009 年，国家体育总局体操运动管理中心首次将排舞列为全国万人健美操的比赛项目，与此同时，排舞成为 20 多个分赛区的比赛项目。全民健身排舞组委会已经建立了拥有上千首舞曲的国外排舞曲库、排舞舞谱库、排舞视频库，建立了全民健身排舞网站，并推出了中国排舞十大金曲，把中国排舞舞曲推向世界，向世界展现中西文化合璧的更高境界。

## 二、排舞的分类

### （一）按照舞蹈动作的难易程度与变化分类

1. 初级排舞

初级排舞是指从开始到结束反复重复固定的舞码组合，动作难度及变化简单。

2. 中级排舞

中级排舞由 2 个或 3 个段落组合而成，舞码重复不固定，或者某一段落的舞码还未跳完，就又从头开始跳，动作难度及变化较为复杂。

3. 高级排舞

高级排舞由 3 个及以上段落组合而成，段落重复不固定，没有规律性，动作难度大，变化复杂。

### （二）按照舞蹈段落重复时身体方向的变化分类

1. 没有方向（面）变化的排舞

在整个舞蹈段落当中，无论舞步动作的方向怎样变化，段落结束时都保持段落开始时的方向。

2. 两个方向（面）变化的排舞

在段落与段落之间有一次方向的变化，一般情况下是从转体 180° 的方向开始。

3. 4 个方向（面）变化的排舞

每重复一次舞蹈段落，都从转体 90° 的方向开始。

### （三）按照排舞的动作风格分类

排舞的风格有拉丁和非拉丁两种。其中，拉丁风格的排舞有恰恰、曼波、伦巴、桑巴等，非拉丁风格的排舞有摇摆风格、传统风格和其他风格等。

## 三、排舞的基本步法与手形

1. 交叉前进步

交叉前进步所对应的脚步、手臂动作见表 5-35，交叉前进步动作如图 5-73 所示。

表 5-35　交叉前进步所对应的脚步、手臂动作

| 节 | 拍 | 脚步动作 | 手臂动作 |
|---|---|---|---|
| （一） | 1 | 左脚向右前方前进一步 | 左臂经下向内绕至侧平举，右臂侧平举 |
| | 2 | 右脚继续前进一步 | |
| | 3 | 左脚并右脚，同时向左转体 90° | |
| （二） | 1 | 右脚向左前方前进一步 | 右臂经下向内绕至侧平举，左臂侧平举 |
| | 2 | 左脚继续前进一步 | |
| | 3 | 右脚并左脚，同时向右转体 45° | |

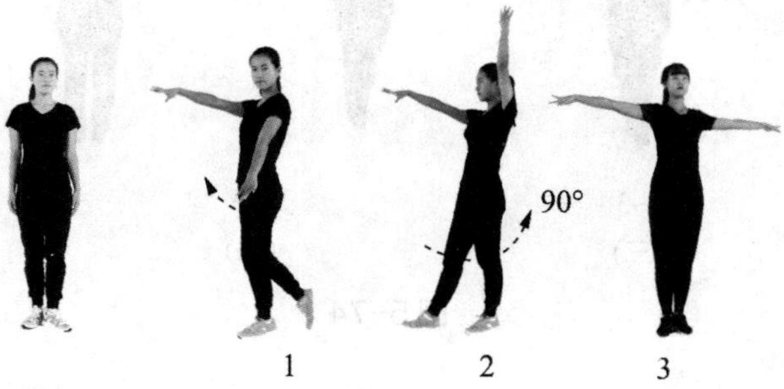


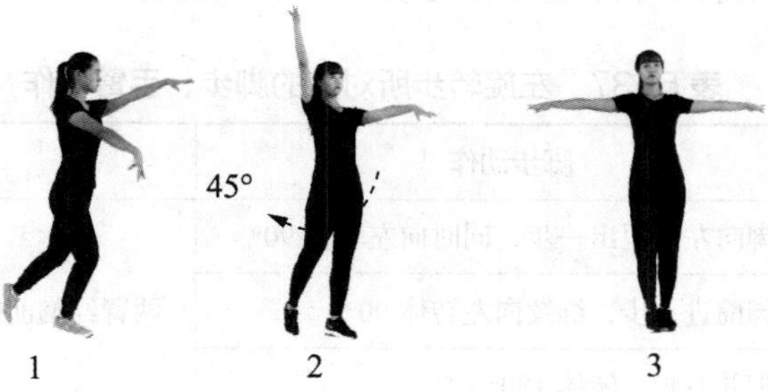


图 5-73

2. 前进后退步

前进后退步所对应的脚步、手臂动作见表 5-36，前进后退步（三）（四）节动作如图 5-74 所示，（五）（六）节动作与（三）（四）节相反，手臂向下摆动。

表 5-36　前进后退步所对应的脚步、手臂动作

| 节 | 拍 | 脚步动作 | 手臂动作 |
|---|---|---|---|
| （三） | 1~3 | 左脚开始向前华尔兹 | 两臂经下向上摆至前平举 |

续表

| 节 | 拍 | 脚步动作 | 手臂动作 |
|---|---|---|---|
| （四） | 1~3 | 右脚开始向前华尔兹 | 两臂继续向上摆至斜上举 |
| （五） | 1~3 | 左脚开始向后华尔兹 | 两臂经上向下摆至前平举 |
| （六） | 1~3 | 右脚开始向后华尔兹 | 两臂继续向下摆至侧下举 |

图 5-74

3. *左旋转步*

左旋转步所对应的脚步、手臂动作见表 5-37，左旋转步动作如图 5-75 所示。

表 5-37　左旋转步所对应的脚步、手臂动作

| 节 | 拍 | 脚步动作 | 手臂动作 |
|---|---|---|---|
| （七） | 1 | 左脚向左侧迈出一步，同时向左转体 90° | 两臂经胸前向左摆至上举，掌心相对 |
| | 2 | 右脚前进一步，继续向左转体 90° | |
| | 3 | 左脚并右脚，转体 180° | |

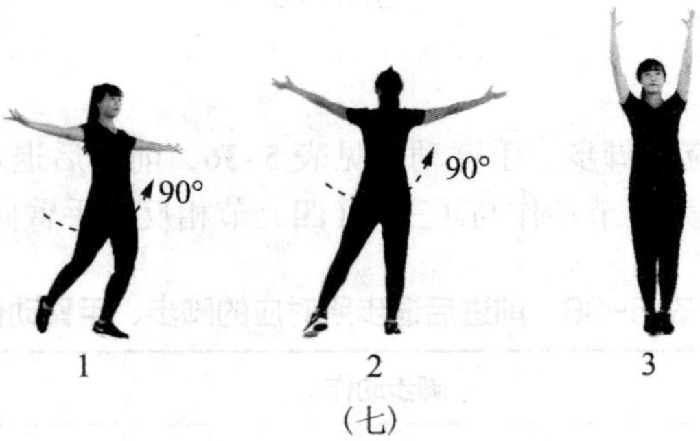


图 5-75

4. 前进步

前进步所对应的脚步、手臂动作见表 5-38，前进步动作如图 5-76 所示。

表 5-38　前进步所对应的脚步、手臂动作

| 节 | 拍 | 脚步动作 | 手臂动作 |
|---|---|---|---|
| （八） | 1~3 | 右脚开始向前华尔兹 | 两臂前后绕环摆至右臂前平举，左臂后举 |

（八）

图 5-76

5. 后退步

后退步所对应的脚步、手臂动作见表 5-39，后退步动作如图 5-77 所示。

表 5-39　后退步所对应的脚步、手臂动作

| 节 | 拍 | 脚步动作 | 手臂动作 |
|---|---|---|---|
| （九） | 1~3 | 右脚开始向后华尔兹 | 右臂后绕，左臂前绕至左臂前平举，右臂后举 |

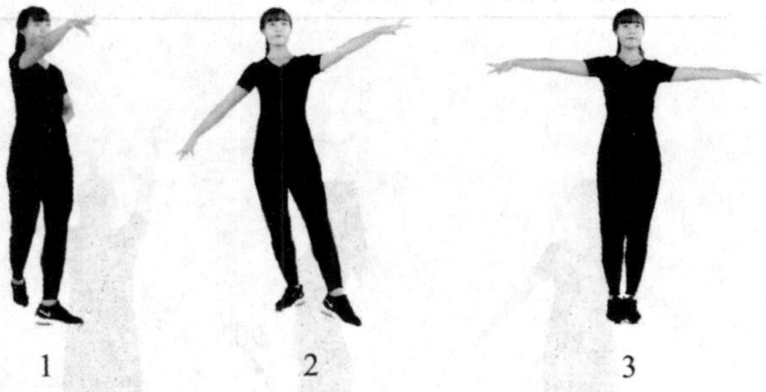

（九）

图 5-77

6. 旋转步

旋转步所对应的脚步、手臂动作见表 5-40。

表 5-40 旋转步所对应的脚步、手臂动作

| 节 | 拍 | 脚步动作 | 手臂动作 |
|---|---|---|---|
| （十） | 1 | 右脚向右侧迈出一步 | 两臂经胸前右摆至上举，掌心相对 |
| | 2 | 左脚前进一步，向右转体 90° | |
| | 3 | 右脚并左脚，转体 180° | |

7. 交叉前进步

交叉前进步所对应的脚步、手臂动作见表 5-41。

表 5-41 交叉前进步所对应的脚步、手臂动作

| 节 | 拍 | 脚步动作 | 手臂动作 |
|---|---|---|---|
| （十一） | 1 | 左脚向右前方前进一步 | 左臂经下向内绕至侧平举，右臂侧平举 |
| | 2 | 右脚继续前进一步 | |
| | 3 | 左脚并右脚，同时向左转体 90° | |
| （十二） | 1 | 右脚向左前方前进一步 | 右臂经下向内绕至侧平举，左臂侧平举 |
| | 2 | 左脚继续前进一步 | |
| | 3 | 右脚并左脚，同时向右转体 45° | |

8. 左转步

左转步所对应的脚步、手臂动作见表 5-42，左转步动作如图 5-78 所示。

表 5-42 左转步所对应的脚步、手臂动作

| 节 | 拍 | 脚步动作 | 手臂动作 |
|---|---|---|---|
| （十三） | 1 | 右脚前进一步，开始左转 | 两臂经侧摆至上举，掌心相对 |
| | 2 | 右脚向旁横步，同时向左转体 90° | |
| | 3 | 右脚并左脚，向左转体 90° | |

（十三）

图 5-78

9. 后退步

后退步所对应的脚步、手臂动作见表 5-43，后退步动作如图 5-79 所示。

表 5-43　后退步所对应的脚步、手臂动作

| 节 | 拍 | 脚步动作 | 手臂动作 |
|---|---|---|---|
| （十四） | 1~3 | 右脚开始后退华尔兹 | 两臂经前下摆至体侧 |

图 5-79

10. 并退摇摆步

并退摇摆步所对应的脚步、手臂动作见表 5-44，并退摇摆步动作如图 5-80 所示。

表 5-44　并退摇摆步所对应的脚步、手臂动作

| 节 | 拍 | 脚步动作 | 手臂动作 |
|---|---|---|---|
| （一） | 1~2 | 向左追步，同时向左转体 90° | 一臂上举，一臂前举，向左自然摆动 |
| | 3~4 | 向右追步，同时向左转体 90° | 一臂上举，一臂前举，向右自然摆动 |
| | 5~6 | 向左追步，同时向左转体 90° | 一臂上举，一臂前举，向左自然摆动 |
| | 7~8 | 向右追步，同时向左转体 90° | 一臂上举，一臂前举，向右自然摆动 |

图 5-80

11. 左右摆臂前追步

左右摆臂前追步所对应的脚步、手臂动作见表 5-45，左右摆臂前追步动作如图 5-81 所示。

表 5-45　左右摆臂前追步所对应的脚步、手臂动作

| 节 | 拍 | 脚步动作 | 手臂动作 |
| --- | --- | --- | --- |
| （二） | 1 | 右脚向右侧迈出一步，脚尖点地 | 两臂经下向右摆至右臂侧平举，左臂胸前平屈，拳心向下 |
| | 2 | 还原，微屈膝 | 还原 |
| | 3 | 左脚向左侧迈出一步，脚尖点地 | 两臂经下向左摆至左臂侧平举，右臂胸前平屈，拳心向下 |
| | 4 | 还原，微屈膝 | 还原 |
| | 5 | 左脚脚尖前点地 | 两臂体侧自然摆动 |
| | 6 | 左脚脚尖后点地 | |
| | 7~8 | 右脚前进锁步 | |

（二）

图 5-81

12. 前进后退锁步

前进后退锁步所对应的脚步、手臂动作见表 5-46，前进后退锁步动作如图 5-82 所示。

表 5-46　前进后退锁步所对应的脚步、手臂动作

| 节 | 拍 | 脚步动作 | 手臂动作 |
| --- | --- | --- | --- |
| （三） | 1 | 左脚脚尖前点地 | 两臂体侧自然摆动 |
| | 2 | 右脚脚尖前点地 | |
| | 3~4 | 左脚前进锁步 | |
| | 5 | 左脚前进一步，身体重心前移 | |

续表

| 节 | 拍 | 脚步动作 | 手臂动作 |
|---|---|---|---|
| （三） | 6 | 右脚原地步，身体重心后移 | 两臂体侧自然摆动 |
| | 7~8 | 左脚后退锁步 | |

（三）

图 5-82

13. 曼波转体

曼波转体所对应的脚步、手臂动作见表 5-47，曼波转体动作如图 5-83 所示。

表 5-47　曼波转体所对应的脚步、手臂动作

| 节 | 拍 | 脚步动作 | 手臂动作 |
|---|---|---|---|
| （四） | 1 | 右脚后弓步 | 右臂握拳经前向后摆至后上举，同时向内（逆时针）绕环一周，左手叉腰 |
| | 2 | 左脚原地步 | |
| | 3~4 | 前进锁步 | |
| | 5 | 左脚曼波步 | 两臂体侧自然摆动 |
| | 6 | 右脚原地步，身体重心后移，同时向右后转体 180° | |
| | 7 | 左脚前进一步 | |
| | 8 | 右脚并左脚 | |

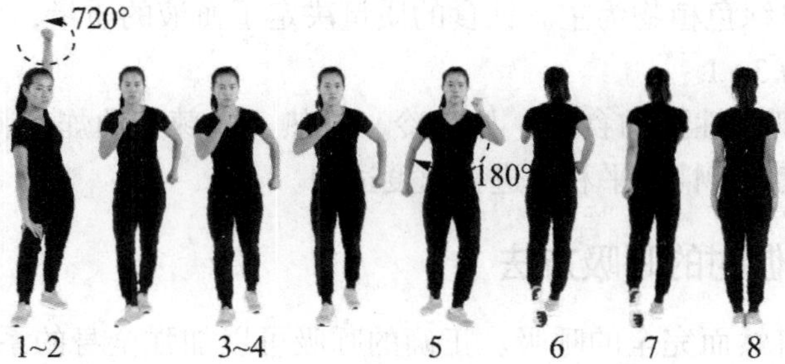


（四）

图 5-83

# 第四节 瑜伽

瑜伽起源于5000多年前的古印度，是东方古老的强身术之一。通过瑜伽练习可以消除精神上的疲劳，调节身心，达到健体的目的。尤其是它的音乐及语音冥想可以唤起人们对大自然的憧憬，以净化心灵、美化灵魂。

## 一、练习瑜伽的准备

### （一）练习前的准备

瑜伽的练习环境应安静雅致，温度应适宜。如果在室内练习，灯光应偏向自然柔和；通风换气，保证空气清新，以便静心和集中注意力。练习前，最好排尽体内废物，换上宽松、柔软、舒展、有弹性的服装，严禁穿紧身服装练习；在允许的环境中，赤脚练习较好；不佩戴任何饰物，保持面部洁净。为让紧张的大脑和神经系统更快地放松，可以点上香熏炉，让空气中弥漫着自己喜欢的、沁人心脾的芬芳。配上舒缓、悠扬的瑜伽音乐，使人联想到纯净、美好的大自然，消除杂念。

对于初学者和柔韧性欠佳的人来说，准备一条毛巾做辅助是不可缺少的。为防止做地面动作时受伤，还应准备一块薄地毯或健身垫。

### （二）练习的心理提示

将瑜伽当作令人快乐的事来做。放松心情，愉快地练习，不要一味地追求高难度的动作。

瑜伽的练习需要抱着对自己身心健康高度负责的态度进行。对于较高难度的动作，在还没完全掌握前，不要擅自练习，务必在教练员的指导下逐步完成，以确保身体免受损伤。

瑜伽的奥妙要亲自体会才能有所领悟。瑜伽爱好者可以参考书中内容，但不要期望立即生效。至少需要一段时间持续练习方能有效果，持续时间越长，效果越显著。

### （三）饮食提示

练习前3小时内不进正餐，半小时内不大量饮水（除特殊要求外）；练习结束一刻钟至半小时后，饮用富含维生素的果汁或纯净水一杯，以补充水分，排出毒素。平常饮食适时、适量，以绿色植物为主。饮食的质量决定了血液的质量，摄入果蔬类食物与肉类食物的比例应为3∶1。

少食或不食刺激性强的食物，如过冷、过热、辛辣、油炸、腌制、含防腐剂的食品。饮食过程中应保持情绪平和，进食速度适中。

## 二、练习瑜伽时的呼吸方法

瑜伽呼吸是自然而完全的呼吸。正确的呼吸可以加强全身的系统功能，增进健康，增强生命力。

**（一）腹式呼吸**

仰卧平躺，两只手放在腹部，吸气时，把空气直接吸向腹部，这时腹部就会鼓起来。呼气时，腹部下沉，要慢慢地、深深地呼吸。吸气时肋骨是向外和向上扩张的，呼气时肋骨是向下并向内收的。这种呼吸方式可以把空气带入肺部最宽、最底部，能够增加呼吸量。

**（二）胸式呼吸**

采取仰卧或坐姿，深深吸气，不让腹部扩张，把空气直接吸入咽喉、支气管及胸部区域。

**（三）完全的呼吸**

完全的呼吸是一种自然的、日常的呼吸方法，是将腹式呼吸和胸式呼吸结合起来完成的。吸气时，尽量将胸部吸满空气而扩张到最大限度，双肩略微提起，胸腔扩大，腹部内收紧。呼气时，先放松胸部，然后放松腹部。完全的呼吸能有效地交换体内所需的氧气，促进体内的废气的排出，滋养身体的每一部分，减慢心率，提高肺活量和耐力，按摩内脏。

**（四）口吸式呼吸**

向内吸一口气，两手拇指按向鼻子两侧，口中充满气，仰头，屏住气，低头，停住。抬头，松开拇指，通过鼻孔呼气。这种呼吸可以增加肺活量，能集中能量，刺激神经系统。口吸式呼吸有站立、坐式、地面（仰卧）站立和前弯、后仰、侧弯、斜面等姿势。

## 三、瑜伽的基本动作

1. 伸臂势练习

动作方法：按基本站姿站立。两手于胸前合十。吸气，两手慢慢举至头顶上方，挺胸，收腹，伸展脊柱，头尽量后仰。呼气，慢慢伸直上体，合十的双手放于胸前，低头放松。重复 3 次。

锻炼效果：扩展胸部，伸展颈部，伸展两手臂及整个身体前侧；减除腹部多余脂肪，并使腹肌平滑、有力；增强胸椎、脊柱的弹性；增加肺活量。

2. 扩胸势练习

动作方法：按基本站姿站立。吸气，两手从旁分开，慢慢上举至头顶上方，双手合十，肘部尽量伸直。呼气，屈膝，臀部往下坐，身体重心下移，保持自然呼吸 30~60 秒。吸气，身体慢慢抬高。呼气，两手从旁分开，慢慢放下至体侧。重复 3 次后，闭眼放松全身。

锻炼效果：扩展胸部，增强胸大肌力量；增加肺活量，增加血液中氧的含量，延缓全身器官的衰老，促进血液循环。

3. 顶天势练习

动作方法：按基本站姿站立。吸气，两手臂前举。呼气，两手臂侧分，在体后十指相交。肘部伸直，手心朝内（如肘部不能伸直，切勿勉强），双肩后收，背部夹紧。抬头，伸展颈部，眼望上方，保持自然呼吸。呼气，双肩放松，双手臂在胸前相抱，微微低头，全身放松。吸气，慢慢恢复到正中位置。重复 2~3 次。

锻炼效果：扩展胸部，紧收腹部，缓解肩部疼痛及肩周炎；使颈部前侧得到伸展，消除下颌多余脂肪，增强脊柱的弹性。

4. 腰躯摇摆势练习

动作方法：按基本姿势站立。双腿分开，屈肘，十指在背后相交。以腰部为支点，身体按顺时针方向转动 3~5 次，然后按逆时针方向转动 3~5 次。

锻炼效果：加强手臂柔韧性，减少上臂、腰、腹部多余脂肪，按摩腹部内脏器官，增强肠胃功能，改善消化不良。

5. 侧身伸展势练习

动作方法：按基本三角式站立。屈右膝，双手侧平举。呼气，以腰为轴，上体右转，右手尽量触及右脚以外的地面，左手指向天空，再继续指向右前方，保持自然呼吸，体会从左脚外侧沿左腰腋窝、手臂到指尖伸展的感觉。吸气，右手离开地面，上体缓缓回到中间。呼气，上体以腰为轴左转。在左侧做同样的练习。

锻炼效果：加强两腿的力量，减少腰、腹部多余脂肪；加强脊柱的柔韧性与弹性，锻炼身体的平衡感。

6. 束脚势练习

动作方法：按基本坐姿坐好。屈膝，脚心相对。双手十指交叉，手心抱住脚尖，脚跟向后挪，尽量靠近会阴处，脊柱、颈椎伸直，目视前方。呼气，以腰部为支点，身体前倾，慢慢使整个身体及前额贴近地面，同时肘部贴近膝盖窝，将两膝压向地面，保持自然呼吸 20~30 秒。吸气，继续以腰部为支点，慢慢抬起整个背部，抬起两肘，伸直脊柱，放松。重复此练习 3~5 次。

锻炼效果：按摩腹部内脏器官，预防和缓解坐骨神经痛，预防腿部静脉曲张。

7. 小桥势练习

动作方法：仰卧，双手放于体侧，手心朝下，向上微微屈膝。吸气，慢慢抬起臀部，伸直双膝，收紧臀部，保持此姿势数秒。呼气，慢慢放下所有抬起的部位，自然呼吸。重复 2~3 次。

锻炼效果：增强双腿、腰骶椎和背部的肌肉，使腹部变得平滑、有力，使臀部变窄并上翘，使身体前侧全部得以伸展。

8. 后伸展势练习

动作方法：俯卧，双手放于体侧，手心向下。双手在臀后十指交叉，肘部伸直。吸气，两肩后收，背部夹紧，手用力向腿的方向伸展，头颈、胸离开地面，大腿前侧紧紧贴近地面，并自然呼气数秒。呼气，分开十指，将头、颈、胸及双臂轻轻地放落到地面。重复 3~5 次。

锻炼效果：增强脊柱的弹性，加强下背部力量，缓解腰背的疼痛；扩张胸部，增强胸肌的弹性，锻炼胸大肌，伸展颈部，延缓衰老。

9. 单腿前伸展势练习

动作方法：按基本坐姿坐好，屈左膝，左脚心紧贴左腹股沟处，右腿前伸。呼气，上体前移，尽量贴近右腿前侧，双手前抓右脚脚尖。吸气，抬头，伸展整个背部。换左腿，做相同练习。

锻炼效果：减少腹部多余脂肪，伸展两腿；预防膝关节疼痛及轻度关节炎，放松两髋及脚踝，矫正扁平足。

10. 鞠躬势练习

动作方法：按基本站姿站立。两手臂举至头顶，屈肘，握另一侧的肘部。呼气，以腰部为支点，上体前屈 90°，保持 30~60 秒。吸气，慢慢抬起上体。呼气，两手臂侧分，放于体侧。重复此姿势 3~5 次。

锻炼效果：延伸脊柱；对腹直肌和内脏器官有一定的益处，也可缓解腰、背部疼痛。

11. 屈膝站立势练习

动作方法：按基本站姿站立。左腿屈膝，左脚脚心紧靠右大腿内侧，左手抓住左脚背，将脚跟移至会阴处，脚尖指向下方，左膝向外侧展，双手合十于胸前。用右腿平衡身体，双手慢慢举至头顶上方，做几次深呼吸。呼气，双手臂及右脚慢慢放下。换左脚做同样练习。每侧做 2~3 次，回到基本站立式，放松。

锻炼效果：扩张胸部，提高平衡感，增强集中注意力的能力；使脊柱更稳固，体态更好。

12. 臀部平衡势练习

动作方法：按基本坐姿坐好。吸气，屈膝，两手抓住两脚脚尖。呼气，两脚慢慢上举，膝盖伸直，身体以臀部着地保持平衡，自然呼吸 30~60 秒。吸气，屈膝收回腿。呼气，两手松开放于体侧，两腿向前伸直放松。重复 2~3 次。

锻炼效果：改善人体的平衡，减少腹部的多余脂肪，强壮腰、背部，拉长双腿韧带。

13. 腰躯转动势练习

动作方法：按基本三角式站立。呼气，以腰为轴，上身躯干朝左方转动，左手触摸右侧腰，右手触摸左肩，右肘部与两肩平齐，保持自然呼吸 30~60 秒，体会右侧腰部的拉伸。吸气，回到中间。呼气，转右侧做同样练习。吸气，恢复到基本三角式后重复 2 次。

锻炼效果：增强脊柱的弹性，同时减轻长时间坐姿给脊柱、腰椎造成的压力，减轻腰部疼痛，放松肩关节。

14. 铲斗势练习

动作方法：按基本站姿站立。两脚分开，两臂上举，手腕放松，手指自然垂落。深吸一口气，然后呼气，以腰为轴，上体快速垂下，两手臂在两腿中间自然摇摆。吸气，以腰为轴，上体从下背到中背、上背、颈椎、头，逐渐抬高。重复 3 次。

锻炼效果：改善脊柱支撑能力和稳定性，安神补气，消除紧张，使头脑清醒。

15. 瑜伽调息练习

呼吸是联系生理和心理的桥梁，是了解生理状况和心理状况的窗口。正常的呼吸是身心健康的基础，也是瑜伽修炼的灵魂。调息的目的既在身体方面，也在精神方面。

动作方法：以一种舒适的瑜伽坐姿打坐，闭上双眼。连续做呼的动作，让吸气慢慢、自发地进行。每次呼气之后，只做瞬间的悬息，然后慢慢吸气。在呼气 50 次之后，再做一次呼气时（第 51 次呼气），尽量呼出肺部的气体；悬息，同时一起做收颔收束法、收腹收束法和会阴收束法。在做这种练习时，集中精力、意守眉心，尽量长久地悬息，以感到舒适为限，然后结束 3 种收束法，慢慢吸气。这样就完成了一个回合。

**注意**：不可在空气污浊的地方练习。

锻炼效果：按摩内脏，强肺抗衰。

16. *瑜伽冥想练习*

瑜伽冥想练习的目的在于获得内心的平和与安宁，可以与呼吸法同步进行练习。

动作方法：按一种舒服的姿势静坐，可以闭上眼或半睁双眼。做完 5 次完全的呼吸。继续做完全的呼吸，以感到舒适为限，诵念瑜伽语音“噢——姆——”约 10 次。在呼气和吸气时，默念“噢——姆——”语音，至少重复 50 次。

17. *身体放松练习*

身体放松练习主要是通过瑜伽的姿态调整（调身）、呼吸（调息）、意念（调心）而达到松、静、自然的放松状态。

动作方法：静卧，双眼微闭，深沉吸气，慢慢呼气，精神安宁，注意呼吸节律；全身放松，体验全身肌肉放松后的无比舒适感，同时暗示：“全身肌肉放松后，精神得到充分放松，四肢不能动了，眼睛睁不开了，脑子也不想了，睡吧！睡吧！睡着了，精神彻底放松解脱了……”

# 第六章　武术与技击

## 第一节　武术

武术是一种以技击动作为主要内容，以套路和格斗为运动形式，注重内外兼修的中国传统体育项目。它具有悠久的历史和广泛的群众基础，是中华民族在长期的社会生活实践中逐步积累和丰富起来的宝贵的文化遗产。

### 一、武术的起源与发展

武术是我们的先祖在适应大自然的过程中逐步产生的。远古时期，我国先民过着茹毛饮血的生活。在弱肉强食的险恶环境中，他们逐渐积累起自卫搏杀的经验，并在祭祀仪式和狩猎收获的庆祝活动中，通过集群跳舞的方式，有节奏、有秩序地将搏杀动作表现出来，此为原始武术的萌芽。

殷周时期，形成了“呼以多方小子小臣”（《殷契粹编》）来殷习武的局面，可见，武术具有吸引八方来客的魅力。在殷代称为“庠”、周代称为“序”的学校将含有“射、御”的六艺作为教育内容。武王所制的“成童舞象”（《礼记》）是当时的少儿武术教育活动，表明我国蚤（早）喻教思想对武术教育有相当重要的影响，武术文化教育由此萌生，这昭示着武术开始成为中国古代文明的一部分。

春秋战国时期，庄子开哲学解释拳理之先河，将中国阴阳哲学的思维方式浸透于武术理论之中，由此武术逐渐摆脱了野蛮的形象。

秦汉三国时期的大量刻画是继殷周的象形字、文字画之后的一种文化发展，为武术图谱的诞生奠定了基础。

两晋南北朝时期，武术理论的发展表现在 3 个方面：一是产生了武术名称，二是出现了“谱”，三是形成了“击有术，舞有套，套有谱”的武术体系的雏形。同时，这一时期的武术发生了显著的变化。

入唐以后，武术兼容并包，艺术美学的倾向更为突出，尤以剑术为盛。至宋代，武术理论上的总结多以系统的拳谱为代表。继两宋之后，明、清武术再次呈现大发展的态势。太极拳、八卦掌、形意拳就是这个时期武术套路的典型代表。

20 世纪初，随着西方体育运动传入我国，体操对武术产生了较大的影响。马良组织了一些武术名家，借鉴西方体操的锻炼形式，将传统武术动作按口令节拍编组成套，形成《中华新武术》。它是中西合璧的产物，预示着中国武术开始突破传统，步入新的发展阶段。这个时期民间出现了许多拳术社、武士会、体育会等武术组织。中国武术队还进行了学术研究工作，出版了诸多武术书籍，这对武术的传播和发展起到了一定的促进作用。然而，由于当时的中国处在半殖民地半封建社会，政治、经济、文化、教育受到帝国主义和封建主义的影响，武术发展相对缓慢。

中华人民共和国成立后，武术成为社会主义文化和人民体育事业的一个组成部分，得到蓬勃发展。由国家体育运动委员会和中国武术协会牵头，群众性武术活动得到广泛开展。同时，武术在各级学校成为体育教育的内容之一。武术的国际交流日益频繁，对世界体育文化产生了深远的影响。

## 二、武术的分类

### （一）套路运动

套路运动是以踢、打、摔、拿、击、刺等技击动作为素材，按照攻守进退、动静疾徐、刚柔虚实等矛盾运动的变化规律编成的整套练习形式，主要内容有拳术、器械、对练、集体表演。其中，拳术包括长拳、太极拳、南拳、形意拳、八卦掌、通背拳、劈挂掌、八极掌、翻子拳、少林拳、象形拳等。器械包括短器械、长器械、双器械和软器械 4 种套路运动。短器械包括刀术、剑术、匕首等，长器械包括棍术、枪术、大刀等，双器械包括双刀、双剑、双钩、双枪、双鞭等，软器械包括三节棍、九节鞭、绳镖、流星锤等。对练是 2 人或 2 人以上按照编制套路进行的假设性攻防格斗练习，包括徒手对练、器械对练、徒手与器械对练。集体表演是 6 人或 6 人以上的徒手或器械的集体演练。

### （二）格斗运动

格斗运动是两人在一定条件下，按照一定的规则进行的斗智、较力、较技的对抗练习形式，包括散打、推手、短兵等。

## 三、武术的特点和作用

武术在长期的历史演变中，逐渐形成了自己的运动规律，它凭借独特的技术风格和各种社会功能享誉世界。

### （一）武术的特点

武术具有以下 3 个特点：

第一，动作具有攻防技击性。“技击”一词原意是“以勇力击斩敌者”，其性质是实战搏杀，目的在于致敌死命。因此，技击是指可以采取各种技击术，快速、有效地打击对手的要害部位，使对手失去对抗的能力。武术在历史的演变中始终保持着技击的特点。

第二，具有内外合一、形神兼备的民族风格。中国人很早就对“内外兼修，心身交益”“形恃神立，神须形存”有洞见底蕴的认识，无论是在武术理论还是在技术实践中，都体现着这种内与外、形与神和谐一致的整体意识。

第三，具有广泛的适应性。武术在其历史衍生和发展中形成了流派众多、内容丰富多彩的格局，人们可以根据自己的条件和兴趣爱好进行选择练习。

### （二）武术的作用

武术的作用体现在以下几个方面：

第一，锻炼身心，增强体质。武术素以身心双修为大要。外练以利关节、便手足、强筋骨、壮体魄，内修以理脏腑、通筋脉、调精神、出智慧，使大学生身心得到全面锻炼。

第二，磨炼意志，培养道德情操。持之以恒地锻炼能培养大学生坚韧不拔的精神，磨炼其吃苦耐劳的意志品质。为武之道，以德为本。习武崇德的教育能培养大学生尊师重道、讲礼仪、守信用等高尚的道德情操，有益于社会主义精神文明建设。

第三，掌握技击，提高防身技能。武术具有技击的特点。通过习武，大学生可以掌握各种技击方法，发展多方面身体素质和专项技术技能，从而提高克敌制胜、防身自卫的能力。

第四，娱乐观赏，丰富文化生活。武术具有观赏的价值。竞赛场上势均力敌的斗智较技及各种精彩的套路演练，不仅对大学生是极好的锻炼，而且给大学生以健与美的享受，丰富大学生的文化生活。

## 四、武术礼仪

### （一）武术礼仪基本常识

1. 抱拳礼

（1）行礼的方法。并步站立，右手成拳，左手四指并拢伸直成掌，拇指屈拢，左掌心掩贴右拳面（左指根线与右拳棱相齐），左掌指尖与下颏平齐，右拳眼斜对胸窝，置于胸前屈臂成圆，肘尖略下垂，拳掌与胸相距 20~30 厘米。头正、身直，目视受礼者，面容举止大方。

（2）抱拳礼的含义。左手四指并拢伸直成掌表示德、智、体、美“四育”齐备，屈拇指表示不自大，右手成拳表示勇武顽强，左掌掩右拳表示“勇不滋事”“武不犯禁”；左掌右拳拢屈，两臂环抱成圆，表示五湖四海、天下武林是一家，以武会友；左掌为文，右拳为武，表示文武兼备。

（3）抱拳礼的应用。抱拳礼：晚辈（学生）向长辈（教师）行礼的方式。注目礼：并立步，身体自然直立，目视受礼者。点首礼：并立步，身体自然直立，目视施礼者，点头示意，身体保持中正。注目礼和点首礼为长辈（教师）对晚辈（学生）还礼的方式。

2. 鞠躬礼

（1）行礼的方法。并步站立，两手垂直于体侧，手心向内贴于大腿外侧，上体向前倾斜 15°。

（2）鞠躬礼的应用：①见到师长或领导时使用此礼；②表演、比赛演练结束时使用此礼；③不适于应用抱拳礼的正规场合。

3. 持械礼

（1）抱刀礼。并步站立，左手抱刀，屈臂使刀斜横于胸前，刀背贴于前臂上，刀刃向上，右手拇指屈拢成斜侧立掌，以掌根附于左腕内侧，两腕部与锁窝同高，两臂外撑，肘略低于手，目视受礼者。

（2）持剑礼。并步站立，左手抱剑，屈臂使剑身贴于前臂外侧，斜横于胸前，剑刃朝上下，右手拇指屈拢成斜侧立掌，以掌根附于左腕内侧，两腕部与锁窝同高，两臂外撑，肘略低于手，目视受礼者。（图 6–1）

图 6–1

（3）垂剑礼。并立步，身体自然直立，右手虎口向上握剑柄，剑尖向下，剑身垂直，剑刃朝左右，左手拇指屈拢成立掌，掌心贴于右手指根，掌指向上，双臂撑圆，平屈于体前，腕与肩平，双肘不可扬起，目视前方。

（4）递接剑方式。

① 双手托剑递。并立步，身体自然直立，左手托护手，右手托剑身，双手平举，使剑平托于胸前，目视接剑者。

② 双手捧剑递。并立步，身体自然直立，双手掌心向上，掌指向前，捧住护手平举于体前，剑身垂直，剑刃朝左右，目视接剑者。

③ 单手提剑递。并立步，身体自然直立，右手拇指、食指、中指捏住剑柄的顶端部位，剑尖下垂，剑身直立，剑刃朝左右，直臂举于体前，目视接剑者。

④ 双手接托剑递。并立步，身体自然直立，左手掌心向上，平托剑身，右手掌心向下握剑柄，目视递剑者。

⑤ 单手接捧剑递。并立步，身体自然直立，左手靠近护手处，虎口向上握剑柄，目视递剑者。

⑥ 单手接提剑递。并立步，身体自然直立，左手虎口向上，靠近护手握剑柄，目视递剑者。

⑦ 双手捧接提剑递。并立步，身体自然直立，双手掌心向上，掌指向前，捧住护手，平举于体前，目视递剑者。

（5）持枪（棍）礼。并步站立，右（左）手握枪（棍）把端 1/3 处，屈臂置于胸前，枪（棍）身直立，枪尖（棍梢）向上，左（右）手拇指屈拢成斜侧立掌，以掌根附于右（左）腕内侧，两臂外撑，肘略低于手，目视受礼者。

抱刀礼、持剑礼、持枪（棍）礼一般在武术的竞赛、表演、训练活动中应用。

**（二）武术实用场所相关礼仪**

1. 武术竞赛场所礼仪

（1）举行武术竞赛活动时，应有升、降国旗的仪式。在升国旗时应唱（奏）国歌，全体在场人员应面对国旗肃立，行注目礼。

（2）若无升、降国旗仪式，也可事先将国旗悬挂在赛场的适当位置。在竞赛开始时，举行面对国旗、肃立唱（奏）国歌的仪式。

2. 武术训练场所礼仪

（1）在适当位置悬挂国旗。

（2）在适当位置悬挂中国武术协会会徽。

（3）在适当位置张贴中国武术协会颁布的“武德守则”和“习武十戒”。

（4）习武者进入和离开训练馆时，必须向国旗行鞠躬礼；运动员（学生）还须向教练员（教师）行抱拳礼。

3. 武术教学场所礼仪

武术课堂是一个严肃的教学场所。师生要用武术礼仪来约束自己，言行有礼。

（1）技术教学、训练礼仪。上课铃响时，班长整队集合（学生左右间距约 10 厘米），清点人数后，向教师（教练员）报告。报告时师生均行抱拳礼。教师向学生问好的同时，行抱拳礼。学生在回答“老师好”的同时，也行抱拳礼，然后落手立正。礼毕，开始上课。

下课时，教师对学生说“同学们再见”，在学生回答“老师再见”的同时，师生互行抱拳礼；教师落手站立，然后学生落手立正。礼毕，下课。

（2）理论课堂礼仪。当教师走向讲台时，班长发出口令：“起立，敬礼！”学生起立行鞠躬礼。待学生已行礼端正，教师行鞠躬礼答谢。班长发出口令：“坐下！”学生就座，教师开始授课。

下课时，教师说：“下课！”班长发口令：“起立，敬礼！”学生起立行鞠躬礼。待学生已行礼端正，教师行鞠躬礼回谢。礼毕，下课。

4. 武术竞赛场所礼仪

（1）武术竞赛开幕式、闭幕式礼仪。在武术竞赛开幕式上，当主持人宣布大会开幕时，全体人员起立，面向国旗方向肃穆站立。升国旗，奏国歌。闭幕式举行降旗仪式时，全体人员唱国歌。

（2）运动员礼仪。套路运动员当听到上场比赛的点名时，应向裁判长行抱拳礼，然后走到裁判长的右侧半场完成相同方向的起势和收势；当听到宣布最后得分时，也应向裁判长行抱拳礼，以示答谢。

散打运动员上场，当被介绍时，先面向裁判长原地行鞠躬礼，再转向观众行鞠躬礼。待场上裁判员检查护具完毕，双方运动员面对面互行鞠躬礼。比赛结束，双方运动员上场。当听到宣布最后胜负时，运动员应先向裁判长行鞠躬礼，然后转向观众行鞠躬礼，再面向对手行鞠躬礼。

（3）裁判员礼仪。裁判员穿着统一的服装，佩戴统一的裁判员标志。比赛开始，当广播员介绍技术监督委员会成员时，被介绍者起立行抱拳礼；当介绍仲裁委员会成员时，被介绍者原地行抱拳礼；当介绍总裁判长、裁判员时，被介绍者左脚向前一步，右脚跟上并步站立，行抱拳礼，礼毕，右脚后退一步，左脚向后与右脚并步站立。

在比赛开始或结束时，当运动员向裁判长行抱拳礼或鞠躬礼时，裁判长应点头示意，以示还礼。

5. 武术表演场所礼仪

（1）表演者在表演开始前，应向主席台的贵宾、领导和现场观众行抱拳礼或鞠躬礼；表演结束后，行鞠躬礼。

（2）武术活动中，被人介绍时，应行抱拳礼或鞠躬礼。

（3）武术器械递接方法。递接器械是武术外在形象的一个重要方面。向对方递交器械时，刀尖、剑尖向下，切忌刀尖或剑尖指向对方；枪、棍垂直离地约 20 厘米，切忌枪尖朝向对方，以免失礼。

## 五、武术基本功

武术基本功是练习武术必须具备的身体活动能力、技术技巧能力及心理素质等。

进行武术基本功训练时，有一系列专门的综合训练人体内、外各部位功能的方法和手段，这些方法和手段突出了武术运动的专项要求，具有鲜明的内外兼修的特点。武术基本功主要包括腿功、腰功和肩功等。腿功表现的是腿部的柔韧性、灵活性和力量等方面的功夫，腰功表现的是腰部灵活性、协调控制上下肢运动的能力和身法技巧的功夫；肩功表现的是肩关节柔韧性、活动范围的大小及力量等方面的功夫。

### （一）腿功

1. 正压腿

动作方法（以压左腿为例）：面对一定高度的物体，左脚跟放在物体上，脚尖勾起，两腿伸直，两手扶按在左膝上，或者是两手抓握左脚，然后上体立腰向前下方振压，头顶尽量触及脚尖。两腿交替进行。（图 6–2）

动作要点：两腿伸直，立腰挺胸前压。

2. 侧压腿

动作方法（以压左腿为例）：右腿支撑站立，左脚从体侧放置到一定高度的物体上，脚尖勾起，右臂上举，左掌立于胸前，两腿伸直，腰部挺立，上体向左侧下振压，振压幅度要逐渐加大，直到上体能侧倒在左腿上。两腿交替进行。（图 6–3）

动作要点：两腿伸直，开髋立腰挺胸，上体完全侧倒。

3. 后压腿

动作方法（以压左腿为例）：背对一定高度的物体，两手叉腰，右腿支撑站立，左腿后伸，脚背放到物体上，两腿伸直，上体向后下振压，并逐渐增大振压幅度。两腿交替进行。（图 6–4）

动作要点：两腿伸直，立腰挺胸，头随上体后仰。

4. 仆步压腿

动作方法（以压左腿为例）：右腿屈膝全蹲，全脚着地；左腿向左侧伸直，脚尖内扣；两手分别抓住两脚脚背，成左仆步；腰部挺直，左转前压。左右仆步交替进行。（图 6–5）

动作要点：直腰抬头，一腿全蹲，另一腿伸直，两脚压紧地面。

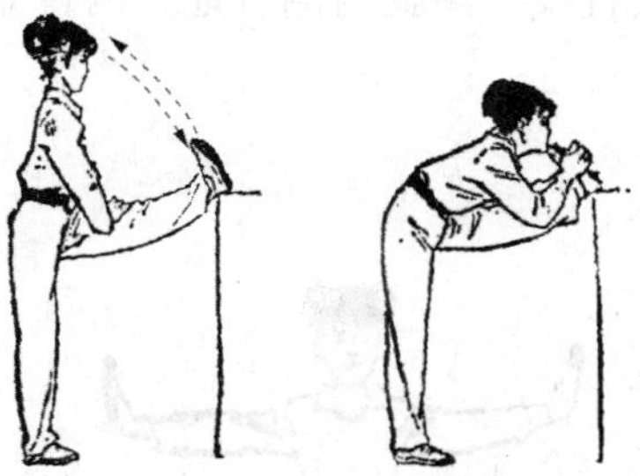

图 6–2

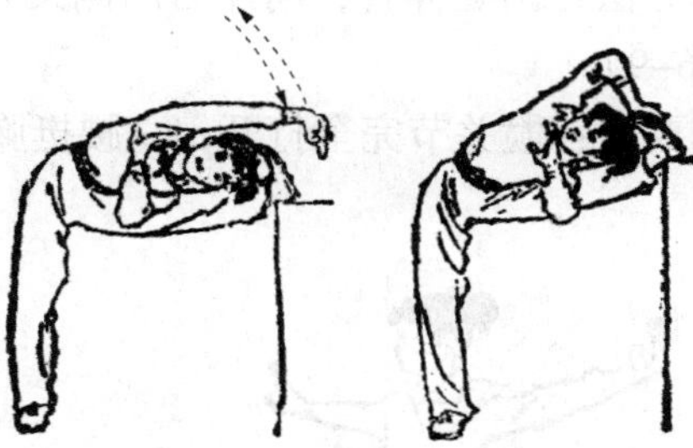

图 6–3

图 6–4

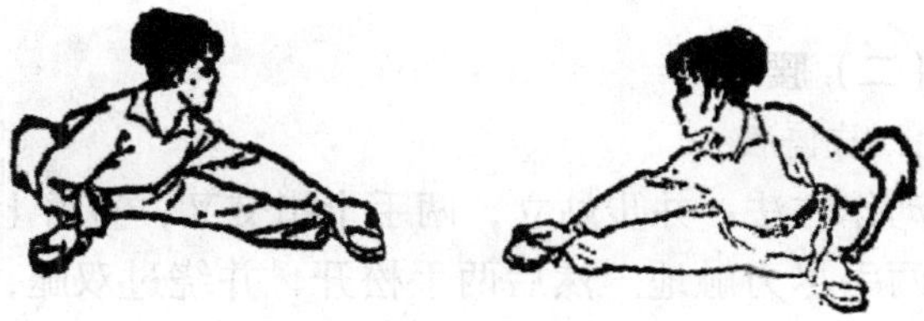

图 6–5

5. 正搬腿

动作方法（以搬左腿为例）：右腿伸直支撑，左腿屈膝提起，左手扶膝，右手抓住左脚，然后将左脚向前方伸出，直至膝关节挺直，左脚外侧朝前。两腿交替进行。（图 6–6）

动作要点：两腿伸直，立腰挺胸，被搬腿的脚尖勾紧。

6. 侧搬腿

动作方法（以搬右腿为例）：左腿伸直支撑，右腿从体侧抬起，右手经右小腿内侧绕脚后抱住右脚跟，右腿伸直，脚尖勾紧。两腿交替进行。（图 6–7）

动作要点：两腿伸直，立腰挺胸，身体直立平稳。

图 6–6

图 6–7

7. 劈竖叉

动作方法（以左腿在前为例）：两腿伸直前后叉开成直线。左腿后侧着地，脚尖上翘；右腿前侧着地，脚背扣在地上，两臂立掌侧平举。两腿交替在前进行。（图 6-8）

动作要点：立腰挺胸，沉髋挺膝。

8. 劈横叉

动作方法：两腿伸直，向左右两侧叉开下坐成直线，两腿内侧着地，两臂立掌侧平举。（图 6-9）

动作要点：髋关节完全打开，立腰挺胸。

图 6-8

图 6-9

### （二）腰功

1. 前俯腰

动作方法：并步站立，两手十指交叉，直臂上举，手心向上；上体前俯，挺胸，塌腰，两手尽力触地。然后两手松开，并绕过双腿，抱住两脚跟部，尽量使自己的上体、脸部贴紧双腿。（图 6-10）

动作要点：两腿挺膝伸直，上体前俯时挺胸、塌腰、收髋。

2. 甩腰

动作方法：开步站立，两臂伸直前举，以腰为轴，上体做前后屈和甩腰动作，两臂也随之甩动。（图 6-11）

动作要点：两腿伸直，腰部放松，后甩时抬头挺胸，甩腰动作紧凑而有弹性。

图 6-10

图 6-11

3. 涮腰

动作方法（以左涮腰为例）：两脚开立，略宽于肩，上体前俯，以髋关节为轴，两臂

向左前下方伸出。然后挥动两臂，随上体向前、向右、向后再向左做翻转绕环。（图 6–12）

动作要点：两腿伸直，以腰为轴，翻转绕环圆活、和顺。

4. 下腰

动作方法：两脚开立，与肩同宽，两臂伸直上举；腰向后弯，抬头，挺腰，双手撑地，身体呈桥形。（图 6–13）

动作要点：两脚支撑站稳，膝关节尽量挺直，腰部后弯上顶，脚跟不能离地。

图 6–12

图 6–13

### （三）肩功

1. 压肩

动作方法：面对一定高度的物体，两脚开立，与肩同宽，上体前俯，两手抓住横杆，抬头挺胸，塌腰，用力向下振压。（图 6–14）

动作要点：两腿伸直，肩部松沉，用力振压，力点集中于肩部。

2. 单臂绕环

动作方法（以右臂绕环为例）：左弓步站立，左手扶按左膝，右臂以肩为轴做直臂的顺、逆时针绕环。两臂交替进行。（图 6–15）

动作要点：臂伸直，肩放松，绕立圆。

图 6–14

图 6–15

3. 双臂绕环

动作方法（以双臂逆时针绕环为例）：开步站立，以肩关节为轴，两臂分别向前和向后做直臂绕环。顺、逆时针绕环交替进行。（图 6–16）

动作要点：身体正直，臂伸直，肩放松，绕环协调、和顺。

4. 两臂交叉绕环

动作方法：开步站立，两臂直臂上举，左臂以左肩关节为轴，向前下做顺时针绕

环；同时，右臂以右肩关节为轴，向后下做逆时针绕环。两臂顺、逆时针绕环交替进行。（图 6–17）

动作要点：身体正直，两臂伸直，绕环协调、和顺。

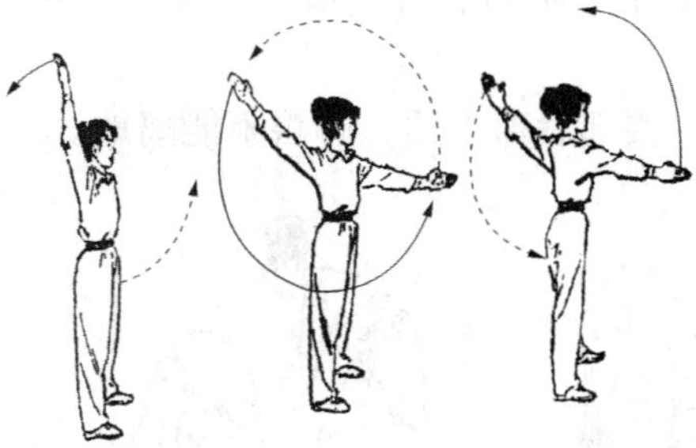

图 6–16

图 6–17

**（四）手形**

1. 拳

四指并拢卷握，拇指紧扣食指和中指的第二指节。拳握紧，拳面平，腕要直。（图 6–18a）

2. 掌

四指并拢伸直，向后伸张，拇指第一指节弯曲扣虎口处。（图 6–18b）

3. 勾

五指尖撮拢，屈腕。（图 6–18c）

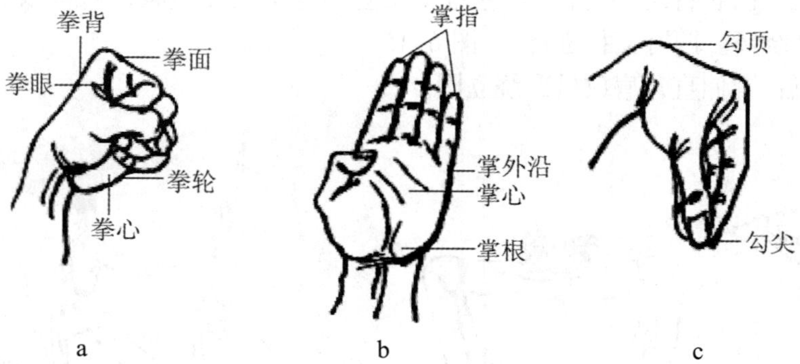


图 6–18

**（五）步形**

1. 弓步

动作方法（以左弓步为例）：两脚前后开立，后脚尖与前脚跟的距离为脚长的 3~4 倍，前腿屈膝半蹲，大腿略高于水平，脚尖稍内扣斜向前方。两脚全脚掌着地，前脚与后脚跟内侧的横向距离为 5~10 厘米，两拳抱贴腰侧，两眼平视。（图 6–19）

动作要点：前弓后绷不拔根，挺胸立腰髋要沉，髋要里合身要正，两尖（脚尖、膝盖尖）相照成垂线。

2. 马步

动作方法：两脚平行站立，两脚内侧相距为脚长的 3~3.5 倍，脚尖正对前方，屈膝、屈髋成半蹲，两膝内扣，膝垂线不超过脚尖，在大腿中间偏前；两拳抱贴腰侧，两眼平视。（图 6–20）

动作要点：挺胸立腰，开髋裹膝，脚跟外撑，脚平头正。

3. 仆步

动作方法（以左仆步为例）：右腿屈膝全蹲，大小腿靠紧臀部接近小腿，脚尖和关节外展为 30°~45°；左腿侧出挺直平仆，脚尖内扣。两脚全脚掌着地；两拳抱贴腰侧，上体稍右转，两眼向右前方平视。（图 6–21）

动作要点：挺胸、立腰、沉髋、腿仆直，不拔根。

图 6–19

图 6–20

图 6–21

4. 虚步

动作方法（以左虚步为例）：两脚前后站立，重心落于右腿，右腿屈髋屈膝或半蹲，脚尖外展约 45°；左腿稍屈膝，膝稍内合，脚跟提起，脚面绷平，脚尖虚点地。两拳抱贴腰侧或双手叉腰，两眼平视左前方。（图 6–22）

图 6–22

动作要点：前虚后实，虚实分明，挺胸立腰。

5. 歇步

动作方法（以左歇步为例）：两脚左右交叉，左脚在前，右脚尖与左脚跟在一条直线上，两脚相距约为小腿长，两大腿靠拢贴紧屈膝全蹲，左脚全脚掌着地，脚尖外展，右脚前脚掌着地，左膝外侧与右小腿外侧贴紧，臀部坐于右小腿接近脚跟处，上体稍前倾并向前方拧转，两拳抱贴腰侧，目视左方。（图 6–23）

动作要点：两腿贴紧，挺胸立腰，前脚外展。

**（六）手法**

1. 冲拳

预备姿势：两脚左右平行站立，与肩同宽，两手握拳抱贴于腰侧，拳心向上。

图 6–23

动作方法（以右冲拳为例）：右拳从腰际向前快速冲击，拧腰顺肩，右肘过腰时右前臂快速内旋，平拳拳心向下，立拳拳眼向上，臂要伸直，高

与肩平；同时左肘后引，挺胸立腰收腹，两眼平视前方。（图 6–24）

动作要点：冲拳时拧腰顺肩，肩肘放松，拳走直线，急旋前臂，要有寸劲，力达拳面。

2. 架拳

预备姿势：与冲拳相同。

动作方法（以右架拳为例）：右拳向下、向左、向上经头前向右上方画弧，前臂急速内旋在头右上方架起，拳眼向前下，眼随拳走，上架的同时向左甩头，目视左方。（图 6–25）

动作要点：拳过肩急旋放松，肘外屈使臂略呈弧形，力点在尺骨外侧。

图 6–24

图 6–25

3. 推掌

预备姿势：与冲拳相同。

动作方法（以右推掌为例）：右拳变掌，从腰侧向前快速推出；当右肘过腰时，前臂内旋，坐腕、挑指成侧立掌，臂要伸直，掌根高与肩平。成侧立掌时，手腕后屈并向拇指一侧旋转，使小指一侧向前，两眼平视。（图 6–26）

动作要点：拧腰、顺肩、旋臂、坐腕要协调一致；立掌沿直线要快速有力，力达掌根。

4. 亮掌

预备姿势：与冲拳相同。

动作方法（以右亮掌为例）：右拳变掌，臂伸直，经体侧向右、向上画弧至头右前上方，前臂内旋，抖腕、亮掌，臂略呈弧形，掌心向前上（向上），手指向左，眼随右掌转动，抖腕、亮掌的同时稍向左转体、甩头，目视左前方。（图 6–27）

动作要点：抖腕、亮掌、甩头要配合一致且同时完成，运行时肘腕放松，定势时挺胸、立腰、直颈。

图 6-26

图 6-27

**（七）腿法**

1. 正踢腿

动作方法（以右踢腿为例）：并步直立，两臂侧平举，两手成侧立掌或立掌。左脚向前半步，左脚支撑，右脚勾起向前额处猛踢，脚尖可勾起勾落也可勾起绷落（下落时绷脚面），两眼平视前方。（图 6–28）

动作要点：踢腿时头正、沉肩、挺胸、立腰、收髋、猛收腹，踢过腰高时加速上踢脚尖勾紧，用力脚要有寸劲。支撑腿挺膝，脚趾抓地、脚踩紧。上踢快、下落轻，两臂平举不晃动。

2. 弹腿

动作方法：支撑脚直立或稍屈，另一腿由屈到伸向前弹出，脚面绷平，力达脚尖。（图 6–29）

动作要点：收髋，弹击有寸劲，力达脚尖。

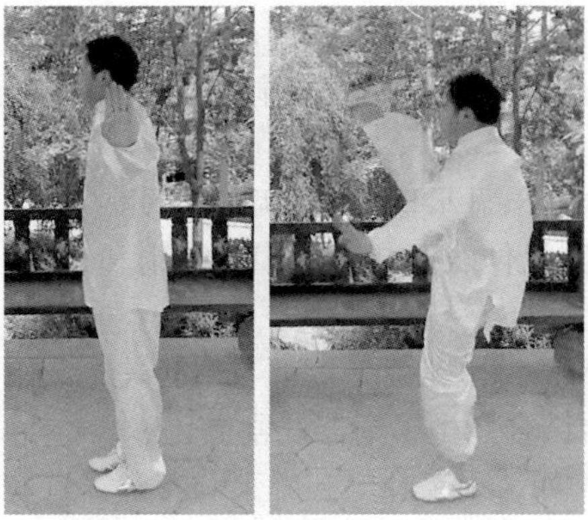

图 6-28

图 6-29

3. 侧踹腿

动作方法：一腿伸直支撑，另一腿屈膝提起，脚跟用力向侧下方或侧上方蹬出，脚外侧朝上。（图 6-30）

动作要点：开髋、挺膝、猛蹬，力点在脚心，上体稍侧倾以维持平衡。

图 6-30

# 第二节 功夫扇

## 一、功夫扇概述

### （一）扇文化与功夫扇

功夫扇也称太极功夫扇、太极扇，因动作特点的不同而采用不同的叫法，但核心都是扇子。中国扇文化历史悠久，最早的扇是单柄、呈圆形或椭圆形，称为团扇，宋代开始出现折叠扇。随着历史的发展、文化的进步，扇子的功能不断扩大，以致出现东方文明中特有的文化现象——扇文化。

东晋大书法家王羲之为卖扇老妇人题字“右军题书”，使老妇人的扇子被抢购一空。折叠扇与书画艺术结合产生了特有的扇书文化。

北魏时期，皇帝与皇后身后的侍者常常手持障扇，以显示皇帝与皇后的尊贵。

唐代，扇被用作仪仗工具，皇帝上朝、皇后出宫仪仗队要装备偏扇、团扇和方扇。扇成了皇族身份的象征。

元代以后，戏剧《西厢记》《牡丹亭》《红香阁》《桃花扇》等都与扇有关，或以扇为主线，或主人公以扇扮俏，等等。扇与戏剧舞台结合产生了扇器戏剧文化。

扇与舞蹈结合形成扇舞文化的例子也不胜枚举，如《采茶扑蝶》《茉莉花》《青花瓷》等。

武术扇文化伴随近十余年来国家倡导的健身运动不断发展，是中国传统扇文化的延伸、补充和发展。

### （二）功夫扇的产生与发展

功夫扇初创于民间，后经加工提炼而成熟定型。1998 年，北京体育大学杨丽教授公开传授杨式太极扇；2000 年，李德印推出太极功夫扇；2002 年，马春喜创编陈式太极扇；随后著名教练员王二平创编的 24 式陈氏太极扇、曾乃梁和其妻子卫香莲合编的华武太极扇等都为功夫扇注入了新的内容和形式。

### （三）功夫扇的特点

功夫扇是在武术的基础上融合了扇术特点而形成的，因而具有武术、扇的双重风格。它是武术范畴内的一种扇技，一招一式都与攻防技击有关，只是将攻防技击动作做了虚化处理，形成了具有独特风格的武术器械。这种风格在扇法上主要体现在利用扇的开合、旋转、翻、扫、刺、截、击、撩、切等方法击打对手。在演练上，功夫扇讲求以意导扇，扇身合一，刚柔相济，内外兼修，等等。

1. 路线工整，准确清晰

剑术讲究路线的平圆、立圆、椭圆、斜线等，功夫扇则对上述要求更为严格，稍有偏差就会影响动作效果和质量。

2. 开合随意，造型纷呈

武术器械由于质地、轻重、长短、造型的不同具有不同的演练风格。功夫扇所用的扇别具一格，扇形似蝶，开合随意，合则似短棒，击之如闪电，开则如蝶形，可以演练出多姿多彩的进攻与防守的扇技。

3. 扇法丰富，变化多端

功夫扇可以在开合前提下展示击、打、刺、崩、扫、截、切、穿、云、撩等扇技。合扇以技击的点为主要表现形式，如架扇、劈扇等；开扇以技击的面为主要表现形式，技击面比较大，如扫扇、下截扇等。

4. 鼓荡扇声，魅力无尽

功夫扇开扇时，由于攻防意识的驱使，以及手腕和腰身的抖劲，会发出浑厚而有力的声音。这种声音既可以表现演练的气势、劲道，也可以增加舞扇之威，起到威慑对手之用。

## 二、功夫扇基础知识

### （一）功夫扇的规格介绍

目前使用的功夫扇主要有两种规格：一种是小扇子，长约 35 厘米；另一种是大扇子，长约 40 厘米。扇面有纸质的和绸缎的。扇骨也主要有两种材质：一种是竹子的，另一种是塑料的。使用较广的是塑料扇骨配绸缎扇面的扇子，练习者可根据自身情况进行选择。

扇子从结构上来看，主要由扇柄、扇面、扇骨、扇沿组成。（图 6–31）

扇柄：扇外侧两条最粗的是扇柄。有穿钉的一端称为扇根。扇柄上部称为扇首，扇柄中间部分称为扇身。

扇面：扇的叶面。

扇骨：支撑扇面的细枝。

扇沿：扇面上端的弧形边沿。

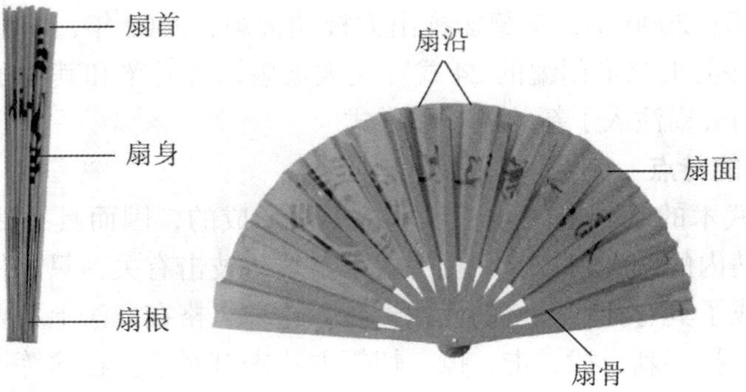


图 6–31

**（二）功夫扇的基本扇法**

1. 合扇的基本握法

（1）正握扇。拇指和食指扣紧扇根部位，其他三指自然屈握，扇首向上。（图 6–32）

（2）倒握扇。拇指和食指紧握扇首，其余三指自然屈握，扇根向上。（图 6–33）

（3）提握扇。手握住扇根一侧，虎口朝斜下方。（图 6–34）

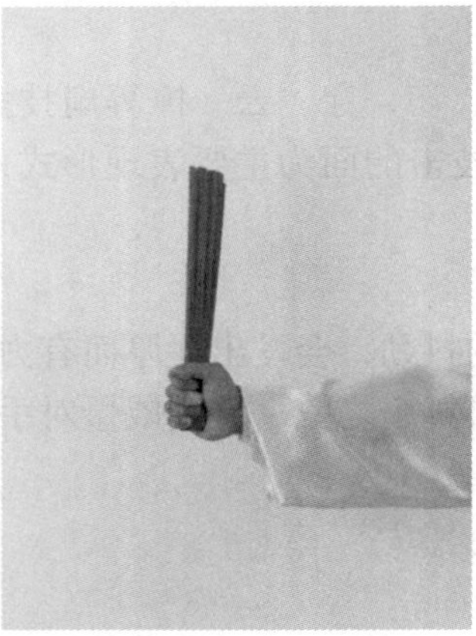

图 6–32

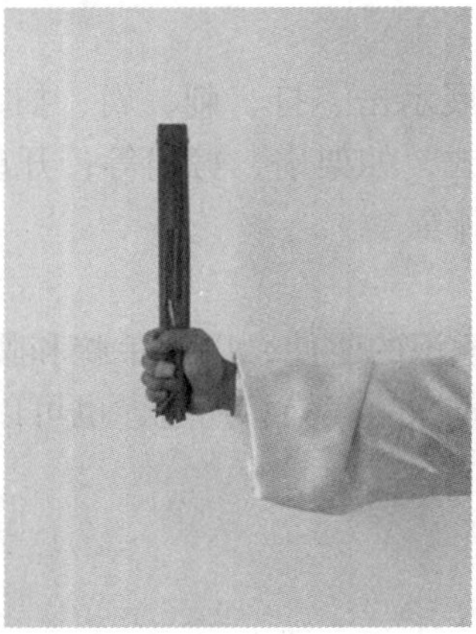

图 6–33

图 6–34

2. 开扇的基本握法

（1）立开扇螺旋正握法：手握扇根，拇指一侧扣紧扇根，其余四指螺旋屈握扇根另一侧。（图 6–35）

（2）平开扇螺旋握法：右手握扇，在体前由右向左突然抖腕开扇，力达扇沿，平开扇，将扇端平，手握扇根，拇指一侧扣紧扇根，其余四指螺旋屈握扇根另一侧。（图 6–36）

（3）上举开扇螺旋握法：在头上方开扇，右臂伸直，开扇时扇沿朝左，手握扇根，四指屈握扇根朝前，拇指一侧扣紧扇根朝后。（图 6–37）

（4）托扇：胸前开扇，右手握扇根，端握于腹前，手心朝上，左手捧于右手下方。（图 6–38）

图 6–35

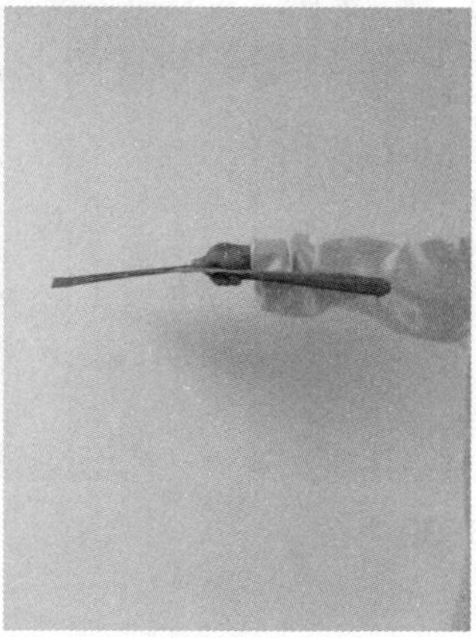

图 6–36

图 6–37

图 6–38

（5）抛接扇法：抛接扇法又分为合扇抛接法与开扇抛接法。

合扇抛接法（以右手抛右手接为例）：右手握扇首，将扇抛起在空中调换方向，落下时右手接握扇根（图 6–39 至图 6–41）。

开扇抛接法（以右手抛右手接为例）：开扇利用右手的外旋之力将扇抛起在空中旋转一圈，落下时右手心向上接住扇并保持扇的打开状态。（图 6–42 至图 6–44）

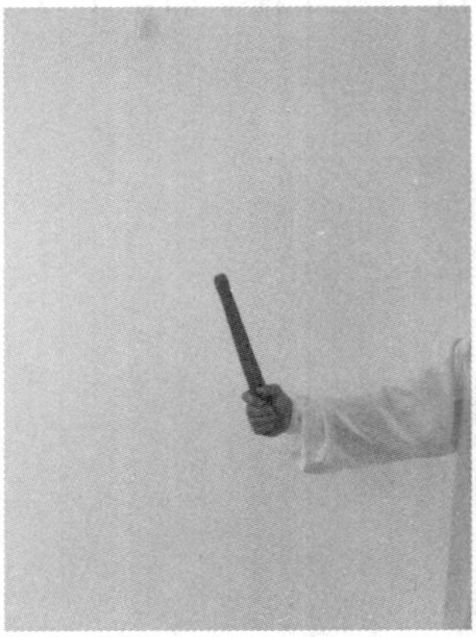

图 6-39

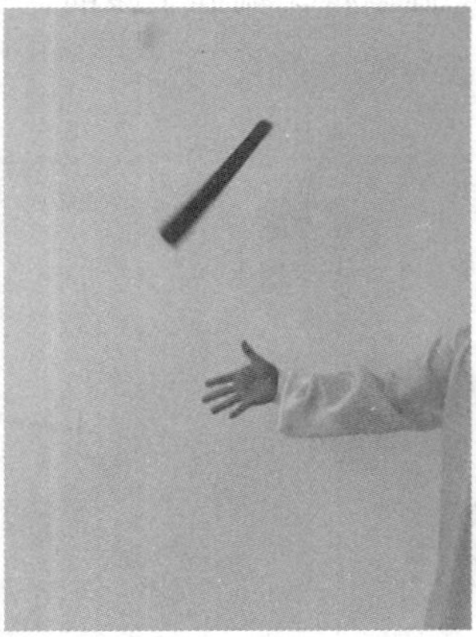

图 6-40

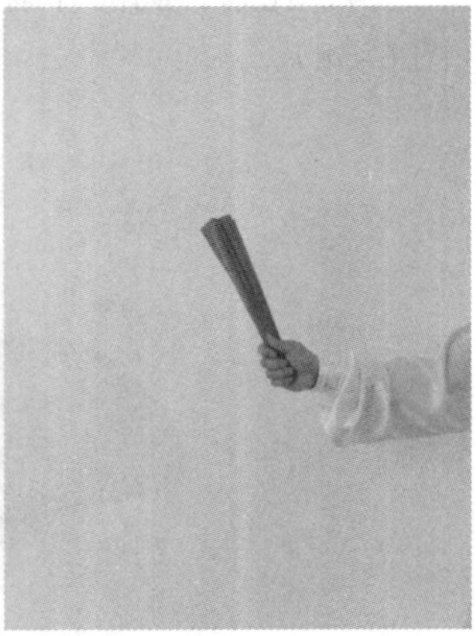

图 6-41

图 6-42

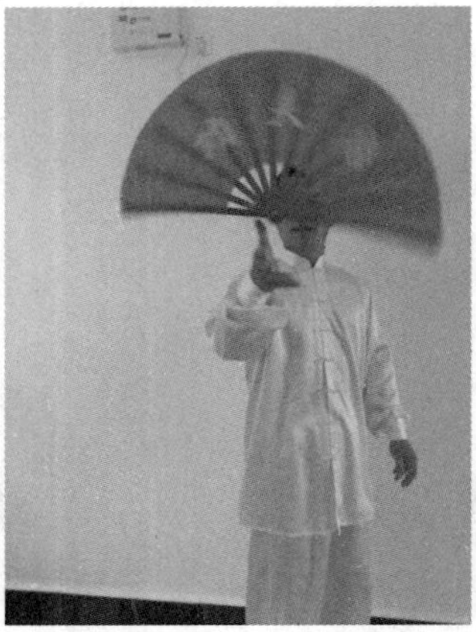

图 6-43

图 6-44

3. 功夫扇的基本技击扇法

技击扇法，即扇子的用法，分为合扇与开扇。功夫扇的技击扇法包括击扇、刺扇、崩扇、撩扇、劈扇、挂扇、点扇、扫扇、戳扇、抛接扇等。以下介绍最常用的几种扇法。

（1）弓步刺扇。手握扇根，上步成弓步从腰间把扇刺出，力达扇首。（图 6-45、图 6-46）

（2）弓步劈扇。手握扇根，上步成弓步，右手从上往下劈出。（图 6-47、图 6-48）

（3）马步开扇。两腿成马步，右手侧平举在肩的高度向上抖腕开扇。（图 6-49）

（4）提膝开扇。提膝时，右手从下往上把扇开于肩的高度，扇沿朝上。（图 6-50）

图 6-45

图 6-46

图 6-47

图 6-48

图 6-49

图 6-50

（5）歇步开扇。成左歇步，右手从身后向头顶抡臂开扇，扇沿朝前。（图 6-51）

（6）虚步开扇。成左虚步，右手持扇从右侧向上抡臂，把扇开于头顶，扇沿朝左。（图 6-52）

图 6-51

图 6-52

（7）弓步推扇。上步成弓步，右手持扇，双手向前推出。（图 6-53）

图 6-53

## 三、功夫扇的常用套路

功夫扇第一套分为 6 段，共计 52 个动作。第一段与第六段动作舒缓，融合了太极拳的动作风格，第二至第五段动作铿锵有力，融合了长拳的动作风格，其中第四段重复第二段的动作。（全套动作配以《中国功夫》的音乐，时长为 4 分 4 秒）

### （一）功夫扇第一套动作名称

第一段：开步抱扇（起势）、侧弓步举扇（斜飞式）、虚步亮扇（白鹤亮翅）、进步刺扇（黄蜂入洞）、转身下刺扇（哪吒探海）、独立撩扇（金鸡独立）、翻身劈扇（力劈华山）、转身抡压扇（灵猫扑蝶）、马步亮扇（坐马观花）。

第二段：弓步削扇（野马分鬃）、并步亮扇（雏燕凌空）、进步刺扇（黄蜂入洞）、震脚推扇（猛虎扑食）、戳脚撩扇（螳螂捕蝉）、盖步按扇（勒马回头）、翻身藏扇（鹞子翻身）、马步亮扇（坐马观花）。

第三段：马步推扇（举鼎推山）、转身刺扇（神龙回首）、叉步反撩扇（挥鞭策马）、点步挑扇（立马扬鞭）、歇步抱扇（怀中抱月）、并步贯扇（迎风撩衣）、云手劈扇（翻花舞袖）、歇步亮扇（霸王扬旗）、开步抱扇（抱扇过门）。

第四段：弓步削扇（野马分鬃）、并步亮扇（雏燕凌空）、进步刺扇（黄蜂入洞）、震脚推扇（猛虎扑食）、戳脚撩扇（螳螂捕蝉）、盖步按扇（勒马回头）、翻身藏扇（鹞子翻身）、马步亮扇（坐马观花）。

第五段：马步顶扇（顺鸾肘）、马步抖扇（裹鞭炮）、虚步拨扇（前招势）、震脚拍扇（双震脚）、蹬脚推扇（龙虎相交）、望月亮扇（玉女穿梭）、云扇合抱（天女散花）、歇步亮扇（霸王扬旗）、托扇行步（行步过门）。

第六段：虚步捧扇（七星手）、弓步捧扇（揽扎衣）、后捋前挤扇（捋挤式）、并步背扇（苏秦背剑）、弓步戳扇（搂膝拗步）、仆步穿扇（单鞭下势）、弓步架扇（挽弓射虎）、虚步亮扇（白鹤亮翅）、抱扇还原（收势）。

**（二）功夫扇第一套图解**

**第一段**

（1）开步抱扇（起势）：左脚开步抱扇。（图 6–54）

（2）侧弓步举扇（斜飞式）：分手画弧提脚抱手，身体重心右移成侧弓步，右手向右上举扇，左手向左下按掌。（图 6–55、图 6–56）

图 6–54

图 6–55

图 6–56

（3）虚步亮扇（白鹤亮翅）：向左转腰，向右转腰分掌，虚步亮扇。（图 6–57 至图 6–59）

图 6–57

图 6–58

图 6–59

（4）进步刺扇（黄蜂入洞）：抖腕合扇，摆扇收扇提脚，转身上步，弓步向前平刺。（图 6–60 至图 6–62）

图 6–60

图 6–61

图 6–62

（5）转身下刺扇（哪吒探海）：后坐收扇，扣脚转身，弓步下刺扇。（图 6–63 至图 6–65）

图 6–63

图 6–64

图 6–65

（6）独立撩扇（金鸡独立）：收脚绕扇，上步分手绕扇，独立撩开扇。（图 6–66 至图 6–68）

图 6–66

图 6–67

图 6–68

（7）翻身劈扇（力劈华山）：落脚合扇，盖步转身按扇，转身绕扇，弓步前劈扇。（图 6–69 至图 6–73）

图 6–69

图 6–70

图 6–71

图 6–72

图 6–73

（8）转身抡压扇（灵猫扑蝶）：转身摆掌，上步翻身抡扇，弓步翻手反压扇。（图 6–74 至图 6–77）

图 6–74

图 6–75

图 6-76

图 6-77

（9）马步亮扇（坐马观花）：虚步合扇，退步抡扇，反身刺扇，马步亮扇。（图 6-78 至图 6-82）

图 6-78

图 6-79

图 6-80

图 6-81

图 6-82

**第二段**

（1）弓步削扇（野马分鬃）：转腰合手合扇，弓步削扇。（图 6-83、图 6-84）

图6-83

图6-84

（2）并步亮扇（雏燕凌空）：舞脚穿掌，并步亮扇。（图 6-85、图 6-86）

图6-85

图6-86

（3）进步刺扇（黄蜂入洞）：收扇上步，弓步直刺。（图 6-87、图 6-88）

图6-87

图6-88

（4）震脚推扇（猛虎扑食）：收扇震脚，弓步推扇。（图 6-89、图 6-90）

图 6-89

图 6-90

（5）戳脚撩扇（螳螂捕蝉）：转腰绕扇，分手绕扇，戳脚撩扇。（图 6-91 至图 6-93）

图 6-91

图 6-92

图 6-93

（6）盖步按扇（勒马回头）：合扇转身，盖步按扇。（图 6-94、图 6-95）

图 6-94

图 6-95

（7）翻身藏扇（鹞子翻身）：翻身绕扇，腕花绕扇，退步藏扇。（图 6–96、图 6–97）

图 6–96

图 6–97

（8）马步亮扇（坐马观花）：抡臂举扇，反身穿刺，马步亮扇。（图 6–98 至图 6–100）

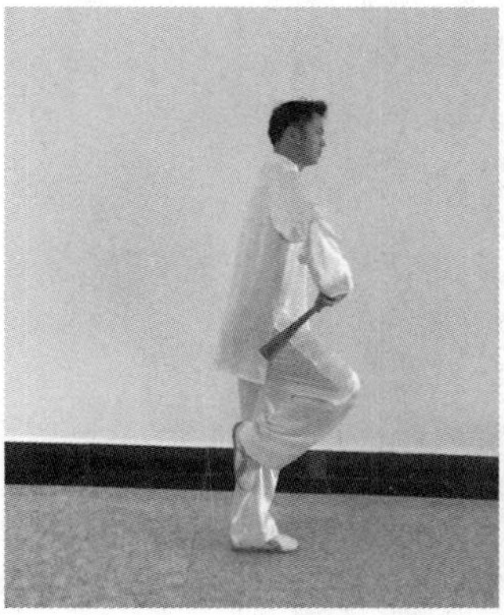

图 6–98

图 6–99

图 6–100

**第三段**

（1）马步推扇（举鼎推山）：转腰收扇收脚，马步推扇。（图 6–101、图 6–102）

图 6–101

图 6–102

（2）转身刺扇（神龙回首）：转身收扇，弓步平刺。（图 6–103、图 6–104）

图 6–103

图 6–104

（3）叉步反撩扇（挥鞭策马）：撇脚收扇，上步绕扇，叉步反撩扇。（图 6–105 至图 6–108）

图 6–105

图 6–106

图 6–107

图 6–108

（4）点步挑扇（立马扬鞭）：转身挑扇，点步推掌。（图 6–109、图 6–110）

图 6-109

图 6-110

（5）歇步抱扇（怀中抱月）：转身歇步抱扇。（图 6-111）

图 6-111

（6）并步贯扇（迎风撩衣）：上步合扇分手，并步贯扇。（图 6-112、图 6-113）

图 6-112

图 6-113

（7）云手劈扇（翻花舞袖）：摆扇穿手，云扇摆掌，侧弓步劈扇。（图 6–114 至图 6–116）

图 6–114

图 6–115

图 6–116

（8）歇步亮扇（霸王扬旗）：分手摆扇，歇步亮扇。（图 6–117、图 6–118）

图 6–117

图 6–118

（9）开步抱扇（抱扇过门）：开扇托抱，合扇举抱。（图 6–119 至图 6–121）

图 6–119

图 6–120

图 6–121

**第四段**

（1）弓步削扇（野马分鬃）：转腰合手合扇，弓步削扇。（图 6-122、图 6-123）

图 6-122

图 6-123

（2）并步亮扇（雏燕凌空）：舞脚穿掌，并步亮扇。（图 6-124、图 6-125）

图 6-124

图 6-125

（3）进步刺扇（黄蜂入洞）：收扇上步，弓步直刺。（图 6-126、图 6-127）

图 6-126

图 6-127

（4）震脚推扇（猛虎扑食）：收扇震脚，弓步推扇。（图 6–128、图 6–129）

图 6–128

图 6–129

（5）戳脚撩扇（螳螂捕蝉）：转腰绕扇，分手绕扇，戳脚撩扇。（图 6–130 至图 6–132）

图 6–130

图 6–131

图 6–132

（6）盖步按扇（勒马回头）：合扇转身，盖步按扇。（图 6–133、图 6–134）

图 6–133

图 6–134

（7）翻身藏扇（鹞子翻身）：翻身绕扇，腕花绕扇，退步藏扇。（图 6–135、图 6–136）

图 6–135

图 6–136

（8）马步亮扇（坐马观花）：抡臂举扇，反身穿刺，马步亮扇。（图 6–137 至图 6–139）

图 6–137

图 6–138

图 6–139

**第五段**

（1）马步顶扇（顺鸾肘）：马步合扇，马步顶肘。（图 6–140、图 6–141）

图 6–140

图 6–141

（2）马步抖扇（裹鞭炮）：转腰合臂，抡臂叠拳，马步翻抖拳。（图 6–142 至图 6–145）

图 6–142

图 6–143

图 6–144

图 6–145

（3）虚步拨扇（前招势）：转身摆掌，虚步拨扇。（图 6–146）

图 6–146

（4）震脚拍扇（双震脚）：屈蹲分手，蹬跳托扇，震脚拍扇。（图 6–147 至图 6–149）

图 6–147

图 6–148

图 6–149

（5）蹬脚推扇（龙虎相交）：提膝收扇，蹬脚推扇。（图 6–150 至图 6–152）

图 6–150

图 6–151

图 6–152

（6）望月亮扇（玉女穿梭）：落脚合臂，叉步展臂，后举腿亮扇。（图 6–153 至图 6–155）

图 6–153

图 6–154

图 6–155

（7）云扇合抱（天女散花）：开步抱扇，舞花云扇，叉步抱扇。（图 6–156 至图 6–159）

图 6–156

图 6–157

图 6–158

图 6–159

（8）歇步亮扇（霸王扬旗）：开步展臂，歇步亮扇。（图 6–160、图 6–161）

图 6–160

图 6–161

（9）托扇行步（行步过门）：转身穿扇，叉步抱扇，抱扇行步，转身合掌，开步合

扇，两臂展开。（图 6–162 至图 6–164）

图 6–162

图 6–163

图 6–164

**第六段**

（1）虚步捧扇（七星手）：两臂前平举，屈蹲按扇，虚步绷扇。（图 6–165 至图 6–167）

图 6–165

图 6–166

图 6–167

（2）弓步捧扇（揽扎衣）：收脚抱手，转身上步，弓步绷扇。（图 6–168、图 6–169）

图 6–168

图 6–169

（3）后捋前挤扇（捋挤式）：合手翻扇，后坐后捋，转身搭手，弓步前挤。（图 6–170 至图 6–173）

图 6–170

图 6–171

图 6–172

图 6–173

（4）并步背扇（苏秦背剑）：后坐平云，转腰推扇，并步背扇推掌。（图 6–174 至图 6–176）

图 6–174

图 6–175

图 6–176

（5）弓步戳扇（搂膝拗步）：摆掌合扇屈蹲，转身上步，弓步戳扇。（图 6–177 至图 6–179）

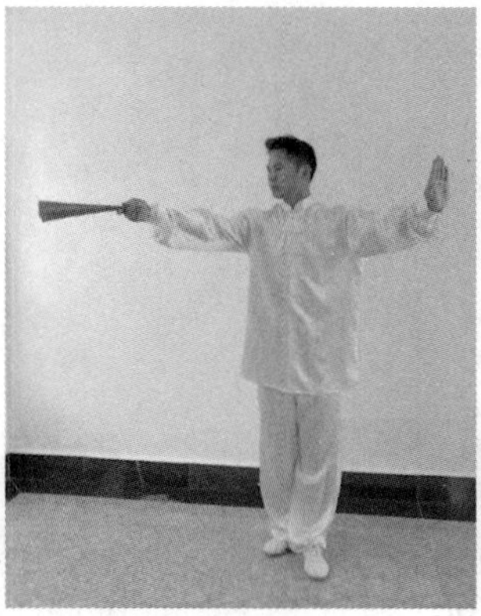
图 6–177

图 6–178

图 6–179

（6）仆步穿扇（单鞭下势）：转身勾手，扣脚活步，仆步穿扇，弓步亮扇。（图 6–180 至图 6–184）

图 6–180

图 6–181

图 6–182

图 6–183

图 6–184

（7）弓步架扇（挽弓射虎）：弓腿起身举扇，转腰摆臂，屈臂收扇，架扇打拳。（图 6–185、图 6–186）

图 6–185

图 6–186

（8）虚步亮扇（白鹤亮翅）：左转腰合扇，右转腰分手，虚步亮扇。（图 6–187、图 6–188）

图 6–187

图 6–188

（9）抱扇还原（收势）：抖腕合扇，收脚开步平举扇，并步抱扇，垂臂还原。（图 6–189 至图 6–192）

图 6–189

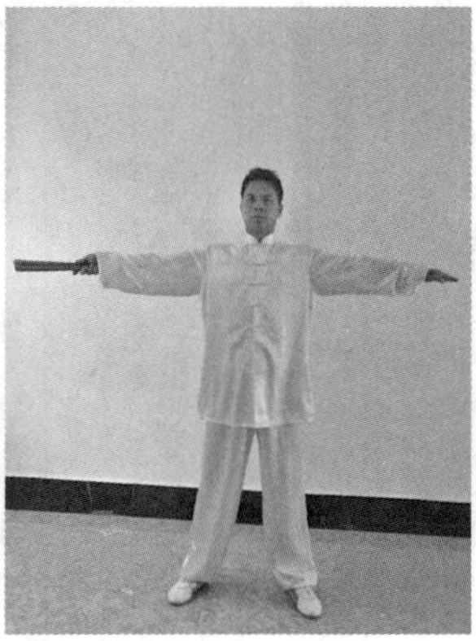
图 6–190

图 6-191

图 6-192

# 第三节　二十四式简化太极拳

二十四式简化太极拳是按照由简到繁、由易到难的原则，对已在群众中流行的太极拳进行改编、整理而成的。它改变了过去那种先难后易的锻炼顺序，去掉了原有套路中过多的重复姿势和动作，集中了原有套路的主要结构和技术内容，便于掌握，易学易懂。二十四式简化太极拳共分 8 组，包括起势、收势等 24 个姿势动作。

## 一、动作名称

### （一）起势

此势包括：①两脚开立；②两臂前举；③屈膝按掌。

### （二）左右野马分鬃

此势包括：①抱球收脚；②转身上步；③弓步分手；④坐腿转身撇脚；⑤抱球收脚；⑥转身上步；⑦弓步分手；⑧坐腿转身撇脚；⑨抱球收脚；⑩转身上步；⑪ 弓步分手。

### （三）白鹤亮翅

此势包括：①跟步抱手；②坐腿转腰；③虚步分手。

### （四）左右搂膝拗步

此势包括：①右臂前摆；②摆臂收脚；③屈臂上步；④弓步搂推；⑤坐腿转身撇脚；⑥摆臂收脚；⑦屈臂上步；⑧弓步搂推；⑨坐腿转身撇脚；⑩摆臂收脚；⑪ 屈臂上步；⑫ 弓步搂推。

### （五）手挥琵琶

此势包括：①跟步展臂；②坐腿引手；③虚步合手。

### （六）左右倒卷肱

此势包括：①转体撤手翻掌；②退步卷肱；③后坐虚步推掌；④转体撤手翻掌；⑤退步卷肱；⑥后坐虚步推掌；⑦转体撤手翻掌；⑧退步卷肱；⑨后坐虚步推掌；⑩转体撤手翻掌；⑪ 退步卷肱；⑫ 后坐虚步推掌。

**（七）左揽雀尾**

此势包括：①转身分手；②收脚抱手；③转体上步；④弓步前绷；⑤转体旋臂；⑥后坐下捋；⑦转身后捋；⑧转体搭手；⑨弓步前挤；⑩弓步平分掌；⑪后坐引手；⑫弓步前按。

**（八）右揽雀尾**

此势包括：①转身分手；②收脚抱手；③转体上步；④弓步前绷；⑤转体旋臂；⑥后坐下捋；⑦转身后捋；⑧转体搭手；⑨弓步前挤；⑩弓步平分掌；⑪后坐引手；⑫弓步前按。

**（九）单鞭**

此势包括：①坐腿转身，扣脚云手；②云手、勾手、收脚；③转身上步；④弓步推掌。

**（十）左右云手**

此势包括：①坐腿转身，勾手松开；②左云翻掌收步；③右云翻掌开步；④左云翻掌收步；⑤右云翻掌开步；⑥左云翻掌收步。

**（十一）单鞭**

此势包括：①右云勾手；②转身上步；③弓步推掌。

**（十二）高探马**

此势包括：①跟步翻掌；②坐腿屈臂；③虚步探掌。

**（十三）右蹬脚**

此势包括：①穿手收脚；②上步翻掌；③弓步分手；④提膝抱手；⑤分手蹬脚。

**（十四）双峰贯耳**

此势包括：①收脚并手；②落脚收拳；③弓步贯拳。

**（十五）转身左蹬脚**

此势包括：①坐腿转身分手；②提膝抱手；③分手蹬脚。

**（十六）左下势独立**

此势包括：①落脚转身，摆手、勾手；②屈膝开步；③仆步穿掌；④弓步挑手；⑤独立挑掌。

**（十七）右下势独立**

此势包括：①落脚转身，摆手、勾手；②屈膝开步；③仆步穿掌；④弓步挑手；⑤独立挑掌。

**（十八）左右穿梭**

此势包括：①落脚转身撇脚；②抱手收脚；③上步错手；④弓步架推掌；⑤转身撇脚；⑥抱手收脚；⑦上步错手；⑧弓步架推掌。

**（十九）海底针**

此势包括：①向前跟步；②坐腿抽手；③虚步下插掌。

**（二十）闪通臂**

此势包括：①起身提手收脚；②上步翻掌；③弓步推掌。

**（二十一）转身搬拦捶**

此势包括：①后坐转身，扣脚握拳；②摆脚搬拳；③收脚摆手；④上步拦掌；⑤弓步打拳。

**（二十二）如封似闭**

此势包括：①插手翻掌；②坐腿收手；③弓步前按。

**（二十三）十字手**

此势包括：①坐腿转身分手；②回身两手下落，扣右脚；③收右脚、两脚成开立步；④两手举抱。

**（二十四）收势**

此势包括：①翻掌分手；②垂臂落手；③并步还原。

## 二、文字说明

预备动作：身体自然直立，两脚尖向前成并立步，掌心向内，轻贴两腿外侧，两眼平视前方。

动作要领：头颈正直，下颌微收，手指微屈，立身中正，精神集中。

易犯错误：上体不正，两肩耸起，挺胸凸臀，两腋紧夹。

**（一）起势**

动作 1：身体重心移至右腿，左脚向左迈步开立，与肩同宽，两脚尖向前，两臂自然下垂，两手放在大腿外侧，两眼平视前方。

动作要领：左脚迈出时前脚掌先踏地，再过渡到全脚掌着地踏实，轻起缓落，重心随之移动至两腿之间。

易犯错误：重心不稳，左脚向左全脚掌快速跌落。

动作 2：两臂由体侧向前慢慢平举至两手与肩同高，两臂与肩同宽，指尖向前，手心向下。

动作要领：身体中正，两肩松沉，两肘微下垂，手指自然舒展。

易犯错误：耸肩，挺肘，上体前俯。

动作 3：上体保持正直，两腿缓慢屈膝下蹲，同时两手轻轻下按至腹前，两肘下垂与两膝相对，两眼平视前方。

动作要领：两腿屈蹲幅度适当，呈半蹲状，屈膝蹲腰，臀部不可凸出，手指微上翘，重心落于两腿之间，按掌落臀和身体下蹲的动作要协调一致。

易犯错误：耸肩夹肘，凸臀弓背，屈蹲幅度过大，两掌下按超过腰腹，动作不协调。

**（二）左右野马分鬃**

动作 1（左野马分鬃）：身体微右转，身体重心移至右腿，同时右臂收在胸前平屈，手心向下，左手经体前向右下画弧放在右手下，手心向上，两手心相对呈抱球状，左腿随即收到右脚内侧，脚尖点地，目视右手。

动作要领：身体保持正直，沉肩垂肘，两肩撑圆；右手与肩同高，右肘低于右掌。

易犯错误：上体前俯，凸臀；两肩耸起，左肩夹腋。

动作 2：上体微左转，左脚向左前方迈出，右腿自然蹬直，成左弓步；同时上体继续左转，左右手随转体慢慢分别向左上、右下分开，左手高与眼平（手心斜向上），肘微屈；右手落在右胯旁，肘微屈，手心向下，指尖向前，目视左手。

动作要领：成弓步时，左膝与左脚尖在同一方向，膝盖不超过脚尖，两脚不可在同一直条线上，沉肩垂肘，两肩保持弧形，转体、弓步、分手等动作应协调一致。

易犯错误：上体前俯，歪髋。

动作3（右野马分鬃）：上体慢慢后坐，身体重心移至右腿，左脚尖翘起，微向外撇（45°~60°），随后脚掌慢慢踏实，左腿慢慢前弓，身体左转，身体重心再移至左腿，同时左手翻转向下，两手心相对呈抱球状，右脚随即收到左脚内侧，脚尖点地，目视左手。

动作要领：左脚尖翘起角度应小于60°，身体保持中正，沉肩垂肘，两臂撑圆。

易犯错误：身体姿势起伏不定，上体前俯或后仰，凸臀耸肩。

动作4：右腿向右前方迈出，左腿自然伸直，成右弓步，同时上体右转，左右手随转体慢慢分别向左下、右上分开，右手高与眼平，手心斜向上，肘微屈；左手落在左胯旁，肘微屈，手心向下，指尖向前，目视右手。

动作要领：同左右野马分鬃动作2。

易犯错误：同左右野马分鬃动作2。

动作5（左野马分鬃）：同左右野马分鬃动作3（右野马分鬃），方向左右相反。

动作6：同左右野马分鬃动作4，方向相反。

动作要领：胸部舒展，身体转动时以腰为轴，做弓步时，迈出的脚应脚跟先着地，然后脚掌慢慢踏实；后脚尖内扣约45°（需要时后脚跟可随蹬腿调整）。野马分鬃式的弓步，前后脚的脚跟要分在中轴线两侧，其横向距离应保持在10~30厘米（以动作行进的中线为纵轴，以其两侧的垂直距离为横轴）。

易犯错误：同左右野马分鬃动作2。

**（三）白鹤亮翅**

动作1：上体微左转，左手翻掌向下，左臂平屈于胸前，右手向左上画弧，手心向上，与左手呈抱球状；目视左手。

动作要领：上体保持中正，转体与左右手呈抱球姿势应协调进行。

易犯错误：上体前俯或歪斜。

动作2：重心移至左腿，右脚跟进半步，随即上体后坐；重心移至右腿，上体先向右转，然后左脚稍向前移，脚尖点地，成左虚步，同时上体再向左转，面向前方。两手随转身慢慢向右上、左下分开，右手上提停于右额前，手心向左后方；左手落于左胯前，手心向下，指尖向前，两眼平视前方。

动作要领：右脚向前跟进时，身体姿势应保持平稳，身体后坐时速度均缓，不可俯身。完成姿势胸部不要挺出，两臂上下都要保持半圆形，左膝微屈。重心移动、右手上提、左手下按和虚步动作要协调一致。

易犯错误：上体歪斜，跟步距离过大；重心移动速度过快；上体前俯或后仰。

**（四）左右搂膝拗步**

动作1（左搂膝拗步）：上体先微左转，右手从体前下落，上体再向右转，右手经体中线向下、向后上方画弧至右肩外侧，肘微屈，手与耳同高，手心斜向上，左手由左下向上、向右方画弧至右胸前，手心斜向下；左脚收至右脚内侧，脚尖点地，目视右手。

动作要领：右手向左下落不超过身体中线，保持上体中正，两肩松沉。

易犯错误：体前俯、侧倒或转体幅度过大。

动作 2（左搂膝拗步）：上体左转，左脚向前（偏左）迈出，成左弓步；同时右手屈回由耳侧向前推出，高度与鼻尖齐平，左手向下，由左膝前搂过落于左胯旁，指尖向前，目视右手。

动作要领：右手屈收于左耳侧时，虎口对耳；向前推出时，身体不可前俯，要松腰松髋。推掌时沉肩垂肘，坐腕舒掌，同时与松腰弓腿协调一致。搂膝拗步成弓步时，两脚跟的横向距离保持约 30 厘米。

易犯错误：体前俯；凸臀，身体重心起伏或动作不连贯。

动作 3（右搂膝拗步）：右腿慢慢屈膝，上体后坐，身体重心移至右腿，左脚尖翘起微向外撇，随后脚掌慢慢踏实，左腿前弓，身体左转，身体重心移至左腿，右脚收到左脚内侧，脚尖点地，同时左手向外翻掌，由左向上画弧至左肩外侧，肘微屈，手与耳同高，手心斜向上；右手随转体向上，向左下画弧落，于左胸前，手心斜向下，目视左手。

动作要领：当重心移至右腿时，上体保持中正，收腹敛臀。身体左转，重心移至左腿，右脚收至左脚内侧和两掌与转动动作应同时进行，并保持连贯协调。

易犯错误：同左右搂膝拗动作 1（左搂膝拗步）。

动作 4（右搂膝拗步）：同左右搂膝拗步动作 2（左搂膝拗步），方向左右相反。

动作 5（左搂膝拗步）：同左右搂膝拗步动作 3（右搂膝拗步），方向左右相反。

动作 6：同左右搂膝拗步动作 2（左搂膝拗步）。

### （五）手挥琵琶

动作：重心移至左腿，右脚跟进半步，上体后坐，重心移至右腿，上体向右转，左脚略提起稍向前移，成左虚步，脚跟着地，脚尖翘起，膝部微屈，同时左手由左下向上挑起，高与鼻尖平，手心向右，臂微屈，右手收回在左臂肘部内侧，手心向左；目视左手食指。

动作要领：身体平稳自然，沉肩垂肘，胸部放松。左手上起时不得直向上挑，要由左向上、向前，微带弧形。右脚跟进时，脚掌先落地，再全脚踏实。身体重心后移和左手上起、右手回收要协调一致。

易犯错误：跟步距离过大，上体前俯或后仰，凸臀，两臂夹紧身体。

### （六）左右倒卷肱

动作 1（右倒卷肱）：上体右转，右手反掌，手心向上经腹前由下向后上方画弧平举，臂微屈，左手随即反掌向上，两眼随着身体向右看，先向右看右手，再转向前方看左手。

动作要领：身体保持中正，右手后撤时不可直接向后抽，应转体走弧线，身体转动与两手动作同时完成。

易犯错误：两臂平展，肘挺直，松髋耸肩。

动作 2（右倒卷肱）：右臂屈肘向前，右手由耳侧向前推出，手心向前，左臂屈肘后撤，左手翻转手心向上，撤至左肋外侧；同时左腿轻轻提起向后（偏左）退一步，脚掌先着地，然后全脚慢慢踏实，身体重心移至左腿，成右虚步，右脚随转体以脚掌为轴扭正；目视右手。

动作要领：左腿提起时要缓慢轻柔，身体重心稳定；右手向前推时要转腰松髋。与左手后撤速度一致，避免僵硬；左脚后退略向左后斜，两脚不可落在一条直线上。

易犯错误：左脚上提过高，身体重心不稳，脚后撤落地时身体前俯。

动作 3（左倒卷肱）：上体微向左转，同时左手随转体向后上方画弧平举，手心向上，右手随即翻至手心向上，两眼随转体先向左看，再看向右手。

动作要领：同动作 1（右倒卷肱），方向相反。

易犯错误：同动作 1（右倒卷肱）。

动作 4（左倒卷肱）：同左右倒卷肱动作 2（右倒卷肱），方向左右相反。

动作 5（右倒卷肱）：同左右倒卷肱动作 3（左倒卷肱），方向左右相反。

动作 6（右倒卷肱）：同左右倒卷肱动作 2（右倒卷肱）。

动作 7（左倒卷肱）：同左右倒卷肱动作 3（左倒卷肱）。

动作 8（左倒卷肱）：同左右倒卷肱动作 2（右倒卷肱），方向左右相反。

**注：**动作 8 退右脚时，脚尖外撇角度略大，便于接左揽雀尾动作。

**（七）左揽雀尾**

动作 1（左掤式）：上体微右转，同时右手随转体向右后上方画弧至平举，手心向上，左手手心转向下；目视左手。

动作要领：上体正直，转体幅度要小。

易犯错误：两臂肘部挺直。

动作 2：身体继续右转，左手自然下落，逐渐翻掌经腹前画弧至右肋前，手心向上；右臂屈肘，手心转向下，收于右胸前，两手相对，呈抱球状，同时身体重心落于右腿，左脚收至右脚内侧，脚尖点地；目视右手。

动作要领：两臂呈弧形相抱，与左脚内收同时完成。

易犯错误：身体前俯，歪髋。

动作 3（左挪式）：上体微左转，左脚向左前方迈出，上体继续左转，右腿自然蹬直，左腿屈膝，成左弓步，同时左臂向左前方拥出（左臂平屈呈弓形，用前臂外侧和手背向前上方推出），高度与肩齐平，手心向后；右手向右下落放于髋部右侧，手心向下，指尖向前，目视左前臂。

动作要领；当左脚迈出时，左膝微屈，转体、弓步、拥臂分手动作应协调，一气呵成。揽雀尾成弓步时，两脚跟横向距离不超过 10 厘米。

易犯错误：身体前俯，凸臀；右手下落时右臂过于向后伸直，未落于髋部右侧。

动作 4（左捋式）：身体微左转，左手随即前伸翻掌向下，腕与肩平；右手翻掌向上，经腹前向上、向前伸至左前臂下方内侧；然后上体右转，两手经腹前向右后上方画弧，直至右手手心向上，高度与耳齐平，左臂平屈于右胸前，手心向内；同时身体重心移至右腿；目视右手。

动作要领：上体保持正直，两臂下捋须随腰旋转，仍走弧线；身体重心移至右腿，后坐时敛臀，左脚全脚掌着地。

易犯错误：身体后仰，转体角度过大，重心不稳，后坐凸臀。

动作 5（左挤式）：上体微向左转，右臂屈肘折回，右手附于左手腕里侧，上体继续左转，两手同时向前慢慢挤出，左手心向后，右手心向前，左前臂保持半圆；同时身体重心前移，逐渐成左弓步；目视左手腕部。

动作要领：向前挤时，上体正直，两手与肩同高；转体、搭手、弓步、前挤动作自然连贯、协调。

易犯错误：上体前俯，两臂挺直。

动作 6（左按式）：左手翻掌，手心向下，右手经左腕上方向前、向右伸出，高度与左手齐平，手心向下，两手左右分开，与肩同宽；右腿屈膝，上体后坐，身体重心移至右腿，左脚尖翘起；同时两手屈肘回收至腹前，手心均向前下方；两眼平视前方。

动作要领：上体后坐，身体重心移至右腿的动作要缓慢。

易犯错误：身体重心后移不到位，当两臂屈肘回收时，两肘外扬或两腋夹紧。

动作 7（左按式）：上式不停，身体重心慢慢前移，同时两手向前、向上按出，手心向前，指尖向上；左腿前弓成左弓步，目视前方。

动作要领：两手前按时应向前上弧形按出，至手腕部高与肩平，肘微屈。

易犯错误：两肘挺直，上体前俯。

**（八）右揽雀尾**

动作 1（右掤式）：上体后坐并向右转，身体重心移至右腿，左脚尖内扣；右手向右平行画弧至右侧；然后向右下经腹前向左上画弧至左肋前，手心向上；左臂平屈于左胸前，左手手心向下与右手呈抱球状；同时身体重心移至左腿，右脚收至左脚内侧，脚尖点地；目视左手。

动作要领：左脚尖内扣幅度要尽量大，上体保持正直。

易犯错误：左脚尖随身体右转时内扣或内扣幅度过小。

动作 2（右捋式）：同左揽雀尾动作 3（左捋式），方向左右相反。

动作 3（右挤式）：同左揽雀尾动作 4（左挤式），方向左右相反。

动作 4（右挤式）：同左揽雀尾动作 5（左挤式），方向左右相反。

动作 5（右按式）：同左揽雀尾动作 6（左按式），方向左右相反。

动作 6（右按式）：同左揽雀尾动作 7（左按式），方向左右相反。

**注：**右揽雀尾动作 2~6 的动作要领和易犯错误均与左揽雀尾要求相同，唯方向相反。

**（九）单鞭**

动作 1：上体后坐左转，重心逐渐移至左腿，右脚尖内扣；同时两手（左高右低）向左弧形运转，直至右臂平举，伸于身体左侧，手心向左，右手经腹前运动至肋前，手心朝后上方，目视左手。

动作要领：上体正直，松肩垂肘，两臂撑圆。

易犯错误：上体前俯，两臂画弧运转时肘挺直。

动作 2：身体重心逐渐移至右腿，身体右转，左脚向右脚靠拢，脚尖点地，同时右手向右上方画弧，手心由里向外翻，至右侧时变勾手，臂与肩齐平并微屈，左手向下经腹前向右上画弧停于右肩前，手心向内，目视左手。

动作要领：右勾手方向不超过右前方 45°，勾尖朝下。

易犯错误：耸肩，凸臀，转体幅度过大。

动作 3：上体微左转，左脚向左前方迈出，脚跟先着地，右腿后蹬，身体重心移 至左腿，成左弓步，同时左掌随上体左转慢慢翻转向前推出。手心向前，手指与眼齐平，指尖向上，臂微屈，目视左手。

动作要领：完成姿势右臂肘部稍下垂，左肘与左膝上下相对，两肩下沉；左手向外翻掌前推时，要随转体边翻边推出；弓步、推掌、身体重心左移要协调一致。

易犯错误：弓步时两腿落在同一条直线上，身体重心不稳，推掌时翻掌太快或动作到位时突然翻掌；弓步时体前俯，凸臀。

**（十）云手**

动作 1：身体右转，左脚尖内扣，身体重心移至右腿；左手向下经腹前向右上画弧至右肩前，手心斜向后，同时右手变掌，掌心向右前；目视左手。

动作要领：上体保持中正，松肩垂肘；两臂呈弧形，肘微屈。

易犯错误：身体右转大于 45°。

动作 2：身体慢慢左转，重心逐渐移至左腿，左手经面前向左侧运转，手心渐向左方；右手下落经腹前向左上画弧至左肩前，手心斜向后，同时右脚抬起靠近左脚下落，成小开立步，两脚尖向前（两脚间距为 10~20 厘米）；目视左手。

动作要领：右脚靠左脚时应脚跟先提起，脚尖后离地，下落时前脚掌先落地，然后全脚掌踏实。

易犯错误：体前俯，凸臀。成开立步时两脚尖未向前，间距过大或过小。

动作 3：上体右转，同时左手经腹前向左上画弧至右肩前，手心斜向后；右手向右侧运转，手心翻转向右；左脚随之向左横跨一步；目视左手。

动作 4：同云手动作 2。

动作 5：同云手动作 3。

动作 6：同云手动作 2。

**注：**云手动作是重复性动作，因此左右动作相同，动作要领和易犯错误也相同。注意身体转动要以腰脊为轴，松腰松髋，不可忽高忽低，应保持平稳。两臂随腰的转动向左右画立圆，速度应缓慢均匀。下肢移动时，两脚交替支撑重心，保持稳定。两臂保持弧形，松肩，两腋不可夹紧身体。视线随左右手移动。第三个“云手”，右脚最后跟步时，脚尖微内扣，便于接单鞭动作。

**（十一）单鞭**

动作 1：上体右转，当右手向上经面前向右画弧至右侧方时，掌变勾手；左手向下经腹前向右上画弧至右肩前，手心向内；身体重心落于右腿；左脚尖点地；目视右手。

动作要领：上体正直，松腰松髋；右勾手在身体右前方约 45° 方向，勾尖朝下。

易犯错误：耸肩，右臂挺直。

动作 2：上体微左转，左脚向左前方迈出，右腿后蹬，成左弓步；在身体重心移至向左腿时，上体继续左转，左掌慢慢翻掌向前推出，成单鞭式。动作要领、易犯错误与（九）单鞭动作 3 相同。

**（十二）高探马**

动作 1：重心前移至左腿，右脚跟进半步，身体重心逐渐后移至右腿；右勾手变掌，两手掌心翻转向上，两肘微屈，同时身体微右转，左脚跟渐渐离地；目视左前方。

动作要领：右脚跟进后应全脚掌落地踏实，两肩松沉。

易犯错误：右脚跟步距离过大，重心移动速度过快。

动作 2：身体向左转，面向前方；右掌经右耳侧向前推出，手心向前，手指与眼同高；左手收至侧腰前，手心向上；同时左脚微向前移，脚尖点地，成左虚步；目视右手。

动作要领：上体保持自然正直，两肩松沉，肘微内收。

易犯错误：上体前俯，耸肩，扬肘，姿势有起伏。

**（十三）右蹬脚**

动作 1：左手前伸至右手腕背面，手心向上，两手交叉，随即向两侧分开并向下画弧，手心斜向下；同时左脚提起向左前方迈步，脚尖略外撇；身体重心前移，右腿自然蹬直，成左弓步；目视前方。

动作要领：左手前伸时两肩松沉，两肘下垂，两臂撑圆；左脚朝左前 45° 方向迈出。

易犯错误：上体歪斜，耸肩抬肘；分手时两臂挺直；迈步时仰身，或成弓步时上体前俯、凸臀。

动作 2：两手由外向里画弧，两手交叉抱于胸前，右手在外，手心均匀向后；同时右脚向左脚靠拢点地；两眼平视右前方。

动作要领：身体保持正直，松腰松髋；两手抱于胸前时，肩放松，两臂呈弧形，肘关节微屈。

易犯错误：身体重心不稳，上体歪斜，两手合抱时上体前俯。

动作 3：两臂左右画弧，分开平举，肘微屈，两手掌逐渐外翻至掌心向外；同时右腿屈膝提起，右脚向右前方慢慢蹬出，目视右手。

动作要领：身体保持稳定，两手分开时，腕部与肩齐平。右脚蹬出时，左腿微屈，右脚尖回勾，力达脚跟。右臂和右腿上下相对，方向一致。例如，面向南起势时，蹬脚方向应为正东偏南约 30°。

易犯错误：右腿提膝时，右脚勾脚尖；成蹬脚时，两臂与右腿呈“十”字形，上体后仰、歪斜。

**（十四）双峰贯耳**

动作 1：身体右转，右腿屈膝回收，提膝，脚尖自然下垂；左手随体转由后向上、向前下落至体前，两手心同时翻转向上；随后两手同时向下画弧，分落于右膝两侧；目视前方。

动作要领：左腿保持重心稳定，上体保持正直，上体右转应以髋为轴。

易犯错误：转体幅度过小。

动作 2：左腿微屈下蹲，右脚向右前落下，脚跟先着地，身体重心逐渐前移，成右弓步，面向右前方；同时两手下落，两掌渐渐变拳，分别从两侧向上、向前画弧至面部前方，呈钳形，两拳相对，高度与耳齐平，拳眼斜向内下，两拳间距 10~20 厘米。

动作要领：右脚前落，左腿屈膝下蹲时速度要均缓；落步和两手下落要协调完成；完成姿势头颈正直，松腰松髋，两拳松握，沉肩垂肘，两臂保持弧形；弓步和身体方向与右蹬脚方向相同。

易犯错误：右脚前落速度太快；成双峰贯耳式时，两臂伸直，高举过头，上体前俯。

**（十五）转身左蹬脚**

动作 1：左腿屈膝后坐，身体重心移至左腿，上体左转，右脚尖里扣；同时两拳变掌，分别由上向左、右画弧分开平举，手心向前；目视左手。

动作要领：右脚尖里扣幅度要大，上体正直，两肩放松，肘下垂，两臂呈弧形。

易犯错误：身体前俯或后仰、凸臀。

动作 2：身体重心再移至右腿，右脚收至右脚内侧，脚尖点地；同时两手由外向下、向内、向上画弧合抱于胸前，左手在外，两手心向后；两眼平视左方。

动作要领：重心右移时保持身体正直，姿势平稳。

易犯错误：两手向内上合抱经腹前时，上体前俯。

动作 3：两臂分别向左右画弧分开平举，肘微屈，两手手心逐渐翻转向外；同时左腿屈膝提起，左脚向左前方慢慢蹬出；目视左手。

动作要领、易犯错误与右蹬脚相同，方向左右相反。左蹬脚方向与右蹬脚成 180°角，即正西偏北约 30°。

**（十六）左下势独立**

动作 1：左腿收回平屈，脚尖自然下垂，上体右转；同时右掌变勾手，勾尖朝下；左掌向上、向右画弧下落，立于右肩前，掌心斜向后，指尖向上；目视右手。

动作要领：右腿保持重心稳固，身体正直；左腿收回平屈与左掌回落于右肩前应协调一致。

易犯错误：身体后仰、歪斜。

动作 2：右腿慢慢屈膝下蹲，身体重心在右腿；左腿由内向左侧伸出，成左仆步；左手下落（掌指向前，掌心向外），向左下顺左腿内侧向前穿出；目视左手。

动作要领：右腿全蹲时，上体不可过于前倾；仆步左腿伸直，左脚尖须向里扣，两脚全脚掌着地；左脚尖与右脚跟踏在中轴线上。

易犯错误：上体前倾，凸臀。

动作 3：身体重心前移，左脚以脚跟为轴，脚尖外撇，左腿前弓，右腿后蹬，右脚尖内扣，上体微左转并向前起身；同时左臂继续向前伸出，立掌挑起，掌心向右，腕与肩齐平；右勾手下落于体后，勾尖逐渐翻转向上；目视左手。

动作要领：仆步时左脚尖先随身体重心前移外撇，然后右脚尖内扣；上体向前起身时应保持正直。

易犯错误：起身时凸臀、歪胯。

动作 4：右腿慢慢提起平屈，脚尖自然下垂，成左独立式；同时右勾手变掌，并由后下方顺右腿外侧向前弧形摆出，屈臂挑掌立于右腿上方，手与眼齐平，肘与膝相对，手心向左；左手翻转掌心向下，按落于左胯旁，指尖向前；目视右手。

动作要领：上体正直，左支撑腿微屈；松肩，两肘微屈。

易犯错误：身体前俯或后仰。

**（十七）右下势独立**

动作 1：右脚落于左脚前，脚掌着地，然后左脚以前脚掌为轴，脚跟内旋，右脚以前脚掌为轴，脚跟外旋；身体随之左转，同时左手向后上平举变勾手，右掌随着转体向左侧画弧，立于左肩前，掌心斜向后；目视左手。

动作要领：右脚下落在距左脚一脚远处，上体正直，身体重心稳定；两臂保持弧形；转体与两手动作要协调一致。

易犯错误：右脚落地时左支撑腿伸直。

动作 2：同左下势独立动作 2，方向相反。

动作 3：同左下势独立动作 3，方向相反。

动作 4：同左下势独立动作 4，方向相反。

动作要领：右脚尖触地后必须稍微提起，然后向下仆步。其他与左下势独立相同，方向相反。

易犯错误：同左下势独立动作 4。

**（十八）左右穿梭**

动作 1：身体微左转，左脚向前落地，脚尖外撇，身体重心前移，右脚跟离地抬起，两腿屈膝成半坐盘式；同时两手在左胸前呈抱球状（左上右下）；然后右脚收至左脚内侧，脚尖点地；目视左前臂。

动作要领：向左转体角度应为 45°；左脚前落时，身体重心应先落在右腿上，屈膝下蹲后逐渐前移，左掌与肩齐平，左肘微低于左掌，右臂虚腋。

易犯错误：左脚迈出时身体重心前移过快。

动作 2：身体右转，右脚向右前方迈出，屈膝弓腿，成右弓步；同时右手由面前向上举并反掌停在右额前，手心斜向上；左手先向左下回收至左肋前，再经体前向前上推出，高与鼻尖平，手心向前，指尖向上；目视左手。

动作要领：左脚迈出方向应在右前 30° 左右，手推出后，上体不可前俯；手向上举时，防止引肩上耸；右手上举、右手前推要与弓步动作上下协调一致；弓步时，两脚跟间横向距离应保持在 30 厘米左右。

易犯错误：右脚向右前迈出角度过大。

动作 3：身体略右转，右脚尖稍向外撇，身体重心随之移至右腿，左脚跟进，停于右腿内侧，脚尖点地；同时两手在右胸前呈抱球状（右上左下）；目视右臂。

动作要领：上体正直，沉肩垂肘；右掌与肩平，右肘低于右掌；左臂虚腋。

易犯错误：身体重心不稳。

动作 4：同左右穿梭动作 2，方向相反。

动作要领、易犯错误同左右穿梭动作 2，方向相反。

**（十九）海底针**

动作：身体重心前移至左腿，右脚提起向前跟半步，身体重心再后移至右腿，左脚稍向前移，脚尖点地，成左虚步；同时身体稍向右转，右手下落经体前向后、向上提抽至右肩上耳旁，再随身体左转，由右耳旁斜向前下方插出，掌心向左，指尖向斜前下方；同时右手向前、向下画弧落于左胯旁，掌心向下，指尖向前，目视前下方。

动作要领：重心移动时上体保持正直，身体要先向右转，再向左转。右脚跟步应稍偏左，脚跟向内，脚尖外撇45°；成虚步时，两脚不可在同一条直线上；身体正面向前，上体不可太向前倾，避免低头和臀部外突，左腿微屈。

易犯错误：右掌上提过高，上体过于前倾，身体重心不稳。

**（二十）闪通臂**

动作：重心移至右腿，同时上体稍向右转，左脚提起向前迈出，重心前移屈膝弓腿，成左弓步；同时右手由体前上提，屈臂上举至右额前上方，掌心翻转向斜上方，拇指向前下方；左手抬起经胸前向前推出，高与鼻尖平，掌心向前，指尖向上，目视左手。

动作要领：左脚提起时保持平稳，两腿不可挺直；完成姿势上体自然正直，松腰、松胯；左臂前推不可挺直，右手向上应做屈臂撑举，不可挺肘；推掌、举掌和弓腿动作要协调一致；弓步时两脚跟横向距离约10厘米。

易犯错误：身体重心上升，起伏明显；完成姿势两臂伸直，上体前倾。

**（二十一）转身搬拦捶**

动作1：上体后坐，身体重心移至右腿，左脚尖内扣，身体向右转，然后身体重心移至左腿；与此同时，右手随转体向右、向下（变拳）经腹前画弧至左肋旁，拳心向下；左掌上举于额前方，掌心朝外斜向上，掌指向右；目视前方。

动作要领：上体保持正直，敛臀正胯，左脚尖内扣幅度要大。肩放松，两臂撑圆。

易犯错误：扣脚幅度过小，转体时凸臀。

动作2：身体右转，重心移至左腿，右拳经胸前向前翻转撇出，拳心向上；左手落于左胯旁，掌心向下，指尖向前；同时，右脚收回后立即向前迈出，脚尖外撇，目视右拳。

动作要领：右脚回收不要停顿或脚尖点地迅速向前迈出，脚跟先着地。两臂弯曲，沉肩松肘。

易犯错误：右拳撇出后肘部挺直或右脚未经收回直接向前迈出。

动作3：身体继续右转，重心移至右腿，左脚向前迈一步；左手上起，经左侧向前上画弧拦出至身体中线，掌与肩齐平，掌心侧向前下方；同时右拳向右画弧收于右腰旁，拳心向上，目视左手。

动作要领：左腿迈出时，左膝微屈；身体中正，不可凸臀；两臂弧形运动，松肩垂肘；在右拳回收时，前臂应先慢慢内旋画弧，再外旋停于右腰旁，拳不可握太紧；拦掌、收拳应同时协调完成。

易犯错误：右拳回收时右臂画弧过大，抬肘耸肩。

动作4：身体微左转，重心前移，左脚踏实，左腿前弓成左弓步；同时右拳向前打出，拳眼向上，高与胸平；左手屈臂收于右前臂内侧，掌心向右，掌指向上；两眼平视前方。

动作要领：左拳边内旋边打出，右肩随拳略向前引，沉肩垂肘，右臂微屈。

易犯错误：右拳打出时挺肘，右肩过于前送，体前俯，凸臀。

**（二十二）如封似闭**

动作 1：左手由右腕下向前伸出，右拳变掌，两手心逐渐翻转向上、向外平分，两手与肩同宽；随后两手慢慢屈肘回收，同时身体后坐，左脚尖翘起，身体重心移至右腿；目视前方。

动作要领：左手前伸时应边翻掌边伸出；身体后坐时，敛臀直背，避免后仰；肩放松，两肘下垂。

易犯错误：当左手前伸翻掌时，两臂挺直。两掌回收时，掌间距超过体宽，体前俯，凸臀。

动作 2：两手继续回收至胸前，翻转掌心向下，经腹前再向上、向前推出，腕与肩平，掌心向前；同时左腿前弓，成左弓步；目视前方。

动作要领：两臂随体后坐、回收要同时进行，肩、肘部略向外松开，不要直线回收；两手推出宽度不超过两肩。

易犯错误：两掌推出时上体前俯，两臂挺直。

**（二十三）十字手**

动作 1：屈膝后坐，身体重心移向右腿，左脚尖内扣，向右转体；右手随转体向右平摆画弧，与左手成两臂侧平举，掌心向前，肘部微屈；同时右脚尖随转体稍向外撇，成右侧弓步；目视右手。

动作要领：左脚尖内扣，右脚外展 45°~60°，上体正直，两臂微屈，松肩垂肘。

易犯错误：上体歪斜或前俯，两臂挺直。

动作 2：身体重心慢慢移至左腿，上体左转，右脚尖内扣，随即向左收回落地，两脚间距与肩同宽，两脚尖向前；两腿逐渐蹬直，成开立步；同时两手向下，经腹前上画弧交叉合抱于胸前，两臂撑圆，腕高度与肩齐平，右手在外，呈“十”字形，手心均向后；目视前方。

动作要领：右脚回收下落时，前脚掌先落，再全脚掌踏实；两臂环抱时须圆满舒适，沉肩垂肘。

易犯错误：身体重心移动太快，造成上下动作脱节；右脚内收成开立步时，两脚间距太小或太大；两手合抱时，上体前俯。

**（二十四）收势**

动作：两手向外翻掌，手心向下，与肩同宽，两臂慢慢下落，两手心向内轻贴于身体两侧；目视前方。然后身体重心移至右腿，左脚提收于右脚内侧下落；两脚尖向前成并立步。

动作要领：两手分开下落时，注意全身放松，气也徐徐下沉，呼吸平稳后，左脚收于右脚旁。

易犯错误：挺胸凸臀，两腋紧夹身体。

# 第四节　跆拳道

## 一、跆拳道概述

跆拳道起源于3000多年前的朝鲜半岛。跆拳道既是一项健身、防身、修身的传统武道文化，又是一项集搏击、竞技、娱乐于一体的现代竞技体育运动。这项运动在20世纪50年代中期，经由从事跆拳道教学的前辈们整合了朝鲜半岛各种技击术而统一，半个世纪以来，风靡全球。

跆拳道运动是以技击格斗为核心，以修身养性为基础，以锻炼人的意志、振奋人的精神为目的，将人类的生存意志通过躯体表现出来，并将人的精神需求具体化的一项体育运动。通过练习跆拳道，修炼者在行为规范、道德修养和武道文化诸方面都会得到提高和发展。因此，它和中国的武术一样超越了一般意义上的竞技体育运动。

现代跆拳道运动已发展为一项技艺化的国际竞技体育运动，在统一的国际性组织［世界跆拳道联盟（WTF）和国际跆拳道联盟（ITF）］指导下，以独特的比赛规则和竞赛方式，展开竞争、对抗、拼搏，其竞赛过程充分显示出人类生命的活力和时代发展的进步。现今跆拳道运动为传统跆拳道和竞技跆拳道两大类。传统跆拳道主要包括品势、功力测试和搏击运动3个部分。竞技跆拳道是在继承和吸取传统跆拳道精华的基础上，把传统跆拳道中注重格斗的观念改变发展为招法、体能、智能、技能综合起来且带有共性意义的徒手格斗形式，以腿法为主，很少用手，具有高度的攻防实战性和激烈的对抗性。它吸取了传统跆拳道的精华，进一步突出跆拳道善于运用腿法的技术特点，使跆拳道在竞技体育大舞台中得以完美体现。至此，我们可以得出现代竞技跆拳道的基本概念：竞技跆拳道是两人按照比赛的规则，运用踢、打及相应的防守等技法进行徒手对抗的竞技体育项目。目前，跆拳道已成为世界上搏击类运动中发展较快的体育项目之一。

### （一）跆拳道的形成与发展

1. 原始跆拳道的形成

在远古时代，社会生产力极其低下，人类生存环境极其恶劣，可谓“物竞天择，适者生存”。在与自然的抗争和各部落之间的搏杀中，在采集、觅食、抵抗毒蛇猛兽以及同恶劣的自然环境斗争的过程中，除拳打脚踢外，人类还将棍棒、石块、竹箭等作为武器，以防身自卫或猎取食物。为了不被他人征服必须有顽强的斗志和强健的体魄，并依靠集体的力量和智慧积极防卫，在这种生存环境下，原始部落之间的战争也促进了生产技能向军事技能的转化，因此，人人都是战士和猎手。

随着社会的发展，生活环境的不断变化，为了抗击外来侵略，应对不同种族之间的互相争斗，原始人经过一定的选择和提炼，逐渐总结了搏斗的技巧，形成了相对稳定的徒手与器械动作的组合，在实际操作演练过程中，成为有目的、有组织的格斗运动，原始跆拳道就是在这样的环境下逐渐形成的。

2. 现代跆拳道运动的发展

1961 年 9 月，韩国成立唐手道协会，后更名为跆拳道协会。

1966 年，国际跆拳道联盟成立。

1973 年 5 月，世界跆拳道联盟在韩国汉城（今首尔）成立。截至 1998 年，世界跆拳道联盟已有会员国 144 个。

1973 年，在韩国汉城举办了第一届世界跆拳道锦标赛。

1974 年，在韩国汉城举办了第一届亚洲跆拳道锦标赛。

1975 年，世界跆拳道联盟被正式接纳为国际体育联盟的会员。

1980 年，国际奥委会正式承认了世界跆拳道联盟。

1986 年，跆拳道被列为第 10 届亚洲运动会（以下简称“亚运会”）的正式比赛项目。

1994 年 9 月，跆拳道成为悉尼奥运会正式比赛项目，男女各设 4 个级别。

目前，跆拳道运动在 140 多个国家广泛开展，已经成为完全独立的正规的比赛项目。在世界锦标赛、亚运会和亚洲锦标赛上共设有男女各设 8 个级别的比赛。跆拳道每两年举办一次世界锦标赛和世界杯比赛。

3. 中国跆拳道运动的发展

国际跆拳道联盟原总裁、跆拳道创始人崔泓熙认为，在中国普及跆拳道意义重大。他很早就非常重视在中国普及跆拳道。1986 年 6 月，他随国际跆拳道代表团访问了中国。精彩的演武轰动了各个城市，掀起了一阵跆拳道旋风。近些年来，国际跆拳道联盟的许多高级教师来到中国，为教授跆拳道做出了很大努力。

1999 年年初，国际跆拳道联盟正式成立了专门帮助中国普及和发展跆拳道的新机构——国际跆拳道联盟中国地区总部，由宋硕景负责。宋硕景把普及和发展跆拳道的事业当作自己的使命，为普及和发展跆拳道的事业做出了巨大贡献。

**（二）跆拳道的特点和作用**

1. 跆拳道的特点

（1）以腿为主，以手为辅，主要关节武器化。首先是腿法。腿法技术在整体运用中约占 4/5，因为腿在人体中是最长的和力量最大的。腿法有多种形式，可高可低、可近可远、可左可右、可直可屈、可转可旋，威力极大，是比赛时得分和实用制敌的有效方法。其次是手法。手臂的灵活性很好，可以自如地控制完成防守和进攻动作，同时可以变化为拳、掌、肘、肩的多种用法进行实战。在竞赛规则之外的跆拳道实战中，人体的一些主要关节部位也可用作进攻的武器或防守的盾牌，这是跆拳道技术的本质，如人体的手、肘、脚等关节部位，是跆拳道实战中最常用、最有效的打击武器。

（2）强调呼吸，发声扬威，以刚制刚，方法简练。跆拳道练习要求在气势上给人以威严的感觉，练习者常以洪亮并带有威慑力的声音来显示自己的威力。在发声的同时停止呼吸，可以使人体内部的阻力减小，提高动作速度，集中精力，使动作发挥出更大的威力。受跆拳道精神影响，运动员在比赛当中多是直击直打、接触防守，躲闪技术运用得较少。进攻都采用直线连续进攻，以连贯快速的脚法组合击打对手。防守多采用格挡技术，或者是采取以攻对攻、以攻代防的技术。

（3）内外兼修，方法独特，以功力验水平。跆拳道理论认为，经过专门练习，人的关节部位能产生不可思议的威力，主要是拳、肘、膝和脚 4 个部位，尤以脚和手为甚。长期专门练习跆拳道，可以使人达到内外合一的程度，即内功和外力达到统一的巅峰。无法确定人体关节部位武器化的威力和潜力到底有多大，只有通过对木板、砖和瓦等物体的击打来测量验定练习者的功力水平。功力测验是跆拳道练习水平、晋级考试、表演和比赛的一个重要内容，能体现出跆拳道独特的功法和特点。

2. 跆拳道的作用

（1）修身养性。跆拳道运动可培养人优秀的意志品质。跆拳道练习推崇“以礼始，以礼终”的尚武精神，练习中要以“礼义廉耻，忍耐克己，百折不屈”为宗旨，因此，跆拳道可以培养人顽强果断、吃苦耐劳的精神，磨炼人坚韧不拔、积极向上的品质，养成人礼让谦逊、宽厚待人的美德。

（2）练就健全的体魄。跆拳道运动紧张激烈，对抗性强，可使人强壮身骨，提高各关节的灵活性及肌肉的伸展性和收缩能力，发展人的速度、灵敏、力量和耐力等素质，提高人内脏器官的机能和人体神经系统的灵敏性，增强人体的击打和抗击打能力。

（3）观赏竞技。跆拳道比赛或实战时，双方队员不仅要斗智斗勇，还要通过高超的技艺展示跆拳道技术动作的优势，尤其是跆拳道变化多端、尽现人体机能特点的腿法技术，在对抗中高来低往，表现得淋漓尽致，能够让人享受对抗的美感。

## 二、跆拳道的基本知识

### （一）跆拳道礼仪

跆拳道中的“礼仪”是跆拳道基本精神的具体体现。跆拳道练习虽然是以双方格斗的形式进行，但是不管它怎样激烈，双方都以提高技艺和磨炼意志品质为目的，在双方内心深处都必须持有向对方表达敬意和学习的心理。因此，在跆拳道练习或比赛前后都一定要向对方敬礼，即跆拳道运动始终倡导的“以礼始，以礼终”的尚武精神。“礼仪”是跆拳道运动重要的组成部分。

1. 礼仪

跆拳道的礼仪是指练习者从内心深处溢出的自然地表现在人的行为上的、高尚的、有价值的举动。跆拳道练习者在学习技术之前，首先要学习的是跆拳道的礼仪知识。只有懂得了跆拳道的礼仪知识，才可以练好跆拳道。跆拳道礼仪的学习对跆拳道练习者来说非常重要：谦虚和正确的言语，忍让和友好的态度，虚心和好学的作风，是跆拳道练习者应当遵循的重要礼仪。

2. 敬礼

跆拳道运动极其重视礼仪是以敬礼的形式体现出来的。它要求练习者在学习与训练中严格遵守礼仪，学会敬礼。跆拳道中的敬礼表示的是尊重、礼貌、友好、谦虚和感谢，是一种内心思想的外在表达方式。跆拳道的敬礼要求是：身体面向对方，并步直立，两臂自然置于身体两侧，上体前倾 15°，头部前倾 45°，目视地面，稍停后，还原成直立姿势，行礼完毕。

作为跆拳道练习者应全面认识跆拳道“内外兼修”的宗旨，它将技击术与处世态度、人生价值紧紧联系在一起。为此，我们应该大力提倡发展跆拳道礼仪教育，在推进全民健身的同时，注意技术学习和礼仪规范并重，二者相辅相成，缺一不可。跆拳道的礼仪教育与社会主义的精神文明建设密切相关，应将跆拳道礼仪纳入社会道德规范，使礼仪教育更具鲜明的时代特征和新的生命力，为构建社会主义和谐社会，建设新型社会主义国家，提高人们的道德水准，发挥应有作用。

**（二）跆拳道等级**

跆拳道的等级通过腰带的不同颜色来体现，而不同国家和地区的跆拳道等级设定有所不同，同一个国家的不同地区，跆拳道等级设定也有差异。例如，美国普遍将跆拳道等级设定为 11 级，也有普遍将跆拳道等级设定为 19 级的地区；澳大利亚跆拳道等级的新式设定为 10 级，旧式设定为 13 级；中国台湾的跆拳道等级设定与中国大陆相比则没有黄绿带、绿带及绿蓝带，红带分为红黑一线、红黑二线及红带黑头；韩国跆拳道等级标准（亚洲其他地区的跆拳道等级标准通常依据韩国标准修订）通常为 9 级，黑带则分作一至九段，以及 15 周岁以下未成年运动员适用的一至四品。

1. 色带

色带是跆拳道里的初学者，其标准等级见表 6-1，完成色带阶段者可考核黑带。

**表 6-1　色带等级**

| 级数 | 色带名称 | 描述 |
|---|---|---|
| 10 | 白带 | 表示空白，尚未具有跆拳道知识，意味着入门阶段。有纯洁之意，戴上此色带的运动员对跆拳道的技术一窍不通，尚待磨炼 |
| 9 | 白黄带 | 白带与黄带之交界，表示戴上此色带的运动员已掌握一定的跆拳道基本知识及技术 |
| 8 | 黄带 | 表示大地中的植物正在生根发芽，意味着学习基础阶段。此级别的运动员正在打好技术根基 |
| 7 | 黄绿带 | 黄带与绿带间的交界，运动员进入此阶段后会开始训练搏击技巧，为进入绿带打下基础 |
| 6 | 绿带 | 表示成长中的绿色草木，意味着技术的进步阶段。进入此阶段的运动员的跆拳道技术开始枝繁叶茂，并且不断地完善。此级别的运动员开始练习一些较高难度的脚法（如后踢），并且进行搏击 |
| 5 | 绿蓝带 | 绿带与蓝带间的交界 |
| 4 | 蓝带 | 蓝色是天空的颜色，运动员的技术像大树般一直向着天空生长渐趋成熟，此级别的运动员已完全掌握基本技术 |
| 3 | 蓝红带 | 蓝带与红带间的交界。在某些道馆中，此级别的运动员开始准许在搏击训练中踢击对手头部 |
| 2 | 红带 | 红色意味着该阶段运动员有一定的危险程度，属于警戒程度，即运动员已经有相当的实力，但是修养和控制能力仍然有改善的空间 |

续表

| 级数 | 色带名称 | 描述 |
|---|---|---|
| 1 | 红黑带 | 红带与黑带间的交界，通常也是佩戴最久的一条色带，因为对于黑带的训练至少要一年 |
| 无 | 黑带 | 白带的对立面（设有段位） |

2. 黑带

黑带表示白带的对立，相对白带技术已经熟练，意味着其在黑暗中也能够发挥自身的能力，有着不怕黑暗、无惧艰辛的意思。戴上黑带的运动员，已经进行过长期刻苦的训练，而且技术、动作和思想十分成熟；而戴上红黑带或红带的运动员，已经系统地训练了较长的时间，正从红带向着黑带进发。15 周岁以下的黑带以品论级，15 周岁以上的黑带以段论级，有升为黑带时无段位的级别存在，段位最高级为九段。

黑带共有九段，一至三段是黑带新手，四至七段是高手，八至九段是给对跆拳道有杰出贡献的人的。跆拳道分 WTF（竞技跆拳道）和 ITF（搏击跆拳道）两种，简单地说，WTF 是以竞技为主的，也就是在奥运会上看到的，突出的是竞技，所以运动员全身戴满了护具以防受伤；ITF 是以实战为主的，突出的是实战的应用以及杀伤力。在正规的 ITF 比赛中运动员的护具只有一副手套和一副脚套，由于危险性比较高，因此 ITF 没有进入奥运会比赛项目。ITF 是正统的跆拳道，WTF 是以竞技为目的、由 ITF 改造而成的一项体育运动。

## 三、跆拳道基本技术

### （一）跆拳道基本动作

1. 基本站姿

基本站姿是跆拳道技术动作能够灵活运用的基础，具有破坏力和出色的攻击及防守动作主要是依靠正确的站姿来实现的，这是因为站姿是每个跆拳道动作的起始点。基本站姿的稳定性、敏捷性、平衡力和灵活性是实战中技术能否完美发挥出来的主要的因素。

（1）基本站姿：左脚在前叫作左势，右脚在前叫作右势。

（2）动作规格（以左势为例）。

① 两脚前后开立，与肩同宽，前脚尖 45° 斜向右前方，两脚水平距离半肩宽。

② 后脚跟抬起轻轻接触地面，不能离地。两脚掌承重。膝关节微屈，身体重心在两脚之间；腰部控制重心。

③ 上身自然直立，身体 45° 斜向前方，让开要害部位。

④ 双手握拳，前拳放在身前，与肩同高，后拳放于下颌位置，以保护下颌。两臂弯曲置于胸前，保护两肋。

⑤ 头部直立向前，目视正前方对手眼睛。

（3）动作重心：身体重心的高低与实战者身体体能、战术有关，只要是便于做动作或移动的，不论重心高低都是正确的。

（4）动作要领：身体自然站立，肩部、肘部、膝盖等部位的肌肉要放松；膝、肘关节松而不懈，富有弹性。

2. 基本步法

步法是指在基本站姿的基础上，向不同方向移动的方法。步法是维持身体平衡，配合拳法、腿法等技术动作快速击打或防守反击时移动身体、调整实战距离的一种衔接技术。其主要作用是保持身体重心，调控最佳攻击距离。

（1）前进步：以左势站立，左脚向前滑进一步，右脚随即跟进，两脚仍保持原来的姿势与距离。

动作要领：开始前进时，略提左脚跟，右脚同时向后蹬地，上体保持原来的姿势，身体重心始终落在两脚之间。

（2）后退步：以左势站立，左脚蹬地，右脚向后退步，左脚随即跟进，上体保持原来的姿势。

动作要领：左脚用力向前蹬地，右脚跟略抬起，右脚后滑的距离不可太大，要保持平稳。

（3）上步：以左势站立，右脚向前上一步，成右势。

动作要领：上步通过拧腰转髋完成，两臂在体侧自然摆动，上步距离不可过大，身体不要起伏过大。

（4）后撤步：以左势站立，左脚向后撤一步，成右势。

动作要领：左脚向前蹬地，同时重心保持平稳，移动要通过转腰完成，两臂在体侧自然移动。

（5）左移步：以左势站立，右脚蹬地，重心左移，左脚向左跨出一小步，随后右脚向左跨出一步。

动作要领：当左脚向左移动时，身体应快速向左偏，上体不要左右摆动，移动距离视具体情况而定。

（6）右移步：以左势站立，左脚蹬地，重心右移，右脚向右跨出一小步，随后左脚向右跨出一步，成左势。

动作要领：与左移步要领相同，方向不同。

（7）跳换步：以左势站立，两脚同时用力蹬地，左右脚同时交换位置，落地后成右势。

动作要领：身体不宜起伏过大，尽量平稳移动，两脚稍离地。双手摆动幅度不要太大。

（8）前交叉步（前跃步）：以左势站立，迅速转体，随后右脚向前跃出一大步，落于左脚前，同时左脚立即跟上（两脚先后向前跃进一步），成左势。

动作要领：向前跃进时，身体不宜起伏过大，尽量平稳移动，两脚稍离地即可。

（9）后交叉步（后跃步）：以左势站立，向左转体，同时左脚向后撤，右脚跟步，成左势。

动作要领：与前交叉步动作要领相同，注意向左转体时，身体不要后仰。

**（二）跆拳道基本腿法**

在跆拳道技术体系中，腿法是重要的一项。跆拳道由于规则的限制，主要是用腿攻击和防守反击，因此要求腿法有一定的灵活度。这在一定程度上决定了进攻和反击能否达到目的，因此腿法在跆拳道技术体系中占有很重要的地位。

1. 前踢

前踢是跆拳道最基本的踢法，能使膝关节快速屈伸能力、膝关节四周的肌肉得到很好的锻炼。

（1）动作过程。

① 以左势站立，右脚蹬地，重心前移至左脚。（图 6–193）

② 左脚支撑，右脚蹬地屈膝，上提膝关节，上体略后仰。（图 6–194）

图 6–193

图 6–194

③ 左脚以脚掌为轴外旋约 90°，同时，右腿迅速伸膝向前上踢击，力达脚面。（图 6–195）

④ 踢击目标后小腿快速放松回收，右脚落回成左势。（图 6–196）

图 6–195

图 6–196

（2）动作要领。

① 提起右膝，躯干可稍向后倾，髋部则尽量向上、向前送，膝关节走直线弹踢小腿。

② 小腿弹出后，在弹直的一刹那，要有一个制动的过程，使脚面产生击打的力度。

（3）易犯错误。

① 提膝时没有直线出腿、直腿上撩。

② 支撑脚没有积极配合髋部的转动。

（4）练习的方法。

① 两人一组，交替进行前踢练习。

② 逐渐增加前踢的高度和远度。

③ 左右脚交替练习。

④ 空击动作练会后，两人进行脚靶配合练习。

2. 横踢

横踢是跆拳道比赛中常用的动作之一。横踢与前踢类似，区别在于横踢腿的膝盖在击打的一刹那转向对方的腹部，而前踢腿的膝盖方向是向前上方。横踢幅度小，隐蔽性好，速度快。

（1）动作过程。

① 以左势站立，右脚掌蹬地，身体重心移至左脚。

② 大小腿折叠，向上、向前提膝，以左脚掌为轴旋转大于 180°，右膝盖朝向左侧，膝关节前提至水平状态。

③ 下动不停，右脚快速弹踢出小腿。

④ 击打后，小腿放松回收。

⑤ 右脚自然落下成右势。

（2）动作要领。

① 提起右膝时，大小腿之间要折叠，膝关节走直线弹踢小腿。

② 弹踢的一瞬间，肩、髋、膝、踝各关节形成一条直线。

③ 在弹直的一刹那，要有一个制动的过程，使脚面产生击打的力度。

（3）易犯错误。

① 大小腿没有折叠，没有直线提膝。

② 左脚没有积极配合提膝转髋的移动，支撑脚不灵活。

③ 小腿弹出后，没有制动的过程。

（4）练习的方法。

① 两人一组，交替进行后横踢练习。

② 逐渐增加横踢的高度和远度。

③ 左右脚交替练习。

④ 空击动作练会后，两人进行脚靶配合练习。

⑤ 两人佩戴护具配合练习，一方站立，一方击打。

3. 侧踢

侧踢同样是跆拳道比赛中常见的动作之一，但是它相对于其他动作来说，主要是用来阻挡和干扰对方进攻，不是主要的动作。

（1）动作过程。

① 以左势站立，身体重心前移，右腿屈膝上提。

② 左脚以脚掌为轴外旋约 180°。

③ 右脚迅速伸膝发力，直线向右前方踢出，力达脚外侧或整个脚掌。

④ 踢击动作完成后，肌肉放松，重心下落，恢复为左势。

（2）动作要领。

① 提膝时，膝关节夹紧向前直线提起，提膝、转体与踢击要协调连贯。

② 踢击时，要转体、展髋，上体略侧倾，踢击目标的瞬间髋、膝、腿应在同一平面内。

③ 动作完成后，直线收回。

（3）易犯错误。

① 小腿没完全伸展，大小腿没有成一条直线。

② 踢击时上体后移，分散了攻击的力量。

（4）练习的方法。

① 可手扶物体进行提膝、转髋练习。

② 侧踢技术动作完整空击练习。

③ 左右腿进行交替练习。

④ 空击动作练会后，两人进行固定靶和移动靶的练习。

4. 劈腿

劈腿是跆拳道独具特色的技术之一，它主要是对方靠近我方时的一项攻击方法。

（1）动作过程。

① 以左势站立，身体重心移至左脚，右脚蹬地向上提起右大腿，同时右腿以髋关节为轴屈膝上提，两手握拳置于胸前；略转髋向上、向前送髋，使右腿膝盖与胸部尽量贴近。（图 6-197、图 6-198）

② 右小腿以膝关节为轴向上伸直，将右腿直举于体前，右脚过头。

③ 然后向前、向下以右脚跟（脚掌）用力劈下。（图 6-199）

④ 击打后，右脚自然落下成右势。（图 6-200）

图 6-197

图 6-198

图 6-199

图 6-200

（2）动作要领。

① 劈腿是由上向下快速砸击，腿的高度尽量超过对手的头部。

② 达到高度要向前展髋，以脚跟或脚前掌击打目标。

（3）易犯错误。

① 起腿不高，出腿太慢。

② 下劈时，腿控制不好，落地太重。

（4）练习的方法。

① 开始练习时可扶物体进行提膝、上举腿或完整踢击辅助练习。

② 劈腿技术动作完整空击练习。

③ 左右腿进行交替练习。

④ 空击动作练会后，两人进行固定靶和移动靶的练习。

5. *后踢*

后踢是跆拳道比赛中常用技术动作，可用于进攻与反击，以反击为主。

（1）动作过程。

① 以左势站立，重心移至左脚。（图 6–201）

② 以左脚掌为轴，左脚跟外旋 180°，回头转身，身体向右后方转动，同时提起右大腿，使大小腿折叠，脚踝放松。（图 6–202、图 6–203）

③ 右脚用力向攻击目标直线踢出。（图 6–204）

④ 击打后，右脚自然回收落下成左势。（图 6–205）

图 6–201

图 6–202

图 6–203

图 6–204

图 6-205

（2）动作要领。

① 身体向右后方转动时，要回头转身—提膝—蹬腿—压右肩—直线踢击一次完成，不能停顿。

② 击打目标是正前方，力点向前。

（3）易犯错误。

① 转体大小腿不折叠，直腿往上撩。

② 转身后踢动作不连贯。

③ 转身两腿未夹紧，转身展髋走弧线。

（4）练习的方法。

① 开始学习时可手扶支撑物，体会转身、提膝、后蹬的感觉。

② 在练习完整技术时，逐渐增加后踢的高度和远度，左右脚要交替进行。

③ 同伴手持小脚靶或护具进行练习。

④ 两人一组，穿戴护具配合练习后踢迎击或反击。

**（三）跆拳道品势**

跆拳道的品势，是指以技击为主要内容，通过攻守进退的动作编排，达到强身健体、培养意志的目的的一种练习形式。跆拳道品势有一定的套路，即将一定数量的动作编排起来，形成固定模式的套路。

跆拳道的品势有多种，基本品势有高丽、金刚、太极等。品势依据“演武线”来区别，所谓“演武线”，就是打这个套路的时候人在地上行进的方向和角度（图 6-206）。例如，高丽走“士”字形路线，金刚走“山”字形路线，太极走“工”字形路线，等等。跆拳道品势共有 20 多种，每种都有各自的意义、内涵和要求，这也是 ITF 对外推广这项运动的一个特有表现形式。

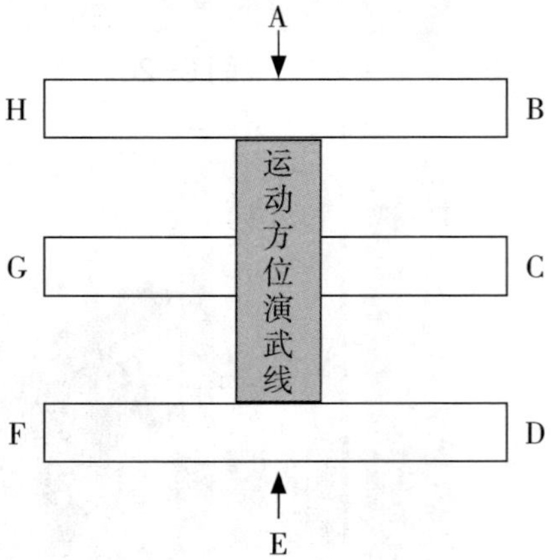


图 6-206

1. 准备姿势

（1）两脚并拢，两手握拳贴于身体两侧，两眼平视前方。（图 6-207）

（2）左脚向左开半步，与肩同宽，两前臂由下向上屈至胸前。

（3）两前臂由上向下屈臂至腹前握拳，拳心向内，两眼平视前方。（图 6–208）

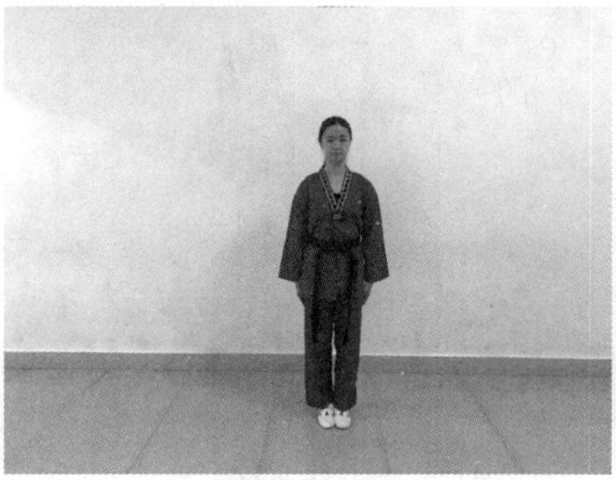

图 6–207

图 6–208

2. *左转身立步下截*

（1）身体左转 90°，左脚迈向 B 方向成前立步，同时左拳收于右肩部上方，拳心向内，右臂前伸，掌心向下。

（2）左前臂内旋下截（防左下段），拳心向下，同时右拳收于腰间。（图 6–209）

3. *右顺步冲拳*

右脚迈向 B 方向成前立步，同时右拳向前内旋平冲，与胸同高，左拳同时收于腰间。（图 6–210）

图 6–209

图 6–210

4. *右转身立步下截*

（1）身体以左脚为轴右转 180°，右脚迈向 H 方向成前立步，同时右拳收于左肩部上方，拳心向内，左臂前伸，掌心向下。

（2）右前臂内旋下截（防右下段），拳心向下，同时左拳收于腰间。（图 6–211）

5. *左顺步冲拳*

左脚迈向 H 方向，成前立步，同时左拳向前内旋平冲，与胸同高，右拳同时收于腰

间。（图 6–212）

图 6–211

图 6–212

6. *左弓步下截*

（1）身体左转 90°，左脚迈向 E 方向成左弓步，同时左拳收于右肩部上方，拳心向内，右臂前伸，掌心向下。

（2）左前臂内旋下截（防左下段），拳心向下，同时右拳回收腰间。（图 6–213）

7. *左弓步冲拳*

左弓步保持不变，右拳向前内旋平冲（E 方向），左拳收于腰间。（图 6–214）

图 6–213

图 6–214

8. *右转身中格*

（1）右脚向 G 方向迈半步成前立步，身体右转 90°，左拳由腰间向外旋转，拳心向外，右拳屈肘前伸。

（2）左臂内旋至胸前（防中段），略低于肩，同时右拳收于腰间。（图 6–215）

9. *左顺步冲拳*

左脚向 G 方向迈一步成前立步，右拳向前内旋平冲，与胸同高，同时左拳收于腰间。（图 6–216）

图 6-215

图 6-216

10. *转身中格*

（1）左脚向 C 方向上半步成前立步，身体左转 180°，右拳由屈肘向外旋转，拳心向外，右拳屈肘前伸。

（2）右臂内旋至胸前（防中段），略低于肩，同时左拳收于腰间。（图 6-217）

11. *右顺步冲拳*

右脚向 C 方向上一步成前立步，左拳向前内旋平冲，与胸同高，同时右拳收于腰间。（图 6-218）

图 6-217

图 6-218

12. *右弓步下截*

（1）身体右转 90°，右脚迈向 E 方向成右弓步，同时右拳收于左肩部上方，拳心向内，左臂前伸，掌心向下。

（2）右前臂内旋下截（防右下段），拳心向下，同时左拳收于腰间。（图 6-219）

13. *右弓步冲拳*

右弓步保持不变，左拳向前内旋平冲（E 方向），右拳收于腰间。（图 6-220）

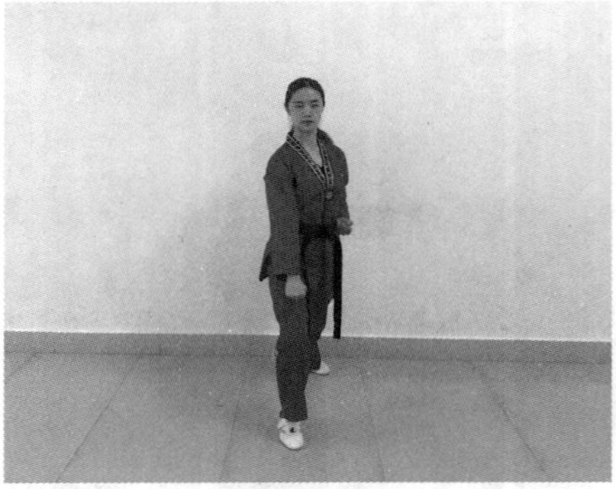

图 6–219

图 6–220

14. *左前上步上格*

（1）身体左转 90°，左脚向 D 方向上半步成前立步，同时右臂内旋收于左侧，左拳收于腹前置于右肘下，拳心向内。

（2）左臂外旋至额头前上格挡（防上段），右拳收于腰间。（图 6–221）

15. *右前踢冲拳*

（1）上体保持不变，右脚以膝关节为轴屈膝前踢（D 方向）。（图 6–222）

（2）右脚收回，放松下落成前立步，左拳前伸缓冲，右拳收于腰际。

（3）上动不停，左拳收于腰间，同时右拳向前内旋平冲与胸同高。（图 6–223）

16. *右转身上格*

（1）右脚向后撤一步，身体右转 180° 成前立步（F 方向），同时右臂内旋收于左腹前置于左肘下，拳心向内，左拳收于右侧。

（2）右臂外旋至额头前上格挡（防上段），左拳收于腰间。（图 6–224）

17. *左前踢冲拳*

（1）上体保持不变，左脚以膝关节为轴屈膝前踢（F 方向）。（图 6–225）

（2）左脚收回，放松下落成前立步，右拳前伸缓冲。

（3）上动不停，右拳收于腰间，同时左拳向前内旋平冲与胸同高。（图 6–226）

图 6–221

图 6–222

图 6-223

图 6-224

图 6-225

图 6-226

18. 左弓步下截

（1）身体右转 90°，左脚迈向 A 方向成左弓步，同时左拳收于右肩部上方，拳心向内，右臂前伸，掌心向下。

（2）左前臂内旋下截（防左下段），拳心向下，同时右拳收于腰间。（图 6-227）

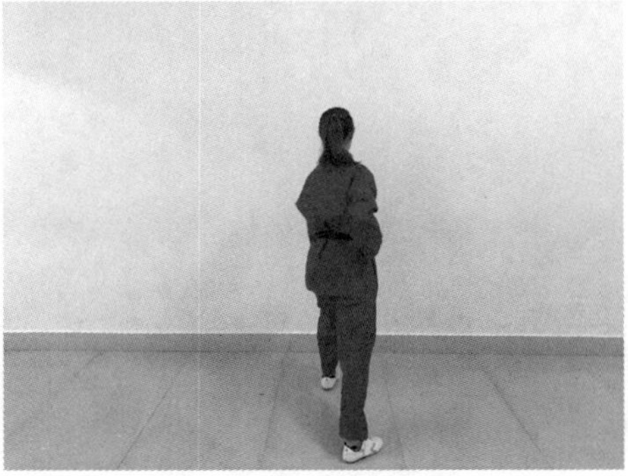

图 6-227

19. 右弓步冲拳

左脚不动，右脚向前上步成右弓步，同时右拳向前内旋平冲与胸同高，左拳收于腰间。

20. 收势

身体以右脚为轴，向左后转 180°，同时左脚后撤与右脚平行，还原成准备姿势（A 方向）。（图 6–228、图 6–229）

图 6–228

图 6–229

# 第七章　体育游戏与户外运动

## 第一节　体育游戏

体育游戏是以身体练习为基本手段，以增强体质、娱乐身心、陶冶性情为目的的一种现代游戏方式。

### 一、体育游戏的特点

第一，目的性强。参加体育游戏有利于增强体质，促进身心健康发展，提高体能，提高智力，能够达到教育与娱乐的双重目的。

第二，教育性强。积极向上的体育游戏，不仅能使参加者的身体得到锻炼，还能提高其审美能力，培养其良好的思想品德及团结奋斗的集体主义观念。

第三，适应性强。体育游戏的内容及形式丰富多样，不受年龄、性别、场地和器材等客观条件的限制，可因人、因时、因地灵活开展，深受广大青少年喜爱。

第四，竞争性强。体育游戏参加者可以在公平、合理的规则下，充分发挥自己的体能、技能及才智去战胜对手，获取胜利。

### 二、体育游戏的作用

在高校体育教学中融入体育游戏的作用：

第一，培养兴趣，提高练习的积极性。体育游戏因具有娱乐的特性，吸引了广大学生的积极参与，有利于培养他们参加体育活动的兴趣，并在一定程度上提高了学生的积极性。在体育教学中，将那些重要、需要反复练习且比较单调、枯燥的技术动作设计成游戏的形式进行练习，可激发学生练习的积极性，使其乐而不厌地练习，从而收到良好的练习效果。

第二，发展身体素质。体育游戏不仅能通过身体活动发展学生的速度、灵敏、协调和耐力素质，而且能通过以综合动作为主的球类游戏提高学生的基本活动能力。学生在快乐的情绪下运动，进一步增强了呼吸系统、心肺系统及运动器官的功能，达到增强体质的目的。

第三，改善心态，提高心理素质水平。体育游戏以丰富有趣的活动形式以及竞争中的胜负不确定性，使每一个参与者都能感受到胜利的喜悦，从而提高自信心、鼓舞士气和改善心态。

第四，缓解疲劳，消除负面情绪。在常规体育课的结束部分，进行伴随音乐的体育游戏，可减轻疲劳或消除由疲劳引起的负面情绪。这既改善了心理环境，又调节了运动器官的生理机能，使学生愉快而轻松地完成一堂课的学习任务；既达到了放松、恢复的目的，又增强了体育课自身的吸引力。

第五，培养思维能力、创造能力和竞争能力。体育游戏一般以争夺最后的胜利为目的。体育游戏，不仅是体力的竞争，也是智力的竞争。对于胜负的评判，无论是以完成任务的数量、质量为基本指标，还是以完成任务时间的快慢为基本指标，完成任务的方法都起决定性的作用。例如，在“运送弹药”的游戏中，如何才能搬得快？在“架桥过河”的游戏中，怎样才能争时间、抢速度而不至于落水？等等，都需要积极的思维，创造和选择最有效的方法。方法的创造和选择必须考虑个人的特点和能力。集体性的游戏还讲究重要的战术配合和战略，是智慧的较量。因此，好的辅助性体育游戏对培养学生的思维能力、创造能力和竞争能力是大有裨益的，而这些能力正是现代社会对人才的要求。

## 三、奔跑类游戏

### （一）换球接力游戏

游戏目的：①发展快速奔跑能力和灵活性；②培养团队协作精神和竞争意识。

游戏准备：在平整的场地或跑道上，画一条线作为起跑线，在起跑线的正前方，每隔 6~8 米画一个直径约 50 厘米的圆圈，每队画两个；实心球 12~15 个。

游戏方法：学生 6~8 人一队，成纵队站在起跑线后，每队第 1 名队员手持两个实心球站在起跑线后，听到“开始”的口令或口哨声后，快速向前奔跑，把两个实心球分别摆放进两个圆圈内，然后返回起跑线，与本队第 2 名队员击掌；第 2 名队员跑出，把前一名队员放进圆圈的两个实心球拿回，交到下一名队员手中；下一名队员快速向前奔跑，再将球分别放进两个圆圈内。游戏依次进行，直到全队完成，先完成的队获胜。（图 7–1）

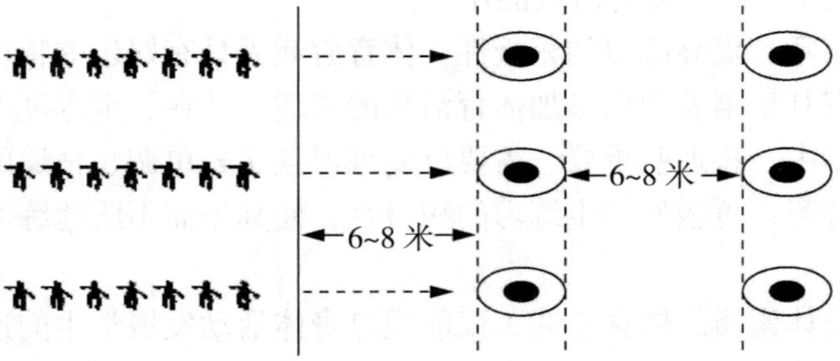


图 7–1

### （二）单足跳接力游戏

游戏目的：①发展下肢的弹跳能力、身体的灵敏性和协调性；②培养团结协作精神。

游戏准备：在平整宽阔的场地上，画两条相距约 10 米的平行线，一条为起跳线，另一条为折回线，在折回线上摆放标志物。

游戏方法：将学生分成人数相等的若干队，分别成纵队站在起跳线后。听到“开始”的口令后，各队第一名队员以单足跳的方式前行，跳到对面绕过标志物返回起跳线后，与本组下一名队员击掌，下一名队员以单足跳的方式跳出。游戏依次进行，所有队员跳完一轮，以最后一名队员返回起跳线的先后顺序判定胜负。（图 7–2）

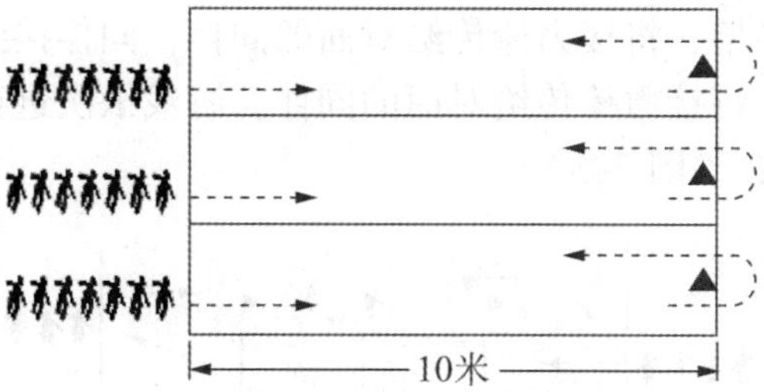


图 7–2

游戏规则：①途中不允许换腿，必须绕过标志物后再返回；②不能抢跑，必须等上一名队员回到起跳线与其击掌后再跳出。

游戏组织要点：①行进方式还可采用蛙跳、跨步跳等；②跳跃距离可根据学生的实际情况适当调整。

## 四、追逐接力类游戏

### （一）两人三足游戏

游戏目的：①发展奔跑能力、协调性和灵敏性；②培养团队默契和互相协作的精神。

游戏准备：在跑道或平整空旷的草地上画两条相距 20 米的线，一条为起跑线，另一条为终点线，在终点线上相距约 5 米处平行放置两根标志杆；布带 3~4 条、标志杆 2~3 根。

游戏玩法：将学生分成人数相等的两队，每队两人一组成纵队依次站在起跑线后。每队第 1 组的两人的相邻腿绑在一起（布带绑在踝关节处），双臂互相搭肩，准备起跑。听到发令员口哨响后，第 1 组以两人三足的方式跑向终点，绕过标志杆，再跑回到起跑线，解下布带交给第 2 组；第 2 组以相同方法将两人相邻的腿绑好后，向前奔跑。依次进行，每队每组轮流一次，先跑完的队获胜。

游戏规则：①不能抢跑，必须在起跑线后把布带绑好再跑出；②若中途布带散开，应在原地绑好后再继续跑。

游戏组织要点：①游戏前必须强调安全，可以让学生先在草地上练习，以免受伤；

②系布带时需要注意绑的松紧度和打结方法，以免脱落；③每组男女生组合的比例需要适当调配；④游戏方式还可采用三人四足、四人五足合作向前行进。

**（二）迎面障碍接力游戏**

游戏目的：①发展奔跑速度、腿部肌肉力量和身体的灵活性；②培养集体主义精神和竞争意识。

游戏准备：场地为跑道或平整空地；在地面上画两条相距 40 米的线，一条为起跑线，另一条为终点线；两线之间每隔 10 米横放一个高 84~91.4 厘米的栏架，在平行于栏架约 2 米处放一根标志杆；接力棒 4~5 支。

游戏方法：将学生分成人数相等的两队，每队分成相等的两组，一组成纵队站在起跑线后，另一组站在终点线后。听到“开始”的口令后，每队的第一名队员手持接力棒向前奔跑，钻过 3 个栏架，将接力棒传给对面的同伴，同伴接到接力棒后，沿蛇形路线快速绕过 3 根标志杆，将接力棒传给对面的同伴。游戏依次进行，先完成的队获胜或以各队时间长短排定名次。（图 7–3）

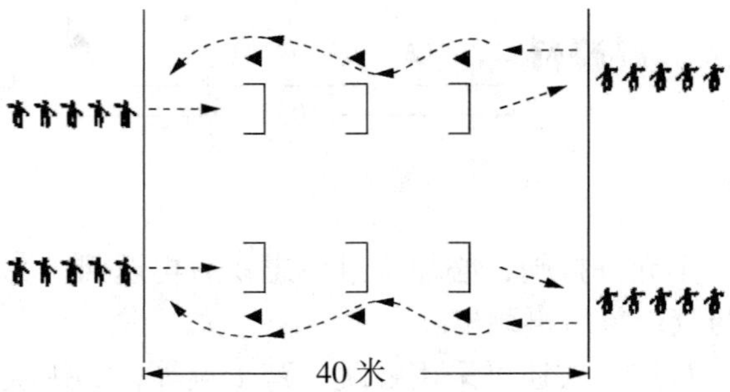


图 7–3

游戏规则：①必须站在起跑线或终点线后，接到接力棒再向前跑出；②绕行标志杆时不能将标志杆碰倒，否则以犯规论处。

## 五、角斗类游戏

**（一）命悬一线**

游戏目的：①培养团队协作精神，消除彼此的心理隔阂；②提高解决问题的能力。

游戏准备：选择一棵粗壮的大树，在结实的枝杈上悬挂一根能拉起体重最重的队员的长绳，在长绳下的地面上画一条长 3~4 米的直线作为山洞入口；选择直径约 30 厘米的圆胶木板 10~15 个，分散放在山洞内的地面上。

游戏方法：将学生分成人数相同的若干队，每队 8~10 人，各队按编号顺序依次进行游戏。游戏开始，一名队员跳起并用双手抓紧绳子上端，使身体离地悬空，然后依靠绳子摆动的牵引力摆到洞内的圆木板上，站稳；抛回绳子，下一人继续游戏。10 分钟后山洞门关闭，换下一队继续游戏。最后以各队有效进洞的人数多少排定名次。

游戏规则：①如果在摆进洞的过程中队员身体任何部分触地，须回到洞外重新开始；②进洞后双脚落到圆木板上必须站稳，如果踩到地面，则此次进洞无效；③同队的队员可以帮助悬挂在绳子上的人加大摆动幅度，但不允许在悬挂的绳子上打结。

游戏组织要点：①如果参加人数过多，可以让部分人做监护员或者再建一个游戏场地；②可以采用体育馆内的爬绳在室内开展该游戏；③游戏结束，组织学生讨论游戏过程中碰到了哪些问题、遇到了什么困难、如何克服这些困难、如何将这项游戏与实际学习和生活联系起来。

### （二）云梯

游戏目的：①建立信任感；②培养团队协作精神。

游戏准备：表面光滑的硬木棒或水管 10~12 根，每根长约 1 米，直径约 32 毫米，两人一根。

游戏方法：学生两人为一对搭档，所有搭档肩并肩排成两行；每对搭档都用手握紧木棒，使木棒与地面平行，高度介于肩膀和腰部之间，形成一个类似水平摆放的“云梯”。参加游戏的学生轮流做爬梯者，从“云梯”的一端爬到另一端，每人完成一次后，游戏结束。

游戏规则：①必须将“云梯”搭稳，不能故意晃动；②必须向前爬行，不允许在梯上直立行进。

游戏组织要点：①每根梯线的高度可以略有不同，以形成一定的起伏；②在只有四五对搭档参加游戏的情况下，等爬梯者通过后，每对搭档可以迅速跑到末端站好，以延长“云梯”的长度；③游戏结束后，组织学生讨论爬梯前后的感受及爬梯和做“梯子”时的心理感受。

## 六、传递抛接类游戏

### （一）连续抛球游戏

游戏目的：① 发展腰背部肌肉力量和灵敏素质；②提高全身的协调性。

游戏准备：在平整宽阔的场地上，画两条相距 10~12 米的线，一条为抛球线，另一条为及格线；质量为 1 千克的实心球 20~25 个。

游戏玩法：将学生分为人数相等的若干队，每队 4~5 人，分别成纵队站于抛球线后，每队排头队员手持实心球准备，在其脚边另放置实心球 4 个。游戏开始，教师发“投”的口令后，在规定时间内，每队第 1 名队员采用规定姿势连续将 5 个实心球抛出；听到“捡球”的口令后，迅速将实心球全部捡回，放在本队第 2 名队员的脚边，第 2 名队员持球准备。依次进行。所有队员抛完一轮后，根据各队总及格次数的多少排定名次。

游戏规则：①一次只能抛一个实心球，球必须抛过及格线才算有效；②必须双手抛球，超过规定时间未抛出的球不能再继续抛掷；③不允许助跑抛球，抛球时脚踩线或越线应判犯规。

游戏组织要点；①抛球可以采用肩上前抛或从肩上掷出等姿势，但在同一轮游戏中必须规定所有的队员只能采用同一种姿势；②游戏前应先进行练习，掌握抛球的动作要领；③根据学生的实际情况，可适当调整实心球的质量和及格线至抛球线的距离。

### （二）抛球接力游戏

游戏目的：①发展上肢力量、抛接的准确性；②培养团队协作精神。

游戏准备：在平整宽阔的场地上画两条相距30米的线，分别作为起点线和终点线，两条线之间每隔6米画一条标志线；质量为2千克的实心球4~5个。

游戏方法：将学生分成若干队，每队6人，按顺序分别站在起点线、各标志线和终点线上；每队站在起点线处的队员持实心球准备。听到教师发出的口令后，计时开始，站在起点线上的队员将球传给本队第2名队员，第2名队员接球后转身将球传给第3名队员，依次进行，站在终点线上的队员接球后，将球回传，当球传回到起点线处的队员手中时，计时停止。最后以各队用时多少排定名次，用时最短的队获胜。（图7–4）

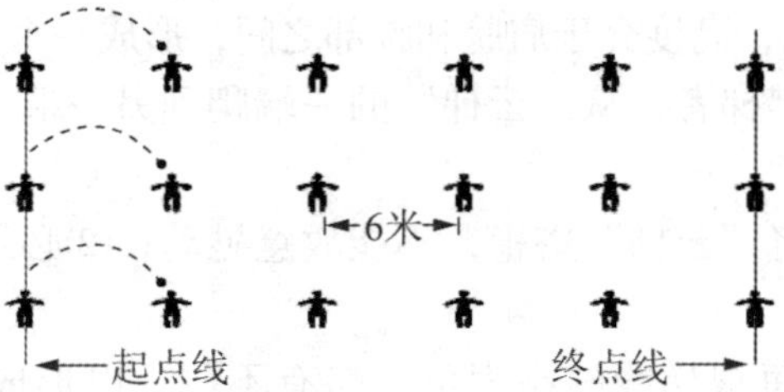


图7–4

游戏规则：①抛接球时，每名队员至少应有一只脚踩在所处位置的线上；②如果实心球落地，则此次抛接无效，须由抛球队员捡球后重新抛给下一名队员。

游戏组织要点：①游戏前各队应协商好适宜的抛接球方式，以防掉球和影响抛接球的速度；②男女生比例应合理调配；③根据参与游戏人数可调整接力的距离和每队人数。

## 七、集体竞技类游戏

### （一）传垫不掉球游戏

游戏目的：①巩固和提高传垫球技术；②培养团结协作精神。

场地器材：排球场，排球4个。

游戏方法：将学生分成人数相等的4队，各队各自围成一个大圆圈站在排球场上，听到信号后，学生开始传垫球，保证在5分钟内球不落地。传垫球次数最多的队为胜。

游戏规则：①球不能只在几个人之间传垫，每个学生都应击到球；②击球时积极移动，不让球落地，球落地后，重新计数。

游戏组织要点：①每队学生以6~8人为宜；②游戏中注意调整学生组成的圆圈大小。

### （二）颠球游戏

游戏目的：①熟悉足球的球性；②掌握颠球技术；③提高踝关节的灵活性及控球能力。

游戏准备：在足球场上画7个直径为2.5米的圆圈，每个圆圈内放1个足球。

游戏方法：将学生分成人数相等的两队。比赛开始，教师发口令并计时，各队第1名学生进入1号圈内颠球5次（未到5次的，回到本队队伍中再由本队队员进入圈内继续颠球），在1号圈内颠满5次后进入2号圈内并颠球10次，进入3号圈并颠球15次；进入4号圈并颠球20次，进入5号圈并颠球25次，进入6号圈并颠球30次。比赛时间为15分钟，然后计算成绩。计时结束后，还在1号圈内颠球者不得分，在2号圈的得2分，在3号圈的得3分，在4号圈的得4分，在5号圈的得5分，在6号圈的得6分，全部通过的得8分。以得分多的队为胜。（图7–5）

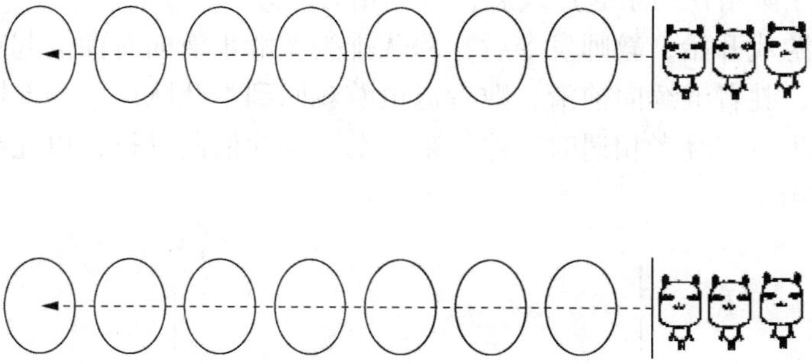

图7–5

游戏规则：①颠球不能出圈，在线上或出圈一足的仍算好球，球落地才算失败；②凡达到各圈规定次数者，才能进入下一个圈颠球；③允许一脚颠球或两脚轮流颠球；④每人颠球的机会不受限制，只计比赛时间；④在哪个圈失球，就在哪个圈内捡起球继续颠球。

游戏组织要点：①各队可先派出颠球技术较好的学生参加比赛；②各圈轮流要快、衔接要紧密。

## 八、攻防争夺类游戏

### （一）护“犊”游戏

游戏目的：提高在有人防守下的传球、运球、停球技术。

游戏准备：在足球场上画两个同心圆（圆的大小根据班级人数的多少而定），两圆之间的距离为1米或1.5米；足球若干。

游戏方法：将学生分成人数相等的甲、乙两队，每队分成1、2两组，先让甲队1组与乙队1组的学生混合站在同一圆内（2组站在另一圆内），圆内放两个足球。比赛开始，教师发出口令后计时，甲队1组带球，传向同队队员或控球，而乙队1组学生必须想方设法拦截并尽可能把球踢出圆外，每踢出圆外1次得1分（如球未踢出大圆外，而留在两圆之间则不算失分，可将其踢回内圆，继续比赛）。第1局在规定的时间内结束后，甲队1组与乙队1组交换攻守，进行第2局比赛，最后以得分多的队为胜。甲队1组和乙队1组退出圆外，甲队2组和乙队2组进入圆内按上述方法进行比赛，胜者再与第1组的胜者进行决赛。

游戏规则：①球如果压在圆线上仍算好球，滚出圆外才算失分；②如果球留在两圆之间，双方都可互相争抢，防守方设法将球踢往圆外，进攻方尽力将其拨回圆内；③队员不得离开大圆，捡球的除外；④不可对持球队员做推、拉、抱等动作。

游戏组织要点：①如参加游戏的人数较多，为了有较大的活动量，可多分几个队同时比赛；②内圆范围的大小以保证进攻方队员能充分活动为准。

**（二）胜进败退游戏**

游戏目的：发展下肢力量和反应速度。

游戏准备：在场地上画两条相距 40 米的平行线作为起点线，将学生分成人数相等的两队，分别成纵队站在两条起点线后，彼此相对站好。

游戏方法：游戏开始，教师发令后，两队排头做滑步滑向对面的起点线，两人相遇时，停下来猜拳，胜者继续向前滑，败者退出游戏回到本队队尾。与此同时，败者队的第 2 人立即做滑步，与胜者相遇时，停下来猜拳。游戏依次进行，以先到达对方起点线的队为胜。（图 7–6）

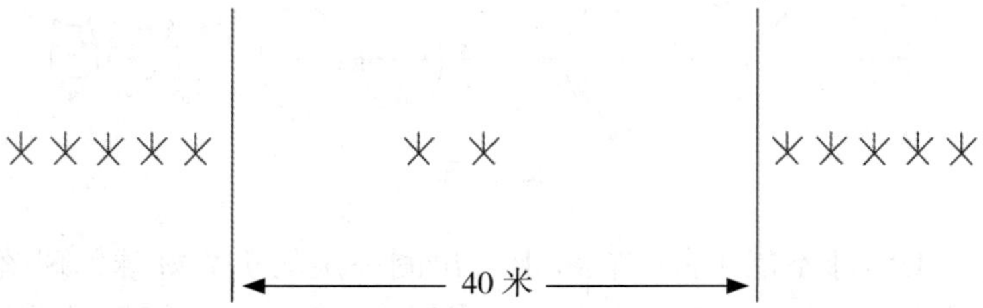


图 7–6

游戏规则：①猜拳输的必须立即归队，不准阻挡对方前进；②在猜拳输方队员向回跑时，输方的下一个人才能开始做滑步。

游戏组织要点：根据课堂需要，在前进中可以采用其他步法。

## 九、放松性游戏

**（一）跳短绳游戏**

游戏目的：①培养动作的协调性；②发展弹跳力；③放松身心。

游戏准备：在场地上画一条起跑线，在线前 10 米左右处并排画若干直径为 1.5 米的圆圈（间隔 2 米），每个圆圈内放一条短绳。

游戏方法：将学生分成人数相等的若干队，各成一列横队面对前面的圆圈站好。教师发令后，各队排头立刻向圆圈跑去，拿起短绳，按规定的方法跳 20 次，跳完后将绳放回原地，再跑回来拍第 2 人的手，然后站到队尾。游戏依次进行，先做完的队名次列前。

游戏规则：①发令前或击掌前不得起跑；②必须按规定的方法跳，如有失误，可接着跳，但只计算正确的次数。

游戏组织要点：①跳绳时须放松肌肉和关节，脚尖和脚跟须用力协调，防止扭伤；② 跳绳前可先做些足部、腿部、腕部、踝部的准备活动，跳绳后则可做些放松活动。

### （二）骑“马”打仗游戏

游戏目的：①增强腿部力量；②提高协同配合的能力；③放松身心。

游戏准备：足球场。

游戏方法：将学生分成人数相等的两队，各队每两人一队，一人为“马”，将另一人驮于背上。教师发令后，两队开始战斗，被背的人努力将对方背上的人拉下“马”。

游戏规则：①只许拉扯对方的手部、肩部，不许打或顶头部或肋部；②被拉下“马”的队，要退出游戏，不许重组继续参加游戏。

游戏组织要点：根据学生的具体情况安排练习，时刻注意安全监督。

## 十、室内和室外体育游戏

### （一）打肩

游戏目的：训练抓住时机快速进攻和快速防守的能力。

游戏准备：选择 10 米 ×20 米的松软平整场地。学生两人一队，相距一步呈武术散打格斗姿势相对站立。

游戏方法：当听到教师发出的口令后，每队学生在规定的场地内进行步法移动，双方伺机出手去摸拍对方的两肩。被攻者灵活地躲闪、设防，同时以守为攻，伺机反击。在教师规定的游戏时间内，以拍中对方肩部次数多者为胜。

游戏规则：①进攻者只能摸对方的双肩，否则视为犯规，判对方胜一次；②进攻者进攻时，身体不能触及对方身体，否则判对方胜一次；③进攻对方的肩时，可以原地摸拍、追拍、跳拍；④游戏中，学生两人兼任裁判员，自己计数。

游戏组织要点：①打肩时，用手指击肩部，不能用手指尖去戳，以防戳伤手指；②防守还击时应轻松做，不要用力过猛；③教师在游戏前要讲清规则，要特别强调不能摸拍头部、面部；④在场地小、人数多的情况下，也可采取淘汰赛或挑战赛。

### （二）三角拔河游戏

游戏目的：①发展力量素质、协调身体平衡；②培养克服困难的能力；③提高娱乐健身的趣味性。

游戏准备：在平整场地上画一个半径为 3 米的圆，圆内再画一个半径为 1.8 米的同心圆。将拔河绳围成边长为 3 米的等边三角形。3 个角相对，三角顶点拴短绳。设裁判员 3 名、计时员 1 名。

游戏方法：当教师发出“预备”口令后，3 名游戏者站在等边三角形拔河绳的 3 个顶点处，双手握住短绳做准备。当教师发出“开始”口令后，3 名游戏者开始拔河，当其中一名游戏者的双脚踏到大圆线外时，教师宣告“停止”，判踏出圆外的游戏者获胜。（图 7–7）

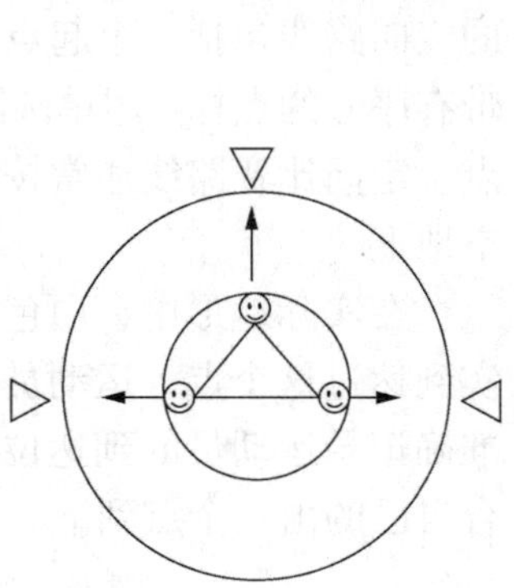

图 7–7

游戏规则：①游戏者不能抢先发力，须听到“开始”口令后再进行拔河；②游戏者不许戴手套，不许穿带跟的鞋，违规者取消比赛资格；③若游戏者抢先拔两次，则取消比赛资格；④若两名游戏者蓄意联合对抗另一名游戏者，则判两名游戏者共同犯规，取消比赛资格。

游戏组织要点：①拔河绳要坚固，放置成等边三角形，要将三边拉直；②拔河绳三边都拉直，证明 3 人用力方向正确，若教师发现有一边的绳弯曲，应及时警告并纠正。

## 第二节　定向运动

定向运动起源于瑞典，最初只是一项军事体育活动。“定向”二字在 1886 年首次被使用，是指在地图和指北针的帮助下，越过不被人所知的地带。1895 年，在瑞典斯德哥尔摩和挪威奥斯陆的军营区举行的定向比赛，标志着定向运动开始成为一种体育比赛项目。

定向运动作为一种体育项目开展是从 20 世纪初在欧洲开始的，到 20 世纪 30 年代已在芬兰、挪威、瑞典、丹麦立足。1932 年举行了第一次世界定向运动比赛。1961 年国际定向运动联合会（International Orientering Federation，IOF）在丹麦哥本哈根成立。IOF 是世界定向运动的行政实体，是国际体育联合会总会之一。定向运动也是奥林匹克体育项目。

1991 年 12 月，国家体育运动委员会批准成立中国定向运动委员会（1995 年更名为中国定向运动协会)。1992 年 7 月，中国成为 IOF 成员。1994 年 9 月，中国定向运动委员会举办了首届定向运动锦标赛，此后每年举行一次。2004 年，中国大学生体育协会定向运动分会首次成功举办了全国学生定向越野锦标赛，这一赛事的举办，使中国学生定向越野锦标赛成为与全国定向越野锦标赛并列的重要赛事。《全国普通高等学校体育教育专业本科专业课程方案》的实施使定向越野成为大学生运动会正式比赛项目和中小学“2+1”课程，对国内定向运动起到了积极的推广作用。

### 一、定向运动的特点

定向运动就是运动员借助地图和指北针，按规定的顺序寻找若干标绘在地面上的地面检查点，并以最短时间完成全赛程的体育运动。

定向运动通常在森林、郊外和城市公园里进行，也可在大学校园里进行。一条标准的定向路线包括一个起点（用等边三角形表示）、一个终点（用两个同心圆表示）和若干带有序号的点标（用单圆圈表示），并从起点开始，用连线将点标按序号连起来，直到终点。定向比赛路线通常按环形设计，起点和终点一般设在地势平坦且面积足够大的开阔空地上。

在实际地形中，白色和橘黄色相间的点标旗是运动员应该寻找的点的位置。为了证实到达过这个点，运动员必须在到达的每一个点标处使用打卡器打卡，电子打卡系统能准确记录运动员的到达位置，同时记录到达时间。定向比赛中，运动员要选择一条最适合自己的由一个点到下一个点的最佳路线。

## 二、定向运动的分类

定向运动按运动工具的不同可分为两种：第一种，徒步定向，如传统定向越野、接力定向、积分定向、夜间定向、五日定向、公园定向等；第二种，工具定向，如滑雪定向、山地车定向、轮椅定向等。

定向运动按运动员的性别可分为男子组定向运动和女子组定向运动。

定向运动按运动员的年龄可分为青年组定向运动、老年组定向运动和少年组定向运动。

定向运动按运动员的技术水平可分为初级组（体验组和家庭组）定向运动、高级组定向运动和精英组定向运动。

定向运动按参加的人数可分为个人单项定向运动、个人双项定向运动和集体项定向运动。

## 三、定向运动的锻炼价值

第一，定向运动是一项体能与智能相结合的运动，能提高学生的心理素质，帮助学生养成独立分析、解决问题的能力以及良好的逻辑思维能力。

第二，定向运动是一项精英人才体育项目，这是因为它富于挑战，要求学生勇于尝试新方案并通过全身心的从双腿到大脑的协调配合来达成预定目标。

第三，定向运动具有一定的知识性和军事意义，对于普及全民识图和用图知识、加强国防建设大有益处。开展这一项目对于调节学生的学习、生活情绪，丰富学生的地理知识，增强学生的体质及培养学生的自我生存能力和爱护环境的意识有重要作用。

第四，定向运动是一项充满趣味性的社会体育项目，不同年龄、性别、种族、文化背景和身份地位的人们通过这项运动相遇、相知，共享快乐。

## 四、定向运动的器材

### （一）地图

地图是定向运动重要的工具之一，它的质量直接影响运动员的成绩和比赛是否公正。因此，IOF 专门为定向运动比赛制定了《国际定向运动地图制图规范》。

### （二）指北针

指北针一般由组织者提供，若要求自备，则应对其性能、类型等做出原则上的规定。目前，指北针的类型有简单式、液池式、透明式、照准式、电子式等。

### （三）点标旗

点标旗是用三面标志旗围成的“三角形灯笼”，每面标志旗呈正方形，沿对角线分开，左上为白色，右下为橘黄色，尺寸为 30 厘米 ×30 厘米。点标旗准确放置在地图所标示的地点圆圈的中心点。

### （四）检查卡

检查卡是一种证明运动员找到并到访过各个检查点的验证成绩的装置。常见的检查卡有检查卡片和电子指卡。

### （五）点签

点签是判定运动员找到检查点的凭据。常见的点签有印章式、夹钳式和电子式3种。

### （六）号码布

号码布的尺寸一般不超过24厘米 ×20厘米，高不小于12厘米。比赛中要求号码布佩戴于运动员胸前及后背两处。

### （七）服装

服装以轻便、舒适、透气，易于活动为宜。

## 五、定向运动的基本方法及技术特点

### （一）标定地图

1. 概略标定

地图上的方位是上北、下南、左西、右东。当我们在现地形点正确地辨别了方向之后，只要将地图的上方对向现地形点的北方，地图即已标定。

2. 利用指北针标定

先使指北针的红色箭头朝向地图上方，并使箭头与地图上的磁北线重合（平行），然后转动指北针，使指北针的北端对着正磁北方向，地图即已标定。

3. 利用直长地物标定

在地图上找到直长的地物（如道路、沟渠、高压线等），对照两侧地形，使地图与现地形点的关系位置概略相符，地图即已标定。

4. 利用明显的地形点标定

从图上找到自己所在的站立点，利用明显地形点标定地图。先选择一个图上与现地形点都有的远方明显地形点（目标），然后转动地图，使地图上的站立点至目标的连线与现地形点的站立点至目标的连线相重合，地图即已标定。

### （二）确定站立点

1. 直接确定

当自己所处位置是明显地形点时，只要从地图上找出该地形点，即可确定站立点。在行进中特别是在奔跑中常用此方法。

2. 利用位置关系确定

当站立点位于明显地形点附近时，可以采用位置关系法确定站立点。其一般依据两个要素：一是站立点至明显地形点的方向，二是站立点至明显地形点的距离。

3. 利用交会法确定

当站立点附近无明显地形点时，可以采用交会法确定站立点。按不同情况，交会法可以具体分为90°法、截线法、后方交会法和磁方位角交会法。这些方法的优点是不需要判断或测量距离也能较为准确地确定站立点位置，这对于帮助初学者学习使用地图很有意义。但是，它们中的一些方法要么只能在某些特定的条件下才能运用，要么就是步骤烦琐、费时费力，因此在定向越野比赛中一般较少使用。

### （三）对照地形

1. 在站立点尚未确定前

首先应概略地标定地图，然后迅速地观察一下周围情况，记清最大或最有特征的地物、地貌的大概方位与距离，并从图上找到它们，此时站立点的位置即可概略地确定。

2. 在站立点已经确定后

首先应概略地标定地图，然后从图上查明自己选定的运动路线上近前方两侧的特征物，同时记清它们的大概方位与距离，并将它们在现地形点中辨别出来，然后前进。

### （四）走错路的处理方法

首先，要保持镇静，不能慌乱；其次，调整自己的行进步骤，寻找解决的办法。解决的方法有两种。一是重新判定站立点位置。如果能确定站立点在地图上的位置，则重新选择路线寻找下一个检查点。二是按原路返回。在无法确定站立点位置时，只好按原路返回之前的检查点位置，再选择路线行进。

## 六、规则简介

### （一）技术规则

竞赛区域应选择在地形比较复杂、植被较多的地区，为设计高难度的竞赛线路提供可能；竞赛区域不宜使本地参赛运动员获益。

竞赛地图的绘制应以 IOF 制定的《国际定向运动地图制图规范》为依据。地图比例尺一般为 1∶5000、1∶10000 或 1∶15000，等高距为 5 米或 2.5 米。

竞赛路线应充分体现公平、公正，一般应避开苗圃、播种地、有农作物的田地、铁路、公路和标有“不准入内”的区域。

在确定竞赛距离时，以预计完成全赛程的时间作为主要考虑因素，而将赛程的距离作为辅助考虑因素。青年组的完成时间一般为 75 分钟，最大距离为男子 12 千米、女子 10 千米。

竞赛路线符号：起点用等边三角形（边长 7 毫米）表示，检查点用单圆圈（直径 6 毫米）表示，终点用两个同心圆（直径 5 毫米和 7 毫米）表示；必经路线必须用虚线表示。需要注意的是，三角形或圆圈的中心点表示起（终）点及检查点的准确位置，但中心点不必绘出。

检查点说明应使用 IOF 制定的《检查点说明符号》。检查点标志应悬挂在图上标明的地点，一般距地面 80~120 厘米，实际位置应与检查点说明一致。

全国定向竞赛和大型正式定向竞赛，必须使用中国定向运动协会认定的电子打卡计时系统（由指卡、打卡器和终端管理系统组成）。

在竞赛中，运动员按相等的时间间隔逐一出发，出发顺序可由人工或计算机抽签排定，但必须在总裁判长的监督下进行。在接力赛中，同组第一棒的运动员可以同时出发，也可按相等的时间间隔依次出发，但需要在比赛前说明。需要注意的是，来自同一运动队的队员不能编排连续出发。

出发地点的选择，应使运动员在出发前看不到前一名运动员所选择的行进路线，也应使已到达终点的运动员无法与待出发的运动员取得联系，起点处应有明显的起点标志牌或横幅。运动员通过终点后即竞赛结束，不得以任何理由再次进入竞赛区域。

进行接力赛时，每个接力队的运动员应按预先定好的顺序逐个完成个人路线，且所有参赛队所跑的总路线应是等同的，但构成总路线的每段分路线的顺序应有所不同。

排列名次依据运动员正确完成全赛程的时间长短而定；如有两名以上的运动员取得相同的成绩，则他们的名次并列，空出下一名次。接力赛中，竞赛名次取决于各队所有运动员按要求完成各赛段时间的总和。

下列运动员的成绩无效：受到两次警告者，在比赛中丢失检查卡、地图、号码布者，因各种原因退出比赛者，竞赛中超过组委会规定的终点关闭时间者，未按规定读取成绩者。

下列运动员会被取消竞赛资格：冒名顶替参加竞赛者，定向越野竞赛中使用交通、通信工具者，不符合分组年龄标准或谎报年龄、弄虚作假者，蓄意破坏点标、打卡器或其他竞赛设备者，有意妨碍他人竞赛者。

**（二）裁判人员**

（1）裁判委员会。裁判委员会由总裁判长（1 人）、副总裁判长（1~2 人）和各组裁判长组成，受竞赛委员会领导。裁判委员会直接领导竞赛工作，负责竞赛实施和确定竞赛成绩，并监督领队、教练员、运动员遵守竞赛规则。

（2）各裁判组及人数。①起点裁判组的组成：裁判长 1 人，发图员 1~2 人，检录员 2~3 人，序道员 2~3 人，发令员 1 人。②场地裁判组的组成：裁判长 1 人，布点员 4~6 人，看点员 10~20 人，试跑员 2~4 人，场地巡视员 2~3 人。③终点裁判组的组成：裁判长 1 人，预告员 2~3 人，收图员 2~4 人，验卡员 2~4 人。④成绩统计裁判组的组成：裁判长 1 人，裁判员 4~5 人。裁判员的人数视比赛规模可增可减。

**（三）场地设置**

起点、终点及接力设置分别如图 7–8 至图 7–10 所示。

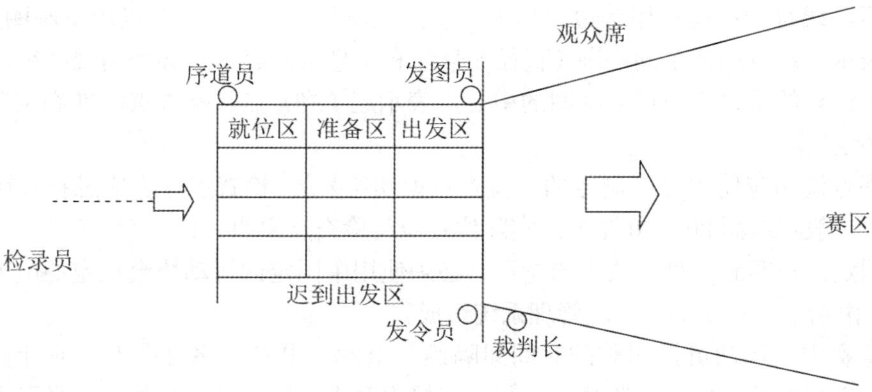


图 7–8

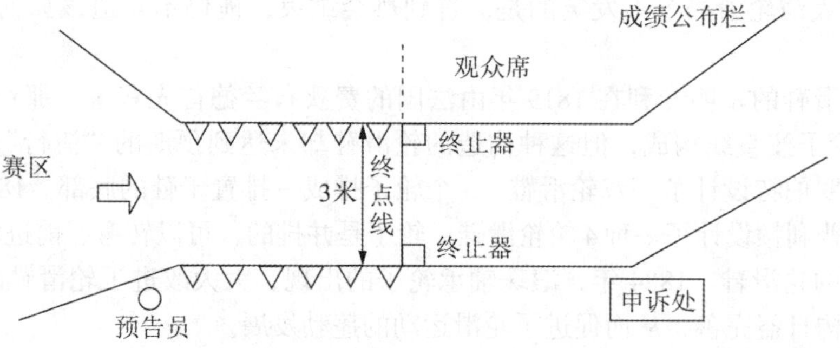


图 7-9

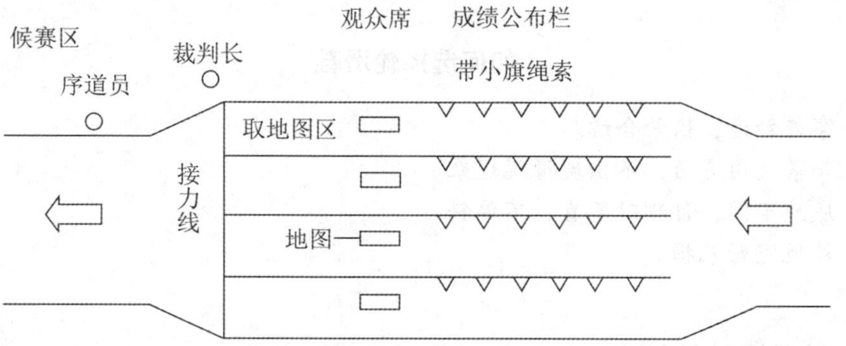


图 7-10

# 第三节　轮滑运动

轮滑运动是一项集健身、竞技、趣味、娱乐、技巧、休闲、惊险于一体，富于变化，展现魅力和个性的国际性体育运动。轮滑运动要求练习者灵活变换重心，维持动态平衡。因此，练习轮滑不仅能提高人的协调和灵敏素质，还能培养人勇敢果断的意志品质。

## 一、轮滑运动的起源与发展

最早的轮滑鞋是由北欧人发明的，其构造非常简单，就是把骨头装在长皮靴的靴底上。该轮滑鞋可能是猎人在冬天打猎时穿的。1700 年，苏格兰人德茨曼希望能在夏天模拟冰上滑行，于是制成了第一双现代轮滑鞋（虽然还是很原始）。同年，在爱丁堡出现了第一个轮滑俱乐部。1760 年，伦敦乐器制造商约瑟夫 · 亚瑟制造了有金属轮子的长靴式轮滑鞋。有一天他去参加化装舞会，从入口滑进去演奏小提琴。但他不知道如何刹车及如何控制那双带有轮子的鞋子，而直接撞向了一面价值 500 英镑的镜子（当时的镜子比金子还贵）。虽然他被撞得头晕目眩，小提琴也毁了，但他仍坚持在一面巨大的镜子前表演轮滑。令人发笑的是，直到舞会结束，他仍不知道该如何刹车和掌握方向。

单排轮滑鞋的发明专利在 1819 年由法国的费狄布兰德首先获得，那双鞋的滑行部分由 23 个轮子按直线构成，但这种构造的轮滑鞋却未达到预期的“流行”目的。1823 年，伦敦的罗伯特设计了一双轮滑鞋，5 个轮子排成一排置于鞋的底部。1863 年，美国的詹姆士·普利顿设计了一种 4 轮轮滑鞋，轮子是并排的，可以转弯、前进和向后运动，这是最传统的轮滑鞋。1884 年，滚珠轴承轮子的出现，大大改进了轮滑鞋的转动部分，使轮滑鞋结构日益完善，从而促进了轮滑运动的蓬勃发展。

**知识窗**

**如何选择轮滑鞋**

（1）穿着舒适，松紧合适。
（2）扣紧使用灵活，不出现滑脱现象。
（3）底座牢固，目测时笔直，不偏斜。
（4）外观完好无损。

## 二、轮滑运动的特点

轮滑作为一种娱乐项目，早在 19 世纪末便传入我国，而作为一种体育项目在我国开展则始于 20 世纪 80 年代初。目前，轮滑作为竞技体育项目在我国还处于发展阶段，但作为一种休闲运动，早已在全国各地普及。轮滑是借助机械性轮滑鞋，在路面上展示自己体能与风采的运动，深受青少年的喜爱。它有如下特点：

第一，娱乐性。轮滑运动有很强的娱乐性和趣味性，可使人们从平时紧张、压力繁重的学习和工作中解脱出来，达到身心放松的目的。

第二，健身性。轮滑运动是一项全身性运动，能促进心脑血管系统和呼吸系统机能的改善以及代谢作用的加强，能增强臂、腿、腰、腹等肌肉的力量和身体各个关节的灵活性，特别是能提高人们的平衡能力。

第三，工具性。轮滑运动还具有很多体育项目所不具备的一个特性——可以当作交通工具。一般情况下，在平整的路面上，轮滑可以代步成为交通工具。在交通越来越拥挤的今天，轮滑不失为一种流行和时髦的交通工具（但一定要注意交通安全）。

## 三、轮滑运动的安全措施

第一，练习轮滑前应先做好准备活动，尤其是手腕和下肢各关节及韧带要充分活动开。

第二，必要时，应戴一些防护用具，如专用的护腕、护肘、护膝及头盔等。

第三，练习前要检查轮滑鞋的螺钉等紧固部件，以免滑行中因轮滑鞋出问题而受伤。

第四，初学者应在初学场内或规定范围内练习或尽可能在人少的地方练习，不要任意滑行。初次学习轮滑时，最好有滑行熟练的同伴或辅导员进行辅导。

第五，禁止做危险或妨碍他人的动作，特别是在人多的公共轮滑场内，如几人拉手滑行、在速滑跑道上逆行或与他人滑行方向相逆、乱蹦乱跳、在场内横插乱窜、追逐打闹、突然停止等，这都是既妨碍他人又容易发生危险的动作。

第六，学习轮滑时摔跤是不可避免的，所以要学会在摔跤时做好自我保护。

## 四、轮滑运动的基本技术

轮滑是一项极易掌握的体育运动，大多数人能很快地掌握。但很多人在初次接触轮滑时，心理上会产生一种畏惧感，担心摔跤。其实，只要简单掌握一些轮滑的方法和技巧，就能在这项运动中找到乐趣。练习轮滑的关键在于控制身体的平衡。由于轮滑鞋与地面接触面积小，加之滑轮与地面摩擦后会滚动，掌握身体的平衡有一定的难度。

### （一）站立、平衡和移动

1. 站立姿势

（1）“丁”字形站立。将左脚跟紧靠在右脚的内侧（将右脚跟紧靠在左脚的内侧），使双脚呈“丁”字形。双膝微屈，身体重心稍偏于位置居后的脚上，上体略前倾，抬头，两眼平视前方，两臂在体侧自然打开以控制身体平衡。（图 7–11a）

（2）“八”字形站立。双脚呈“八”字形自然分开，两脚跟靠近，双膝微屈。上体微屈，身体重心放在两脚之间以保持身体平衡。（图 7–11b）

（3）平行站立。双脚分开与肩同宽。两脚尖稍内扣，上体微前倾，双膝微屈。身体重心放在两腿之间以保持身体平衡。（图 7–11c）

a　　b　　c

图 7–11

2. 原地移动重心

（1）方法要点：在双脚平行站立的基础上，上体向一侧移动，并逐步将身体重心完全移至支撑腿上，待平稳后，上体再向另一侧腿移动，并将身体重心完全移到该腿上。

（2）易犯错误：在练习时，两脚呈“八”字形站立，这样在身体重心移动时会导致重心不能完全移到支撑腿上。

（3）纠正方法：保持两脚平行站立。

3. 原地踏步

（1）方法要点：在“八”字形站立的基础上，身体重心移至一只脚；另一条腿微屈上抬，脚离地面 5~10 厘米后再落下，身体重心移至另一只脚上，交替练习。

（2）易犯错误：步幅过大，重心不稳。

（3）纠正方法：抬腿要低，速度要慢。当身体重心完全移到一条腿上时再进行交换。

4. 原地蹲起

（1）方法要点：在双脚平行站立或“八”字形站立的基础上，做下蹲、起立动作，身体重心放在两腿之间，两臂自然打开。（图 7–12）

（2）易犯错误：在起立时身体向前屈，只做腿的蹲伸动作。

（3）纠正方法：在开始时可以先做半蹲，速度稍微慢些，然后逐渐过渡到深蹲，快速完成，保持身体的垂直升降，注意动作的协调性。

5. 两脚原地前后滑动

（1）方法要点：在平行站立的基础上，做一只脚向前一只脚向后的来回滑动练习，两臂前后摆动，像走路一样配合双腿运动。

（2）易犯错误：在滑动过程中，重心落在一条腿上，双脚不能保持平衡。

（3）纠正方法：双脚保持平衡，两腿伸直，大腿发力做前后滑动练习，或手扶栏杆、结伴进行练习。

6. 向前“八”字走

方法要点：在“丁”字步或“八”字步的基础上，一只脚向前迈出一小步，脚尖向外，呈“尺”字形落地；同时身体重心迅速随之移动，当重心完全落到前脚上时，后脚再抬起向前迈，两脚交替进行，移动身体重心。（图 7–13）

图 7–12

图 7–13

### （二）滑行

1. 双滑行练习

方法要点：在“八”字步的基础上，连续走几步，然后双脚迅速并拢，两脚由“八”字形变为平行，借助惯性向前滑行。动作的关键是身体重心保持在两脚之间。

2. 低姿势交替蹬地滑行

（1）方法要点：两脚呈“八”字形站立，膝踝微屈，两脚同时向外侧蹬使双脚同时开始向前滑行，重心随之偏向左脚，左腿成支撑腿。右脚在稍加蹬地后迅速回收，向左脚靠拢，脚尖向外，落地自然呈“八”字步，同时身体重心移向右腿，左脚开始蹬地，

如此交替进行。（图 7–14）

（2）易犯错误：重心处于两腿之间，滑行的步子较小，收腿较快。

（3）纠正方法：做横向迈步移动练习，逐渐提高单腿支撑能力。

3. 高姿势交替蹬地滑行

（1）方法要点：在低姿势交替蹬地的基础上，右脚侧蹬地，身体重心移向左脚，成左脚支撑滑行。右脚蹬地结束后放松收腿，当右脚靠近左脚时，身体重心移向右脚，左脚开始蹬地。右脚落地后成右腿支撑滑行，然后收左腿，两脚交替蹬、交替滑行。（图 7–15）

（2）易犯错误：蹬地后收腿困难。

（3）纠正方法：尽量在短促的蹬地动作结束后马上回收，膝、踝全屈，身体重心落在前脚掌上。

图 7–14

图 7–15

4. 向前直线滑行

（1）方法要点：原地两脚呈“T”字形站立，左脚在前，右脚在后，两腿微微弯曲，用右脚着地，身体重心慢慢移至左脚；右脚蹬直后右腿蹬离地面，成左脚向前滑行；然后右脚在左脚侧面落地后，左脚重复上述动作，成右脚向前滑行。两脚交替向前直线滑行，整个滑行过程中，两手自然向两侧分开，以维持身体平衡。

（2）易犯错误：重心在两脚之间，不能形成单脚支撑。

（3）纠正方法：在双脚曲线滑行的基础上，身体重心逐渐移至单脚上，成单脚滑行。

5. 蛇形向后滑行

（1）方法要点：以平行站立开始，两脚分开（约一脚距离），两腿弯曲。用右脚内侧蹬地，身体重心移向左侧，成左脚向后滑行；右腿在体前伸直，随即右脚放在左脚侧面，恢复成开始姿势，然后左脚蹬地，重复上面动作。做蛇形向后滑行时，要注意在滑行中上体持前倾姿势，两膝保持弯曲，两手侧举。

（2）易犯错误：在滑行的过程中身体直立或后仰。

（3）纠正方法：在完成向后葫芦步滑行获得一定速度后，进行蛇形向后滑行。左右脚各蹬一次，依靠滑行的惯性，两脚平行站立滑行一次，身体保持正确的滑行姿势，反复练习。

### （三）滑行停止法

1. “八”字停止法

（1）方法要点：在获得一定的向前滑行速度后，两脚平行，分开站立，随后脚尖内转，两脚以内侧轮柔和压紧地面。两腿弯曲，上体稍前倾，臀部下蹲，两臂前伸以维持身体平衡。

（2）练习方法：①在向前滑行时，两脚平行分开站立，先使右脚脚尖内转，以内侧轮柔和压紧地面，再将身体重心稍向左移，反复练习；②在能够完成前面动作的基础上，按照内“八”字停止方法进行练习，速度可由慢到快，循序渐进。

2. “T”字形停止法

（1）方法要点：左脚向前滑行，右脚在左脚跟处呈“T”字形放好后，再慢慢放在地面上，以内侧轮柔和压紧地面，减缓向前滑行的速度，直到停下来。

（2）练习方法：①原地左脚在前，右脚在后，呈“T”字形站立，右脚以内侧轮蹬地，左脚向前滑行，随后右脚在左脚后呈“T”字形停止动作。速度可由慢开始，以便体会动作。②在完成①的动作基础上，加快向前滑行的速度，按照“T”字形停止动作进行练习。

3. 双脚急停

（1）方法要点：在向前滑行时，两脚同时做顺时针（逆时针）方向急转，左脚以内侧轮、右脚以外侧轮与滑行方向成 90° 角压紧地面，同时身体向右急转，重心移到右腿上，两膝弯曲，两臂前侧伸，滑行即可停止。

（2）练习方法：①原地两脚平行分开，按上述动作要领，随后在低速向前滑行中完成动作；②保持一定的向前滑行速度，两脚平行向前滑行，做双脚急停练习，熟练掌握后，可以随意使用双脚急停动作。

4. 倒滑停止方法

（1）方法要点：在向后滑的过程中，两脚变为前后开立，身体重心移到前脚的前方，后轮离地，后脚着地与地面摩擦而停止下来；停止时，身体稍前倾，两臂侧举，以维持平衡。

（2）练习方法：①手扶栏杆或在同伴扶持下，原地抬起前脚脚跟，身体稍前倾，以后腿支撑站立；②向后慢速滑行，两脚平行站立滑行，随后抬起前脚脚跟，以后腿压紧地面至停止。

### （四）弯道滑行

弯道滑行技术与直道滑行技术有很大的区别，其特点在于练习者用交叉步滑行，由于向心力的作用，上体不仅要前倾，还要侧倾。（图 7–16）

图 7–16

（1）走步转弯。在向前做“八”字走或半走半滑时，如向左转弯，在每一次脚落地时脚尖都向左转动一点，身体也随之向左转动一点，逐渐呈弧形路线走滑；如向右转，则动作方向相反。

（2）惯性转弯。在滑行获得一定的速度后，两脚平行稍靠近些，如向左转，则左脚略靠前，右脚靠后，身体重心落在两脚之间，前腿略弓，后腿伸直，身体重心压在左脚和右脚的左侧，利用惯性向左侧滑一较大的弧线；如向右转，则动作相反。

（3）短步转弯。以向左转弯为例，在学会慢转弯技术的基础上，身体姿势降低，重心完全落在左脚上，甚至超出左腿的支点，右脚向右侧蹬地后迅速收回，靠近左脚落地做非常短暂的支撑；此时左脚迅速向左稍转脚尖，右脚再迅速向侧蹬出，连续做此动作就可以加速转弯。如向右转，则动作相反。

（4）左脚支撑，右脚连续蹬地滑行。从站立姿势开始，左脚用外侧蹬地后迅速与右脚并拢，接着右脚再做一次蹬地动作，左脚继续做前外曲线滑行。

（5）在圆弧上进行不连贯的交叉步滑行。在圆弧上用直线滑行方法，中间插入弯道交叉步，当左脚有稳定的平衡时，右脚向左脚左侧前方迈一小步。在右脚有短暂的滑行之后，左脚迅速从右脚后方收回，同时右脚蹬地，左脚直线滑行，反复练习。

**安全提示**

**轮滑时的注意事项**

（1）在轮滑运动中思想要集中，溜滑的速度应先慢后快，循序渐进；若觉得身体平衡失调，赶紧下蹲以降低重心，恢复身体平衡。

（2）在初学阶段、进行新技术学习或练习时，以及进行山路滑行、速度滑行或各种轮滑比赛时应戴好轮滑护具。

# 第四节　飞盘运动

## 一、飞盘运动的起源与发展

飞盘运动自1948年于美国问世以来，已形成10余种竞赛项目。目前，在飞盘的诸多项目中，最受玩家欢迎的竞赛主题有3种：飞盘高尔夫（disc golf）、飞盘自由花式（freestyle）、飞盘争夺赛（ultimate）。其中，飞盘争夺赛已于2000年被列入世界运动会（World Game）正式比赛项目。2017年5月22日，世界飞盘联合会（World Flying Disc Federation，WFDF）宣布，国际大学生体育联合会已经认可飞盘运动，这意味着在不久的将来，在世界大学生运动会上有可能出现飞盘比赛，而中国大学生体育协会也会跟进，增加此项目。

中国飞盘运动联盟（China DiscSports Federation，CDSF）于2007年成立，是致力于推广飞盘运动的组织。飞盘运动因其趣味性深深吸引着各种不同年龄层的群众，且具备技术与各种速度的竞赛条件，所以在时下的体育运动中已占据着一席之地。

## 二、飞盘运动的活动形式

飞盘可分为一般飞盘、回收飞盘、高尔夫飞盘、趣味飞盘。飞盘的基本技术分为抛盘技术和接盘技术。在飞盘比赛中设置有低速（low speed）、中速（mid speed）、高速（high speed）3 种不同强度的发力方式，并由此组合形成各种体能含量、层次的竞赛项目。参与者可以通过以下活动形式不断地提高自身的身体素质。

（1）飞盘手花。飞盘手花是一种以手指转动飞盘为主的飞盘花招技术，可分为转盘、换盘、绕盘、抛盘、带盘、翻盘、滚盘、定盘、接盘等。

（2）地靶掷准。将绘制的同心圆帆布铺于地面，令选手将飞盘投到相应的区域进行技术练习及游戏。

（3）飞盘保龄。将 6 枚瓶状物呈三角形置于地面，令选手以盘投的方式将瓶状物击倒。

（4）掷接速度。每队由两人组成，面对面相距 8 米站立，在 1 分钟的规定时间内，计算两人相互抛接时所接到的总盘数。

（5）掷准接力。每队有 8 名选手，在 6~8 米的区域内进行 3 分钟的活动，计算各选手轮流投接与传递飞盘的总数。

（6）传接掷准。在距离 10~25 米的范围内先传递飞盘再进行掷准，考验参与者的投掷与投准能力。

（7）投盘赛跑。在操场上规定 500~1000 米的抛接飞盘跑道，以参与者在抛接过程中通过规定距离的用时长短来衡量其活动水平。

## 三、常见的飞盘竞赛

### （一）掷远赛

掷远赛一般使用高尔夫 DD（distance disc，远距离投）飞盘，这是一项高速飞盘项目，对爆发力的要求很高，故参与者在活动前须进行充分的热身，以免肌肉拉伤。

### （二）掷准赛

掷准赛使用的是高尔夫 AD（approach disc，近距离投）飞盘，采用预赛、复赛、决赛及公开组最终决赛等赛制来组织竞赛。

### （三）越野赛

越野赛使用的是高尔夫 AD 飞盘、MD（mid-range disc，中距离投）飞盘、PD（puttdisc，敲杆与低速准确投）飞盘，比赛跑道为 1000 米或 1500 米，选手携带两枚飞盘，前一枚盘落地后即为标示盘，两枚飞盘轮流使用进行比赛。

### （四）掷接赛

掷接赛使用 Wham-O 110 克系列或 National 110 克系列的飞盘，场地是两个边长 12 米的正方形，中间距离 15 米，比赛的两名选手相互投掷飞盘，以类似网球比赛的形式进行竞赛。

### （五）双飞盘比赛

双飞盘比赛使用 Wham-O DDC 110 克系列或其他 110 克系列飞盘，每队两名选手，比赛使用两枚飞盘，由两边的选手同时喊“1—2—3”后投出飞盘。运用技术的关键在于掌握时间差，让对方同时接触两枚飞盘，攻方即可获得2分。本项竞赛技术性很高，选手不仅需要具备投接的个人能力，两名选手间还必须具备充分的默契。

## 四、飞盘的技术和战术

### （一）基本掷盘技术

基本掷盘技术有两种：反手和正手，其中反手是最为人熟知的基本掷盘技术。

1. 反手掷盘

采用反手掷盘时，尽量将肘部远离身体后再掷盘。

（1）握盘。手在盘的边缘握成一拳，拇指放于盘的顶部，其他手指置于底部。调整拳头的角度，令食指关节对准目标方向。

（2）身体姿势。膝关节略微弯曲，两脚与肩同宽，两眼直视目标。以右手掷盘为例，右腿向前，迈向左方，绕转身体，右肩直对目标但双眼不离目标方向（身体略微转向后方）。

（3）手臂动作。肘部和手臂与上半身保持自由空间，平直地完成掷盘动作。

（4）出手。用手腕的甩动将盘旋转掷出手（旋转可令盘更加平稳）。如果盘容易翻转落地，则调整角度，将盘的外侧边缘放低（低于内侧边缘）。出手时不可转动手腕。

（5）技能。基本技能有薄饼接盘法和边缘接盘法。薄饼接盘法是指一只手在上另一只手在下去接盘，边缘接盘法是指拇指在下、其他手指在上去接盘，其中薄饼接盘法更加安全。这两种方法都需要示范给学生，鼓励学生用双手接盘，两眼紧盯飞盘。

（6）训练。

① 两人一组掷接盘。短距离练习反手掷盘。传接成功一次则后退一两步，失败一次则靠近一两步，盘可以掷得高一点，以练习跳跃接盘，分别计算不同接盘方式的失误次数（单手接盘法、薄饼接盘法和边缘接盘法）。（图7–17）

② 车轮替换练习。所有人面朝内站成一圈，持盘者传盘给右手边的人，然后绕着圈子外围往左跑。其他人继续往右传盘，在跑动者回到自己的位置时将盘回传给他。接着，他右手边的人接住他的盘，再传盘，然后绕圈子外围跑。只用反手掷盘，但可以改动跑动方向和传盘路线。（图7–18）

图7–17

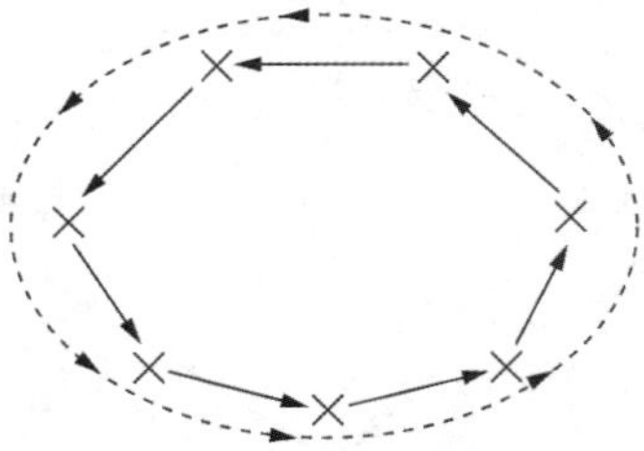

图7–18

（7）游戏。

① 不得靠近游戏。用4根标杆布置一块正方形区域。通过传盘给队友的方式，尽可

能久地保持持盘权。它与飞盘游戏相似，不允许持盘跑动，而且必须在计数到达 5 之前掷盘出手。只由一人去防盘。

② 简易版飞盘游戏。此游戏仅有 10 项简易规则，但必须强调的是，任何一方的掩护和身体接触都是不被允许的。将掷盘者与防盘者之间的最小间距扩大为 1 米（通常是飞盘的直径）。一定要让学生明白，只允许一人去防守掷盘者——禁止双重防守；接盘后，必须尽快停下来——禁止持盘跑动。延迟计数到 10 秒，如果防盘者数到 10，则视为掷盘者失误，掷盘者要将盘放在脚下，然后比赛继续，无须中断。

2. 正手掷盘

正手掷盘，盘既可以掷向左侧也可以掷向右侧，类似打网球。通常，正手掷盘的动作要比反手难。

（1）握盘。拇指在上，食指和中指置于盘缘内侧，中指指肚顶住盘缘。为增强盘的稳定性，食指可指向盘的中心。

（2）身体姿势。面向目标，两膝略微弯曲，两脚与肩同宽；以右手掷盘为例，右脚往右、稍微靠前跨出；身体重心移向右脚上。

（3）手臂动作。手臂平直地完成掷盘动作（不可弯曲）。用肘部引导掷盘动作。

（4）出手。用明显的手腕甩动动作增加盘的旋转，就像甩毛巾一样。旋转可以让盘在飞行过程中更加平稳。如果盘容易翻转落地，则调整角度，将盘的外侧边缘放低（低于内侧边缘）。出手时不可转动手腕。为达到好的掷盘效果，可让学生从低于腿部的位置出盘，并且要引导他们联想到注重手腕动作的壁球和羽毛球运动。

（5）训练。

① 菱形训练。安排参与者相距 15 米面对面站立成两个队列。其中一队的第一个学生向右 45° 方向跑，另一队的第一个学生掷盘。然后掷盘者进行下一轮跑位，同时接盘者继续往前跑直到对面队列的末尾。可以额外增加两个角标，用来指示跑位和掷盘方向。（图 7–19）

② 轴转与掷盘训练。这一训练方法涵盖了轴转与掷盘动作，要让学生习惯于正确地确立轴心脚。两人一组传接盘，让掷盘者掷盘时往不同的方向去轴转，正手和反手各重复 10 次。（图 7–20）

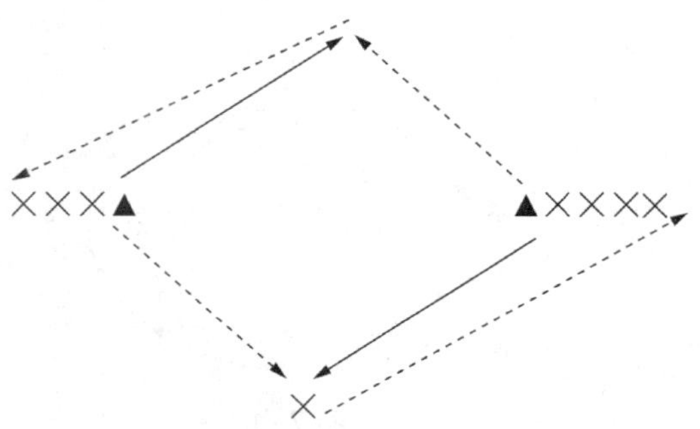

图 7–19

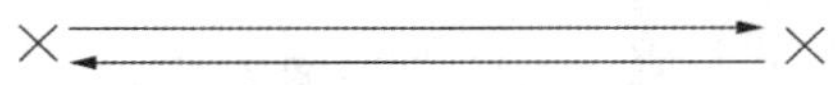

图 7–20

（6）游戏。

① 不得靠近游戏。用 4 根标杆布置一块正方形区域。通过传盘给队友的方式，尽可能久地保持持盘权。它与飞盘游戏相似，不允许持盘跑动，而且必须在计数到达 10 之前掷盘出手。只由一人去防盘。计数上限也可以改为 5 或 7，每人接住一次盘视为得 1 分。要强调不允许走步，即掷盘者不可抬起轴心脚。

② 飞盘高尔夫。飞盘高尔夫与高尔夫球运动类似，只是飞盘高尔夫运动中的目标或者“洞”可以是手边的任何东西。每次掷盘必须从盘停止的位置开始，参与者的任务就是以最少的次数将盘掷进“洞”。学生两人一组，轮流掷盘（除非盘的个数足够每人一只）。可以增加一些新玩法，如要求盘在进“洞”之前必须绕过大树。在进“洞”之后，学生会去寻找下一个“洞口”。这时，可以鼓励学生发挥想象力，如“穿过树杈击中垃圾箱”，但不必太复杂。呼啦圈可充当“洞口”。

**（二）掷弧线盘技术**

掷弧线盘技术指改变盘的角度，令盘以弧线轨迹飞行的掷盘技术。抬高外侧边缘，盘会以外摆的弧线倾斜飞行；放低外侧边缘，盘会以内摆的弧线倾斜飞行。这两种掷弧线盘技术在反手一侧要比正手一侧简单，应当鼓励学生先尝试反手，再练正手。

1. 飞盘的飞行轨迹

（1）外摆。一般用右手掷反手外摆弧线盘时，盘的轨迹是从左往右，且左侧边缘稍高。

（2）内摆。一般用右手掷反手内摆弧线盘时，盘的轨迹是从右往左，且右侧边缘稍高。

（3）正手。相对而言，正手的外摆要比内摆简单。难点在于让学生掷出水平轨迹的盘。在教会学生掷正手内摆后，他们就会逐渐掌握掷出水平轨迹的盘的方法。

2. 训练

（1）盒子里的“小猪”训练。此训练重在练习掷出内侧向下倾斜的盘。将学生分为 3 组，掷盘者与接盘者站在相距 10 米的两支标杆处，“小猪”站在他们之间。掷盘者与接盘者传接飞盘，不让“小猪”断下飞盘。所有人都不可移动，掷盘者只能通过改变飞盘外侧边缘的角度掷出内摆或外摆。（图 7–21）

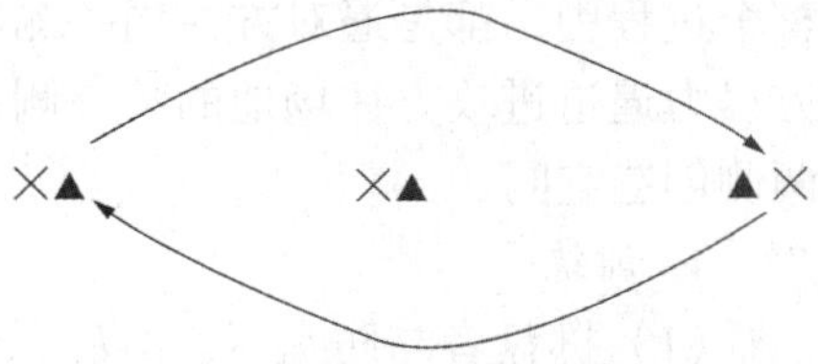

图 7–21

（2）盒子训练。用 4 支标杆布置成边长 10 米的正方形场地。每支标杆后面站一组队列，4 组队列人数相同，所有人面朝正方形中心点。飞盘在某一组队列第一个学生手中，这组队列的第二个学生往右方跑（假动作），远离飞盘后，再往左折回来接掷盘者传出的盘。这个学生接住盘后，传给下一组队列第一个以同样方式跑位的学生，依次类推。掷盘者掷出飞盘后，加入刚刚在接盘时靠近的队伍。练习完几轮后，交换个方向。跑位者可以先远离掷盘者跑开，然后折回来朝正方形中心点跑；或者，跑位者先向正方形边外侧 45° 方向跑开，然后折回来朝正方形中点跑。

3. 游戏

（1）双飞盘游戏。游戏场地是相隔5米的两块正方形。每个正方形内各站两名学生，两队各持一只飞盘。两队同时发盘，目标是让盘落入对方场内。如果盘落到界外或滚到界外，接盘方得1分。如果盘落入对方场地界内并且未滚到界外，掷盘方得1分。接盘方接住盘，可再掷给对方。如果接盘方接盘失误，则掷盘方得1分。如果某一方两名学生同时触碰飞盘，算作一次“双飞盘”，另一方得2分。得分后，将两只盘放回两边场内，各组的另外一名学生发盘。每5分钟交换一次场地。最先得11分的一方获胜。场地的大小和间隔也可以进行调整（正方形边长可设置为14米，两场相隔14米）。

（2）简易版飞盘游戏（参考反手掷盘相关内容）。如果发出的盘落到界外，接盘方可以从盘穿过的边线上的点开始进攻，也可以将盘带到场地中点开始进攻。如果发出的盘落入得分区，则接盘方必须从盘的落地点开始进攻。

**（三）轴转与假动作、防盘与计数、逼向**

1. 轴转与假动作

掷盘者必须确立一只轴心脚。确立轴心脚可以帮助掷盘者扩大出盘空间和范围，突破防盘者的防守。在掷盘前和掷盘过程中，绝不可移动轴心脚，也就是禁止“走步”。轴心脚可以帮助掷盘者做好掷盘假动作——吸引防盘者移动身体，腾出掷盘空间。

2. 防盘与计数

只允许一位防守者（防盘者）站立在掷盘者的3米半径范围内。防盘者必须与掷盘者相隔一个飞盘直径以上的距离，每隔1秒对掷盘者计数。如果防盘者数到10，则视为进攻方失误，掷盘者必须将盘放到脚下，攻防转换。

3. 逼向

逼向是指防盘者的站位偏向一侧，逼迫掷盘者往另一侧掷盘，其他防守者可以优先防守掷盘者被逼传盘的场地，以更有效地看住自己盯的接盘者。通常，在防守进攻方的整个过程中，都是逼对方往同一侧出盘。逼向和队列是两种相辅相成的战术思想。防守方尽力逼迫进攻方往场地的某一侧出盘，而进攻方通过在场地中央站队列的方式为场地两侧创造空间。

4. 训练

（1）掷盘者与防盘者。3人（A，B，C）一组轮流练习掷盘与防盘。A掷盘，B防守A，C在距离A 10米远的地方接盘。B一定要计数。传盘成功后，C成为掷盘者，A跑到另一边防守C，B成为接盘者。防盘者需要逼反手（逼迫掷盘者掷出反手盘）。可以转换角色，让另外一人防守同一名掷盘者。（图7–22）

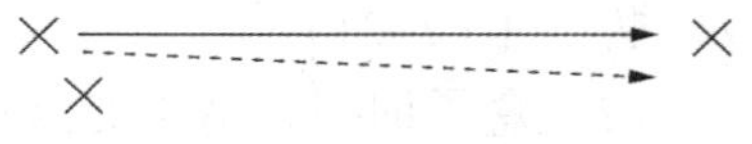

图7–22

（2）菱形训练。可以改变跑位的方向掷正手盘，使用不同的假动作和跑位方式。

（3）盒子游戏。在盒子游戏中，两队要进攻同一个得分区。整个场地为边长20米的正方形，得分区是场地中心边长5米的正方形区域。每队上场5人，每得1分后可无限制地替换场上人员。在得分区内接住飞盘得1分。某一队获得盘权，必须在边长20米的正方形之外完成一次传盘后，才能进攻得分区。得分后，另一队获得盘权，他们必须把盘带到边长 20 米的正方形之外再进攻得分区。比分上限为 3 分或 5 分。可以缩小场地的大小和减少场上人数。

（4）飞盘游戏。一开始要逼反手（被逼正手的初学者传盘会有困难），遇到阻挡要自行示意。进攻者的跑位如果导致防守者在追赶他时与某一人相撞，则形成阻挡。在这种危险的情况下，防守者可示意“阻挡”，比赛暂停，被阻挡的人重新去盯守自己的防守对象。发生阻挡后，掷盘者要将盘交给相应的防盘者，该防盘者应当开盘，示意防守方，自己已做好准备——比赛继续。发生犯规和走步时，也要暂停比赛。

**（四）队列、跑位、连传**

1. 队列

飞盘比赛中标准的进攻战术就是让接盘者顺着进攻方向站成一队，然后每人依次跑位去接掷盘者的传盘。这种方法可以在掷盘者的前方创造出空间，利于掷盘者跑位进来。一般会通过报数的方式确定跑位顺序。

2. 跑位

跑位的目的是摆脱防守和跑进空位。它不仅要求突然改变跑动方向，还经常需要用假动作甩开防守者。

3. 连传

当接盘者快要接住飞盘时，其他人（下一位跑位者）就应当提前行动，跑位去接第二次传盘，这称为连传。顺着场地中央以标杆为排头站成 3 个队列。第 1 个（最左边）队列持盘，面朝另外 2 个站在远处的队列。第 2 个队列的排头往某一侧去跑位，然后接第 1 个队列传过来的盘。第 3 个队列的排头再往同一侧跑位，然后接第二次传盘（连传）。最后一名接盘者带着飞盘加入第 1 个队列，而其他接盘者则加入下一个队列。（图 7–23）

4. 训练

跑位与撤离。沿直线放置 3 支标杆，标杆之间相距 10~15 米。在两端的标杆后排两个队列，彼此面对面，两队的人数和飞盘数相等。某一队列排头跑向中间标杆，往右（左）虚晃（假动作），再跑向左（右）边去接另一队列排头的传盘。接住盘的跑位者将盘回传给另一队列的第二人，然后撤离，回到自己队列的末尾。这一训练需要强调充分和快速的假动作、跑位及撤离，撤离的速度同跑位。（图 7–24）

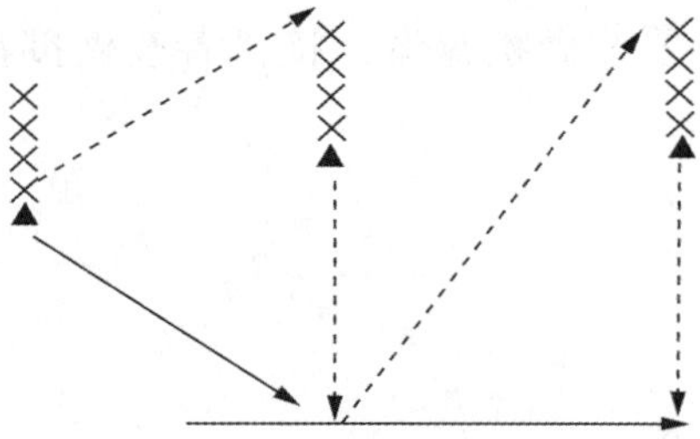

图 7–23

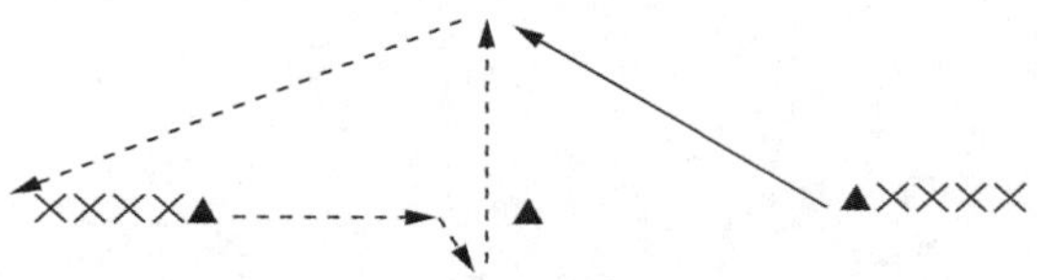

图 7–24

5. 游戏

（1）两个盒子游戏。这是一个小型快速的飞盘游戏。两个相距 20 米、边长 5 米的正方形区域是得分区。某一队持着飞盘从自己的正方形区域内出发去进攻对方的得分区。得分后，得分队伍要立刻进攻另一个得分区。其他规则与飞盘一样。比分上限为3分或5分。允许无限制地替换场上人员。

规则：接盘后加速、改变方向或比规定走了更多步，被视为走步。要提醒学生避免走步。在飞盘游戏中没有惩罚规定，但一定要让学生明白防盘者不得触碰掷盘者，防守者不得触碰接盘者，尤其是在这种身体接触会导致失误的情况下，这一类的身体接触属于犯规。

（2）飞盘游戏。在进攻中，要注重队列战术的使用。要鼓励进攻方在对方发生失误后慢慢地走到飞盘落地点站好队列后再起盘。学生要报数，以便了解谁最先跑位。要求学生尽量逼反手。

**（五）防守技术**

防守的目的是阻碍接盘者接住飞盘。为此，防守者的站位要保持在接盘者和掷盘者的中间位置，通过紧跟跑位者的方式去保持这种站位状态。一定要记住，飞盘比赛不允许身体接触，所以用身体贴人是绝对禁止的。尽量守在对方被逼向的这一侧。

1. *应对跑位和防守的方法*

作为跑位者，可以竭力跑动以拉开距离获得空位，也可以等防守者远离自己时再开始跑。作为防守者，可以靠近防守，也可以留一段缓冲距离，站位时更靠近掷盘者被逼出盘的一侧场地。

2. 训练

（1）环形训练。6名学生围成半径10米的圆圈，两名学生在圆圈内做防守者。一名防守者去防掷盘者，另一名防守者预测传盘路线并尝试断盘。掷盘者不可将盘传给左右相邻的两个人，接盘者不可跑动着去接盘。3次失误发生后，从圆圈中选出两名新的防守者，而原来的两名防守者进入圆圈中。如果失误次数太多，可以放宽规则，允许传盘给相邻的接盘者或者增加每一轮允许的最高失误次数（允许5次失误）。当圆圈中的人数增加时，对技能的要求会更高，这时防守者可以增加为3名，以练习区域防守。（图7–25）

（2）防守者训练。站成两支队列：一支队列由4名掷盘者组成，每人手持飞盘；另一支队列面朝掷盘队列站立，由4对跑位者与防守者组成，两队列相距至少20米，依次练习跑位和防守。跑位者朝掷盘者方向跑位，尽力与防守者拉开距离以便接传盘。因为没有防盘者，所以跑位者更容易获得空位。接盘者接住飞盘后加入掷盘队列。掷完盘的掷盘者跑到防守者队列的末尾做防守者，防守者要改做接盘者，接盘者改做掷盘者。（图7–26）

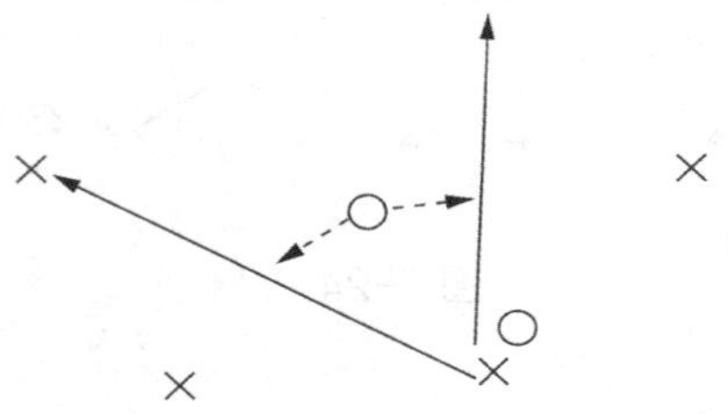

图7–25

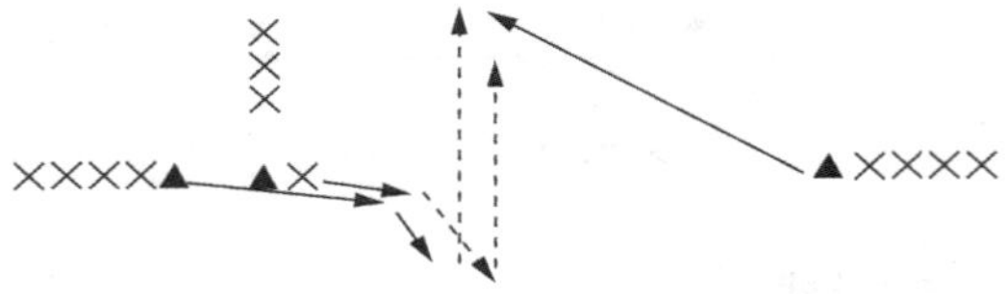

图7–26

3. 游戏

（1）越野赛。用标杆或自然障碍物（如树）去标示一条路线，理想的地点是公园。用箭头符号标出路线的前行方向。每个学生手持飞盘从起始线出发，必须在路线附近跑动，同时让飞盘完全顺着路线前进。可以跑到自己想要跑的任何地方。掷盘成功后，必须从盘最后停止的位置后方开始下一次掷盘。如果掷盘失误，掷盘者必须回到失误的位置开始下一次掷盘。最先抵达终点线的学生为赢家，也可以选出前 4 名或前 6 名，让他们进行决赛。另外，可以根据参与者的水平制定这条路线的推进难度。

（2）飞盘游戏。强调做好防守的重要性。正如篮球比赛中一人紧贴一人组成防守阵线那样，牢固的防守可以将进攻方的推进围困在场地的某一侧。

规则：一开始，两队都站在得分线后方。防守方持有飞盘，选定好每个人的防守对象。进攻方必须保持好站立次序，不可彼此变换。防守方在做好准备后举盘示意，进攻方举手回应防守方的示意。然后由防守方发盘给进攻方。如果盘直接落入界外，进攻方可以选择示意“middle”——从盘越过场地边线时的交叉点所在场地的中点起盘，也可以直接从盘越过场地边线时的交叉点起盘。接盘者接住飞盘时，身体最先落地的部分——如在边线上，视为出界；如在得分线上，视为未得分（得分必须越过得分线落地于得分区内）。如接盘者示意防守者犯规并且防守者不否认该示意，则接盘者获得盘权，验盘后比赛继续。

**（六）防守战术**

允许学生实行不同的防守战术。学生可能喜欢更零散一些的人盯人防守，也可能喜欢换防，甚至可能喜欢打区域防守战术。需要强调的是，队伍中的每个人应当认可他们正在使用的防守方式。防守方可以毫不拘束地使用他们喜欢的战术，但只有在每个人都保持一致的前提下这种战术才会发挥应有的作用。在打每一分的过程中，交流也是极为重要的。

1. 交流

在比赛中，队友之间的交流至关重要。例如，每一次盘被掷出时，防盘者应该大声喊“up”让所有队友听到。在对手掷长传或高位盘时，尤其需要大声喊“up”，因为只有这样才能让防守者注意力集中，从而寻找阻断飞盘的机会。

2. 保持盘权

虽然初学者常常会失误，但有些队伍仍能够完成几次比较稳的传接盘，获得较好的场地站位。还有些队伍必须依赖向后回传飞盘或者从边线传盘的方式去保持盘权。无论怎样，最好让学生理解保持盘权的重要性。为此，需要指定一位接回传的人。这个接回传的人必须是判断力较好的掷盘者，需要守在后方做好随时接回传的准备，并且在持盘者没法往前场传盘的情况下帮助他摆脱困境。

3. 掷空位

在飞盘比赛中通常每个人都跑得很快。很多时候，与其直接将盘传到接盘者所在的位置，不如传盘到空位让接盘者跑到这个空位去接盘。

4. 训练

（1）三角训练。3 个队列彼此相距 20 米站成三角形，所有人面朝三角形中心。某一队列的第一个学生顺着三角形边向右方跑位（逆时针），接对角方向掷盘者的传盘。掷盘者要提前出盘，让接盘者跑动着去接盘。接盘者加入自己跑进的队列。接着，掷盘者以相似的方法往同样的方向跑位去接第二次传盘，依次进行。

（2）回传训练。每组 4 人，两名学生负责进攻，另外两名负责防守。两名防守者中必须有一人去防盘。延迟计数上限为 5 秒，在完全不强调往前推进的情况下，两名进攻者完成传盘。唯一的目标就是保持盘权。

规则：传盘方向不受限制。盘落地、出界（并没有从空中返回）、被截住或阻断，都视为失误。如果有人示意“阻挡”，不算作失误。掷盘时被示意走步，并且盘落地，算作失误。只有在 1 分钟结束或者有人受伤时才允许换人。

**（七）小型比赛**

将全班学生分成 4 队，划分出两块场地，同时进行两场比赛，每队上场 4 人。两场比赛的胜者之间再进行一场比赛，输者之间再进行一场比赛。教师监督这几场比赛，必要时可以提供指导和咨询。

1. 规则

两队各派一名代表去翻盘（各抛一只飞盘），其中一名喊出“相同”或“不同”。获胜者有权优先选择得分区或者攻防，输者则选择剩下的一项。

2. 训练

两人一组传盘。每个队都需要用这种方法热身。

## 第五节　拓展训练

### 一、拓展训练概述

拓展训练是指利用自然地域和相应设施，让参与者进行体验，从中感悟出活动所蕴含的理念，通过反思获得知识并改变行为，使参与者的心理品质与综合素质均得到提高的一种动态教育模式。拓展训练又称外展训练（Outward Bound），原意为一艘小船驶离平静的港湾，义无反顾地奔向未知的旅程，去迎接一次次挑战。拓展训练对个体是一种体验式学习，对团体是一种有效的培训，通过精心设计的活动达到“磨炼意志、陶冶情操、完善人格、熔炼团队”的目标。

### 二、拓展训练的起源与发展

拓展训练创始人是德国的汉恩，他出生于柏林，从小喜欢远足探险，多次的探险造就了他坚强的意志，成长的阅历使他深刻体会到：学医要从解剖开始，学农要从种植开始，学哲学要从辩论开始，一切知识来源于实践，经验来自亲身体验，有了亲身体验就会获得长久的记忆，甚至终生不忘。后来，汉恩希望建一所学校，以“从做中学”为理念的学校，在这个学校里思想和行动不再对立。这些思考对他后来的思想有着重要影响。

汉恩对船员幸存者进行了大量的研究，针对幸存者赖以生存下来的品质与特点，研究设计出了一些人工设施，同时利用自然条件模拟海难发生的情境，以此来训练船员，以提高他们的心理素质，使他们掌握应对海上危机的技能，提高他们在身处险境时的生存能力。经历过这种拓展训练的船员遇险生还的概率要明显高于没有经过训练的船员。1934 年 4 月，汉恩建立了一所他理想的学校——戈登思陶恩学校。起初学校只有 2 名学员，但这并没有动摇汉恩的决心，经过他的不断努力，学校在 9 月份就有了 21 名学员。随着该校名望的不断提升，招生人数稳步增长。

1938 年，汉恩获得了英国国籍，其后他呼吁英国战争委员会在部队中实行一种新的训练方式，这种训练能够培养士兵在野战或困境中的生存能力，同时提升士兵在体力、毅力、智慧、沟通、协作等方面的素质和能力，从而全面提高军队的战斗力。

第二次世界大战全面爆发后，英国部队征用了戈登思陶恩学校，学校搬迁到了威尔士。那时的汉恩一直试图实施一个雄伟的计划——“城郡徽章计划”，来改变年轻人的态度，培养年轻人事业心、韧性，提高年轻人的身体素质。这个计划与霍尔特的想法不谋而合，经汉恩提议，他们于 1941 年在威尔士的阿伯德威联合成立了一所新型学校，取名 Outward Bound，这就是拓展训练课程模式的开端。在这所学校里，学员通过在海上、山谷中、遍布湖泊的野山以及沙漠中体验、磨炼，建立起对个人价值的认知，也会更清楚地意识到人与人之间相互依靠的重要性。

第二次世界大战结束以后，Outward Bound 的规模越来越大，训练对象由船员扩大到军人、学生、工商业人员等群体。1946 年，Outward Bound 信托基金会在英国成立，目的是推广 Outward Bound 的理念并筹集资金创建新的 Outward Bound。Outward Bound 信托基金会拥有 Outward Bound 的商标，掌握着该商标使用许可证的发放。美国的曼纳等人受汉恩的理念和 Outward Bound 前景的启发，于 1962 年成立了科罗拉多 Outward Bound 学校，并于 1963 年正式从 Outward Bound 信托基金会获得了许可证书。1964 年 1 月 9 日，组成 Outward Bound 法人组织的文件在美国起草，随后的数年间，世界各地纷纷成立 Outward Bound，Outward Bound 国际组织应运而生。

1994 年，长期从事培训工作的刘力，认为体验式培训在国内发展的前景十分广阔，就把“拓展训练”这 4 个字抢先注册，创办了国内第一家专业的体验式培训机构，并将相应的体验式培训产品命名为“拓展训练”。

1999 年，清华大学率先将体验式培训引入教学体系，随后北京大学光华管理学院、中山大学岭南学院、浙江大学、中国工商管理学院等学校在教学中也纷纷把拓展训练作为课程内容。

在近几年的发展中，拓展训练课程逐渐多元化，活动项目也日益丰富。以拓展训练经典的活动项目为主体，结合野外活动、室内活动项目，许多新型项目被研发并应用在培训活动、年会、旅游团体活动中。

## 三、拓展训练的特点与价值

拓展训练是一种体验式学习方式。它拥有完整的循环式学习流程，倡导学生是学习的主体，并通过创设情境，让学生在情境模拟的环境中不断体验、回顾、感悟、成长来达到提升自我的目的。

**（一）直接体验**

拓展训练提倡直接感受事物的发生和发展过程，引导学生探索和发现真理，使学生在实践中直接体验学习的价值，培养学生的探究能力及追求真理的精神，扩展学生的学习空间。

**（二）自主学习**

拓展训练能让学生在自然放松、开放、善于接纳的状态下主动而有效地学习，为学生提供自主学习的时间和空间、机会和权利，使学生的个性得到充分发展。

**（三）个性养成**

拓展训练充分尊重学生对学习方式和活动过程的选择，不设定统一的目标和统一的结论，使学生以自然的心态去面对那些不太容易面对的事；在养成教育的前提下，鼓励学生自主选择、自主学习、自主评价，使学生在与他人交流的基础上完善世界观。

**（四）成功体验**

拓展训练采用的是专门设计的具有挑战性的项目，具有一定的难度。学生在拓展训练的过程中，要面临心理极限的挑战，经受一定难度的考验，跨越“极限”。顺利完成课程以后，学生能够体会到发自内心的成就感和自豪感，获得成功体验。

**（五）自我教育**

进行拓展训练前，教师在把训练的内容、目的、要求以及必要的安全注意事项向学生讲清楚后，将整个活动的操作、体验和总结都交由学生自己独立完成。这充分尊重了学生的主体地位和主观能动性，有利于学生增强自信心，改善自我形象，磨炼战胜困难的毅力，达到自我教育的目的。

**（六）综合活动性**

拓展训练的所有项目都以体能活动为引导，引出认知活动、情感活动、意志活动和交往活动，有明确的操作过程，要求学生全身心地投入。

拓展训练通过活动与游戏的方式达到学习的目的，是一种体验式学习方法，是户外运动的分支，具有很好的心理学价值、社会适应性价值、运动学价值、生理学价值、体育学价值、教育学价值、管理学价值、组织行为学价值、领导学价值。

**（七）团队精神培养与个性发展同步**

拓展训练实行分组活动，强调团队合作，力图使每名学生都充分发挥个人能力，为团队争取荣誉，同时从团队中汲取力量和信心，在团队中发展个性。

## 四、高空项目

在我国现行的拓展训练中，利用人工建造的拓展训练场地来完成多种拓展任务是最常见的模式。场地拓展训练利于组织和实施，也容易被活动者接受。尤其是一些高空项目，由于拓展效果明显，又有很好的保障，受到了广大爱好者的青睐，已成为拓展训练的“形象”项目。

攀岩运动也属于登山运动，攀登对象主要是岩石峭壁或人造岩墙。攀登时不用工具，仅靠手、脚和身体的平衡向上运动，手和手臂要根据支点的不同，运用各种用力方法，如抓、握、挂、抠、撑、推、压等，所以对人的力量要求及身体的柔韧性要求都较高。攀岩时要系上安全带和保护绳，配备绳索等，以免发生危险。

**（一）项目概述**

在特定环境下，学生按照教师的要求，攀登一定高度的岩壁，在保证安全的前提下得到一定的锻炼，如图 7–27 所示。

图 7–27

**（二）目标**

（1）培养学生坚韧不拔的意志，使其在遇到困难时能够咬紧牙关勇敢面对，并最终取得胜利。

（2）培养学生认识自我、挑战自我、不断进取的精神。

（3）培养学生正视自我、合理估计自己的能力，从而让学生设定切实可行的目标。

**（三）人数与时间**

不少于 8 人，项目完成时间为 60 分钟左右。

**（四）场地与器材**

（1）合格的人造攀岩墙或自然岩壁。

（2）60 厘米短扁带 4 根，120 厘米长扁带 2 根，铁锁 4 把。

（3）坐式安全带 4 条，锁扣 6 把，下降保护器 2 个，直径 11 毫米、长 30 米的动力绳 2 根。

（4）手套 4 双，头盔 4 个。

**（五）组织过程**

（1）安全检查。进行安全检查时，教师应对开展项目所需要的场地和装备进行安全性检查。

（2）装备知识与保护技术讲解。教师讲解装备正确穿戴和使用的方法，以及保护技术的动作要领和注意事项。一般采用五步保护法。

**（六）注意事项**

（1）在攀爬的过程中应进行 3 点固定，移动时重心要紧贴岩壁，尽量使用腿的力量，不要依靠"引体向上"的蛮力。

（2）攀岩前应摘除硬质物品（包括易掉落、易硌伤、易划伤身体的物品）。

（3）攀岩前应把手、脚的指甲剪短，长发者须将头发扎起。

（4）如学生的身体状况不适合攀岩，则不得进行攀岩活动。

**（七）安全监控**

（1）参加攀岩训练的所有学生一定要服从指挥，未经允许不得擅自行动。

（2）攀岩训练项目在正确的保护措施下是绝对安全的，心理压力不要太大。

（3）攀岩前每个人都必须学会基本的绳结方法，应由教师亲自示范。

（4）攀岩前必须在教师的指导下进行充分热身。

（5）攀岩时注意不要踩到垂在地上的绳子，进行器械操作时要防止跌落。

（6）进行热身练习时要有专人保护，保护者要专心，要对练习者的受伤情况负全责。

（7）进行攀爬之前应自行检查器械安装是否正确，由保护者确认后方可攀爬。

（8）不得与保护者闲聊，干扰其工作。

## 五、中低空项目

### （一）信任背摔

1. 项目概述

信任背摔是一个个人挑战与团队协作的项目，实施时，所有学生依次站到背摔台上，背向大家倒下来，下面学生用手臂将他接住，团队的每一个人都要参与。

2. 目标

（1）培养学生挑战自我的信心和勇气。

（2）增强学生的责任感。

（3）提高学生团队间的凝聚力。

3. 人数与时间

（1）人员不得少于 11 人，其中，男生不得少于 5 人。

（2）时间 60 分钟。

4. 场地与器材

（1）各基地背摔场地。

（2）外训场地：1.5 米高的背摔台，台前有 2 米 ×5 米的软质场地（如草地、软泥地等松软地面），或者是在条件允许的情况下配备同样大小的软垫。

（3）捆手绳 1 根。

5. 组织过程

（1）台上学生：双手胸前交叉绑住，双脚并拢，头部微含，身体保持紧张状态，脚跟出台边 1/3，发出口令："准备好了吗？"听到确切的回答后大声数"1、2、3"后倒下来。

（2）台下学生：两两相对，双手平伸，掌心、肘窝向上，指尖触及对方学生肩膀，双臂微屈绷住，臂膀平行交错。右脚前弓步，脚内侧与对面学生接近，上体保持正直，头向后仰，两眼注视台上学生的后背，相邻学生双肩相靠形成一个整体，根据台上学生倒的方向及时调整。当台上学生发出口令后，台下学生齐声回答："准备好了！"接住台上学生后，先放脚，帮助其站直。

6. 注意事项

（1）所有学生取出身上所有的硬物，长发学生把头发放在衣服内，戴眼镜的学生要把眼镜摘掉。

（2）教师要对疲劳的学生进行调换。

（3）如身体不适，体重过重，有腰部疾病、高血压等症状的要事先告诉教师。

7. 安全监控

（1）实际操作前再次确认学生是否按安全要点准备，教师先让接人的学生练习动作，纠正他们的错误，一切就绪后，上到背摔台，开始项目操作。

（2）在整个过程中，教师应多与学生交流，并注意观察台上学生是否紧张，台下学生是否专注。

（3）观察台上学生的动作是否安全、规范，并及时给予调整；观察台下学生的动作是否规范，及时给予提醒和调整。

（4）要反复强调安全，台上学生倒下后要先放下脚，然后解开捆手绳，再换下一个学生上台。

**（二）穿越电网**

1. 项目概述

实施穿越电网项目时，在规定的时间之内，所有学生都要依次从网洞中通过，从网的一边到达另一边，中途任何人不得触碰电网，每个网洞只有一次使用机会。网洞数量要多于学生数量。

2. 目标

（1）让学生了解如何有效地认识、分配和利用资源。

（2）让学生学会科学的团队工作方法，了解PDCA（P—plan，计划；D—do，执行；C—check，检查；A—act，处理）工作方法的重要性及实施程序。

（3）通过亲密接触增进学生之间的交流，拉近彼此距离。

3. 人数与时间

（1）人数为15人左右。

（2）时间为60分钟左右。

4. 场地与器材

（1）两头固定的1.5米 ×6米的网1张，封网洞用的绳若干条。

（2）场地平整，没有硬物。

5. 组织过程

（1）前面是一张无限延伸的“高压电网”，只能从网洞中通过。

（2）所有人不得在网的两侧帮忙送人，过去的人不可以回来帮忙。

（3）每个网洞只准使用1次。

（4）任何人、物体不得触网，不得用任何工具随意改变网洞的形状，否则该网洞作废。

（5）在整个活动中，如出现危险动作，教师应及时制止。

（6）如学生进行抬人作业，应告知被抬的学生不能面部朝下，另外要求学生在放下被抬的学生时应首先将其脚放下。

6. 注意事项

（1）可用网洞数量一般为$n$+1个（$n$= 学生人数）。

（2）教师在项目中应向人少的方向移动。

（3）封洞时要轻而快，不要影响项目的进行。

7. 安全监控

（1）保证场地平整、松软。

（2）提醒学生将身上所有硬质物品放于整理箱内，特别是眼镜、手机等。

（3）教师要密切关注前两个和最后两个通过者。

（4）不允许蹿越过网，将通过者托起时，任何情况下都不得松手或将其抛起。

（5）将通过者托起过网后，必须先将其脚放下，然后将其身体扶正。

（6）教师始终要注意站位，要站在人少的一边，做好随时应对突发事件的准备。

（7）搬运学生过网的时候，要求该学生面部向上。

（8）天气寒冷时，提醒学生及时穿好衣服。

（9）注意安全，坚决制止违反安全规则的行为。

**（三）孤岛求生**

1. 项目概述

孤岛求生项目是在 3 个岛上分别有 3 队人，第一个岛是盲人岛，岛上全是“盲人”；第二个岛是哑人岛，岛上全是“哑人”；第三个岛是珍珠岛，岛上的是“健全人”。每个岛上的人都有一张任务书，每个岛上的人只知道自己的任务而不知道其他岛上人员的任务。

这个项目的最终目的是在规定的时间内将所有的人集中在平安岛上。这个项目主要是考验在接到任务后团队成员之间的相互配合与沟通。珍珠岛代表着管理层，他们任务书上的任务很多，考验他们的是如何在很多信息中找到最有效的信息。哑人岛代表公司中层，他们的任务是在盲人岛的队友完成第一个任务后利用木板将盲人岛上的“盲人”救出。盲人岛上的“盲人”代表着公司的一般职员，他们虽有任务书却看不到，因此不知如何去完成任务，这就需要其他岛上的人员对他们进行必要的帮助和指导。

2. 目标

（1）加强学生对团队目标的认同感。

（2）培养学生全局观念与责任意识。

（3）突破学生的思维定式，让学生寻求有效沟通的方法。

（4）强化学生信息公开与共享的意识，让学生不要保留对他人、对团队有用的信息。

（5）强化学生的创新与风险意识。

（6）让学生明白主动沟通、双向沟通的重要性，使学生学习上行沟通、下行沟通、平行沟通的不同技巧。

3. 人数与时间

（1）人数为 15 人左右。

（2）时间为 60 分钟。

4. 场地与器材

（1）3 个孤立的小岛。

（2）1 号盲人岛：本岛的任务书 1 张，眼罩若干，人数为团队总人数的 1/3（项目开始前给岛上学生戴上眼罩），小桶 1 个（置于岛边 1 米处），小球若干。

（3）2 号哑人岛：本岛的任务书 1 张，木板 2 块。

（4）3 号珍珠岛：本岛的任务书 2 张，A4 纸 3 张，筷子 2 双，鸡蛋 2 个，胶带（长度为 1 米）1 根。

5. 组织过程

（1）将全队按“健全人”“哑人”“盲人”平均分为3组，分别将他们带到各自的岛上。

（2）当学生全部到位后，教师将3个岛的任务书分别发到各组的手里，宣布项目开始。

（3）在项目进行中，各个岛的学生会按照任务书上的要求完成规定的任务，此时应做好监控。

（4）学生在规定时间内完成各岛任务，或者是超过规定时间未能完成任务，项目结束。

6. 注意事项

（1）要注意安全，学生一旦有危险举动就要立即上前制止，待危险排除后继续进行项目。

（2）项目进行中需要及时观察和记录学生所表现出来的状况。

① 学生是否遵守规则：“哑人”不说话，“盲人”不可偷看，只有“盲人”可以触球，只有“哑人”可以动木板。

② “健全人”与“哑人”有没有认真研究任务书。

③ “健全人”有没有明确分工。

④ “盲人”中是否有人在吸引他人注意。

⑤ 关注第一个上盲人岛的学生的时间。

⑥ “哑人”是如何与他人沟通的。

7. 安全监控

（1）重点监控盲人岛上的学生。

① 在木板搭好后“盲人”向其他岛移动的过程中，要对“盲人”进行严密监控，以防其掉下木板。教师应跟随其一起移动，张开双臂做出保护的姿势，但要与学生保持适当的距离。

② 摘眼罩步骤：闭上眼睛，摘除眼罩，经过十几秒后再缓缓睁开眼睛。

（2）监控“哑人”及“健全人”。

① 保护好“哑人”，防止木板呈跷跷板状态。

② “哑人”搭板（特别是运用杠杆原理）时，提醒其不要压伤手、脚，别砸到其他人。

③ 当大多数人集中至一个岛上时提醒他们互相保护。

## 六、地面项目

### （一）盲人方阵

1. 项目概述

盲人方阵是一个以团队挑战为主的项目，该项目主要凸显有效沟通的重要性。首先，每个学生都戴上眼罩并围站成一圈，教师给学生一根或几根长度合适的绳子。其次，教师要求团队将绳子分别摆放成各种形状，如正三角形、正方形等。同时，所有的学生均匀排布在多边形的边上，如图 7–28 所示。

图 7-28　盲人方阵

2. 目标

（1）使学生了解领导者在实现团队目标过程中的重要性，并了解策划、组织、协调是实现目标的重要手段。

（2）培养学生科学的思维方式和对知识的运用能力，使学生学习特殊情况下完成任务的合作方式。

（3）使学生了解有效的沟通是实现团队目标的必要条件，培养学生的沟通意识，提高其沟通技巧。

（4）使学生理解角色定位及尽职尽责完成本职工作的重要性。

（5）让学生体会团队的负面效应：团队的平均智商往往低于团队中个人的智商，这就是“团队智障”。

3. 人数与时间

（1）人数不少于 8 人。

（2）时间为 30 分钟左右。

4. 场地与器材

（1）要求地面平整，周围没有障碍物。

（2）每人一个眼罩。

（3）25 米长的绳子 1 根。

5. 组织过程

（1）任务布置。盲人方阵是一个团队合作项目，全队人员在不可视的情况下，将教师所提供的几段绳子拉成一个全封闭的、最大的正方形。

（2）宣布规则。

① 项目进行中，所有的学生必须戴着眼罩，并且不得偷看。

② 项目进行中如出现危险情况，教师应及时停止项目，待危险排除后项目继续进行。

（3）项目进行中的监控内容。

① 进行安全监控，排除危险情况。

② 检查是否有人违规，是否有人在项目进行时偷看。

③ 学生是否积极参与并在进行有序沟通。

④学生在规定时间内认为完成了任务，可提出结束申请，教师经确认后宣布任务结束。

6. 注意事项

（1）要求地面平整，周围没有障碍物。给学生讲清楚安全要点，监督学生安全操作，保证学生的安全。

（2）学生戴上眼罩后一定要将双手放在胸前或正前，严禁背手行走，严禁打闹疯跑，严禁蹲坐在地上。

7. 安全监控

（1）不要让绳子绊倒学生，向学生强调不要猛烈甩动绳子以免打伤其他学生。

（2）避免在烈日下以及在其他恶劣条件下完成任务。

（3）布课时要强调“面积最大”“正方形”人员均匀分布”。

（4）不宜让学生戴上眼罩走很长距离之后再开始项目，提高班的学生可以尝试验证正方形。

**（二）信任之旅**

1. 项目概述

这是一个讲究团队协作与配合的项目，主要目的是提升学生之间的信任度和关心度。所有学生在戴上眼罩的情况下，由引导员引导，走完一段充满“荆棘”的道路。

2. 目标

（1）培养学生的沟通能力，提高其沟通技巧。让学生了解多种沟通的方式，使其在特殊情况下学会用不同的沟通方式。

（2）让学生体会协作的必要性。

（3）让学生体会到信任的必要性，使其在信任别人的同时给别人以信任。

（4）让学生体会理解与误解，使其学会调整以后待人处世的态度、方式。

（5）让学生学会换位思考，使其明白感谢与帮助的意义。

3. 人数与时间

（1）人数10人以上（偶数）。

（2）时间为20分钟左右。

4. 场地与器材

（1）布置有障碍物的跑道或者是崎岖小路。

（2）眼罩若干（根据每组人数确定）。

5. 组织过程

（1）选定一名学生作为引导员，一名学生作为安全监督员。要求引导员和安全监督员有一定的表达能力，做事认真、有责任感。教师要对引导员和安全监督员做特别交代，让其严格按项目规则完成任务，保证全体学生安全。

（2）全体学生在开始后的3分钟内可以讲话，但是3分钟后不能发出任何声音，直到项目完成。活动中学生要严格遵守规则，不得摘下眼罩，不得在噤声时间内讲话，否则将受到处罚。

（3）“盲人”依次手牵手或者把手搭在前一名学生的肩上，引导员在最前面负责总的行进速度及安全方面的肢体语言提示。路径长度尽量设置在 200~300 米，障碍的数量最好是 7~10 个。

6. 注意事项

（1）随时提醒学生注意安全，每到一个障碍处，教师要站在障碍处进行协助。

（2）教师要对表现不够好的学生给予一些鼓励和安慰，提醒引导员不要催促学生，不要急于求成。

（3）安全监督员在不发出声音和不干扰学生的情况下，监督队伍中等待或者移动的学生，要保证安全。

7. 安全监控

（1）要求道路平坦，地面平整，障碍物明显，不要设置尖锐障碍物。教师提前排除路中可能存在的危险因素。

（2）提醒和督促学生戴上眼罩后不要随意移动，严禁引导员有意加大难度或者有与活动无关的行为。

（3）关注戴眼罩学生的安全，尤其是过障碍物的时候要随时监控。

（4）在学生束手无策时要给予鼓励，出现急躁情绪时要给予语言安慰，使其保持必胜的信念。

（5）可以发出适当的提示信息，信息发出之后需要学生完全接受并做出判断动作，之后发出下一条信息。

**（三）齐心协力**

1. 项目概述

在规定的 20 分钟之内，各组先派出两名学生背靠背坐在地上，两人双臂相互交叉，合力使双方同时站起来，成功后每组每次增加一人，直到所有学生一同站起来。

2. 目标

（1）培养学生相互配合协作的能力。

（2）培养学生有效沟通的能力。

3. 人数与时间

（1）6 人以上。

（2）时间为 30 分钟左右。

4. 场地与器材

开阔平整的场地一块。

5. 组织过程

（1）在比赛过程中，学生都必须完全坐下且相邻同伴的手臂必须相挽，否则成绩视为无效。

（2）每次成功后只能增加 1 名学生，不得多加，否则成绩视为无效。

（3）全体成员起身的节奏要一致，不能出现依次起身的情况，否则成绩视为无效。

6. 注意事项

（1）在比赛过程中学生不要搭肩进行，以免伤到关节；站起来时要避免手臂松脱，以防跌倒。要做好自我保护。

（2）各组必须在规定时间内完成动作，如未完成，教师可以采取相应的惩罚措施。

7. 安全监控

（1）保证场地较为平整、松软。

（2）提醒学生将身上所有的硬质物品放于整理箱内，特别是眼镜、手机等。

（3）提醒学生在比赛过程中不能搭肩，以免受伤。

# 参考文献

[1] 毕荣华，安国彦. 大学体育与健康 [M]. 北京：中国水利水电出版社，2014.
[2] 季智杰. 大学体育 [M]. 北京：化学工业出版社，2016.
[3] 李金芬，周红伟. 拓展训练 [M]. 北京：中国水利水电出版社，2010.
[4] 李小平，王文红，沈辉. 大学体育与健康 [M]. 杭州：浙江大学出版社，2014.
[5] 刘亚云. 现代大学体育与健康 [M]. 杭州：浙江大学出版社，2011.
[6] 袁玫，李科，李采丰. 大学体育与健康 [M]. 北京：高等教育出版社，2013.
[7] 张赐东. 大学体育与健康 [M]. 杭州：浙江大学出版社，2013.
[8] 张龙，高徐，方敬秋. 大学体育与健康 [M]. 北京：北京师范大学出版社，2011.